U0405197

文学与当代史丛书

丛书主编
洪子诚

诗人革命家

抗战时期的郭沫若

刘奎 著

北京大学出版社
PEKING UNIVERSITY PRESS

图书在版编目（CIP）数据

诗人革命家：抗战时期的郭沫若 / 刘奎著 . 一北京：北京大学出版社，2019.6

（文学与当代史丛书）

ISBN 978-7-301-30209-5

Ⅰ. ①诗 … Ⅱ. ①刘 … Ⅲ. ①郭沫若（1892–1978）—人物研究

Ⅳ. ① K825.6

中国版本图书馆 CIP 数据核字（2019）第 001306 号

书　　名	诗人革命家：抗战时期的郭沫若 SHIREN GEMINGJIA：KANGZHAN SHIQI DE GUO MORUO
著作责任者	刘　奎　著
责任编辑	饶莎莎　黄敏劼
标准书号	ISBN 978-7-301-30209-5
出版发行	北京大学出版社
地　　址	北京市海淀区成府路 205 号　100871
网　　址	http://www.pup.cn　新浪微博：@ 北京大学出版社　@ 培文图书
电子信箱	pkupw@qq.com
电　　话	邮购部 010-62752015　发行部 010-62750672　编辑部 010-62750883
印 刷 者	天津联城印刷有限公司
经 销 者	新华书店
	660 毫米 ×960 毫米　16 开本　27 印张　380 千字
	2019 年 6 月第 1 版　2019 年 6 月第 1 次印刷
定　　价	79.00 元

目 录

代　序　研究主体与历史对象的彼此敞开

吴晓东

大约十年前，我曾分别向自己的两位导师孙玉石先生和钱理群先生请教过一个问题：如果从作家论的角度选择研究对象，现代文学史上哪位作家还有可以进一步探讨的空间？记得孙老师的答案是老舍，而钱老师选择的是郭沫若。

钱理群老师之所以选择郭沫若，看重的是郭沫若在20世纪中国知识分子中的典型性、复杂性和无可替代性。这种典型性、复杂性和无可替代性差不多在郭沫若生命历程中的任何一个历史时段都有鲜明的体现。所以当刘奎设计博士论文的选题，试图研究抗战时期的郭沫若的时候，我欣然表示赞同，并隐隐约约地预感到，刘奎或许可以挖出一个高含金量的富矿。这种预感终于在他的博士论文《诗人革命家：抗战时期的郭沫若》中得到证实。

进入这个选题伊始，刘奎不是没有过犹疑甚至动摇。在当时论文的后记中，刘奎写过这样的一番话："博士毕业论文最终定题为'抗战时期的郭沫若'，还是让我不无顾虑。除了学力的问题外，更让我担忧的是，作为改革的一代，或者说八零后，我们真的还能理解那一代人么？我们又能站在哪个位置与他们对话？他们的历史经验对于当代真的还有意义么？更何况郭沫若又有些特殊，'文革'期间他的政治表态使他往往容易遭致物议。以至于在跟别人谈及郭沫若时，任何人似乎都有资格指责他一通，而不需要阅读他的任何著作。在我看来，与其做一个历史虚无主义者，倒不如尝试着去理解，即便不同情，最起码也可做到历史地去看待他们。”[①] 我从中感受到的是，刘奎研究郭沫若的问题意识其实来自他这一代人所身处的“后革命”的历史语境，他首先直面的问题，是他所隶属的一代年轻学人是否还能理解以及应该如何理解郭沫若这样的具有相当的历史复杂性和丰富性的革命作家。而直面郭沫若的复杂性以及丰富性本身，或者把复杂性和丰富性作为一个前提性问题，构成的是刘奎所应对的基本课题，背后牵涉的是一代人理解20世纪中国革命史以及中国现代史本身这样的具有世纪性意义的大课题。而刘奎之所以选择抗战时期的郭沫若，还因为这一历史时段的郭沫若“不仅回应了‘五四’时期郭沫若的复杂性，而问题的丰富性则或有过之”。我欣喜地看到，随着刘奎研究的渐趋深入，一个更具复杂性和丰富性的郭沫若终于呈现在刘奎的笔端。

20世纪40年代的郭沫若的复杂性和丰富性体现在，相对于“五四”时期浪漫的文学青年，“抗战时期的郭沫若集诗人、学者、剧作家、革命者、政客乃至传统的士大夫等诸多角色于一身，且充分发挥了各自的优势，达到了他所理想的人格状态。这种现象本身就对我们的新文学史观提出了挑战，这除了旧体诗词要求更为开放的文学史观外，还在于他的历史剧、历史研究所展开的，新旧之间在抗战语境中的新的对话”。而刘奎需要处理的独属于抗战时期郭沫若的更核心问题则在于，“郭沫若如何以这种身份机制应对抗战与建国的时代问题，对于我们面对当代问题有何历史经验”。

正是基于还原特定历史时期特定历史人物的复杂性与丰富性的问题意识，刘奎试图将作家论与文学社会学结合起来，并为他自己的研究设计了一个“主体—表达—时代”的综合维度，进而考察战时郭沫若的各种身份和表达与时代问题之间是如何彼此展开、相互作用的。而刘奎透视历史中的人物的一个贯穿性的视角，是集中分析郭沫若的“人格形态”，从而直面而不是选择规避郭沫若研究史中的重大议题。刘奎的基

---

① 此代序所引用的文句，若无另行标注，均引自刘奎2015年北京大学博士学位论文《诗人革命家：抗战时期的郭沫若》原文。本书以该论文为基础，对结构、内容和文句表述均进行了修改与完善，特此说明。

本判断是，虽然郭沫若抗战时期各种角色都尽其所能，“但从主体性的视角，他此时的人格形态，依旧受到浪漫美学主体的制约，是一个诗人革命家。诗人革命家不仅为他多元的人格提供了整体视野，更为重要的是它提供了问题和方法”。

所谓的“问题与方法”，在刘奎的研究视野中沿着两个方向展开：一方面是郭沫若以诗人革命家的身份介入了抗战时期的革命与建国想象；另一方面，作为一种所谓的“身份机制”，郭沫若的人格形态也在特定的历史时代因应与回溯了中国文化与政治传统。首先，对于郭沫若这样一个深刻介入了抗战时期中国政治和历史进程的“诗人革命家”而言，其核心关怀与诉求无疑是自身的文学表达与抗战建国的关系，“战争浪漫主义一度让他对战争充满了乌托邦幻想，但他最终将浪漫转化为了民众动员的力量、革命主体再生产的条件，从而使浪漫主义从文学的消费转向了社会领域的创造动能”。而更为重要的是，“浪漫”在郭沫若身上不仅仅呈现为诗人情怀，也决定了郭沫若以情感动员为基本方式的政治表达路径。刘奎着重分析的郭沫若“由情以达意”的动员方法、演说的表达方式、“情感教育剧”的美学形式，以及对苏联的乌托邦想象等均可归入此一路径。其次，刘奎也花了大量精力探讨郭沫若诗人革命家的身份机制在战时所得到的传统的支援：“虽然是激进的新文化代表，但抗战时期郭沫若创作了大量的旧体诗词，并与革命耆旧、文人名士多有唱和，这不仅是源于‘旧形式的诱惑’，也是基于文化救赎、社会交际的需要。但其独特处在于，他在分享‘南渡’等旧体诗词传统以因应民族危机时，其革命家的历史视野则让他从美学救赎转向了历史救赎。”

也正是通过“历史救赎”的观察角度，刘奎把郭沫若与传统的关联性进一步推溯到“士大夫文化”流脉。在刘奎看来，兼及“政、学、道”的中国传统士大夫，不仅为郭沫若的诗人革命家的人格形态提供了依托，更为其功业或革命理想的实现指示了途径，尽管其在应对政党政治的现实格局的过程中不无曲折。譬如他效法廖平“托古改制”的方式，将孔子思想阐释为儒家人道主义，即可视为郭沫若为革命重塑道统的尝试，但这一尝试却遭到了政党政治的非难；再譬如，虽然现实的革命政权也亟须确立新的道统，中共还通过“寿郭”活动将郭沫若确立为鲁迅的接班人，但郭沫若“崇儒贬墨”的文化思路最终还是导致了左翼知识分子及党内部分文艺工作者的不满；同时，他的《甲申三百年祭》又因有“为匪张目”之嫌，而受到国民党的批判。刘奎的这一部分研究充分揭示了郭沫若历史想象和历史研究的独立性和独特性，同时也揭示了郭沫若与政党政治间的复杂关系。

政党政治由此构成了影响郭沫若战时文化政治实践的另一个关键因素。正如葛兰西所指出的，政党堪称是现代的君主，郭沫若要实现革命理想，也需借助于政党之“势”。刘奎写作中的历史感也正表现在对郭沫若与政党政治的纠结关系的辨识：郭沫若对“文艺如何动员民众”的持续的思考，回应了国民党国民精神总动员的政策；中共发动“寿郭”及戏剧运动后，郭沫若的《屈原》等历史剧写作开创了左翼文化政治的新形式；而在“宪政”运动期间，郭沫若又以无党派身份参与其间，为“建国”大业积极奔走，“这是郭沫若革命理想与实践的经与权，也呈现了 40 年代的历史开放性”。

“经与权”的辩证，是刘奎总体把握抗战时期的郭沫若的一个核心而独特的线索。在刘奎看来，抗战时期郭沫若虽有着各种不同的文化或政治身份，但对革命却未曾须臾背离。无论是写诗、从政、诗词唱和、戏剧创作还是学术研究，郭沫若在充分释放他的诸种身份所蕴藏的能量的同时，并未外在于革命之“经”。而郭沫若在各种身份形态之间频繁且裕如地转换，都可以视为作为一个诗人革命家的“权变”。刘奎指出：“这种独特的经与权，是他与其他文化人或革命者的不同处。如果借用狐狸与刺猬这两种知识分子类型来看郭沫若，我们可以说，他看起来像狐狸，但实际上却是刺猬。……对于郭沫若来说，浪漫主义的诗化人格，是他多变的一面，而革命或历史精神则是他的统摄原则。也就是说，他身份上的改变，正是为了因应时代问题而做出的自我调整，是为了更为有效地介入现实所采取的斗争策略。”“因此，诗人革命家的身份为郭沫若提供了切入现实问题的方式，他的诗人、学者、剧作家等不同身份，均可视为诗人革命家在回应时代问题时的具体形态，从而使他能与社会、文化、政治等取得有机关联。”刘奎的这些体认，都有助于深化对郭沫若形象以及历史作用的理解，也同时意味着一个历史研究者向历史语境的真正敞开中所获得的一种开放性视野。

正因如此，我尤其欣赏刘奎下面的表述中所体现出的作为一个年轻学人难能可贵的自觉意识：“这种开放性，又为郭沫若等知识分子的社会参与和历史想象提供了条件。因而，诗人革命家不仅是郭沫若参与时代的方式，也是我们认识这个时代的视角，它开启的是一个主体与历史彼此敞开、相互作用的有机状态。这对于当下文学的边缘化、学术的体制化等现象，都不无借鉴意义。”也许，通过郭沫若研究，刘奎自己也逐渐开始找到一个研究主体“与历史彼此敞开、相互作用的有机状态”。在这个意义上，历史研究也就有可能不仅仅停留在一个“历史想象”的层面，同时历史也通过它的研究者有效地介入了当下的时代和进程，成为当下的研究者以及当下的社会总体感受历史的一个既动态又开放的视角。而这种研究主体“与历史彼此敞开”或许暗含着某种方法论意义，其启示意义在于，过往的历史由此获得的是一个动态的主体性，从时光尘封的故纸堆中被当下的研究主体唤醒，彼此在互证的过程中各自找到了表达的有效途径：历史通过研究主体获得表达，而研究者也通过被他唤醒的历史主体获得了向历史同时也就是向未来远景敞开的视野，正如刘奎隐含了内敛的激情的下列表述：“我们之所以重新回到抗战时期的郭沫若，将他彼时各种身份、表达与时代问题加以考察，并非是要为这个时代增加一个分裂的历史主体，或一堆难以拾掇的历史碎片，相反地，我们试图将郭沫若的每一种身份、每一种表达，都视为一种切入社会与时代问题的方式，或打入历史内部的一枚楔子，从整体上呈现一个与社会、历史有着密切关联的、有机的主体。这是本书的整体视野，也是我们回顾郭沫若的初衷，即为了打捞这种历史经验——尽管它往往呈现出一种未完成的状态，但他所开启的可能性，如主体与历史、文学与社会之间的相互关联，都值得我们再度回顾。这也是处于‘后革命’语境中的我们，重拾郭沫若的某种不得已的途径。”

刘奎的研究中鲜明而自觉的当下意识也正在此。通过他的研究，郭沫若这一在“后革命”语境中有争议的历史人物真正获得了历史性，也从而获得了当下性。换句话说，如果没有研究主体与历史人物彼此敞开、相互作用的“历史研究”，历史人物或许就永远化为“历史”而无法成为后来者的可堪鉴照的历史之镜。在这个意义上，历史研究者所做的堪称是擦拭历史之镜的工作，也无异于为当今的社会总体提供照亮历史通道的折光，因此，这样的历史研究也是直面当下并指向未来的。

而刘奎对“诗人革命家”的形象设定，也使作为一个文学家的郭沫若显示出独特意义，最终事关我们对文学史研究的本体价值的体认。正像刘奎在余论中引述郭沫若在 1943 年所说的一句话：“史学家是发掘历史的精神，史剧家是发展历史的精神。”在郭沫若的这一表述中，“史剧家”也可以替换为“文学家”。虽然史学家和史剧家都关乎“历史精神”，但是在郭沫若眼中，史剧家是在“发展历史的精神”，这种“发展观”或许也能够成为一个文学史研究者独特的历史研究取向。这也正是刘奎强调郭沫若身上所禀赋的一以贯之的浪漫主义的意义：“更为关键的是，郭沫若是从浪漫主义文学转向革命的，浪漫主义的有机体观念、宇宙的目的论等，都从精神和观念的层面强化了黑格尔与马克思主义的历史精神。”其实，对于一个诗人革命家来说，郭沫若或许并不满足于所谓对历史精神的强化，而更渴望的是对历史精神的“发展”，而正是这种“发展”，许诺的是一个文学家对历史的具有主体性的介入，同时也就指向了历史发展中的现实进程，进而蕴含的是历史的未来维度。

最后我想强调的一点是，刘奎的这部书稿几乎完全基于第一手资料。在答辩会上，孙玉石老师特别指出，全书三十几万字，上千条注释，没有一个注取自《郭沫若全集》，而是全部来源于原刊和初版本。说到此处，孙老师颇为动情：“我为北大中文系骄傲。”孙老师的这句话一时间也令我动容，眼里禁不住有些湿润。也许我当时的感受是，刘奎的学风至少得到了我所尊敬的老师一辈的学者的认可，我由衷地希望并且相信这种认可会成为刘奎继续从事学术研究的持久的动力。

（2016 年 7 月 12 日于北京上地以东）

绪 论

历史与叙述

1948年寓居香港期间，郭沫若开始写抗战回忆录。因资料缺乏，郭沫若只能“全凭自己脑子中所残留的记忆”，“大体上只写了一九三八年这一年的事”[①]。即便如此，郭沫若也写了十多万字，以“抗战回忆录”为题，连载于夏衍主编的《华商报》副刊。在后记中，郭沫若告知读者，以后将续写他在重庆的经历。由此可见他抗战时期生活的密度，以及他本人对这段历史的重视。

此前郭沫若已写有不少自传，如《我的幼年》《反正前后》《初出夔门》《创造十年》等，对于如何写自传他也有自己的看法。在1929年出版的《我的幼年》的前言中，他写道：“我写的只是这样的社会生出了这样的一个人，或者也可以说有过这样的人在这样的时代。”[②]他不仅试图为自己立传，也意在为时代立传。《抗战回忆录》也是如此。

在这篇回忆录中，郭沫若写的是他离开上海，辗转香港、广州、武汉及长沙等地的过程，可以说是他抗战时期最为忙碌的一段经历。抗战初期，郭沫若的精神状态处于一种极不稳定的状态，当时与他来往较多的夏衍，就“明显地察觉到郭沫若对他自己今后的工作，还没有打定主

---

① 郭沫若:《告读者——〈抗战回忆录〉后记》,《华商报·茶亭》1948年12月5日,第二版。

② 郭沫若:《我的幼年·前言》,上海:光华书局,1929年,第2页。

意，在性格上，他依旧是个浪漫主义诗人，他为‘请缨、投笔’而‘别妇抛雏’之后，在抗战激流中，他的情绪却是不稳定的”[①]。上海沦陷前夕，他南下香港，准备下南洋找华侨筹款；后来又回到广州，为恢复《救亡日报》奔走。正当他为是否要继续南下募款游移不定时，陈诚从武汉发来电报，谓“有要事奉商，望即命驾”[②]，这才结束了他无政府主义式的抗战行动。

回忆录虽然是个人经历的记录，但对他抗战初期的苦闷心态着墨不多。他详细记述的，是他主持第三厅时的工作概况。“第三厅”的全称是国民政府军事委员会政治部第三厅。中国军队之有政治部之设，始于国民革命期间的广州革命政府，是孙中山“以俄为师”的产物，其目的是以党权节制军权[③]。北伐时期，政治部曾发挥相当大的效力。据郭沫若回忆，当时归顺的北军，大多主动要求增设政治部，因为在他们看来，政治部是南军跟北军的根本区别，南军之所以能取胜，很大程度上是因为有政治部之设[④]。郭沫若的从军经历也基本上与国民政府的政治部相始终。北伐伊始，他就进入政治部，担任总司令政治部宣传科科长，在武汉期间，已升任政治部副主任，领中将衔，在邓演达不在时代行主任职权，后一度为蒋介石任命为南昌总司令行营政治部主任。政治部某种程度上代表了国民党的党统，因此，当他发现蒋介石有与武汉政府分裂的嫌疑时，才会以党的正统自居，写下《请看今日之蒋介石》《脱离蒋介石之后》等檄文。国民党清党之后，鉴于政治部的“左”倾色彩将其取消。南昌起义以后，郭沫若在缺席的状态下，依旧被起义者任命为国民革命军政治部主任，是主席团成员之一。因此，当邓演达被暗杀之后，郭沫若可能是除周恩来之外，从事政治工作资历最著者。因此，抗战之际，陈诚恢复政治部后，便向蒋介石力荐郭沫若。陈诚在致蒋介石的信

---

① 夏衍：《懒寻旧梦录》，北京：生活·读书·新知三联书店，1985年，第386页。

② 郭沫若：《南迁——〈抗战回忆录〉之一章·六 “拍拖”》，《华商报》1948年8月30日，第三版。

③ 参见王奇生：《党员、党权与党争：1924—1949年中国国民党的组织形态》，上海：上海书店出版社，2009年，第25页。

④ 郭沫若：《武昌城下》，《宇宙风》1936年7月—1937年2月。

中这样写道："郭沫若则确为富于情感血性之人。果能示之以诚，待之以礼，必能在钧座领导之下，为抗日救国而努力。"[①]

郭沫若任政治部第三厅厅长之后，一度也想有所作为。这从他网罗的人才便可略窥一斑。因掌握着人事自主权，他邀约了一大批社会文化名流，这包括田汉、胡愈之、郁达夫、洪深、杜国庠、史东山、郑用之、应云卫、冯乃超、沈起予、傅抱石、冼星海、蔡仪等等，皆一时名彦。因此第三厅时有"名流内阁"之称。值得留意的是，这些人虽倾向左翼者不少，但中共党员却甚少，大多是无党派知识分子，连阳翰笙也表示："在三厅，共产党员只有极少数。成员中绝大多数都是进步人士。"[②] 所谓进步人士，也就是当时的中间力量。在郭沫若的领导下，第三厅也确实办过几件大事，如第三厅成立之初的抗战扩大宣传周、"七七"纪念周等，有些活动甚至得到蒋介石的亲自过问，郭沫若也因此一度成为蒋的座上客。同时，第三厅是宣传机构，它对战时文化在内地的传播、对抗战时期的民众动员都有所贡献。它不仅在后方设置了多个文化服务站，还组织了十个抗敌演剧队、四支抗敌宣传队和三支电影放映队，分赴不同战区进行抗战宣传与动员活动。可见，郭沫若及其领导的第三厅，在抗战初期，是较为深入地参与到了抗战这一历史事件之中的。

虽然从抗战的角度，这是郭沫若较为光彩的历史，是他真正有功于抗战的时代，但在新中国成立后某段极"左"思潮的影响下，这一度又是需要被屏蔽或选择性遗忘的部分。因此，郭沫若的这一段较为丰富的历史，学界的研究反而较为薄弱。不过这段抗战史，其被遗忘的命运，在郭沫若的自传叙述中其实已初现端倪，在《抗战回忆录》中，他就已经开始为这段"光彩"的历史辩解。他不仅将担任厅长描述为周恩来的旨意，而且把同僚康泽（第二厅厅长）等人描述为抗战事业的破坏者，

---

① 陈诚:《函呈为筹组政治部事敬陈人事运用之所见》,《陈诚先生书信集：与蒋中正先生来往函电》(上),台北:国史馆,2007 年,第 296 页。

② 阳翰笙:《第三厅——国统区抗日民族统一战线的一个战斗堡垒［五］》,《新文学史料》1981 年第 4 期。

对蒋介石、陈诚也加以丑化。如对陈诚——这位昔日的战友和他进入第三厅的举荐者，他的评价是："其实这位以剿共起家的武人，他懂得什么政治，更懂得什么文化呢！……他不过是傀儡师手里的一个木头人而已。"[①] 实际上抗战时期郭沫若与陈诚相交甚笃，他不仅常去陈诚的战区慰问，他恢复政治部的提议，也是由陈诚向蒋中正传达，而蒋要会见郭沫若，也是通过陈诚转达。不几年，郭的叙述却呈现如此大的差别，可见他写作回忆录时的立场选择及意识形态色彩。1948 年写作《抗战回忆录》的郭沫若，与此时大量前往香港的文化人一样，是由共产党有组织地转移过去的政治与文化资本。与中共军事的推进相一致，此时聚首在香港的左翼知识分子,也展开了文化上的意识形态批判工作[②]。除了邵荃麟、乔冠华等人对胡风的批判外，郭沫若也写出了《斥反动文艺》，对朱光潜、沈从文与萧乾等自由主义知识分子进行激烈批判。写于此间的《抗战回忆录》，难免印上此种意识形态斗争的烙印。更有可能的是，他是试图通过叙事，为自己的历史寻求某种合理性。随着共产党军事的顺利推进，这批左翼文化人同年便被转移至东北，等待参加中共正在筹备的"新政协"。当郭沫若、李济深等人秘密登上北上的轮船时，《抗战回忆录》尚在连载中，但郭沫若却再也没有机会兑现他续写重庆经历的诺言，《抗战回忆录》是郭沫若的最后一部自传。

然而，在郭沫若去世之后，他的这个承诺却有人替他完成了，这就是 1982 年出版的《郭沫若在重庆》一书[③]。该书是一本资料集，也正因如此，它以较为客观的方式显示了郭沫若在重庆期间的抗战活动。该书的主体部分是"纪念郭沫若创作生活二十五周年和五十寿辰之祝词、纪念活动"，编者辑录了当时报纸杂志上的纪念文章、祝寿诗词及新闻报道等，全面再现了这一活动的盛况。这次纪念活动由周恩来亲自主持，它包括纪念郭沫若创作生活 25 周年、庆祝郭沫若 50 寿辰以及话剧《棠

---

① 郭沫若:《低潮期——〈抗战回忆录〉之六章·一　邓演达再世》,《华商报·茶亭》1948 年 9 月 28 日,第二版。

② 相关研究可参考钱理群:《1948:天地玄黄》,香港:香港城市大学出版社,2017 年,第 27—50 页。

③ 曾健戎编:《郭沫若在重庆》,西宁:青海人民出版社,1982 年。

棣之花》《屈原》的演出等内容。也正是在这次活动中，周恩来在《新华日报》的头版位置发表了《我要说的话》这一代社论性质的文章，奠定了郭沫若成为继鲁迅之后的左翼文化运动旗手的地位，这直接影响着新中国成立后新文学史的叙述[①]。同时，这次文化活动的意义还在于，它展示了文化如何运动这一问题在20世纪40年代新的展开，尤其是在政党政治的参与下，文化运动如何从自发转向政治组织，文化人的激情如何被转化为政党斗争的社会力量，政党的文化政策如何影响都市文化的生产，以及文化人所面对的政治归属等历史问题。《郭沫若在重庆》的第二大主题是郭沫若的"社会活动和演讲词"，它展示了重庆公众视野中的郭沫若形象。郭沫若当时头衔甚多，不仅是政治部第三厅厅长，后来的文化工作委员会主任，还在中苏文化协会、"文协"等组织任职，因此，经常要出席各类文化活动。而他的演讲也独具风格，在抗战的民众动员以及随后的民主运动中，都是一道文化风景，同时也是郭沫若参与政治活动和社会实践的独特方式。

但这部看似中立的历史资料集，实际上不乏政治"偏见"。既然题为"郭沫若在重庆"，郭沫若当时的主要身份，是政治部文化工作委员会主任，但这一经历却毫不见记录。而为编者所选择的"寿郭"这一事件，本身便充满了政党政治的色彩，由共产党领导人周恩来亲自主持的这一场祝寿运动，本身就是抗战进入相持阶段以后，共产党根据时局而拟定的新的左翼文化斗争方式之一，同时也成为奠定郭沫若左翼文坛祭酒地位的契机。从某种程度上说，这部资料集反映了新中国成立后郭沫若研究的一种基本思路，将抗战时期的郭沫若，主要放置于共产党的党史框架之内叙述。可见，虽然是资料集，也是一种历史叙事。而延续这种资料的意识形态叙述的，是《〈屈原〉研究》[②]。它主要汇集的是当时评论界对话剧《屈原》的评论，以及当事人对这一文化事件的回忆，展示

---

① 可参考程光炜：《文化的转轨——"鲁郭茅巴老曹"在中国》，北京：光明日报出版社，2004年。

② 曾健戎、王大明编：《〈屈原〉研究》，重庆地方史资料丛刊，1985年。更早的则有黄中模编：《郭沫若历史剧〈屈原〉诗话》，成都：四川人民出版社，1981年。

左翼知识分子在“文艺战线”上的“共同战斗”历程[①]，从而将《屈原》完全纳入到了“左翼剧运”的历史叙述之中，郭沫若由此也顺利成长为周恩来领导下的文艺战士。不过，这种史料叙事的方式，本身也显示出郭沫若在新时期所遭遇的某种危机，这种危机也反应在郭沫若研究之中，即学界对抗战时期郭沫若的文化政治实践无法充分处理，只能通过资料整理这种较为中立的方式进行，因此，目前对抗战时期郭沫若的研究，成就最高的依旧是对史料的爬梳。

除郭沫若自传及研究者对史料的整理外，当事人的回忆也值得重视，因为它们不仅参与了郭沫若战时形象的还原与建构，也是郭沫若研究的主要参考资料，如《悼念郭老》及阳翰笙的《风雨五十年》等，都是学界征引较多的资料。抗战时期，阳翰笙先担任第三厅的主任秘书，后又担任文化工作委员会副主任，是郭沫若的左右手，《郭沫若在重庆》的序言也正是出自他之手。在《风雨五十年》中，他将郭沫若的战时经历描述成了党的文化工作者形象：“以郭老为首的第三厅，在长江局和周恩来同志的直接领导下，冲破了国民党反动派所加的种种限制和迫害，在极端困难复杂的环境中，做了大量的工作，进行了艰苦的斗争，在历史上写下了不可磨灭的一页。”[②]从史实层面来看，他的回忆很大程度上参照的是郭沫若的《抗战回忆录》。但不同的是，经历了新中国成立后的一系列运动，国统区的知识分子天然地带有原罪感，需要不停地为自己的历史辩解，因而，阳翰笙也不得不将郭沫若当初曲折的用意，表达得更为明显，同时也部分地显得偏执和牵强。

阳翰笙这类说法，在80年代初期并不鲜见，更早的当属《悼念郭老》这部纪念文集。集中大部分文章都从既定立场出发，将抗战时期的郭沫若叙述为党领导的文化人。如林林就回忆道，他在日本拜访即将归国的郭沫若时，对方就表示“愿意来做党的喇叭”[③]。此说得到了夏衍的

① 荒煤：《永远闪光的雷电》，《〈屈原〉研究·序言》，重庆地方史资料丛刊，1985年。

② 阳翰笙：《第三厅——国统区抗日民族统一战线的一个战斗堡垒［一］》，《新文学史料》1980年第4期。

③ 林林：《这是党喇叭的精神》，《悼念郭老》，北京：生活·读书·新知三联书店，1979年，第147页。

进一步证实，据夏衍回忆，在郭沫若与他的一次交谈中，郭重述了他与林林的交谈，内容与林林的回忆一致[①]。鉴于郭沫若之前类似“留声机”的诸言论，此说很少受到质疑[②]。《悼念郭老》是郭沫若离世不久即面世的回忆录，不仅收录了郭沫若生平友好的纪念文章，也有直接来自政府高层的评价，其前言便是邓小平代表党中央所做的《在郭沫若同志追悼会上的悼词》，大有盖棺论定的意味。因此，在80年代初短暂的郭沫若研究热潮中，抗战期间郭沫若与中共之间的合作得到了充分的凸显，而《抗战回忆录》中那个参与国民政府抗战运动的郭沫若，则被进一步筛选、屏蔽或重新阐释。

然而，盖棺是实，定论却未必。1985年之后，各种新思潮相继涌现，加上随之而来的市场化，不仅革命的研究范式被抛弃，革命的热情和理想也开始动摇。在“后革命”的历史语境中，郭沫若的革命道路和经历不断遭到质疑，尤其是他在40年代对自由主义知识分子的批判，也在“告别革命”的时代语境中被否定。尤其是随着海外中国研究的译介，新文学作家的地位被重新洗牌，沈从文、张爱玲、钱钟书、朱光潜与萧乾等自由派作家开始受到读者和研究者的青睐，而这些作家在40年代又大多是被左翼批评家笔伐过的，如郭沫若的《斥反动文艺》就是其中的名文。从历史的角度来看，这是中共在取得军事优势之后，进一步获取意识形态领导权的必然方式，但这在“后革命”的语境中，尤其是从自由主义立场来看，这无疑是以政治标准绳之文学。因此，当研究者从自由主义和文人的独立性重新肯定沈从文和萧乾，从学术独立性“发现”陈寅恪，甚至当文化保守主义者推出钱穆等人时，郭沫若的文学、学术或革命经历也都成了亟待反思或批判的对象。

在这种文化思潮中，较有代表性的作品，便是90年代末出版的

---

① 夏衍:《知公此去无遗恨——痛悼郭沫若同志》,《悼念郭老》,北京:生活·读书·新知三联书店,1979年,第19页。

② 按,陈俐曾立足郭沫若的“五四”精神,批驳此说,同时也对张景超的“党喇叭”有所回应。参见陈俐:《论郭沫若在四十年代民族文化建设中的话语转型——兼析“党喇叭”说》,《郭沫若学刊》2003年第2期。

《反思郭沫若》。该文集的贡献，主要是秉持知识分子独立的立场，对郭沫若的“暮年心路”进行反思，这主要涉及的是郭沫若晚年所写的一系列社会主义颂歌，论者既指出这或出于郭沫若的真诚，或为时势所迫，但也强调他在某些关键时刻的表态，“确实为全盘否定历史的极‘左’思潮助长了声势”[①]，这也不无道理。无论是从思想解放，还是学术研究的角度，《反思郭沫若》这类书的出现，虽然是郭沫若现象在“后革命”时代所遭遇的危机，但对于学术研究尤其是还原郭沫若来说也是难得的动力。郭沫若本来就是不乏争议的人物，反思不惟不应回避，而且也是必要的。不过，《反思郭沫若》也需要反思，这主要在于，该文集中的大部分文章，并非以郭沫若为研究对象，而是以郭沫若曾经的论争对手鲁迅、沈从文、萧乾，以及与郭沫若路径截然不同的陈寅恪、谭其骧等人为中心，从事先限定的标准和论题反思郭沫若，从而将他的文化政治活动作了“去历史化”的处理。这是以他者律郭，从而不可避免地将他符号化了，对郭不惟缺乏同情，甚至缺乏历史性的理解。这是反思者历史意识缺乏所带来的局限。这种反思对抗战时期郭沫若的影响在于，论者对郭沫若晚年的反思，及由此塑造的无行文人形象，往往被投射到他当年的经历之中。这是一种历史的后设眼光。同时，郭沫若晚期的形象又被媒体放大，成为大众视野中郭沫若的整体形象。这形成了一个较为奇特的现象：责难郭沫若成为一种习惯，但具体所指却并不明确，郭沫若逐渐变成了一个文化标签，从一个历史人物，变成了人人均可臧否的文化符号[②]。因此，对郭沫若的批判看似态度激烈且立场鲜明，但实际上难免带有历史虚无主义的嫌疑。

---

① 丁东编:《反思郭沫若》,北京:作家出版社,1998年,第3—118页。

② 温儒敏曾指出郭沫若阅读的两极化,即一般读者评价不高,而专业学者则较为称许(温儒敏:《浅议有关郭沫若的两极阅读现象》,《中国文化研究》2001年第1期)。魏建则进一步探讨了研究领域的两极化评价,这基本上涵盖了郭沫若的诗歌、政治、学术等领域。在魏建看来,这种现象主要来自于研究者的主观性,以及割裂研究对象与历史之间的联系造成的(魏建:《郭沫若“两极评价”的再思考》,《山东师范大学学报[人文社会科学版]》2012年第6期)。近年来,李斌在“为郭沫若正名”的工作上做了不少努力,可参考其《用“伪历史”研究“晚年郭沫若”可以休矣!》,《当代文坛》2018年第1期。

而另一种较值得关注的反思方式，是几位现代文学研究者所做的一次“关于郭沫若研究的漫谈”。他们从反思郭沫若研究在当代的困境出发，将郭沫若置于时代性与历史性两个坐标之内加以考察，从时代问题与郭沫若自身的历史脉络考察其文化实践与思想变化的依据，同时，也强调研究者的“自审意识”,“而不是仲裁者的目光”[①]。这本应是研究者的基本出发点，但对于郭沫若研究来说，却似乎成了最高要求，依旧需要重申。这既源自于上文所梳理的郭沫若研究中的某些问题，更在于郭沫若这个研究对象本身的复杂性。郭沫若是一个极强调“时代精神”的人物[②]，他的诸多言辞与行为，都与具体的历史语境有关，他的身份调整多是在历史的节点做出的。如新文化运动与他的弃医从文、北伐战争与弃文从武、大革命受挫与转向学术、抗日战争与弃学从政、“寿郭”运动之后转向创作、建国与再度从政等。对于重大历史事件，他几乎都有即时甚至是预先的反应，而这反映在他的言论上，则往往呈现出一种历史的超前性、激进性，乃至自相矛盾的一面。这就要求我们在研究郭沫若时，需要将他的言论作历史化的处理，否则只是一堆前后互相抵消的论断。

这也是本书问题与方法的出发点。即以历史化的方式，再度回顾抗战时期郭沫若的政治文化实践。而所谓的历史化的方法，本身也有两种展开路径，一是通过还原历史情境、语境等方式，尽可能靠近历史的真实；二是带着马克思主义视角的历史阐释学。这两种方法的区别，在詹姆逊看来是前者侧重“事物本身的根源”，后者则“试图借以理解那些事物的概念和范畴的更加难以捉摸的历史性”[③]。詹姆逊因对话对象主要是结构主义，故独取后者。但本书更愿意从第一种方法出发，在将人物与事件语境化、问题化，从而与革命史、党史、文学史及学术史的既有

① 参见蔡震、高远东、刘纳、冯奇：《关于郭沫若研究的漫谈》,《中国现代文学研究丛刊》1992年第2期。

② 有学者甚至以“时代精神”作为研究郭沫若的博士论文选题。参见Pu Wang：The Phenomenology of “Zeitgeist”：Guo Moruo and the Chinese Revolution，A Dissertation of New York University，2012年。

③ 詹姆逊(Fredric Jameson)：《政治无意识》,王逢振、陈永国译，北京：中国社会科学出版社，1999年，第1页。

叙事展开对话，先还原人物及其所处语境、所面对问题的历史复杂性。在此基础上，借助知识社会学、观念史乃至意识形态分析等方法，考察郭沫若文学理念、社会实践与政治意识生成的历史过程及其必然性。当然，郭沫若的问题最终还是要回到他与革命进程的关系之中才能得到充分的解释，只有在与革命史的相互参看中，郭沫若的一切言行才有具体的指向性，其历史意义才会充分显现出来。

鉴于抗战时期文化人的文化政治与政党政治文化之间的纠缠关系，本书也借鉴文化史与政治史交互为用的方法。这种方法曾为余英时用来分析宋代士大夫的政治文化。在他看来，宋代士大夫的政治文化本来就是“政治与文化两系列发展互动的最后产品”，因而，他在从政治史的角度探讨权力结构及其运作时，往往将“党争”的文化内涵纳入视野；对文化史中的儒家理想与观念的探讨，又“把它们和实际生活联系起来观察”，进而探讨这些观念“落在政治领域中究竟产生了哪些正面或负面的效应”。在他看来，“政治现实与文化理想之间怎样彼此渗透、制约以至冲突——这是政治史与文化史交互为用所试图承担的主要课题”①。本书固然难以全面讨论郭沫若的“历史世界”,但也试图在一个开放性的历史视野中展开他与时代之间的互动关系。因此，本书在借鉴这种方法的同时，也更侧重个人经历、主体形态与历史之间的某种对话性和交互影响的关系。从郭沫若的战时经历来看，他固然是因应时代做出身份与表达方式的调适，但这也显示出其主体的某种开放性，他是以一种较为自觉的方式向历史敞开，借助于时代问题重塑自我，这种重塑的优长与局限都是需要进一步考察的。郭沫若并非是单向度地接受时代的影响，他的言论和行动也往往构成了某种时代的征候，更有甚者是对历史进程也不无影响，如论者所指出的，“他的每次政治表态，却多少都能赋予政治运动以象征性的历史合法性”②，虽然这主要是针对他新中国成立后的言论而言，但抗战后期他“文坛祭酒”的地位，以及他学术上

---

① 余英时:《朱熹的历史世界：宋代士大夫政治文化的研究》(上),北京：生活·读书·新知三联书店,2004年,第6,7页。

② 蔡震、高远东、刘纳、冯奇:《关于郭沫若研究的漫谈》,《中国现代文学研究丛刊》1992年第2期。

的成就，事实上已具有某种“道统”的象征性，当时很多文化活动都需要以他的名义发起，许多政治与文化仪式需要他出席讲话便是明证。因此，历史化还意味着探讨主体与历史之间相互塑形的关系。

从“第三个十年”到“抗战时期”

对于抗战时期的郭沫若而言，抗战无疑是彼时最大的历史语境。其概念的内涵、战时社会的大致变迁、战时大后方的历史情境等，不仅是进入那个时代的视角问题，与郭沫若战时的活动轨迹和思想变化等也都直接相关。

先从文学史的研究来看。1937 年是抗日战争的起点，同时也正好是现代文学史上“第三个十年”的起点。这种以历史分期作为文学史分期的标准，其合理性在于，战争不仅是一个历史事件，同时，它也深深地影响到了新文学的生产与传播、文人的生存状态和想象方式，微观层面更是影响到了文学的语言和形式、文学与时代的内在关联性等方面。抗日战争与文学的关联，使得文学史的这种分期具有某种合理性。

局限性也是明显的。就时间上看，1937 年作为“第三个十年”的起点，固然是鉴于战争对于文学的影响，然而在此之前的国防文学论争，以及国防文学创作，便很难纳入抗战的整体图景之中，实际上国防文学论争为战后文坛的迅速组织化提供了思想上的准备；同时，“第三个十年”这个概念并非一个中立的时间概念，而是以新文学为起点的叙述框架，自然也是以新文学为中心。如果从“第三个十年”的这种眼光去看郭沫若，不难发现，他在抗战时期唯一值得一提的，是他的话剧创作，尤其是可划归中共文艺斗争视域的《屈原》。至于他听将令的抗日宣传，以及蔚为壮观的旧体诗词创作，便很难纳入这个历史叙述之中。鉴于此，本书选择“抗日战争时期”这一更为具体的概念。而这个概念本身也揭示了当时的历史环境和时代主题。“抗日战争时期”对于我们来说，本来是一个无须解释的概念，但考虑到其与“第三个十年”的对话性，我们将与本书论域及论题相关的几个方面略作强调。

“抗日战争时期”的“抗日”，提示我们可以从民族主义的视角切入这一问题，从而有助于我们规避新中国成立后党史叙述所造成的思维定势。这对于我们研究郭沫若的意义在于，它让郭沫若辗转武汉、重庆的轨迹具有了特定的历史意义，它与国民政府都城的迁移是一致的，这与历史上的动乱年代，士大夫追寻朝廷行在的方式一致，这有助于我们理解抗战时期知识分子的心态。同时，武汉、重庆的战时地位也相应地得到了凸显。从抗战时期的地域划分来看，目前学界关注较多的，无疑是昆明与延安。西南联大寄托了当代文化人对自由的向往，延安则是探讨社会主义中国经验与中国模式的起点，而战时的临时首都武汉与重庆，受到的关注则较少，甚至不如沦陷区上海与北平。然而，战时陪都，无论是武汉还是重庆，其复杂性都值得进一步关注。本书立意并非都市研究，此处仅从郭沫若可能面对的历史环境出发，对武汉与重庆的战时情况略作介绍。上海沦陷之后，武汉曾作为临时首都，但它的意义更在于为文化人的“聚散离合”[①]提供了一个中转站，无论是南下还是西进的文化人，多经此地中转，这带来了武汉的一时繁荣。武汉对于郭沫若的意义，还在于它是昔日革命政权所在地，曾经一度的革命中心。这些因素对于郭沫若的抗战道路并非没有影响，如1938年他对武汉的观感便是：“沉睡了十年的武汉，似乎又在渐渐地恢复到它在北伐时代的气势了。”[②]这种革命的新图景，也是郭沫若加入政治部的原因之一。而该年他所组织的几次大规模宣传动员活动，也离不开武汉时期的战时乌托邦景象。

重庆则远为复杂。深处内地的四川，文化氛围本来就较为保守，这为抗战时期民族主义、传统文化的复兴和保守主义的兴起，无疑提供了最为适宜的土壤。抗战时期较为兴盛的旧体诗词创作，除了民族主义的激发，也要考虑内地的这种文化氛围，如章士钊、沈尹默等人入蜀后，

① 借用姜涛的说法，这也是2013年北京大学中文系所举行的40年代文学研究会议的议题。

② 郭沫若：《动荡——〈抗战回忆录〉之二章·四　傀儡的试探》，《华商报·茶亭》1948年9月3日，第三版。

诗词创作量都呈几何级数上升。家国危难之际，文人往往要借旧体诗词抒发“兴亡之感”，但重点不在兴，而在对亡的隐忧，因而，诗词唱和也成为文人消解苦闷、寻求慰藉的方法。作为新文人的郭沫若，在与这些人的酬答往来中，也创作了大量的旧体诗词，这成为我们考察战时郭沫若所不可回避的一个面向，由此不仅可以探讨郭沫若的战时文化行为，也可略窥重庆士林的战时心态。

随着国民政府的迁入，重庆成为战时的首都，除各种机关以外，文化人也随之东来。而“下江人”（按：这是当时四川本地人对外地人的称呼）的大规模涌入，也相应地改变了重庆及其周边地区的文化生态。这除了新文化人与新青年要在该地工作、生活以外，对市民文化、生活与心态影响更广更深的，是各类报纸和杂志的相继迁入或创刊。外来的新文化与本地的传统由此生成了某种新旧杂处的状态。与北京不同的是，它缺乏一个历史融合与分化的过程，因而新旧之间，往往以更为明显的方式相互镶嵌，既互有矛盾，也相互融合。如本为新文化人物的郭沫若，在重庆也要与革命耆老、旧派士绅交互往来，参与他们的诗词唱和，同时也要面对新诗人的责难。这确实呈现出如布洛赫所说的同一个时代的“非同时代性”（non-contemporaneity）[①]特征，这是郭沫若所面对的特殊语境，对理解他当时的文学创作和历史想象不无意义。

重庆人口的大规模增长，为文化产业带来了新的消费群。除文学杂志以外，电影、话剧也再度兴盛。但随着1941年太平洋战争爆发，香港沦陷之后，电影胶片的供应来源断绝。这为话剧的发展提供了极佳的历史契机，无路可走的电影明星、空置的影院以及无影可观的广大市民，都转化为话剧产业的消费群，使话剧快速走向了繁荣。无论是戏剧运动，还是郭沫若的创作，都始于1941年年底，这并非是巧合。因此，当时国统区的左翼知识分子在新中国成立后往往将重庆“剧运”描述为

---

① Ernst Bloch：*Heritage of Our Times*，Translated by Neville and Stephen Plaice，Polity Press，1991年，第108页。按，袁一丹曾从“同时异代”的角度考察北京沦陷时期读书人的伦理境遇与修辞策略，其对文化错杂的描述对理解国统区重庆的文化地貌也有启发，参考袁一丹：《北平沦陷时期读书人的伦理境遇与修辞策略》，北京大学博士学位论文，2013年。

是因党的文艺政策所致，尤其是将郭沫若的话剧创作置于党派斗争的视野，无疑忽略了太平洋战争所带来的对外交通困难的历史语境。而郭沫若的《棠棣之花》《屈原》等剧，演出时都能采取全明星阵容，除了共产党和左翼文化人的有意安排，也得益于电影产业的没落。这对文学生产乃至文学形式都不无影响，当时的话剧都明确地为演出而作，郭沫若也就难以回避观众的新旧杂陈，因而他的话剧往往带有浓厚的旧戏色彩。而郭沫若的这种做法，也回应了更大的历史问题，即抗战时期文艺如何动员民众的问题。这既是他所在的第三厅的工作职能，也是文学史叙述中的大众化与通俗化的问题。因而，他的话剧可以说是从形式的角度回应了这些时代问题，而剧作形式上的实验性，也是作为作家的郭沫若，在应对时代问题时所具有的独特性与美学创新性。

“抗日战争时期”的第二个关键词是“战争”。这是更直接也更为根本的历史语境，无论是武汉的繁荣还是重庆的新旧杂处，也都与此相关。在霍布斯鲍姆的系列历史著作中，他为短二十世纪（1914—1989）选定的词汇是“极端的年代”。这个印象主要来自20世纪上半叶，在描述两次世界大战时，他用的是“总体战的年代”：“第二次世界大战将大规模战争升级发展成总体战。”[①] 总体战的主要特点是大规模的人力动员、战争生产及有效的组织和管理，一切军事化，战争从战场波及到了社会的各个方面，而且超出了民族和国家的界限。战争再也不是贵族在战场上的荣誉之战，而是广泛波及平民的暴力和杀戮[②]。虽然霍布斯鲍姆的材料主要来自欧洲战场，但这同样适用于中日战争。郭沫若早就从总体战的角度，将抗日战争定义为现代的“立体战争”[③]。

立体战既是郭沫若战时从事社会活动的背景，也是他要面对的时代问题。立体战意味着战争除了军事以外，还倚赖于全方位的社会动员，也意味着战争波及的范围空前扩大。战争首先带来的是大规模的移民，抗日战争期间，有大量的难民从沿海西迁内地，据当时国民政

---

① 霍布斯鲍姆:《极端的年代》,马凡等译,南京:江苏人民出版社,2011年,第27页。

② 同上书,第28—37页。

③ 郭沫若:《全面抗战的再认识》,《申报》(沪版)1937年9月17日,第五版。

府赈济委员会统计的数字，截止1940年7月，“共赈济难民达二千零七十一万三千七百十七人”，而据当时社会学家的估算，由东部往西的移民当在三千万以上[①]；就西迁人员的教育程度而言，“工商及知识分子比较占多数，农民比例占少数”，而知识分子内部也有不同，高级知识分子西迁的占百分之九十以上，而中级知识分子比例也超过百分之五十[②]。这种情况也可从当事人的回忆中看出，如闻一多随大学西迁，家人则暂时留守。这除了知识分子的民族意识较强以外，主要是他们所从事的职业往往与政治、文化或教育相关，随着战时大学和政府机关的内迁，以及都市传媒被破坏，知识分子也相应地需要内迁，否则不仅要面临日寇的威胁，也要失去生活来源。而迁徙的方向则大多是从东部城市如北平、上海和南京等地，迁往西南的昆明和重庆，或西北的西安和延安。郭沫若也在迁徙者之列，抗战期间他迁徙的路线大致是：日本—上海—南京—上海—香港—广州—武汉—长沙—桂林—重庆，同时期的其他作家如茅盾、萧军、卞之琳等，他们奔走的范围也并不亚于郭沫若。

除了横向的迁徙以外，纵向的升迁也需要考虑，这便是知识分子的角色和身份的变迁。战争所带来的“例外状态”破坏了社会的既有结构，如北京、上海等地的文化生态便遭到严重破坏，这对那些倚靠都市文化市场的作家来说，就意味着暂时失业；另一方面，为应对国难，国民党也开始延揽党外人士参政，如胡适便是临危受命出任驻美大使。除了这种个别的任命以外，战时政府也增设了一些制度和机构，为民众参政提供了途径，这包括庐山谈话会、国防参议会及政治部等。

无论是庐山谈话会，还是国防参议会，政府所邀请的都是知识精英，如庐山谈话会的部分名单：蒋梦麟、张伯苓、梅贻琦、胡适、傅斯年、马寅初、梁漱溟、王云五等，多为大学校长、学者或知名文化人。国防参议会因人数较少，遴选更为严格。虽然人数不多，却开创了在野知识分子参政议政的先例，据梁漱溟介绍，“从内容人物来看，几乎全

---

① 孙本文：《现代中国社会问题》（第二册），重庆：商务印书馆，1943年，第261页。

② 同上。

是在野的，党外的。即为国民党的，或系素不接近中枢的，如马君武先生”[①]。所以，梁漱溟对此举颇为赞同：“这种精神，的确表见政府要团结全国力量，集中全国之思虑与识见的意思。”[②]梁漱溟将其与之前的洛阳国难会议对比，认为国防参议会不仅形成常设机关，同时大家的参与热情也颇高，让人感觉气象一新：“今天政府愿意大家来，大家亦愿意来，一面是政府开诚延纳，一面是大家竭诚拥护。团结在此，民主在此，统一在此，进步在此。气象光昌，三十年来所未有；谁说敌人不大有造于我！”[③]据史家研究，国防参议会正是后来参政会的前身[④]。1938 年 3 月召开的国民党临时全国代表大会，通过了设立民意机关的决议，于是，国防参议会便扩展为国民参政会，这是战时知识分子参政议政的主要政治渠道，为在野知识分子步入政界提供了阶梯，也是 40 年代中期民主运动的机构凭借。

实际上，战争对郭沫若的影响要更为具体、关键，从某种意义上说，他的个人问题是在时代问题中得到解决的。郭沫若原本是在遭受国民政府通缉的情况下避难日本的，因此，“七七”事变之时他依旧还是个通缉犯，但他之所以能返国，与国民政府的战时政策有莫大的关系。关于郭沫若如何归国，学界已有不少考证，总体来看，他的归国与中共并无多大关系，主要是由国民政府和他的朋辈友好共同促成[⑤]。郭沫若归国后赴南京面见蒋介石时，曾拜会乡谊张群，张群告诉他：“今年五月，在庐山，和慕尹、公洽、淬廉诸位谈起了你，大家都想把你请回来。”[⑥]

---

① 梁漱溟：《我努力的是什么——抗战以来自述》，《梁漱溟全集》第 6 卷，济南：山东人民出版社，1993 年，第 184 页。

② 同上。

③ 同上书，第 185 页。

④ 闻黎明：《第三种力量与抗战时期的中国政治》，上海：上海书店出版社，2004 年，第 7 页。

⑤ 对此可参考金同祖的叙述，殷尘（金同祖）：《郭沫若归国秘记》，上海：言行社，1945 年。又廖久明的一系列考证文章：《郭沫若归国与郁达夫所起作用考》，《新文学史料》2010 年第 3 期；《郭沫若归国与王芃生所起作用考》，《新文学史料》2011 年第 3 期；《郭沫若归国与共产党所起作用考》，《郭沫若与中国文化——纪念郭沫若诞辰 120 周年国际学术研讨会论文集》（下），乐山，2012 年。

⑥ 郭沫若：《在轰炸中来去》，广州：抗战出版社，1938 年，第 25 页。

慕尹为钱大钧，时任蒋介石侍从室第一室主任等职；公洽为陈仪，时任福建省主席；淬廉为何廉，时为国民政府行政院政府处长等职。张群的话较为可信，何廉在他的回忆录中也曾提及此事，为筹备庐山会议，他与翁文灏共同拟出邀请名单，其中就有郭沫若。据何廉的说法，他当时并不知道郭沫若是共产党，这或为实情①。蒋介石的反应也是："好得很，我对此人总是十分清楚的。"②而具体操办此事的是郁达夫，他曾两度去信郭沫若，信中说："今晨因接南京来电，嘱我致书，谓委员长有所借重，乞速归。"③郁达夫当时任职于福建省政府。虽然此次并未成功，但正是有了高层的同意，郁达夫后来的进一步奔走才会奏效。

郭沫若虽然未能参与庐山谈话会，但政府广开言路的做法，使他有机会从通缉犯成为蒋介石的座上客。郭沫若抵达上海时，在码头迎接他的正是何廉，国民政府也在他归国第三天取消了对他的通缉令，不久后便让他前往南京与蒋介石会面④。国民政府撤退到武汉后，他应陈诚之邀任新成立的政治部第三厅厅长，领中将衔，这既是郭沫若的个人际遇，同时也可见国民政府在抗战初期用人的不拘一格。而陈诚之考虑郭沫若，除了郭的抗敌热情以外，还有他的人望和社会地位，尤其是他早期的文学创作和蛰居日本期间的学术成就，这些在文化知识界具有一定的号召力。

郭沫若地位的升迁，又为其他文化人带来了机会。他出任政治部第三厅厅长之后，也不负蒋介石、陈诚等人的期许，邀请了大批文化名人加盟。本来郭沫若拿着初拟的邀请名单，一时还颇有顾虑："这些先生们会全部肯来就职吗？"⑤但结果是除了徐悲鸿之外，其他人都做了肯定答复。而徐悲鸿之不就职，也是因为他没找对地方，直接去了陈诚那

① 郭沫若是在南昌起义之后，随军队转战广州的途中加入中共的，当时几乎没有关于此事的记载。

② 何廉：《何廉回忆录》，朱佑慈等译，北京：中国文史出版社，1988年，第124页。

③ 郁达夫：《致郭沫若》，《郁达夫全集》第6卷（书信），杭州：浙江大学出版社，2007年，第271页。

④ 谢冰莹曾提及，郭沫若回到上海后，曾委托吴稚晖从中安排他与蒋介石会面。参考谢冰莹：《于立忱之死——是郭沫若害死她的》，《传记文学》（台湾）第65卷第6期，1990年。

⑤ 郭沫若：《筹备——〈抗战回忆录〉之四章·二　人事和计划》，《华商报·茶亭》1948年9月16日，第二版。

里，或许是坐了冷板凳，因而拂袖而去。后来在香港时，郭沫若还提及此项，“一批极有地位的文化人士都成了蒋的四五等幕僚，大家为了抗战，官卑职小，全不计较”①。这显示了抗战时期知识分子道路选择的某种一致性，弃学/文从政是当时的一个普遍现象。而第三厅这个政府军事机构，则适时地为文人艺术家提供了实现其家国理想的途径。后来，战争进入相持阶段，国共之争再起，郭沫若所主持的第三厅，被改组为文化工作委员会。战争结束前夕，他因发起《文化界时局进言》呼吁民主政治和言论自由，惹恼当局，文化工作委员会因而被撤销。因此，郭沫若战时的工作，是应总体战的民众动员而设，而他地位的起落，也与战争的进展密切相关。

然而，战争所带来的，远不只是作家的迁徙、身份的转变问题这么简单，战争既是政治的延伸，反过来，它对政治形态和社会结构也会形成深远影响。正如研究者所指出的：“战争是一种集体行使暴力的组织化形式，由于其极端暴力的性质，战争经常成为转化既有社会结构的历史事件。透过这样的历史事件，旧有的社会结构被摧毁或改变、新的社会结构则透过战争过程与战后重建而逐渐形成。”②也就是说，战争虽然结束了，但战争模式则可能嵌入到了社会结构和人们的思维方式之内，形成某种战争化的认知框架。战争的这些后续影响，为我们考察战争之于具体个人的影响提供了可能，对于郭沫若来说，战争如何影响到他的思维方式、文艺思想也是我们要探讨的问题。

除民族视角与战争环境以外，“抗战时期”这个概念还有一个历史时限问题。它虽然有具体的时间范围，但也具有一定的伸缩性，凡与抗日战争相关的，无论是战前还是战后，均可纳入此范围之内，这种伸缩性有效顾及到了历史的连续性。这有助于我们考察郭沫若战时行为背后的历史脉络和思想资源，同时也有助于我们考察战争对郭沫若个人，以及对战后的政治走向所造成的深层影响。

---

① 郭沫若：《谁领导了北伐和抗战》，《华商报》1948年7月7日。

② 汪宏伦：《东亚的战争之框与国族问题》，《战争与社会：理论、历史、主体经验》，台北：联经出版事业股份有限公司，2014年，第162页。

“抗日战争时期”这个较为中性的概念，还可使我们暂时回避意识形态的拣选，尤其是党史叙述中国统区抗战的某些盲点，但我们也并不回避现实政治问题，而只是试图提供一个历史坐标，以便进一步展开各种力量之间的对话。从抗战时期的历史现实来看，政党政治不仅不可回避，而且是我们理解郭沫若战时经历和形象、理解抗战这段历史不可或缺的因素。政治部本来就是国共合作的平台，周恩来也担任副部长。所以，在国共两党合作顺利的抗战初期，政治部的工作也开展得较为顺利；后来国共摩擦加剧，政治部也最先受到冲击。郭沫若抗战初期与国民党走得较近，也曾一度与中共疏远，可以为证的，是他前期较少主动在《新华日报》发表文章。其中一个原因是1938年9月，郭沫若曾为纪念国际青年节为《新华日报》题词，虽然是无关痛痒的几句话——“要努力使文化永远青年化，使青年永远文化化”[①]，但却受到蒋介石的规劝，先是陈布雷致信郭沫若告知蒋对此不满，随后，蒋介石又亲自召见他，“公务人员啦，不好在，唵，有色彩的报纸上，发表文章”[②]，让他多选择较中立的报纸如《大公报》发表。郭沫若任职第三厅厅长期间，在《新华日报》发表的文章，多为广播稿或演讲记录，极少专文；而他的几篇重要的文章，如《战争与文化》《“民族形式”商兑》等，则都发表于《大公报》的“星期论文”栏目。

1940年，原政治部部长陈诚卸职调任前线，国民党欲借此机会加强对政治部的党化统治，郭沫若等人于是主动要求离开第三厅。新任政治部部长张治中则采取折中办法，另立文化工作委员会，安置郭沫若等人，这是郭沫若此后转向文化活动的现实原因。而共产党在皖南事变后，将国统区的工作重心也转向了文化领域。为此，需要借助有影响力的文化人，作为左翼文化运动的代言者，或者说象征性人物，而此时无论是声望还是能力，郭沫若都是较为合适的选择。不久，共产党和左翼

① 《新华日报》1938年9月4日，第二版。

② 郭沫若：《反推进——〈抗战回忆录〉之九章·二 申斥与召见》，《华商报·茶亭》1948年10月18日，第二版。

文化人就发起了规模空前的“寿郭”运动，这就是《郭沫若在重庆》所重点记述的“郭沫若诞辰五十周年暨创作生活二十五周年纪念”活动。该活动由周恩来亲自主持，活动范围遍及重庆、桂林、延安、香港以及新加坡等地。除《新华日报》发表周恩来代社论性的文章《我要说的话》并推出纪念专刊外，很多报刊都发表了纪念文章；此外，重庆等地还举行茶会，举办郭沫若创作成果展，同时还设立郭沫若奖金、出版基金等计划。通过这一次全方位的文化活动，中共成功地将郭沫若塑造为继鲁迅之后的文化旗手，作为即将展开的文化动员的先锋[①]。郭沫若与政党间这种道与势的关系，除了中国传统政治思想的源流以外，也得到了共产主义理论的支撑，如意大利的葛兰西就指出，君主的现代形态就是政党。在他看来，“现代君主，神话君主，不可能真有其人，也不可能具体指哪个个人；他只能是集体意志已在社会上被承认，或多或少以行动表现了自己的存在，并开始采取具体形式时所出现的成分复杂的社会有机体。历史已经提供了这种有机体，它就是政党”[②]。政党这个有机体，既需要历史与文化的合法性，其社会职能也需要具体的承担者和实践者。现代政党的这种形态，以及政治与文化的这重关联，无疑为我们理解郭沫若的战时身份，以及他 1942 年的话剧创作高峰，提供了一个较为复杂的政治文化背景。

而抗战时期的中国政党，与西方的政党概念又有所不同，它并非和平年代的执政党或参政党，大多是革命型政党，注重的是社会动员，讲求的是斗争的策略。政党的这些因素也影响到了郭沫若的思维、语言、文学形式以及实践方式。如革命党的激进性，继续革命的逻辑，无疑都在郭沫若这一代左翼知识分子身上留下了烙印，更何况郭沫若不仅切身参与了革命，向来也以革命者自许。除了国共两党之外，郭沫若与民主党派的往来也极为密切。抗战时期他本来就以无党派身份活动，后来也是以“社会贤达”的身份参加“政协”，在战后国共谈判中也以此身份担

---

① 参考李书磊的说法，见李书磊：《1942：走向民间》，济南：山东教育出版社，1998 年，第 35 页。

② 葛兰西：《葛兰西文选》，李鹏程编，北京：人民出版社，2008 年，第 115 页。

任调节者。而战争所带来的“抗战建国”的时代问题，实际上为各路势力提供了一个思想、权力的演练场，因而，政党政治的视野，为我们提供的是多元权力交错的历史空间，也是一个开放的空间。郭沫若在其间扮演的历史角色，既是一个试图主动创造历史、为未来图景出谋划策并积极奔走的形象，同时又是一个被时代所裹挟的个体。这是40年代问题本身的复杂性，也是把握郭沫若的困难之处。

诗人革命家

“抗战时期”的视野，提供的是开放的历史视野，展示的是远未完成的历史想象力。对于郭沫若来说，这种想象力不仅通过他的政治家、革命家及其社会实践得以体现，更通过文学家郭沫若的形象得以体现。这里所谓的文学，并不是狭义的“文学”，而更接近于中国传统“文”的概念。即不仅指现代学科划分意义上的包括诗歌、小说、散文等在内的文学（literature），而是类似章太炎所说的：“文学者，已有文字箸于竹帛，故谓之文。论其法式，谓之文学。凡文理、文字、文辞，皆称文。”① 章太炎的说法对我们的研究有两点启发，一是从广度上看，凡是写作均可称为文，使我们可以突破现有学科的限制，将郭沫若的学术研究、诗词唱和乃至行政公文纳入研究视野，从而走出狭义的文学史范畴，从现代文学史家所设想的“大文学史”② 的角度，考察战时郭沫若的历史形象；其次，从性质层面看，文学不再是一个独立，或者说更多是

---

① 章太炎：《国故论衡》，北京：商务印书馆，2010年，第73页。

② 钱理群：《关于20世纪40年代大文学史研究的断想》，《中国现代文学研究丛刊》2005年第1期。李怡也一再呼吁以“大文学史观”的视野研究“革命文学”与战时文学，参考李怡：《开拓中国“革命文学”研究的新空间——建构现代大文学史观》，《探索与争鸣》2015年第2期；《战时复杂生态与中国现代文学的成熟——现代大文学史观之一》，《北京师范大学学报（社会科学版）》2014年第3期。

与美学关联的范畴，而是与政治、伦理、礼乐等有着本质的关联。抗战时期郭沫若的创作，即便是“文学性”最强的话剧创作，也无不带着政治与伦理的视野。因此，文学与政教之间的本质关联，为我们探讨郭沫若其人其文的复杂性，尤其是他身上所具有的传统士大夫的一面，提供了可能的途径。

抗战时期郭沫若写下了大量的文字，除七部话剧《甘愿做炮灰》《棠棣之花》(修订)、《屈原》《虎符》《孔雀胆》《筑》《南冠草》之外，还有大量的政论文、学术论文、公文、杂文（批评)、散文、诗词，以及少量小说和报告文学等。这构成了文学家郭沫若不可忽视的存在，使他区别于一般的政治家、学者或作家。更为重要的是，他的创作和研究也都具有不可低估的读者群或社会影响。从文坛来看，以当时他的文学地位(最直观的表现是，他的作品常被置于刊物的显要位置)，他的文学创作和美学理念，即便不构成引领文坛的风尚，也是其他人的重要对话对象，至少难以完全被忽略。事实上，他往往构成了文学论争的重要一极，如他所参与的“国防文学”口号论争、文艺的大众化、民族形式论争等均是如此。他的学术文章，虽然后来学界有不少争议甚至是质疑，但当时却既引起学院的关注，同时也广泛地影响到了社会。如他的《甲申三百年祭》，不仅在国统区引起轩然大波，更受到延安的重视，并一度被共产党列为整风文件。而学界研究甚少的旧体诗词，不仅是他抗战时期创作的主要文类，也在历史中扮演着极为关键的角色。如毛泽东《沁园春·雪》遭受部分知识分子的批判时，也是郭沫若以诗词的形式为之辩护。至于他的话剧创作，如《棠棣之花》《屈原》等，不仅是左翼知识分子文化政治的成果，同时也是共产党的政治文化运动的历史产物。可见，文学的视野，不仅是我们理解郭沫若其人，更是理解其所处时代丰富性的重要媒介。因此，对于战时的郭沫若，我们除了要研究其革命行动与社会实践的一面外，还要注重其参与社会实践的独特方式——文学。

正如传统“文学”这个概念，从本质上与政教就具有关联性一样，文人郭沫若也与革命活动、社会参与等难以截然分开。而郭沫若也从未将自己划归于某个特定的领域，或归属某种身份。作为一个以西方文艺复兴知识分子作为参照的新文化人，郭沫若的知识结构和人格想象也类似“百科全书式”人物[①]，这也就是他以孔子和歌德为模型所描摹的“球形天才”[②]形象。能自由出入于艺术、科学、教育、革命与政治等不同场域，从而突破了现代学科对他的限制。这实际上也对学术界的专业化研究视野提出了有力挑战。从他的成就来看，虽未能完全达到“百科全书派”那样的高度，但形制近似。

但无论是“百科全书派”还是“球形天才”，对郭沫若来说，都不仅仅是文学、政治青年的理想或抱负，而是切实地参与到了他的主体建构过程之中。因此，他关注的领域不仅广泛地涉及政治、经济、艺术、学术等领域，而且以实际行动参与了革命、抗战和政治运动。因而他的身份看起来是不断地在改变，但实际上可能是他主体的不同面向在某个时段的凸显，其经验也并非是后者对前者否定——虽然他有时候很决绝地作自我否定，而很可能是不断地积累与叠加，是历史进程反馈于主体，并由主体主动做出新的回应之后，形成的某种诗人政治家或政治文学家的主体模式，并综合地在其后的实践中发挥作用，正如论者所指出的，“在特定的案例中知识分子把其以前的身份融合在他们自己的新的组织关系中”[③]。较之现代其他文人，这也是郭沫若的独特性所在。探讨这种独特性的具体内涵、在郭沫若创作与社会参与中所发挥的作用，及其如何丰富我们对现代文学、文化与政治之间关系的理解，是本书要处理的问题。

在郭沫若所设想的“球形天才”中，诗人显然只是与政治家、科学家、教育家等平行的一种身份，但从郭沫若的实际情形来看，诗人身份

---

① 郭沫若自己也曾以“百科全书那样的渊博”来形容王安石（见郭沫若讲，高原记：《王安石》，《青年知识》1945年第1卷第3期）。

② 郭沫若在致宗白华的信中这样写道：“我常想天才底发展有两种 Typus：一种是直线形的发展，一种是球形的发展。直线形的发展是以他一种特殊的天才为原点，深益求深，精益求精，向着一个方向渐渐展延，展到他可以展及的地方为止：如像纯粹的哲学家，纯粹的科学家，纯粹的教育家，艺术家，文学家……都归此类。球形的发展是将他所具有的一切的天才，同时向四方八面，立体地发展了去。这类的人我只找到两个：一个便是我国底孔子，一个便是德国底哥德。”参见田寿昌、宗白华、郭沫若：《三叶集》，上海：亚东图书馆，1920年，第12页。

③ 卡尔·曼海姆：《文化社会学论集》，艾彦、郑也夫、冯克利译，沈阳：辽宁教育出版社，2003年，第138页。

对他显然有着特殊的意义。这不仅在于，他终其一生，都未能摆脱诗人之名，更在于浪漫派诗人的思维、想象方式对他现代主体生成的决定性意义，以及对他此后革命、政治实践的内在影响。“五四”时期，郭沫若凭不拘一格的新诗创作进入文坛，这构成了他个人历史的某种起点。这个起点不仅意味着他诗人身份的确立，也在于他现代审美主体的建立[①]。尤其值得留意的是，郭沫若一开始就建构了一种“诗—诗人”的一元论图景，如他那著名的说法——“诗不是‘做’出来的，只是‘写’出来的”[②]便是此意。这种形式与主体的一元论，并不是“文如其人”的现代版，而需颠倒过来，是现代美学理念对主体构成了一种召唤，即人要如某种“文”。因此，与其说诗人从属于球形人格，毋宁说郭沫若的“球形天才”正是基于他的诗人想象而建立的，文学构成了其主体的某种基始性存在。他转向革命之后也是如此，甚至可以说，他之转向革命，本来就有赖于诗人的浪漫气质，正如北伐时他对俄国顾问铁罗尼的评价：“他是由于他的浪漫的热情而成为了革命家。”[③]郭沫若既为浪漫主义文学的代表，继而率先成为革命者，这其间的关系并不是偶然的。“五四”及其后的大革命时期，浪漫话语与新文化、革命思潮等交互为用，经过文学、意识形态和革命实践的中介，成为塑造新的文化主体和历史主体的有机因素[④]。经由这个历史过程，郭沫若的主体也就生成为一种“诗人 × 革命 × ……”的形态。这个层叠形态在当下看似一个问题，但对于蒙学为传统教育的郭沫若这一代人来说，则并不稀见，这是传统士大夫的现代变体。不过与传统士大夫不同的是，现代审美主体，尤其是郭沫若的浪漫诗人身份，实际上本身就带有乌托邦的政治和社会视野，如《女神》以美学的形式对人格、人际关系、社会关系的重新想象等均是，更不必说文学革命本身的时代诉求。也就是说，在郭沫若及其多数同代

---

① 就这一点而已，他与鲁迅有一致处，都是通过文学，而且是文学的无用，确立了现代的主体性。参考竹内好：《近代的超克》，北京：生活·读书·新知三联书店，2005年，第106—142页。

② 郭沫若：《致宗白华》，田寿昌、宗白华、郭沫若：《三叶集》，第7页。

③ 郭沫若：《北伐途次》，《宇宙风》半月刊第29期（1936年11月16日）。

④ 参考姜涛：《解剖室中的人格想象：对郭沫若早期诗人形象的扩展性考察（初稿）》，《新诗与浪漫主义学术研讨会论文集》，北京：2011年。

人这里，文学与革命从一开始就有着内在的可沟通处。

如果说二三十年代，他的各种身份尚相互冲突，彼此需要调和的话，那么，到了抗战时期，他的这种主体模式便走向了圆融与成熟。可以为证的是，在这八年之中，他的各种身份都充分发挥了各自的优长，却不必有早期那种激烈的转换。因此，从他人格理想的角度来看，抗战时期可说是郭沫若最为丰富的时代。那么，鉴于诗人身份对郭沫若主体形态的基始性作用，我们将他抗战时期的诸多面向依旧概括为“诗人革命家”。这种概括给郭沫若的多重身份带来了一个整体视野，但它不是问题的解决，而是问题的开端。首先，它不是一个本质化的描述，即这并非指郭沫若就是一个诗人革命家，或者只是一个诗人革命家，而是从方法论的角度，描述郭沫若的主体形态。同时，这个指称本身便暗含着选题的中心议题，也就是本书问题的出发点，即情感与政治的关系问题。

诗人政治家的身份，显示了他不同于单纯的文人或职业革命家，从而彰显出他独特的情感政治世界。虽然在本雅明的描述中，职业革命家的波西米亚风格，与文人的激情之间具有天然的亲和性[①]，但这只是出于诗人之口，政治家往往强调的是纪律与法则，诗人气质不仅意味着对法规的逾越，更是斗争力量的耗损。因此，中国传统的儒家诗教便强调“温柔敦厚”，强调对情感的克制。西方传统更是如此，柏拉图要将诗人赶出理想国，因为当人们需要“统治情感”的时候，“诗歌却让情感统治了”他们[②]，对理性构成威胁；亚里士多德虽然从诗学层面对诗人气质予以肯定，但悲剧的效果“卡塔西斯”——无论是译为“净化”还是“宣泄”，最终指向的都是理性的复归；同时，诗人气质也可能朝向另一个方向发展，即强调其自身的创造性与独立性。诗人的创造性是指由想象所开启的虚构性和未来向度，正如亚里士多德所说，不同于历史学家记

---

① 本雅明：《发达资本主义时代的抒情诗人》，张旭东、魏文生译，北京：生活·读书·新知三联书店，2007 年第二版，第 32—37 页。

② 柏拉图：《国家篇》，《柏拉图全集》（第二卷），王晓朝译，北京：人民出版社，2003 年，第 629—630 页。当然，柏拉图也留下了部分诗人，即“只有歌颂神明和赞扬好人的颂歌才被允许进入我们的城邦”，史诗与抒情诗被排除在外（同上书，630 页）。

述已发生的事，诗人的职责“在于描述可能发生的事”[①]。更为关键的是，诗人不仅有想象的天赋，而且诗人根据“可然或必然的原则”所创作的作品，反而比历史更具普遍性，这为文学的独立性提供了起点。对文学能力的这种自信，到浪漫主义时代达到顶峰，浪漫主义向内发现了自我，凭借文学建构了一个足以抗衡现实的独立世界。正因如此，在马克思所设计的经济基础与上层建筑的模式中，文学属于意识形态领域，浪漫主义更是带有一定的虚假性，并从阶级论的角度批判了夏多布里昂、拉马丁和卡莱尔等人。葛兰西也认为，“热情”“会造成不能行动”，与党的“预先规定”与“行动的计划”相矛盾[②]。马克思主义的这种预见性，在中国现代的瞿秋白那里，不幸得到了证实。在瞿的最后告白中，诗人气质与革命是如此难以调和，以至于瓦解了他的革命事业[③]；更有意思的是，在他死前写给郭沫若的信中，回忆起大革命时期，二人在武汉“一夜喝了三瓶白兰地”的“豪兴”，但他肯定的却是郭沫若所引领的浪漫主义运动，认为其“开辟了新文学的途径”[④]。诗人气质对郭沫若的革命事业也确实构成问题，如北伐时期邓演达就批评他是“感情家”，为此他一度闹着要辞职，因为他“自信自广东出发以来是很能遵守纪律而遏制着自己的感情的”[⑤]；抗战时期周恩来也委婉地批评他“太感情了一点”[⑥]。因此，对于郭沫若来说，首要的问题是如何融合这二者之间的内在矛盾。这个问题对革命青年带有一定的普遍性，因而我们要进一步追问的是郭沫若处理这个问题的特殊之处，以及他的革命道路与现代中国的历史进程有何内在关联等问题。

如果说情感与政治的问题，是郭沫若参加革命后所要面对的经常性问题，抗战时期则是这一问题的具体化。对于抗战时期的郭沫若来说，

---

① 亚里士多德：《诗学》，陈中梅译，北京：商务印书馆，1996年，第81页。

② 葛兰西：《狱中札记》，葆煦译，北京：人民出版社，1983年，第111页。

③ 瞿秋白：《多余的话》，南昌：江西教育出版社，2009年。

④ 瞿秋白：《致郭沫若》，《瞿秋白文集》（文学编）第2卷，北京：人民文学出版社，1986年，第418页。

⑤ 郭沫若：《北伐途次》，《宇宙风》半月刊第31期（1936年12月16日）。

⑥ 周恩来致郭沫若函，据手迹照片。转引自龚济民、方仁念：《郭沫若年谱》（上），天津：天津人民出版社，1992年，第377页。

问题更在于，诗人革命家此时有何新变。无论是从写作传统，还是情感模式的角度，诗人这一称谓，并非单指浪漫主义的抒情诗人，也指向传统的诗词。传统诗词的写作、唱和与传播，不只是表达方式的转换，它背后关联的，是整个士大夫的传统，这包括士大夫的美学趣味、文化心理与社会连接等方面。在抗战时期民族主义思潮的影响下，被重新激活的士大夫传统，对郭沫若抗战时期的社会参与有何意义，对他的历史认知有何影响，这是诗人革命家所引出的第二类问题。

除诗人革命家本身内涵的问题性以外，它还为其他相关问题提供了视角和方法。其方法论意义在于，既然诗人是郭沫若球形人格的基始，这就要求我们回到他的文学，对其作品进行美学处理，从文学形式的层面，探讨其在创作上的独创性，尤其是诗人革命家的视野所带来的文学形式的创新问题。这要求我们从文学社会学或知识社会学的视野，重新回到文学的审美研究，从形式层面探讨郭沫若文学的创造性所在。既然郭沫若以文 / 诗名，将其文学成就作为出发点是有必要的。然而，这也并不意味着对文学作纯粹的内部研究，而是要在前文所述的历史化、语境化的观照下进行[①]，对文学作美学意识形态批评。正如阿多诺所指出的，文学如同莱布尼茨所说的“单子”(monad)，具有文学的自律性，但它超越单子封闭性的地方在于，它“也是一个时代之整个精神总体(overall spiritual totality)的诸契机，该总体继而与历史和社会纠缠在一起”[②]，从而具有一定的征候性与开放性。这种观点的启示，不仅在于从美学形式出发，我们可以如历史研究一样，接近所谓的历史真相。更在于文学形式的独特性，可能保留了历史叙事所遗落的碎片与矛盾，即“纠缠”的痕迹，这对于我们重返郭沫若——这个在一定程度上已经被概念化的人物，是尤其必要的。

还需提及的是，虽然抗战时期郭沫若的各种身份特长都得到了充分的发挥，但它们呈现的并非是共时的辐射状态，或者如郭沫若自己所描

① 参考吴晓东:《文学性的命运》,广州:广东人民出版社,2014 年。

② 阿多诺:《美学理论》,王柯平译,成都:四川人民出版社,1998 年,第 310 页。

述的“球形”，而依旧是一个历时展开的过程。不过，在八年之内他能够自由地发挥各种身份的优势，也说明了两个问题：一是如前文所述，他的主体性最终经由社会实践而得以建立，人格走向了成熟，因而能够在各种身份之间自由转换；另外就是他的各种身份都各自对应着相应的时代问题。前者表明“诗人革命家”这个概括的有效性，后者则有助于我们论述的具体展开。需要指出的是，虽然我们是从作家论的视野，进入“抗战时期的郭沫若”这个论题，但问题的展开，既是为揭示这个人物的复杂性，但更为重要的是，这种复杂性是需要置于不同的历史语境和时代问题之中的。充分展开人物与历史话题之间的对话性，才是我们论题的关键所在。因此，对于郭沫若的不同身份，我们也将集中处理不同的问题。而人物与历史话题之间的中介，我们依旧要从“诗人革命家”着眼，即借助于文人的“表达方式”，从而探讨人物身份、主体形态与时代问题之间的相互关系。

“表达方式”之所以重要，首先是由“文学者”郭沫若这个视野决定的，其次，这也与他身份展开的方式有关。抗战时期他不同身份的历时性展开，也伴随着表达方式的转变。这就为我们在社会身份、表达方式与时代问题之间所做的关联提供了历史依据。抗战伊始他是以个人身份参与抗战，表达方式主要是诗歌、报告文学等与个人情志、见闻密切关联的文体。任职第三厅期间，他面对的是抗战动员问题，故表达方式转向演说，写作也转向政治文告一类。当抗战进入相持阶段，他在热衷考古发掘之余，也喜旧体诗词唱和。而1941年年底的“寿郭”运动，及紧随其后的“左翼戏剧运动”，又激发了他的戏剧创作热情，以至于一年之内他便写了多个剧本，达到了文学者郭沫若的又一高峰，也使他深入地参与到了当时的左翼文化运动之中。1943年开始兴起的民主运动，又使他回到了学者生涯，从传统中寻找“建国”的资源。而到抗战结束前后，随着国共政争的日趋激化，知识分子的路线选择日渐成为问题，左翼知识分子也积极地从国际或国内寻求资源，郭沫若适时的苏联之行，以及对延安文艺的积极推介，都是左翼知识分子历史转折关头的文化与政治实践。正是身份、表达与问题的这种内在关联性，使我们在以时间为序探讨问题时，能够兼顾研究对象的身份特征、表达策略与时代问题，从而生成“人物—表达—历史”这样一个三维一体的问题空间。

本书的研究框架正是循此思路建立，各部分概要如次：

第一部分，“由情以达意”：浪漫的情感政治学。该部分结合作家论与文学史的视野，探讨郭沫若如何进入他的“抗战时代”。抗日激发了知识分子的民族主义情感，战争带来了战争乌托邦的情感与想象，但它也现实地带来了破坏性，如都市文化场的破坏、民众的迁徙，并对文人的社会使命提出新的要求。对于郭沫若来说，问题在于他如何回应这些时代问题。他的意义在于实践了一条较为独特的“由情以达意”的抗战/革命之路，发挥了其诗人情感结构的政治学优势。这包括将浪漫派的热情从外在于历史的消费性，转化为介入现实的方法和能量；并将这种能量具体化为政治参与和社会参与的实践行为，这表现在他对“文艺如何动员民众”的思考与实践，以及为文化人的报国热情提供现实的通道，如他主持的政治部第三厅就是整合文化人力量的渠道；但其情感政治学在提供历史经验的同时，也需要我们以反思的眼光审视，这主要在于情感容易为权力征用，成为国家机器统治的修辞术。

第二部分，诗词唱和与士大夫情怀。作为诗人，“表达方式”的转变及其意识形态图景，始终是我们关注的重要议题。抗战前夕，郭沫若对郁达夫要转向旧体诗词的说法还十分不以为然，但转眼之间，旧体诗词也成为他自己创作的主要文体。更值得留意的是，抗战时期，新文人写旧诗，成为一个普遍的历史现象。因此，对于郭沫若旧体诗词的研究，既是对他个人写作问题的探讨，也是对这一时代问题的思考。在笔者看来，郭沫若之转向旧体诗词的写作，不仅在于写作能力上的、他早年所受的传统文化训练；或文化心理学视角的、“旧形式”对这一代人的“诱惑”[①]，更在于抗战时期的文化氛围，以及他现实的社交需求。因此，该部分将在钩稽相关史料的同时，更多地从文学社会学的视角勾勒郭沫若的诗词交往情况。不过，诗词唱和背后关联的士大夫传统，其对

---

① 刘纳:《旧形式的诱惑——郭沫若抗战时期的旧体诗》,《中国现代文学研究丛刊》1991 年第 3 期。

郭沫若战时言论、心态与行为的影响，以及郭沫若对这一传统本身的挑战，也是文本所要关注的问题。简要来说，古典诗词为郭沫若等处于战乱年间的知识分子，提供了一种美学的救赎，郭沫若对这一传统的挑战在于他最终找到了历史救赎之路；同时郭沫若与政治人物的唱和，又使作为士大夫交往方式的唱和传统，不可避免地带有了政治色彩。

第三部分，屈原：一个文化符号的生成。屈原在现代从一个地方诗人上升为世界文化名人，其地位基本上确立于抗战时期。屈原爱国形象的建构，与抗战时期询唤爱国诗人的时代语境相关，同时是“抗战建国”意识形态建构的国家工程，也是政党政治角逐的文化象征符号。而郭沫若的话剧《屈原》及关于屈原的学术研究，在其间都起着关键作用，以至抗战时期郭沫若与屈原几乎成为一对文化镜像。因此，屈原这个文化符号所具有的复杂社会内涵，及郭沫若在其中所扮演的角色，为我们考察战时郭沫若与国家意识形态建构、与政党政治的复杂关系，提供了形式的中介。同时，话剧《屈原》一定程度上也代表了作为作家的郭沫若，在抗战时期所能达到的文学上的最高成就，因此，《屈原》提供了一个样本，使我们得以进一步探讨，作为诗人革命家，他在美学形式方面所具有创新性，这种创新性所体现出来的文化政治的内涵，以及文化人在抗战建国这一历史进程中的角色。

第四部分，学术研究的历史想象力。现实的斗争往往需要从历史寻找依据，从这个角度，郭沫若的历史研究展现了他历史想象的时代性与开放性。该部分既从学术史的角度探讨郭沫若的学术贡献，更为重要的是探究他如何以学术的方式，回应他所面对的时代问题。从学术史的角度来看，近现代的诸子研究，崇墨贬儒是整体趋向，因此，郭沫若的崇儒贬墨，不仅让一般学者不以为然，左翼知识分子更是认为他在为国民党的保守势力张目，乔冠华、陈家康等党内“才子集团”，以及胡风、舒芜等“七月派”，甚至联合组织了相应的批判文章，但因政党的干预而不了了之。但这种分歧，显示了郭沫若 40 年代问题意识与治学路径的独特性，其背后关联的是建国想象的丰富性，这种分歧在后来的“评法批儒”中再次显现出来。这种现象也可视为他不满足于既定的文人身份，试图通过对儒家的重释，重新为革命寻求历史来源、使命和前景。他的《甲申三百年祭》，更是建构了另一种知识与革命的关系，试图重新锚定文化人在历史变革中的位置。

第五部分，文学、制度与国家。抗战结束前后，郭沫若的言论变得日益激进，这是历史转折年代，知识分子开始做出政治和历史选择的征候。与此同时，随着抗战的结束，建国问题也变得更为紧迫，不同政治和文化势力纷纷呈现各自的建国设想和方案。郭沫若与延安的革命政权本来就保持着若即若离的联系，他不仅参与了共产党所组织的文化运动，后期更通过文艺与毛泽东等人取得了直接沟通。他对毛泽东《在延安文艺座谈会上的讲话》"有经有权"的评价，得到了毛泽东的赞同，随着毛泽东文艺体系的逐步建立，他也开始积极回应并参与这一体系的建构，他对毛泽东的文艺观也从"有经有权"逐渐转向了"以权为经"。作为左翼知识分子的"班头"，除了本土的革命经验以外，郭沫若也积极向国际左翼，尤其是向苏联的革命经验和建设成果取经，以之为"建国"问题建言献策。他抗战结束前夕的苏联之行，为他实地考察社会主义的现实状况提供了良机，苏联为他展示的民主、富足形象，反过来强化了他对共产主义的信仰，并进而转化为他的叙事动力，他以此为基础写的《苏联纪行》，便将苏联作为中国的历史前景。他归国后关于苏联的写作、演说等，成为转折时代知识分子道路选择的参考。郭沫若在抗战后期综合利用左翼资源，参与到建国的历史进程之中。

另外，需略作补充的是，郭沫若向来被视为主流，但在我们看来，首先要追问的正是"主流"这个概念的意义。它在叙述中往往被本质化，它的矛盾性、变异性，及其内部不同主体的差异和辩难也常被遮蔽。在这种定势思维下，主流往往成为一个前定的对话对象，一个虚无缥缈的靶子。学界近年来便多将注意力转向边缘，尤其是在海外中国学的影响下，这种思路在瓦解革命的宏大叙事方面尤其有效，如杜赞奇的《从民族国家拯救历史》，便试图从各类边缘重新讲述现代中国的故事，但这种解构色彩颇重的重新叙述，实际上很难真正切进中国现代问题的核心结构。我们并不否认边缘的意义，尤其是它所保留的历史经验，但也并不想以非此即彼的方式，另外建构一套看似完整的叙事。因此，本书更想叩问主流本身的历史性、问题性和复杂性。对于郭沫若来说，这个长期被视为主流的左翼文人，已渐渐被符号化了，文本所要尝试的，正是要探讨这个“主流”是如何生成的，其内景如何，有何历史经验等问题。正如曼海姆所指出的，需要关注的是“处于某些群体中发扬了特殊的思想风格的人，这些思想是对标志着他们共同地位的某些典型环境所做的无穷系列的反应”[1]，这种方法试图从整体上——无论是社会的还是历史的，把握研究对象及其时代。而郭沫若无疑是这样的人物，也能提供这样的整体性历史视景。

① 卡尔·曼海姆：《意识形态与乌托邦》，黎鸣译，北京：商务印书馆，2000年，第3页。

第一章 “由情以达意”：浪漫的情感政治学

郭沫若一向被视为现代中国浪漫主义作家的代表，但他对这个标签的印象并不佳。在他看来：“Romanticism 被音译成‘浪漫’，这东西似乎也就成为了一种‘吊尔郎当’。阿拉是写实派，侬是浪漫派，或则那家伙是浪漫派，接着是嗤之以鼻，哼了。”[①] 郭沫若戏拟的当时的上海市井口吻，显示出浪漫主义在现代中国的戏剧化遭遇，它从一个深富历史意味的文学 / 文化范畴，降格为一个轻佻的形容词。即便如此，抗战时期郭沫若却又明确承认，他就是一个浪漫主义者。这是在苏联文化界为他送行的晚宴上，爱伦堡在致辞中称，听说郭是中国的“浪漫派”，他希望“浪漫派永远是年轻的”。郭沫若对此欣然接受，“在国内听见人说自己是‘浪漫派’的时候，感觉着是在挨骂，但今天却隐隐地感觉着光荣了”[②]。

从“挨骂”到“光荣”的感受变化，不仅是因为语境的不同，更为重要的是，他由此体认或确认了“浪漫”这个概念的新的历史可能性。在现代中国的历史语境中，尤其是上世纪 20 年代末期以来的革命语境中，“浪漫派”这个称谓是与布尔乔亚联系在一起的，它意指一种外在于历史进程的个人姿态，或徒具消费性甚至不乏破坏性的情感能量，对于以革命者自居的郭沫若，这是要被改造的小资情调，是需要规避的政治风险；但无论是在具体的文学创作与社会实践中，还是他在苏联所看

① 郭沫若：《创造十年续编》（“五四”），《大晚报》1937 年 7 月 8 日，第五版。

② 郭沫若：《苏联纪行》，《新华日报》1946 年 1 月 18 日，第四版。

到的浪漫派现状，如“爱伦堡似乎是颇以浪漫派自居的”[1]，苏联的经验让他重新发现了浪漫主义，这也表明浪漫与政治之间可能存在更为复杂的关联。

虽然郭沫若是在抗战结束时才明确承认自己是个浪漫派，但抗战时期很多人都一再强调他的诗人形象。如1941年，日本反战作家长谷川照子（绿川英子）就对郭沫若的战时形象有一个较为形象的概括：“一个暴风雨时代的诗人。”[2]其实无论是国民革命时期，还是抗战时期，诗人或许都是郭沫若留给人们的第一印象。有意味的是，抗战时期他的诗人身份与革命者身份似乎融合到了一起，浪漫派的激情也成为他参与政治的一种优势，连周恩来也强调：“郭先生是革命的诗人，同时，又是革命的战士。”[3]抗战初期，郭沫若主持宣传工作，绿川英子更是找到了诗人与宣传家之间的本质关联：“记得有人说过‘诗人就是宣传家’。这个典型我要推到郭沫若先生身上。宣传家要能用诗人的语言，诗人的热情才能做到的，要不然，他的宣传怎么打动听众们的心脏呢！”[4]

“诗人”这个称谓，具体到郭沫若，一般是指由《女神》所塑形的浪漫主义诗人形象：富于激情，把握着时代的精神[5]。这种形象，在战时则因报告文学《在轰炸中来去》、话剧《屈原》等得到进一步强化；新中国成立后，浪漫形象不仅未离他远去，他用革命现实主义与革命浪漫主义

---

① 郭沫若：《苏联纪行》，《新华日报》1946年1月17日，第四版。

② 绿川英子：《一个暴风雨时代的诗人——为郭沫若先生创作活动二十五周年》，赵琳译，《新华日报》1941年11月16日。

③ 周恩来：《我要说的话（代论）》，《新华日报》1941年11月16日。

④ 同②。

⑤ 郭沫若与浪漫主义的关系是一个较为复杂的问题。他一开始就受到德国歌德等诗人“狂飙突进运动”的影响，有着强烈的“主情”色彩，如他在《〈少年维特之烦恼〉序引》中，就将维特的“主情主义”列为最引起他共鸣的思想（郭沫若：《〈少年维特之烦恼〉序引》，《创造》季刊1922年第1卷第1期）。与此相关的，他还极为强调主观的表现、“情绪的直写”等。但值得注意的是，他虽然坚持创造的唯美主义，但却并不排除诗歌的社会功利性。在他看来，“就创作方面主张时，当持唯美主义；就鉴赏方面言时，当持功利主义：此为最持平而合理的主张”（郭沫若：《儿童文学之管见》，《民铎》1921年第2卷第4期）。对郭沫若早期浪漫主义的研究，可参考孙玉石：《郭沫若浪漫主义新诗本体观探论》，《北京大学学报（哲学社会科学版）》1993年第4期；孙党伯：《论郭沫若的浪漫主义文学主张》，《武汉大学学报（社会科学版）》1992年第6期；等等。

解读毛泽东的诗词，反而为浪漫主义赋予了政治合法性，使这提法一时再度成为主流[①]。终其一生，他似乎都无法摆脱浪漫主义的魅影。因此，浪漫之于郭沫若的重要性、郭沫若因浪漫而具有的独特性，以及浪漫主义与现代中国革命之间的历史关联，是我们首先要面对的问题。

对于抗战时期尤其是抗战初期的郭沫若来说，浪漫的重要性在于，它既是一种文学形式，是他的表达方式，同时也是其主体姿态、情感结构、思维方式甚至实践模式。这并非是要对战时郭沫若作泛浪漫派的定位，恰恰相反，我们是要以浪漫为媒介，探讨郭沫若的美学主体与政治主体之间是如何相互作用相互塑造的，这不仅包括美学的意识形态问题，也包括美学如何为主体介入社会提供历史契机和实践动力的问题。同时，我们也试图以郭沫若的战时经历为出发点，反思并检视浪漫的历史限度及其新的可能性。

浪漫如何介入历史

“新浪漫主义”的兴起：郭沫若流亡时期再考察
从“革命加恋爱”到“抗战加恋爱”
“在轰炸中来去”的战时浪漫主义
浪漫如何介入历史

1937年7月27日，距“七七”事变爆发刚20日，郭沫若便从日本秘密逃归上海，从此奔走在黄埔滩头，开始了他的抗战生涯。归国初期，他虽然受到各路媒体、团体和党派的关注，但在前景尚不明晰的情况下，他实际上处于激情与苦闷的交战状态中，既有投笔请缨的救亡热

---

① 郭沫若：《浪漫主义和现实主义》，《红旗》1958年第3期。在该文中，郭沫若也就浪漫主义的革命性作了说明：“中国的浪漫主义没有失掉革命性，而早就接收到明确的理想。”

情，也有无路可走的苦闷。“八·一三”之后，随着战局的明朗化，这种苦闷便完全为兴奋所替代，他相继写下《到浦东去来》《前线归来》《在轰炸中来去》等速写文字，记录了他多次前往前线的经历和观感。无论是他此时的经历，还是文学创作，都再次展现了一种浪漫主义式的精神状态：富于激情，试图把握时代的精神。战争带来了新的现实问题，激发了新的情感模式，也要求作家改变其表达形式，具体则包括语言、情感、文体等诸多要素。正如他日后所总结的：“抗战初起时，由于战争的强烈刺激，在文艺界曾经激起过一番剧烈的震动，确是事实。多数文艺性的期刊和报章附刊，不是完全停止便缩小了范围；口号式的诗歌，公式化的独幕剧曾盛行一时；小说的地位几乎全被报告速写所代替。”[①] 郭沫若从一位研究古文字的学者，转而写报告文学和独幕剧，很大程度上正是为了回应这个新的时代要求。

表达方式的改变，不仅关系到作品的形式变化，也与写作者、表达主体的内在转变密切相关。其最明显的表征，便是从蛰居日本时期的古典学者，转变为社会和政治领域中的实践者；而有意味的是，主体与形式之间又是互相关联的，浪漫主义式的情感在其中发挥了关键作用，或者说，他身份的转换，是伴随着浪漫激情的复归完成的。如果联系到 20 年代中后期他从文学革命到革命文学的转向，不难发现这二者之间的某种悖论式关联，即，他从文学转向革命，是借助对浪漫主义的批判才得以完成，而此时却需重新激活体内的浪漫情感，以重新回到政治实践和社会活动领域，抒情不仅不再是革命的阻力，反而是一种有机的力量。那么，该如何理解浪漫的激情在话语实践与政治实践这两个不同领域中所扮演的不同角色？为何在郭沫若这里激情不再是走向政治实践的障碍，它是如何从小资情调转化为实践动力的？抗战时期郭沫若所体现的情感与政治间的关系，与革命文学时期乃至“五四”时期的相关讨论之间，又有何对话关系？只有厘清这些问题，我们对抗战期间郭沫若

---

① 郭沫若：《抗战以来的文艺思潮——纪念文协成立五周年》，《沸羹集》，上海：大孚出版公司，1947 年，第 118 页。

的政治实践及历史选择，才会有更为明晰的把握。但在进入抗战时期之前，我们需要先探讨郭沫若的抗战前史——他蛰居日本时期甚至革命期间的文学理念和情感模式。

一、“新浪漫主义”的兴起：郭沫若流亡时期再考察

对于郭沫若的抗战前史——流亡日本期间的经历，学界在论述时往往用“沉寂”与“隔绝”等字样来形容。此时他不仅遭到国民政府通缉，同时也受日本刑侦的监视，只能埋首学术研究。从文学创作的角度来看，较之以往确实有点沉寂。但这并不意味着他停止了文学活动，也不意味着他从一个浪漫派转变成了一位学究，其实他并未像他自己所说的那样与文坛隔绝。流亡初期，他不仅直接或间接地继续参与国内革命文学的论争[①]，做了大量的文学和学术翻译[②]，而且还完成了大部分的自传[③]。这些自传延续了郁达夫式的自叙传统，虽加入了社会分析，却不脱早期创造社的浪漫风格。

1935年以后，情况更有根本的好转，这主要归功于“第三代”留学

---

① 革命文学论争是1928年文坛的主要事件，郭沫若虽然该年年初便离开了中国，他的文章《革命与文学》《英雄树》《留声机的回音》等一直是文坛论争的潜在资源或对话对象；对于30年代初的文艺大众化运动，他也有《新型大众文艺的认识》《普罗文艺的大众化》；而他与鲁迅之间的分歧也未尝停止，这从他先后撰写的文章《文艺战线上的封建余孽》《“眼中钉”》《创造十年》等便可看出。

② 翻译方面，郭沫若旅居日本期间先后翻译了辛克莱（Upton Sinclair）的小说《石炭王》《屠场》《煤油》等，辛克莱是革命文学论争期间，创造社后期成员主要的理论资源，他在《拜金艺术》（*Mammonart*）中所说的“一切的艺术都是宣传”（All art is propaganda），自李初梨引入中国文坛之后（李初梨：《怎样地建设革命文学》，《文化批判》1928年2月15日），便屡被论争者征引，郭沫若应该是受此影响才翻译辛克莱的著作。此外，郭沫若翻译了《日本短篇小说集》，收入芥川龙之介、志贺直哉、林房雄、片冈铁兵、横光利一等人的作品19篇，另译有歌德的《诗与真》《赫曼与窦绿苔》，席勒的《华伦斯太》，托尔斯泰《战争与和平》部分，还与李一氓合译《新俄诗选》；除了这些文学作品外，他还翻译了《考古美术发现史》《生命之科学》《隋唐燕乐调研究》等学术著作，及马克思的《德意志意识形态》（马恩合著）、《政治经济学批判》《艺术作品之真实性》等。

③ 这包括《我的幼年》《黑猫》《划时代的转变》《创造十年》《北伐途次》《初出夔门》，次为自传性小说《漂流三部曲》《山中杂记及其他》《克拉凡左的骑士》等。

青年的相继赴日[①]。对于他们的文学活动，日本学界已有较为翔实的考论[②]。这批文学青年于 1933 年年底恢复了“左联”东京支盟，创办了《东流》《杂文》（后更名“质文”）和《诗歌》等多个刊物，文学活动一时颇为活跃。郭沫若不仅为他们的刊物出版提供了帮助[③]，经常参加他们的活动[④]，还在这些刊物上发表了大量的作品。这是考察郭沫若流亡后期文学活动与历史处境的主要材料。

较早引起国内文坛注意的，是 1935 年郭沫若在《质文》上刊发的两封论诗的信。第一封信主要是对留日学生陈子鹄诗集《宇宙之歌》的评价，陈在诗中召唤了一个革命的浪漫诗人形象：

> 他不惟用笔来写，
> 还要用血去涂；
> 他自身的事迹就是一幅雄伟的图画！
> 他一生的行为就是一首悲壮的史诗！
> 他的心中燃着太阳的火炬，
> 他是宇宙第一个纯洁的儿子！[⑤]

---

① 这是林焕平的说法，在他看来，“五四”一代的创造社和语丝社成员是第一代留东青年，沈起予、楼适夷、以群等“九一八”前后留日学生为第二代，第三代则是“七七”事变前的留日学生（林焕平：《郭先生与留东同学的文艺活动》，《大公报》[香港] 1941 年 11 月 16 日，“纪念郭沫若先生五十寿辰”专刊）。此说与伊藤虎丸先生的代际划分不同（伊藤虎丸：《鲁迅、创造社与日本文学——中日近现代比较文学初探》，北京：北京大学出版社，2005 年，第 158—159 页）。但林焕平作为当事人，其划分标准与他们当时的心理状态有关，也值得参考。

② 如小谷一郎先生的考证，参见小谷一郎：《东京“左联”重建后留日学生文艺活动》，王建华译，上海：上海社会科学院出版社，2012 年；小谷一郎：《论东京“左联”重建后旅日中国留学生的文艺活动》，《中国现代文学研究丛刊》2006 年第 2 期。另外，小谷一郎先生还列出了北冈正子、绢川浩敏等人的研究成果。

③ 如将《东流》杂志介绍给上海杂志公司的张静庐，见陈子谷：《中国“左联”在东京的部分活动》，《革命回忆录》第 13 辑，北京：人民出版社，1984 年，第 126 页。

④ 郭沫若似乎与质文社往来最多，据臧云远回忆，“差不多一个月来一两次”。（臧云远：《东京初访郭老——回忆郭沫若同志之一》，《悼念郭老》，北京：生活·读书·新知三联书店，1979 年，第 214 页。）

⑤ 陈子鹄：《宇宙之歌》，东京：东流文艺社，文艺刊行社，1935 年，第 51 页。

诗人将革命的暴力美学、浪漫派对纯洁人格的想象和乌托邦理想融到了一起，更值得留意的是，他将诗—史—诗人三者等同了起来。对陈子鹄的诗，郭沫若认为“有真挚的情绪，洗练的辞藻，明白的认识”[1]，给予了较高评价。同时也表达了他自己的诗学观：“诗歌当是一切情绪，表现，意像 [象] 的结晶”，“诗是迫切的感情之录音”[2]。这与他“五四”时期的经典说法，诗歌是“命泉中流出来的 Strain，心琴上弹出来的 Melody”[3]，“诗人是感情底宠儿”[4]，“诗的本职专在抒情”[5]，“诗的原始细胞只是些单纯的直觉，浑然的情绪”[6] 等有着内在的延续性。正因他认情绪、情感的表达为诗歌正途，所以他对彼时已渐渐兴起的长诗，尤其是叙事诗持反对态度：

> 长诗自然也应该有，但要有真切的那样的魄力才可以写，不然大抵出于堆砌，没落于文字的游戏。长诗也有限制，过长的叙事诗，我可以决绝地说一句，那完全是“时代错误”。那就是所谓看的诗，早就让位给小说去了。由纯真的感情所表现出来的诗，我相信纵长怕也长不上一千行。因为感情的曲线是没有多大的波长的。[7]

无论是对叙事诗的排斥，还是对“纯真的感情”“感情的曲线”的强调，都可见郭沫若诗学的情感本体论，这是他一以贯之的东西。而他的“诗—诗人”一元论，使他对情绪、情感的倚重，又必然转化为对抒情主体的强调。但与“五四”时期文学青年式的情感状态不同，历经革命之后的郭沫若，此时更强调情感与主体意识之间的关联。在他看来：

---

① 郭沫若：《关于诗的问题》，《杂文》第 1 卷第 3 期（1935 年 9 月 20 日）。
② 同上。
③ 郭沫若：《致宗白华函》，《三叶集》，上海：亚东图书馆，1920 年，第 6 页。
④ 同上书，第 16 页。
⑤ 同上书，第 46 页。
⑥ 同上书，第 48 页。
⑦ 同①。

“意识是第一着，有了意识无论用什么方法，无论用什么形式，无论取什么材料都好。”[①] 对于左翼知识分子来说，意识大多带有阶级的规定性，指向阶级意识。因此这便遭到了国内读者的反对，在他们看来，郭沫若依旧是在提倡口号诗，而忽视了创作技巧[②]。技巧与意识孰先孰后的问题是此时文坛讨论的一个热点。

对于国内文坛的责难，郭沫若写了长文《七请》予以申辩。在该文中，他的立场变得愈加明晰。首先他对意识作了更为宽泛的解释：“意识的含义不仅仅是‘正确的世界观’而已。意识是把感情·理智·意志通同包括着的。”[③] 意识似乎是感情的上位概念，这为泛滥的情感寻找到了政治属性，即有何种意识，便有何种感情。不过，浪漫主义天才观的介入，最终解决了意识与感情之间的单向决定关系。在他看来，文学创作更倚赖于“天赋的才情”[④]，并再次拟了一个公式：

天赋＋教育＋努力＋实践＝一个X人。[⑤]

后天的“教育”和“实践”虽然重要，但“天赋”却是第一位的。这种浪漫主义的天才观，后来曾几经改换，如在接受蒲风的访谈时，他便从生理学的角度对天赋加以解释[⑥]，但始终是他所坚持的理念。无论是天赋，还是情感，这些浪漫主义的要素，在他的文学和革命理论与实践中，一直占据着重要地位。在这篇重申立场的文章中，他再次强调了诗与小说这两种文体的本质区别，这种区别也正是基于它们对情感的不同处理：

诗和小说之别有如音乐和绘画，我们能把绘画的手法来做音乐吗？诗非抒情之作者，根本不是诗。抒情用进步的话

① 郭沫若：《关于诗的问题》，《杂文》第1卷第3期（1935年9月20日）。
② 淑明：《与郭沫若先生论诗》，《时事新报·青光》（1935年）。转引自郭沫若《七请》。
③ 郭沫若：《七请》，《质文》第1卷第4期（1935年12月15日）。
④ 同上。
⑤ 同上。
⑥ 郭沫若、蒲风：《郭沫若诗作谈》，《现世界》创刊号（1936年8月16日）。

> 来说便是表现意识，他当寄重于主观的情调，这和小说之寄重于客观的认识者不同。小说在目前当分析现实，暴露现实，诗歌在目前则当愤恨现实，毁灭现实。小说用分析与暴露去唤起愤恨与毁灭的感情，诗歌则通过了分析与暴露而直抒愤恨与毁灭的感情使之传染。这些境界要划分清楚。当然，二者也有互相交涉的地方，但各有各的主体……小说侧重进步的现实主义，诗侧重进步的浪漫主义，是无妨事的。我的这些话深信和集体的意见并没有抵触。①

在郭沫若看来，小说与诗歌的不同形式，实分担着不同的表达对象和伦理功能，诗歌侧重主观的抒情，它对现实的反应除了小说式的分析与暴露外，还在于“直抒愤恨”，并具有“传染”的情感传导作用。较之小说，抒情诗似乎更具回应现实的能力。对诗歌情感本体的强调，贯穿着郭沫若的整个抗战历程，他后来还声称“诗是情绪的摄影”，一再强调诗歌的抒情性②。

不过，郭沫若将浪漫主义划归诗歌，现实主义推给小说的做法，与国际和国内“集体的意见”并非“没有抵触”。1932年10月举行的全苏联作家同盟组织委员会第一次大会，清算了“拉普”的“辩证唯物主义”文艺观，提出“社会主义的现实主义”的新口号。次年周扬便撰文详细介绍了这个过程及新口号的含义，并就社会主义的现实主义和革命的浪漫主义之间的关系作了介绍和分析。在他看来，“把浪漫主义和现实主义当作主观的观念论的创作方法和客观的现实主义的创作方法而对立起来，显然是错误的。”他根据吉尔波丁等人的论述总结道，革命的浪漫主义不是和社会主义的现实主义对立或并行的，“而是一个可以包括在‘社会主义的现实主义’里面的，使‘社会主义的现实主义’更加丰富和发展的正当的，必要的要素。”③可见，浪漫主义是隶属于社会主义现实

---

① 郭沫若:《七请》,《质文》第1卷第4期(1935年12月15日)。

② 郭沫若:《今天创作底道路》,《创作月刊》第1卷第1期(1942年3月)。

③ 周起应(扬):《关于“社会主义的现实主义与革命的浪漫主义”》,《现代》第4卷第1期(1933年11月1日)。

主义的。对此，日本左翼文人上田进对此也作了极为详细的介绍，他所写的《苏联文学的展望》也被国内的《文学杂志》[①]和《国际每日文选》[②]分别译载。但在郭沫若这里，侧重浪漫主义的诗歌与侧重现实主义的小说却是彼此独立的。

他与"左联"文艺政策之间的偏差，还表现在他对主体"意识"和"阶级意识"的强调，如果回到20年代末革命文学论争时期，可以发现这正是后期创造社李初梨、彭康等人的关键词。他们受日本福本主义的影响，提倡意识形态斗争[③]，不仅超克了自由主义，更批判了创造社元老郭沫若等人的革命文学理论。有论者指出，其实质是革命路线的分歧，即意识形态批判与政党斗争的不同选择，从历史现场看反而是郭沫若等本土经验主义占据上风[④]。但从郭沫若流亡期间的观点可见，郭沫若虽然对李初梨的责难及时作了反驳，但在观念上还是受了他们的影响。这与30年代初，国内共产党文艺工作者如瞿秋白等人，对后期创造社理念的批判和清理明显不同。也就是说，郭沫若虽然依旧坚持他的情感动员模式，但他试图在情感动员与意识形态批判之间做调和，这无疑为浪漫主义重回现实斗争领域提供了理论支撑。从这个意义上说，郭沫若可能延续并发展了左翼知识分子的另一种革命主张，而这是与30年代的社会语境相关联的。

郭沫若重新肯定诗歌与情绪情感的关系，并认定"诗歌侧重进步的浪漫主义"，这与30年代浪漫主义的重新兴起有关。浪漫主义在中国的重新兴起，部分是源于苏联作家高尔基对浪漫主义的重新评价。他在《谈谈我怎样学习写作》一文中，将浪漫主义作了积极与消极二分："消极的（否定的）浪漫主义，——是粉饰现实，或使人与现实相妥协，或将人从现实上拖到无任何结果的深渊，拖到自己的内的世界，

---

① 上田进：《苏联文学的展望》，《文学杂志》第1卷第3、4期（1933年8月15日）。

② 上田进：《苏联文学底近况》，《国际每日文选》1933年第31期。

③ 参考艾晓明：《中国左翼文学思潮探源》，北京：北京大学出版社，2007年，第73—94页。

④ 参见程凯：《国民革命与"左翼文学思潮"发生的历史考察（1925—1929）》，北京大学博士学位论文，2004年，第190—220页。

拖到关于'人生的不可解'，及爱、或死等的思惟［维］的世界，拖到'智性'与见解所难于解决而只有由科学才能解决的那种谜里面去。积极的（肯定的）浪漫主义则想强固人类的对于生活的意志，想在人类内面唤起对于现实的反抗心，对那关于现实的一切压抑的反抗心。"[①] 浪漫主义与现实主义之间的关系也是平等的："在伟大的艺术家时，浪漫主义与写实主义似乎任何时都是融合在一起。"[②] 高尔基是30年代中国左翼文坛经常提及的苏联作家，尤其是"左联"东京支盟的文学青年，他们的刊物上基本上每期都译介高尔基的作品，与郭沫若相熟的林林还节译过高尔基的《文学论》，在《前记》中对该观点也有介绍[③]。郭沫若对此也较为熟悉，他不仅在纪念高尔基的文章《人文界的日蚀》中提到《我的文学修业》一文[④]，之前也曾在回忆录《创造十年续编》中提及高尔基的此种观点，借此揶揄国内评坛对浪漫主义的偏见和误解[⑤]。

中国知识分子对高尔基这种观点的译介与传播，与此时"新浪漫主义"思潮的兴起密切相关。在20年代中期，中国文坛对新浪漫主义就有所讨论，旋即为革命文学论争所淹没，十年之后却再度受到关注。如1925年曾在《晨报·副刊》撰写多篇文章介绍浪漫主义的张资平，沉寂多年后，于1934年又重操旧业，不仅写出专著《德国的浪漫主义》，还在刊物上重点评介了德国的新浪漫主义。按张资平的看法，所谓新浪漫主义，是19世纪末期反叛自然主义的客观化而出现的非理性思潮，偏

---

① 高尔基：《给青年作家》，绮雨译，《译文》第2卷第1期（1935年）。按，该文摘自《我的文学修业》。戈宝权的译文为："消极的浪漫主义，——它或者粉饰现实，企图使人和现实妥协；或者使人逃避现实，徒然堕入自己内心世界的深渊，堕入'不祥的人生之谜'、爱与死等思想中去，——堕入不能用'思辨'、直观的方法来解决，而只能由科学来解决的谜里去。积极的浪漫主义则力图加强人的生活意志，在他心中唤起他对现实和现实的一切压迫的反抗。"（高尔基：《论文学》，戈宝权译，北京：人民文学出版社，1978年，第163页）。

② 高尔基：《给青年作家》。

③ 林林：《文学论·前记》，上海：光明书局，1936年。

④ 郭沫若：《人文界的日蚀》，《质文》第2卷第1期（1936年10月10日）。

⑤ 郭沫若：《创造十年续编》（"五四"），《大晚报》1937年7月8日，第五版。有学者将郭沫若的浪漫主义命名为"高尔基式的政治浪漫主义"，参考俞兆平：《浪漫主义在中国的四种范式》，《天津社会科学》2010年第6期。

重主观和情感[①]。对于新旧浪漫主义的区别，论者大多认为新浪漫主义因“受过自然主义的洗礼”，与旧浪漫主义对现实的逃避不同，而是积极地“浸透入于现实之深处”[②]。至于新浪漫主义的代表人物，则主要是尼采、叔本华、罗曼·罗兰等，后者所提倡的新英雄主义对抗战时期的中国知识分子影响尤其显著，高尔基也是作为新英雄主义被接受的。

由评坛的译介可见，他们试图将新浪漫主义与积极浪漫主义作对接。“质文社”的辛人就曾作过此类尝试，他从积极浪漫主义的角度出发，认为新兴集团的文学主张都具有浪漫主义要素，这“使作品具有热烈的鼓动力”；他还从浪漫主义这里发现了一种认识论的优势，通过浪漫主义，“作家能够站在认识的高台上，透视更远的未来，同时，以积极的态度，面临着生活”。因而能表现出“比现实更为真实的东西来”[③]。从这里可以看出，在30年代中期，郭沫若及其周边的文学青年，在高尔基、罗曼·罗兰等新浪漫主义思潮的启发下，重新肯定了情绪、情感、天才等浪漫元素的价值。

不过质文社融合新浪漫主义的主情与现实主义的真实性的尝试，已经是以现实主义的真实性为标准来要求和衡量浪漫主义；郭沫若也曾做出调整，1936年在接受蒲风的访谈时，他曾就当时文坛关于现实主义与新浪漫主义之争作过评价。在他看来：“新浪漫主义是新现实主义（高尔基所说的‘第三现实’）的侧重主观情调一方面的表现，和新写实主义并不对立。新写实主义是新现实主义之侧重客观认识一方面的表现。”[④]不过，对于蒲风将新浪漫主义视为新现实主义“支流”的说法，他还是持保留态度，而审慎地认为二者的地位是平等的。

---

① 张资平：《由自然主义至新浪漫主义转换期之德国文学》，《青年与战争》第4卷第6期“革新号”(1934年5月13日)。

② 辛如：《新浪漫主义》，《实报半月刊》第2年第4期(1936年12月1日)。

③ 辛人：《论浪漫主义》，《芒种》第1卷第3期(1935年4月5日)。

④ 郭沫若、蒲风：《郭沫若诗作谈》，《现世界》创刊号(1936年8月16日)。

二、从“革命加恋爱”到“抗战加恋爱”

郭沫若对情感诗学的坚持，得到了新浪漫主义这一时代思潮的支援，浪漫主义由此从消极退撄转变为积极进取，主体情感也具有了创造性。这不仅弥合了文学史视域中他蛰居时期的“断裂”，同时也是他抗战前夕爱国情感凸显的方式，为他归国抗战提供了情感动力。但紧接着的问题是，以情感为基点的浪漫主体，是以何种姿态参与抗战民族史诗的书写的，他的情感结构、主体姿态和历史想象方式，与此前相比又有哪些延续和转化。这些问题在他抗战初期的创作和个人经历中可以找到一些痕迹。

抗战初期，在奔走前线之余，郭沫若曾写过一部话剧——《甘愿做炮灰》。故事发生的时间是“民国廿六年十一月淞沪抗战期中”，地点为“上海法租界之一角”[①]，较为直接地引入了抗战语境。该剧的大致情节为：作家高志修经常去前线，其恋人田华青既做救护工作，又想独立办刊物；另有一位季邦珍小姐，擅弹钢琴，也经常来找高志修，最初是希望高能帮忙解决义演场地的问题，后来又想跟高志修一起去前线劳军；戏剧的冲突起于田小姐误解高志修喜欢季小姐，故而放弃办杂志，转而参加了战地摄影计划。全剧以高志修和季邦珍动身赴前线，甘愿做炮灰为结束。虽然就戏剧性来说，该剧的矛盾冲突并不明显，抗战的题材也只是背景，全剧只是一出轻喜剧。或许正因如此，学界在关注郭沫若抗战时期的剧作时，多侧重后期的大戏，往往忽略此剧。但这出戏对于理解郭沫若抗战初期的表达形式、情感状态有不可替代的意义。单从风格的角度看，它也与当时文坛上的口号文学不同，而为个人的温情留下了余地。更有意思的是，忙于抗战救国的高志修，却不时有两位妙龄女子的投怀送抱，可以说是“抗战加恋爱”的先锋。郭沫若的激情与表达似乎还停留在革命文学的年代。

实际上，郭沫若蛰居日本期间的写作，也未走出他的“革命年代”。

---

① 郭沫若:《甘愿做炮灰》,《宇宙风》第104期(1940年9月1日)。

如他唯一的长篇小说《克拉凡左的骑士》（后文简称《骑士》）便延续了“革命加恋爱”的模式。该小说因只存残篇，学界关注也不多；但它的写作与发表过程几乎与郭沫若的流亡生涯相始终[①]，是考察郭沫若此时文学观念的重要媒介。郭沫若在1932年致叶灵凤的信中，便提及他手头有一部“十万字上下”的小说《同志爱》，“写的是武汉时代的一件事情”[②]。他似乎对《同志爱》颇为满意，在给叶灵凤的另一封信中写道：“《同志爱》已寄到内山处，此书乃余生平最得意之作，自信书出后可以掀动国内外。”[③]从“同志爱”这个题目我们便可以窥见其与30年代初“革命加恋爱”模式的关联：“同志”是革命者之间的称谓，而“爱”则是革命中的浪漫故事。该小说所写的是1927年5月之后一则发生于武汉的故事。小说一开始便描述了岌岌可危的武汉革命政权，随着蒋介石与武汉国民政府分裂，国民党已开始清党，武汉一时成为革命青年的逃难所，但武汉本身却处于内忧外患的境地，尤其是革命投机分子，更是时刻做好了逃走的准备。面对此情此景，主人公马杰民，作为政治部主任，只能以酒浇愁。也就在此时，他从无数求职信中看到了一封来自金佩秋的信，其暧昧的语言立刻将马杰民带回到了革命高潮时的经历：那是在劳动节民众联合大会的会场，有着十万群众的狂欢场面。马杰民在讲演台上第一次见到金佩秋，这也是题目“克拉凡左的骑士”的由来：

---

① 《骑士》于1936年开始连载于《质文》，作者在文前小序中介绍，“这篇小说已经是六七年前写的了”（郭沫若：《克拉凡左的骑士》，《质文》第2卷第1期，[1936年10月10日]），这表明这个长篇完成于1929年左右。查考郭沫若1932年写给叶灵凤的信件，其中便已提及这部长篇小说：“我现在手里有一部长篇小说《同志爱》，写的是武汉时代的一件事情，是前年写好的。有十万字上下。你们肯出一千五百元现金购买，我可以卖给你们。”（1932年7月23日郭沫若致叶灵凤函，孔另镜编：《现代作家书简》，上海：生活书店，1936年，第203—204页）据其他信件中的信息，国内有三四家出版社有意出版，郭沫若也曾将稿件寄回国内，但倾向于让叶灵凤所在的现代书局出版；虽然郭沫若在信中已表示该书“内容并不十分红”（1932年8月29日郭沫若致叶灵凤函，同上书，第204页），但依旧未能如期出版，这才有时隔五年后《质文》的连载，但《质文》仅连载两期便停刊，后曾应朋友之约在《绸缪月刊》重新连载，但也不了了之，后来原稿在战火中丢失，这部长篇小说便只余《质文》上连载的部分，是个残篇。

② 1932年7月23日郭沫若致叶灵凤函。

③ 1932年8月29日郭沫若致叶灵凤函。

> 那女士是他所不认识的。身子很纤小，穿着一件草色的湖绸的旗袍，穿着玄青的华丝葛的长坎肩；脚上也是双绿色帆布的胶皮鞋子。小巧的头上分梳着短发；脸色有些苍白，有些兴奋，从那一双敏活的明眸里泄露出一片伶俐的精锐。
>
> 仅仅如像电光一样的一瞥，使杰民连［联］想到了意大利文艺复兴期的画家Caravaggio的一张名画上来。那是一位青年骑士和一位女相士的半身像。骑士戴着一顶插着鸵鸟毛的广沿帽，额上微微露出一些鬈发，左手叉在带着佩剑的腰上，把微微矜持着的抿着嘴的面孔偏着，把右手伸给旁边立着的一位女相士。那骑士面孔的表情，那全体的姿势，就像是把那女士铸出了一个模型。[①]

将女革命者比拟为卡拉瓦乔的名画《吉普赛预言者》（*The Gypsy Fortune Teller*）中的“骑士”，不仅将革命审美化了，而且增添了一重神秘的意味。更有意味的是，马杰民对金佩秋的细致观察，发生在群众集会的跑马场，此时在台上演说的是一位著名的英国革命家，“汤姆的演说，极其简短，一句就是一个口号”，台下更是群情沸腾，“全场的人都在叫，都在跳”[②]。叙事者将马杰民对金佩秋的观察，穿插在这样的场面中，叙事手法与《包法利夫人》中包法利夫人与情人在市集约会的场面极为相似。然而，在福楼拜的叙述中，浪漫与现实的对照，形成的是一种反讽效果，与市集的世俗场面相比，包法利夫人的爱情固然形成了对日常生活的超越，但也因脱离实际而显得虚幻，浪漫的幻象很快就被她情人的谎言戳破。与福楼拜截然相反，在郭沫若笔下，爱情与革命之间并非彼此对立，而是如音乐中两个声部一般彼此应和，甚至是难分彼此。

从小说的情节来看，不脱30年代初流行的“革命加恋爱”的模式。该模式最早出现于太阳社蒋光慈笔下，革命失败后便成为左翼知识分子

---

① 郭沫若：《克拉凡左的骑士》，《质文》第2卷第1期（1936年10月10日）。

② 同上。

纸上继续革命的主要方式。正如论者所指出的，“正因为革命尚未成功，同志才仍须努力‘叙事’”[①]。也就是说左翼作家需要通过小说的情节设置，来继续维持和消耗他们的热情；但从文学史的角度看，在30年代初，以华汉《地泉》的出版为契机，党的文艺工作者瞿秋白和左翼作家茅盾等已对“革命的浪漫谛克”进行了反思与批评，瞿秋白否定了单纯从意识形态领域进行的概念批评，而提倡对现实的深入体验，对历史的深层观察[②]。华汉（阳翰笙）是后期创造社成员，但远在日本的郭沫若对国内这种批判和检讨似乎无动于衷，虽然瞿秋白认为“中国社会的发展过程和发展动力显然不是什么英雄的个性，而是广大的群众”[③]。郭沫若还是明确表示，该书的主题“是歌颂在北伐战场上一位女战士的”[④]。他对“革命加恋爱”的留恋，直接延续到了他抗战初期的话剧《甘愿做炮灰》中。

大革命时期的经历不仅是郭沫若等人乐道的革命往事，也为他们提供了某种情感模式，那是一种爱情、革命、战争与理想相互交织的状态。而抗战的爆发，似乎为他们提供了这种个人抒情与宏大叙事重新融合的契机，也就是说，郭沫若等曾参加大革命的文化人，是带着大革命时期的情感模式进入抗战的，正如黄慕兰所回忆，“当时如同北伐时一样，情绪非常兴奋活跃”[⑤]。抗战时期的抒情，便不仅因与国民革命相对

---

① David Der-wei Wang：*the Monster that is History: History, Violence, and Fictional Writing in Twentieth-century China*, Berkeley and Los Angeles: University of California Press，2004年，第80页。中译见王德威：《现代中国小说十讲》，上海：复旦大学出版社，2003年，第55页。

② 易嘉：《革命的浪漫谛克——〈地泉〉序》，《地泉》，上海：湖风书局，1932年，前言页第3页。

③ 同上。

④ 臧云远：《东京初访郭老——回忆郭沫若同志之一》，《悼念郭老》，北京：生活·读书·新知三联书店，1979年，第214页。

⑤ 黄慕兰：《黄慕兰自传》，北京：中国大百科全书出版社，2012年，第171页。按，黄慕兰与郭沫若关系匪浅，而且是位传奇女子。她出身于湖南官办家庭，后参加革命，先是做妇女运动，后转而做谍报工作。尤其在大革命的武汉时期，是妇女运动头面人物，因代表妇女界参加各种群众大会，“经常坐在主席台上，非常活跃”，所以新闻界和文化界的人士都戏称她为“皇后”（《黄慕兰自传》，第41页）。大革命失败后，黄慕兰嫁给著名律师陈志皋，后进入上海金融界，因让破产的通易信托公司复业而名闻上海，后任该公司常务董事及总经理，在此期间对共产党的革命也有暗中支持。黄慕兰在大革命时期曾与郭沫若一道在武汉从事文化和（转下页）

照构成了历史的隐喻，同时，也为抒情主体在新的史诗时代找到了新的位置——“在轰炸中来去”。

三、“在轰炸中来去”的战时浪漫主义

《在轰炸中来去》是抗战初期郭沫若所写的报告文学，连载于《申报》，记述他往来前线、南京及上海等地的经历。题目便极为形象地向我们显示了抒情主体的生活状态、心理感受及其在大时代中的位置和姿态。

抗战伊始，前线劳军成为社会名流抒发其报国热忱最直接的方式，一时颇有成为社会时尚的趋势，如郭沫若就提及杜月笙、钱新之、宋子良及吴开先等人结队前往前线劳军的情形①。较之其他人，郭沫若赴前线劳军有着更多的便利，回国初期他并无固定职业，因而有大量的自由时间，以他的名义发行的《救亡日报》，也需要关于前线的新闻材料；同时，他既是文化界的知名人士，“弃妇抛雏”归国抗战的事迹也一时广为流传；更为重要的是，他与前线的抗敌将领有着广泛的人脉关系。郭沫若在北伐后期任政治部副主任，代行主任职权，后一度被蒋介石任命为南昌总司令行营主任，领中将军衔，与各路将领皆有来往；随着南京国民政府的成立，昔日的北伐军将领逐渐把持了党国的军事要津，此时几大集团军总司令大多是北伐时期的宿将，如张发奎、陈诚、李宗仁等均是如此，他们也都是郭沫若北伐时期的旧识。

在与老战友叙旧的同时，郭沫若更是以极大的热情将他在前线的所见所感记录下来，发表在他所主持的《救亡日报》上，这包括《到浦东去来》《前线归来》《在轰炸中来去》等。从战地通讯的文体视角看，郭

（接上页）社会运动，郭沫若小说《克拉凡左的骑士》中女主角的原型可能就是黄慕兰。抗战初期郭沫若回到上海后，对郭沫若也多有照顾，夏衍在回忆中便提到黄慕兰亲自领着裁缝前去给郭沫若缝西装的事（夏衍：《懒寻旧梦录》，北京：生活·读书·新知三联书店，1985年，第380页）。二人曾分别作为妇女慰劳会和文联代表，多次共赴前线劳军，她的感受一定可作为理解郭沫若彼时状态的参考，大革命时期那种社会参与的热情，在抗战初期确实一定程度上有所复活。

① 郭沫若：《到浦东去来（上）》，《救亡日报》1937年8月26日，第四版。

沫若的文章并不专业，报道的事件性和客观性均显不足，更像是抒情散文。不过，较之普通的战地记者，他的优势又恰在行文中的个人视角和主观体验。通过对个人经历的细致描画，他塑造了一个奔忙于上海和前线的战时形象，从“在轰炸中来去”的表述中，我们可以看出，随着战事的展开，郭沫若的抒情主体也再度变得亢奋起来，尤其是战地景象，让他有一种真正把握住了时代精神的兴奋感：

> 队伍的调换，卡车的来往是很频繁的，有些地段，公路的两旁为一上一下的士兵骡马蚁接着，使汽车向前开驶，十分费力，所谓“伟大的时代”，“神圣的战争”，那些语汇的意义，到这时候，才真切地感觉着。武装着的同胞们是以自己的血，自己的肉，来写着我们民族解放的历史的。[①]

战场的景象既带给诗人参与历史的切实感，也开启了诗人的情感阀限，正如他自己所说，这些作品“都是在抗战中热情奔放之下，匆匆写就的”[②]。这种兴奋感也见于田汉等人的经历，如他与胡萍、谢冰莹等人在劳军途中的感受：“最使人血肉飞舞的却是那整千万络绎于途的援兵，他们那种英勇沉毅的姿态使我们忍不住向他们欢呼，女士们甚至从车子里站起来，唱着《送勇士出征歌》。”[③]抗战的爆发，为诗人提供了见证历史、参与历史的契机，他们的激情也就顺然地被激发了出来。对他们而言，奔赴前线有一种参与抗战的在场感，而战争的风险也是一种颇为刺激的体验。

郭沫若此时所写的为数不多的几首新诗，也无不显示出他面对战火时的激情。这从《前奏曲》《民族复兴的喜炮》《抗战颂》《相见不远》《人类进化的驿程》等诗题便可窥见一斑。诗歌所写的也主要是直面抗战的热情，如《前奏曲》：“全民抗战的炮声响了，/ 我们要放声高歌，/

---

① 郭沫若：《前线归来》，《救亡日报》1937 年 9 月 12 日，第四版。
② 郭沫若：《沫若抗战文存 · 小序》，上海：明明书局，1938 年。
③ 田汉：《月夜访大场战线》，《救亡日报》1937 年 10 月 24 日。

我们的歌声要高过 / 敌人射出的高射炮。”[1] 以歌声比肩高射炮，虽不无讽刺，但显示出诗人对艺术力量的再次确认，及背后高亢的主体姿态，其美学特征则是见证历史和为创造历史而献身的崇高感。

诗人的浪漫气质并未停留于抒情方式，更在于对战争和历史的乌托邦想象。这主要表现为将战争作为中国复兴的契机，在《民族复兴的喜炮》一诗中，诗人写道：“上海的空中又听到了大炮的轰鸣，/ 这是喜炮，庆祝我们民族的复兴。”[2] 此时他还写有一首五言律诗：“雷霆轰炸后，睡起意谦冲。庭草摇风绿，墀花映日红。江山无限好，戎马万夫雄。国运升恒际，清明在此躬。”[3] 这是作者应邀赴前线访陈诚，恰逢主人外出，便于故人明远帐中休息，“醒来见庭前花草淡泊宜人”，便即兴赋此。这种闲适姿态与“伟大的时代”似乎并不协调，这也恰恰显示郭沫若将战争作了美学的处理，使他能以诗人的审美眼光去观看前线的风景。更为关键的是，诗人对战争的预期，无论是“伟大的时代”“神圣的战争”“民族复兴的喜炮”，还是“国运升恒际，清明在此躬”，在在显示了想象战争的乌托邦机制，似乎战争是一场除旧布新的大火，而中国则能如凤凰一般浴火重生。

将抗战作为民族复兴契机的想象，在当时知识分子中绝非个别，而是某种带普遍性的社会心态和观念。尤其是在“八・一三”上海之役以后，国民政府决心抗战的姿态给予知识分子的印象，远不止是决心保家卫国那么简单，而是与近百年来国人的屈辱史密切地关联在一起。如北洋老将张一麐在与郭沫若的交流中就表达得极明白：“我们中国人素来是伸不起腰的，但是我们这次却伸起腰来了。我们中国人平常打死一两个日本人，立刻就要赔款两三万，但这次我们已经打死了他两三万人。这如在平时，不知道又要该赔多少款。老人叫我‘统计’一下，说‘怕有很多的零吧’。”[4] 对战争的乌托邦式想象，在国民党所提出的“抗战

① 郭沫若：《前奏曲》，《战声集》，广州：战时出版社，1938 年，第 32 页。

② 郭沫若：《民族复兴的喜炮》，同上书，第 38 页。

③ 郭沫若：《前线归来（二）》，《救亡日报》1937 年 9 月 13 日，第四版。

④ 郭沫若：《轰炸中来去》，上海：上海文艺研究社，1937 年，第 11 页。

建国”的政策中体现得更为明了。1938 年 3 月的国民党全国临时代表大会，通过了《中国国民党抗战建国纲领》，该纲领具体提出了抗战建国的设想：

> 盖吾人此次抗战，固在救亡，尤在使建国大业，不致中断，且建国大业，必非俟抗战胜利之后，重行开始，乃在抗战之中，为不断的进行，吾人必须于抗战之中，集合全国之人力物力，以同赴一的，深植建国之基础，然后抗战胜利之日，即建国大业告成之日，亦即中国自由平等之日也。[①]

国民党将“抗战”与“建国”并举，这种阐释将抗战的意义从负面的抵抗侵略转化为正面的建国大业。郭沫若也是在这种乐观情绪中，形成并宣扬他的抗战理念的，他甚至从医学的角度，将日本的侵略转化成中国这个机体去腐生肌的过程。在他看来，中国沉疴太深，尤其是北方，因长期作为皇权中心，“陈陈相因地使你怎样也无可如何”，而“日本军人正是一批贪食腐肉的蛆，他们满得意地替我们吃着腐肉，这正对于我们下层的生肌，给与了顺畅的发育的机会，旧中国非经过一次大扫荡，新中国是不容易建设的”[②]。

无论是战地纪行中的抒情自我，对战争的审美观照，还是将战争想象为民族重生的历史契机，从内在的美学理念来看，与《女神》的浪漫色彩实有内在一致处，只是国家民族复兴的方式，由凤凰涅槃式的烈火焚烧转变成了战火的洗礼[③]。但战争之所以能再次激发诗人的浪漫情怀也并非偶然，浪漫主义本来就与战争有着无穷的关联，如拜伦便直接参加了希腊的独立战争，这对后来的浪漫派不无影响，除这一熟悉的形象

---

① 《中国国民党抗战建国纲领及临时全国代表大会宣言》，上海：上海印书馆，1938 年，第 15—16 页。

② 郭沫若：《关于华北战局所应有的认识》，《羽书集》，香港：孟夏书店，1941 年，第 58、59 页。

③ 1936 年 4 月，郭沫若在接受蒲风的访问时，对于《女神》《星空》时期曾说：“在那时很渴望中华民族复兴，在《女神之再生》《凤凰涅槃》里都是有意识地去表现着。”（郭沫若、蒲风：《郭沫若诗作谈》，《现世界》创刊号 [1936 年 8 月 16 日]）

外，浪漫主义在德国与英国的兴起，更是直接与法国大革命相关[①]。战争本身所具有的暴力美学、英雄崇拜、献身精神、战争所引发的剧烈变革，以及经由战争所可能达致的新世界图景，与浪漫派的精神都有契合的地方。这并不是说浪漫派好战，而是说浪漫派可能对战争寄托了更多的期待和希望，因此对战争有着更为积极的态度和参与热情，尤其是当他们站在正义一方的时候。

抗战在正史的叙述中，无不带着悲情色彩，似乎与浪漫无关，殊不知战时勃兴的民族主义也是浪漫主义的产物。浪漫主义运动与民族主义兴起之间的关联，是一个较大的话题[②]，这里仅以费希特《告德意志国民》在抗战前的接受与传播为例略作查考。早在“九·一八”之后，尚就读于北京大学的贺麟就曾撰文《德国三大哲人处国难时的态度》，分别介绍了歌德、黑格尔与费希特，以及他们在德国民族形成中的作用，尤其强调了费希特所作的《告德意志国民》的演讲，在贺麟看来，“这些演讲正奠定了德意志复兴的精神基础，而为战败法国最有力的利器，与斯坦因 Stein 之改良德意志政法，及夏尔浩斯将军 Scharnhorst 之改组军备，有同等重要”[③]。并对演讲的内容作了详细的介绍。郭沫若对费希特并不陌生，早在留学时期他就阅读过费希特的这篇演说[④]。

对于费希特这次演讲之于德意志的影响，伯林不无夸张地说：“整个十九世纪德国人都在阅读他的演讲。1918 年之后，这本演讲辑成的薄薄小书更是成为德国人的圣经。”[⑤]而费希特正是浪漫主义发展历程中的关键人物，伯林认为，费希特将自我与非我区别开来，并将后者作为我们“试图理解、感受，乃至主宰、征服、改造、塑造的事物——

---

① M. H. Abrams：*English Romanticism: The Spirit Of The Age*, Northrop Frye ed.：*Romanticism Reconsidered*, New York & London：Columbia University Press, 1963 年；Frederick C. Beiser：*Enlightenment, Revolution, and Romanticism*, Cambridge: Harvard University Press, 1992 年，第 228 页。

② 如民族文学的提倡。

③ 贺麟：《德国三大哲人处国难时之态度》，北平：大学出版社，1934 年，第 69 页。

④ 郭沫若：《百合与番茄》（续前），《创造周报》第 31 号（1923 年 12 月 9 日）。

⑤ 以赛亚·伯林：《浪漫主义的根源》，吕梁等译，南京：译林出版社，2011 年，第 98 页。

至少是可以对其做点什么的事物”[1]，这就是说，在将非我他者化的前提下，自我意识成为一个不可规约的基始依据。对于民族主义，他也是从自我意识的角度，强调民族精神的自由。因此，伯林认为费希特的“这个最根本的观念不是‘我思故我在’，而是‘我愿故我在’”[2]。郭沫若对意识的强调，与此如出一辙。贺麟介绍德国哲人的文章，随后也引起较为广泛的关注，该文后来发行了单行本，抗战时期还多次再版。除贺麟的译本外，还有张君劢、瞿菊农等人的翻译或介绍。据论者统计，“九·一八”事件之后，《东方杂志》《国闻周报》《大公报》等翻译或介绍费希特《对德意志国民的演讲》的文章，便有二十三篇之多[3]。可见，费希特的浪漫精神现实地参与到了抗战时期中国民族主义话语的形成中；同时，国民党也借由民族主义进行全国性的战争动员。

当然，本部分的目的并非要将抗战时期的郭沫若重新定位为浪漫主义者，而是探讨浪漫主义如何被战争和民族主义重新激活，以及浪漫派的抒情在战争时代有哪些新变，如何作用于郭沫若战时的社会和文化政治实践，如何参与建构他新的历史主体。

四、浪漫如何介入历史

无论是由浪漫主义所激发的乌托邦式的历史想象方式、民族主义思潮，还是“抗战加恋爱”的战时情感模式，都表明在宏大的史诗外观下抒情主体的内核，尤其是《在轰炸中来去》等文章，其对战争的审美化处理更为明显。除了郭沫若以外，其他知识分子在面对战争时也大多如此。如同样经常赴前线劳军的田汉，其主要行为便是饮酒赋诗，正如夏衍所说：“他是一位酒豪，又是才思敏捷的诗人，一到这些司令部，酒罢纵谈之余，当场挥毫赋诗，来慰劳前线将士。”[4] 这种现象是否意味着，

① 以赛亚·伯林：《浪漫主义的根源》，第 97 页。

② 同上书，第 100 页。

③ 郑大华：《“九·一八”事变后费希特民族主义思想的系统传入与影响》，《近代史研究》2009 年第 6 期。

④ 夏衍：《懒寻旧梦录》，北京：生活·读书·新知三联书店，1985 年，第 402 页。

郭沫若、田汉等人对战争的审美化处理、对历史的乌托邦想象，仅仅坐实了他们是政治的浪漫派？而浪漫派的抒情，是否依旧只是一种名士派的消遣，是外在于历史的冗余？

郭沫若并不这么认为。在他看来，诗人反而具有参与历史的独特优势。后来他在总结抗战时期的文学时，就特别强调了诗歌的成就："诗歌最受着鼓舞，因为战争本身的刺激性，又因为抒情诗人的特别敏感，随着抗战的号角，诗歌便勃兴了起来，甚至诗歌本身差不多就等于抗战的号角。"[①]"抒情诗人的特别敏感"这种表述，是典型的浪漫主义天才观，即认为诗人有预知未来的能力。郭沫若对此坚信不疑，还从生理学的角度予以"科学"论证。在他看来，文人多为神经质（melancholic）型气质，不仅情绪动摇强而且持久，其敏感更使他能预先感受到革命的到来，因此，"文学能为革命的前驱"[②]；梁实秋虽批判过浪漫主义的情感泛滥[③]，但在这方面，似乎比郭沫若走得更远，在他看来，一切文明都是天才的创造，而"诗人，一切文人，是站在时代前面的人"，因此富有革命精神的文学往往发生于实际革命运动之前，所以，"与其说先有革命后有'革命文学'，毋宁说是先有'革命的文学'后有革命"[④]。他们实际上从本体论层面确立了抒情诗人的历史性和革命性，从更远的历史时段来看，这回应的是世纪初鲁迅对摩罗诗人的召唤。

从现代的革命历程来看，"文学能为革命的前驱"似乎并不为过。早在20世纪20年代初，郑振铎、费觉天等人就指出，"理性是难能使革命之火复燃的"，感情才能激发人们的革命热情，而"文学本是感情的产品"，容易"沸腾人们的感情之火"，从而促发革命的热潮[⑤]；大革命

① 郭沫若：《中国战时的文学与艺术——一九四二年五月二十七日在中美文化协会演讲词》，《新华日报》1942年5月29日，第三版。

② 郭沫若：《革命与文学》，《创造月刊》第1卷第3期（1926年5月16日）。

③ 梁实秋：《浪漫的与古典的》，上海：新月书店，1927年。

④ 梁实秋：《文学与革命》，《新月》第1卷第4期（1928年6月10日）。

⑤ 西谛：《文学与革命》，《文学旬刊》第9期（1921年7月30日）。关于1920年代初期费觉天、郑振铎等人对文学政治主体的设想，及其与郭沫若人格特征的相关性，可参考姜涛：《解剖室中的人格想象：对郭沫若早期诗人形象的扩展性考察（初稿）》，《新诗与浪漫主义学术研讨会论文集》，北京：2011年。

时期，很多文学青年就是受文学感召而奔向“革命圣地”广州的，而蒋光慈等人的情感表达与实践，则进一步回答了激情与政治、社会实践的关系。在他看来，革命者与浪漫派不仅分享着同样的情感模式，二者之间也是相互发明、相互促进的：“我已经说过革命这件东西，倘若你欢迎它，你就有创作的活力，否则，你是一定要被它送到坟墓中去的。在现在的时代，有什么东西能比革命还活泼些，光彩些？有什么东西能比革命还有趣些，还罗曼谛克些？倘若文学家的心灵不与革命混合起来，而且与革命处于相反的地位，这结果，他取不出来艺术的创造力，枯干了自己的诗的源流，当然是要灭亡的。”[①] 蒋光慈该文先发表于《创造月刊》，后来他还曾跟郭沫若谈及这层意思。因而在1937年发表的《创造十年续编》中，郭沫若再次重申了蒋光慈的这种说法：

> 但我却要佩服蒋光慈，他在“浪漫”受着围骂——并不想夸张地用“围剿”那种字面——的时候，却敢于对我们说：“我自己便是浪漫派，凡是革命家也都是浪漫派，不浪漫谁个来革命呢？”[②]
>
> “有理想，有热情，不满足现状而企图创造出些更好的什么的，这种精神便是浪漫主义。具有这种精神的便是浪漫派。”（大意如此，就作为我自己的话也是无妨事的。）[③]

无论是对于蒋光慈还是郭沫若来说，革命与浪漫都有着内在的一致性。既是情感结构上的同构，也源自同样的历史远景，浪漫主义的理想与革命的理想在精神上是内在一致的。以情感为社会动员方式的革命道路，在革命文学论争期间，曾一度受到后期创造社成员李初梨、彭康等

---

① 蒋光赤（慈）：《十月革命与俄罗斯文学》，《创造月刊》1926年第1卷第2期（1926年4月16日）。后收入蒋光慈编《俄罗斯文学》（上卷），上海：创造社出版部，1927年，第10—11页。

② 郭沫若：《创造十年续编》（“五四”），《大晚报》1937年7月8日，第五版。

③ 同上。

人的批判，如李初梨就将情感政治学视为一种“自然生长”的反抗，而不是立足于阶级意识的“自觉”革命[①]。虽然郭沫若在受到李初梨等人的批判后，曾一度做出调整，但从郭沫若抗战时期的文学革命观来看，他并未放弃他的情感政治学。这既是基于大革命的经验，也是基于抗战的现实。抗战初期国共合作的局面使意识形态批判暂无用武之地，而整体战所需的大量人力物力，也需要更为直接的动员方式，在这方面情感无疑比理论要直接有效得多；而政府试图以建国促进抗战，描绘的也未尝不是浪漫主义式的愿景。

浪漫派的情感政治学，除了文学形式与意识形态图景有内在关联以外，还在于浪漫派的激情本身也具有伦理内涵。这意味着情感不仅可由“写作”得到抒泄，还可直接转化为实践的能量。对于文人来说，决绝的方式是“投笔从戎”，较为间接的则是以文学进行宣传、动员等。回望现代历史可以发现，如果有文学的想象力和情感渲染，革命可能能够获得更大规模的响应；而抗战的动员更是一个全国规模的宣传，如抗战时期民族主义的兴起，既是浪漫派积极呼吁的结果，同时它又常被召唤出来作为精神和社会动员的力量，而郭沫若这样的文人，不仅主动筹办报刊，本身也被延揽进入政府机关，专门负责宣传动员工作。

从这个角度来看，情感本身便具有政治的维度，这从传统的诗学视野也可得到印证，如“诗言志”在朱自清看来，本身便具有政治性[②]。传统的诗教“兴观群怨”本身，也莫不具有政治属性，而这些资源本身也转化为了20世纪中国左翼的修辞方式[③]。在流亡日本时期，郭沫若在将抒情作为诗学的本体时，却一再强调“意识”的地位，这意味着在意识的影响下，“抽象的抒情”能够内化为社会变革的动力，激情也可以是浪漫派介入现实的途径和方法。因此，关键的问题不在方法，而在主体能否认清自己的历史位置。正如鲁迅所说的，“要有‘革命人’”，“革命

① 李初梨：《自然生长性与目的意识性》，《思想》1928年第2期。

② 朱自清：《诗言志辨》“诗言志”部分，上海：开明书店，1947年。

③ 参考王德威：《抒情传统与中国现代性：在北大的八堂课》，北京：生活·读书·新知三联书店，2010年，第44—54页。

人做出的东西来，才是革命文学”[1]。而李初梨的批评虽然切中情感动员的不足，但他在理论批判与历史批判之间所作的二元划分，对浪漫主义的情感革命功用的否定，也难免显得武断，忽略了郭沫若在引入社会学的方法之后，情感政治学所可能具有的历史前景，这一点经由郭沫若抗战时期的社会实践和文化政治活动得到了证实。

由此，郭沫若等人的情感实践，展现了浪漫主义的另一种面向，这也提示我们对浪漫派的机缘论略作反思。将浪漫派的政治实践解读为机缘论者，以卡尔·施密特（Carl Schmitt）的说法最著。在他看来，西方随着宗教体系的瓦解，浪漫主体占据了世界的中心，从而将万物和世界“统统变成了一种纯粹的机缘”[2]。然而，所谓的机缘论也并非投机那么简单，而是说浪漫主体的内核是审美主体，因而将一切都审美化了：“它是游戏和想象中的改造，即‘诗化’，换言之，是把具体的既有事物，甚至每一种感觉，作为一篇‘神话寓言’、一首诗、一种审美感受对象或一个浪漫故事（Roman）——因为这最符合浪漫主义一词的词源学含义——的机缘加以利用。”[3]而浪漫派改造世界的方式正是个人的感觉、心情、情感和想象力，因此，浪漫派的革命只是美学层面的。正如缪塞，他所表达出来的革命热情只是“伴生性的感情状态”，“他其实只关心感情和诗意”[4]，国家对于他们来说也仅仅是一件艺术品而已，他们的话语是修辞性的，与历史进程并无本质关联。与施密特形成对话的有两种观点：一是从美学的角度，肯定浪漫主义在文学性方面的成绩，这无涉政治问题，如《文学的绝对》即属此例[5]，它重新肯定了被施密特视为机缘论的施莱格尔等浪漫主义者的文学实验；二是从比较文学的角度，强调中国浪漫派“审美的政治化”的一面，从而与西方（主要是英

① 鲁迅：《革命时代的文学——四月八日在黄埔军官学校讲》，《鲁迅全集》第3卷，北京：人民文学出版社，2005年，第437页。

② 卡尔·施密特：《政治的浪漫派》，上海：上海人民出版社，2004年，第16页。

③ 同上书，第85页。

④ 同上书，第115页。

⑤ 菲利普·拉库－拉巴尔特、让－吕克·南希：《文学的绝对：德国浪漫派文学理论》，张小鲁等译，南京：译林出版社，2012年。

国）的“政治的审美化”形成对照[①]。这似乎走向了另一个极端，也忽略了上文所述的郭沫若对战争所做的审美化处理这一事实。

从浪漫主义的历史来看，较之西方浪漫主义者，中国的左翼浪漫派的特点在于，其抒情的政治能量不是停留于历史想象，也不仅仅是被革命话语所征用，而是以抒情的主体投入到革命实践之中。欧洲浪漫主义的兴起虽然是对法国大革命的呼应，但随着革命的发展，大多数浪漫主义者对革命的后果产生了怀疑[②]，从最初的狂热退回到了内心，之后蔚为大观的浪漫主义文学，多被史家描述为一种非政治、非历史甚至是消费性的力量；而中国浪漫主义者则不同，他们大多通过革命的实际行动将浪漫激情社会化、历史化，将它转化为特定历史情境中的政治和情感资源，从而扩展了浪漫主义的边界，将浪漫主义从对情感的消费，转化为一种创造历史的动力。这在郭沫若身上体现得尤为显著，无论是早期从《女神》的浪漫转向革命，还是抗战时期从学术研究投入民族救亡，都给个人化的抒情带来了社会的维度，正如论者所指出的：“前后期创造社在艺术理解上的不同表现只是浪漫主义一个硬币的两面。”[③]如果对此作积极理解的话，不妨认为抒情主体的历史化，带有主体解放与社会解放的双重视野。从这个角度来看，郭沫若重启抒情诗学，虽然受到高尔基积极浪漫主义理论的支援，但与高尔基从善恶对立的方式来看待浪漫主义的社会效用不同，郭沫若保留了抒情主体的一致性，正如他所强调的：“我所说的‘意识是第一着’，便是说人是第一着。要真正的人才有真正的诗。”[④]

郭沫若将文学形式与主体性作一元化理解的方式，则不仅要求诗人关心美学形式，诗人的写作也不再只是一种修辞或话语实践，同时

---

① 参见张旭春：《政治的审美化与审美的政治化——现代性视野中的中英浪漫主义思潮》，北京：人民出版社，2004年。

② 如华兹华斯写法国大革命的诗作 *The French Revolution as It Appeared to Enthusiasts at Its Commencement*。

③ 旷新年：《1928：革命文学》，济南：山东教育出版社，1998年，第74页。

④ 郭沫若：《七请》，《质文》第1卷第4期（1935年12月15日）。

也对主体的历史位置提出了要求。这就使得郭沫若的浪漫主义并不同于机缘论或机会主义，而是一种具有生产性的主体形态，是如本雅明所说的，找准了“自己在生产过程中的位置”之后的文学生产性[①]。对于身份的应时而变，郭沫若在40年代后期曾有一个说法：“本来我的生活相当复杂，我有时是干文艺，有时是搞研究，有时也在过问政治。有些生活好像是分裂的，但也有它们的关联，它们事实上是一个有机体的各种官能。”[②]这表明，对于郭沫若来说，美学、学术、政治与社会实践之间的转换，带来的并不是身份认同的危机，而是自我的完成。这种身份的一元论从根本上突破了李初梨或施密特所强调的美学与政治的二元图景。

同时，郭沫若抗战时期重启的情感诗学，也对文学史的既有表述构成了挑战，尤其是抒情与史诗的二元模式。自普实克以“抒情与史诗”来分析中国现代文学，这便成为描述现代中国的文学与政治的两种基本叙述模式。虽然普实克一再强调新文学对晚明以来抒情性的继承，然而他的一个基本历史判断是，现代是一个史诗取代抒情的时代[③]；这种美学判断如果被置于更为广阔的语境，它也符合文学与政治之间的辩证关系，即从文学革命到革命文学的总体趋势；而在“后革命”语境中，当代学者更乐于从抒情传统出发，强调抒情对于革命史诗的对抗乃至消解作用。然而，郭沫若突破了这个二元框架，他既身处史诗洪流之中，同时也保留着浪漫派的激情，二者不仅未构成对垒，反而是一个相互生产、相互促进的有机结构。

---

① 本雅明：《作为生产者的作者》，王秉钧等译，郑州：河南大学出版社，2014年，第34页。

② 郭沫若：《我怎样开始了文艺生活》，《文艺生活》海外版第6期。引自《迎接新中国——郭沫若在香港战斗时期的佚文》，复旦学报（社会科学版）编辑部出版，出版时间未标注，第139页。

③ 普实克：《抒情与史诗》，郭建玲译，上海：上海三联书店，2010年，第39页。

"由情以达意"：文艺如何动员民众

战争与文学

文学如何动员民众

国民精神总动员视野下的动员文艺

民众动员是郭沫若抗战时期一直念兹在兹的问题，抗战初期他便一再呼吁重启政治部以从事民众动员工作，后来实地参与了政治部第三厅的宣传、动员实践，对文艺如何动员民众这一问题他也作了较为深入的思考。应该说，在抗战所鼓动的民族主义热潮中，"文学何为"是摆在作家面前的首要问题，如茅盾在论及"抗战与文艺"的问题时，强调的便是文艺"教育民众，组织民众"及动员民众的功能[①]；郭沫若相对来说要激进一些，在"全国文艺界抗敌协会"成立仪式上，他便讲到"文艺是宣传，这是所谓'实如'（Sein），是事实；而宣传当切于人生，则是所谓'当然'（Soll），是价值"[②]。这意味着，在抗战语境中，文学的问题已不再是是否为宣传的性质问题，而是如何宣传的技术问题，和为谁宣传的伦理问题。这也正是我们问题的起点，即在抗战动员的时代背景下，郭沫若如何思考民众动员问题，文学在其间扮演着何种角色，他的观点有何建设性或独创性。

一、战争与文学

在一篇题为"文化与战争"的文章中，郭沫若是这样开头的："'人心惟危，道心惟微，惟精惟一，允执阙中'。在全世界的秩序为少数暴戾恣睢者所扰乱破坏了的目前，令我时常回味到的，是所谓'十六字之

---

① 茅盾：《抗战与文艺》，《现代评坛》第4卷第11期（1939年2月5日）。

② 郭沫若：《文艺与宣传——为庆祝"中华全国文艺界抗敌协会"的成立》，《大公报》"星期论文"1937年3月27日，第二版。

薪传’的几句古话。”[①] 他并非是要发思古之幽情，而是欲借此思考文化与战争的问题，他认为如果我们“把那‘人心’和‘道心’的两个名词翻译成现存哲学家的用语，便是罗素所说的‘占有欲望’与‘创造欲望’。这样对照着或许更能使我们容易了解吧”[②]。战争这种“例外状态”的影响在于，它要求知识分子用最简单又最基本的范畴，如敌与我、善与恶、正义与非正义、道心与人心、占有与创造等，来思考人类最根本的问题。处身战争的激流，郭沫若的感受也是如此，“目前的中国乃至目前的世界，整个是美与恶、道义与非道义，斗争得最剧烈的时代，也就是最须得对于道义美加以维护而使其发扬底时代”[③]。但正是在这种激烈斗争中，他看到了文学的脉动：

> 中国目前是最为文学的时代，美恶底对立、忠奸底对立异常鲜明，人性美发展到了极端，人性恶也有的发展到了极端。这一幕伟大的戏剧，这一篇崇高的史诗，只等有耐心的、谦抑诚虔、明朗健康的笔来把它写出。[④]

战争就像一个大善与大恶的搏斗场，它给文学带来了题材、伦理与高强度的情感。然而，现代战争的形态，对文学提出的要求，不仅仅是让作家以见证者的姿态来记录这场战争，而是需要他们切实地参与进来。

现代的战争是一种总体战，对此，郭沫若有清晰的认识。早在1937年9月，他便在《申报》上发表了《全面抗战的再认识》一文，将现代战争定义为“立体战争”：“这种现代的立体战争已经不是单独的军事上的事体。这儿是把全国的力量集中了起来。全国的学术。产业。政治。经济。教育。训练等等。在平时都要有充分的素养。而且是有系统

---

① 郭沫若:《文化与战争》,《大公报》“星期论文”1939年3月19日,第二版。

② 同上。

③ 郭沫若:《今天创作底道路》,《创作月刊》第1卷第1期(1942年3月)。按,该文正文题为“今天创作底道路”,目录题为“今天创作的道路”。

④ 同上文。

有计划的素养。然后才能结晶成为现代的立体战争。”[①] 蒋介石在庐山发表的谈话中，也作如是观：“战端一开，则地无分南北，人无分老幼，人人皆有守土抗战之责、皆应抱定牺牲一切之决心”[②]，这正是总体战的设想。按霍布斯鲍姆的说法，“第二次世界大战将大规模战争升级发展成总体战”[③]，其特征是“总体的冲突变成了‘人民的战争’”[④]。

郭沫若对总体战的认识，或直接来自现代战争理论的奠基人克劳塞维茨（Clausewitz）。克氏的《战争论》是现代战争理论的开山之作，30年代便由创造社成员何畏译介过来，而郭沫若在文章中也曾直接提及“克劳塞维兹”及其战争理论[⑤]。在克劳塞维茨看来，“所谓战争，便是为使敌人屈服、而实现自己意志所用的暴力行为”[⑥]；并从拿破仑的军队看到了现代战争的新貌：“我们根据一八一三普鲁士底经验，知道次［此］事：面临突发的危难之时，若用民兵，能将军队普通之兵力增加六倍，而且这种民兵，不仅用于国内为适当，而且也能在国外用之。——如以上的诸事实，就显示了国家、战争、战斗等上的威力之诸因素中，国民之精神及意向，占了如何重要的地位。”[⑦] 现代战争经历了从贵族到平民的变革，民众之于战争胜败的重要性逐步上升。战争广泛地波及普通民众，这是抗日战争的基本特点。

不过，郭沫若对于现代战争的体验，更直接地来自他国民大革命时期的革命经验。北伐期间，郭沫若逐渐从总政治部宣传科科长升任副主任，乃至南昌行营政治部主任。抗战时期国民党再度恢复军队的政治部，郭沫若应陈诚之邀出任第三厅厅长。政治部的作用，除了以党权制约军权以外，便是做民运工作，以配合军事，而在“整体战”的视野下，正需要全方位发动民众。因此，郭沫若很早便利用报纸、演说等方式呼

---

① 郭沫若：《全面抗战的再认识》，《申报》（沪版）1937年9月17日，第五版。

② 《蒋在庐山谈话会席上阐明政府外交立场》，《中央日报》1937年7月20日。

③ 霍布斯鲍姆：《极端的年代》，马凡等译，南京：江苏人民出版社，2011年，第27页。

④ 同上书，第35页。

⑤ 郭沫若：《兵不管秀才》，《民主时代》1946年第1期。

⑥ 克劳塞维慈：《战争论》，柳若水译，上海：辛垦书店，1934年，第24页。

⑦ 同上书，第336页。

吁动员民众，如南下广州时他便作了以“武装民众之必要”为主题的演说，在他看来：

> 我们的抗战虽然经过了四个月，其实还仅由序幕战而达到主力战的过程，以后我们抗战的时期，应该还是相当长远的，民众运动要和军事运动配搭起来，才能保障军事的胜利，北伐的成功已经告诉了我们，现在是我们应该恢复北伐时代的政治纲领，尤其是把民众运动澈底解放出来的时候了。[①]

陈诚也认为“现在是我们政治工作的复兴与发展时期”[②]，他对动员民众也极为重视：“军民合作的问题，确是保证抗战胜利的唯一条件，若果我们真能将民众都发动起来，自动的参战，军民真能打成一片，我敢保证不需三年，必能战胜敌人。所以说动员民众自动参战，是执行新战略的重要关键！”[③] 对此说，邹韬奋也曾撰专文响应[④]。正是在陈诚的支持下，政治部才得以恢复，郭沫若也顺利进入该部。

对现代战争性质的把握，使郭沫若认识到民众动员才是决定战争胜败的关键，这也是他思考文学在战争中的位置和作用的出发点。从文既然不同于从武，那么，文学的用武之地就在于宣传和动员方面：“文化人的地位和责任，在这时和前敌将士是没有两样的”，“前方的军事行动自然有军事上的指挥者负专责，而后方的民众运动便要靠文化人来多多努力”[⑤]；虽然是以战争思维来看待文艺，但郭沫若也认识到了文艺所具有的特殊性，即较之军事，文艺的战场在后方，作用也更侧重精神与情

---

① 郭沫若:《武装民众之必要》,《羽书集》,香港：孟夏书店,1941 年,第 64 页。按,本文原为在广州文化界救亡协会召开的群众大会上的演说词。

② 陈辞修部长:《关于政治部今后工作之讨论与决议》,《战时文化》第 2 卷第 1 期(1939 年 1 月 10 日)。

③ 陈辞修:《促进军民合作是抗战胜利的最大保证》,《第二期抗战关于政训工作之指示》,国民政府军事委员会政治部编印,第 47 页。

④ 韬奋:《关于政治工作的重要决议》,《全民抗战》(五日刊) 第 43 号(1938 年 12 月 20 日)。

⑤ 郭沫若:《对于文化人的希望》,《救亡日报》1938 年 2 月 9 日,第一版。

感方面。因此，当军事抗战尚处于被动防守的状态，他已开始高呼“展开全面的文化反攻”，“我们要以狂风暴雨的姿态，排山倒海的气势，在原有的每一条文化战线上，在原有的每一个文化据点上，捲向每一个角落！每一个能够拿起文化武器的人，都要参加到这一战斗的行列里去，都要参加这一反攻”[①]。在战争思维的作用下，他论述文化问题的话语形态也充满了军事色彩。或许正是意识到文艺在宣传和动员方面的优势，使他在《告四川青年》的公开信中，便为青年指出了两条路：“（一）作战场上的民族英雄，（二）作文化战斗上的战士，两者之间，择一而从，就算是尽了一个青年的最低责任。”[②] 从而将从文与从武作等量齐观。

然而，战争机器所需要的，并非是空头呐喊，而是“一切设施的战时机构化”[③]，文艺也不例外，它需要从之前的各自为阵走向规范化、组织化和流动化。这就要求文人参与抗战，不能仅停留于口头呼吁，而是需要切实行动。而文化人则早在抗战开始前，便自觉开始了组织化。如“国防文学”的口号论争，便使此前分化的文坛暂时取得了一致。郭沫若也参与了此次论争，他所批判的正是左派的关门主义，在他看来，“我们站在社会主义立场的人每每有极端的洁癖，凡是非同一立场的人爱施以毫不容情的打击，在目前我们确应该改换这种态度了”，因为“带 [戴] 着白色的手套是不能够革命的”，“前进的主义不是跨在云端里唱出的高调，不是叫人洁身自好地在亭子间里做左派神仙”[④]。而他将此次关于国防文学的口号论争称为“蒐苗的检阅”[⑤]，即一次军事演习，也极带军事寓意。进入抗战阶段之后，文化人的组织化需求越来越紧迫，各种组织的成立开展得极为迅速，如上海市文化界于“七七”事变后第三天（1937 年 7 月 10 日）便成立了上海文化界救亡协会，郭沫若所主持的《救亡日报》便是以该组织的名义发行；其后戏剧、音乐、绘画等

① 郭沫若：《展开全面的文化反攻》，《新蜀报》1941 年 1 月 1 日。
② 郭沫若：《郭沫若告四川青年书》，《四川月报》第 13 卷 1、2 期合刊（1938 年 7、8 月）。
③ 郭沫若：《全面抗战的再认识》，《抗战半月刊》第 3 期（1937 年 11 月）。
④ 郭沫若：《国防·污池·炼狱》，《文学界》第 1 卷第 2 号（1936 年 7 月 10 日）。
⑤ 郭沫若：《蒐苗的检阅》，《文学界》第 1 卷第 4 号（1936 年 9 月）。

各类文化团体纷纷成立，而影响最著者为翌年成立的“中华全国文艺界抗敌协会”，郭沫若是该协会的理事。

较之自发的文艺组织，更为直接的方式是将文化人纳入军事或政治机关，郭沫若所主持的第三厅即是如此。在政治部恢复以后，郭沫若应陈诚之邀任第三厅厅长，主管宣传。厅长有人事自主权，因而他邀请了大量的文化名人加盟，这包括胡愈之、郁达夫、田汉、洪深、郑用之、冼星海、史东山、应云卫、冯乃超等，皆一时名彦，当时有“名流内阁”的美称。因此，第三厅虽是一个战时的军事、政治机关，但从他的人员构成来看，更像是一个文艺社团，只是隶属军事委员会，施行的是军事化管理。但从文艺的民众动员着眼，郭沫若主持第三厅的意义在于，他为文化人参与抗战开辟了现实的途径；而第三厅的这种独特性，也决定了他们工作的主要方式，必然是以文艺形式进行宣传与动员。事实也是如此，如 1938 年 4 月 7 日至 13 日的抗战扩大宣传周，郭沫若就充分发挥了第三厅的文化优势，将战时宣传变成了一次文艺汇演：七天的宣传，每天都有一个主题，分别是戏剧、歌曲、电影、漫画等，既是一次宣传，也是一次战时文艺巡演。因宣传期间正好赶上台儿庄大捷，武汉三镇的民众很容易就被动员起来了，郭沫若也极度兴奋：“武汉三镇的确是复活了！”[①] 而接下来的“七七”纪念周，因有蒋介石的支持，整个活动不仅办起来得心应手，而且影响也更大，此后该厅还组织成立了全国慰劳总会，成为战时文化人深入前线的主要渠道[②]。

除组织化以外，现代战争的灵活性也要求宣传人员的流动性。第三厅也因势利导地成立了多个流动剧团和宣传队，分遣内地和各大战区担负宣传动员工作。抗战时期，文化人多自动奔赴前线慰劳，但这大多类似于战地采风，真正将战地动员作为一项事业的，也是第三厅。他们似乎从一开始就较为关注乡村和内地的民众动员问题，如扩大宣传周期间，他们便安排了宣传队下乡，其工作报告中就特意强调：“除混合

---

① 郭沫若：《宣传周——〈抗战回忆录〉之五章·二　洪钧运转》，《华商报·茶亭》1948 年 9 月 23 日，第二版。

② 郭沫若：《“七七”第一周年在武汉》，《民主周刊》第 38 期（1946 年 7 月）。

队外，共发动各团体每日出发宣传队八百余队，在武昌汉口汉阳一带宣传，尤侧重附近乡间。至五月九日，并有干部训练团一百队入乡宣传。此外，尚有抗战西洋镜宣传队在武昌及乡间表现（演）宣传”[①]；而更为重要的，是他们所组织的诸多宣传队及战地服务处——战地文化服务处在西安、宜昌、上饶和长沙设立了四个总站，以各站为中心又设立了若干战地文化服务站。据时任第三厅主任秘书的阳翰笙介绍，“这些‘站’星罗棋布，形成了一个三厅的书报刊物发行网。通过这个渠道，三厅把各个处编写的宣传品输送到前线去，输送到国民党的军队里去，散发到广大的中小县城里去。”[②] 这为文化下乡和入伍提供了一个有效的渠道。其次是抗敌演剧队，抗敌演剧队一共有十队，“主要是把各地流亡到武汉来的救亡团体中演剧队改编成的，其中由上海流亡出来的占多数”[③]，他们在接受训练后被分派到各个战区进行文艺宣传；还有抗敌宣传队四队，这些大多是从民众团体如蚁社、青年救国会和民族先锋队等选拔出来的，分别前往桂林、浙江省、鄂西北及陕西省等地宣传；以及电影放映队四队，分别前往衡阳、桂林等地宣传[④]。此外，第三厅还凭借着自身的机构特性，为当时许多文化人下乡入伍提供手续上的便利，如提供证明信、介绍信等必要文件[⑤]。

由此，战争对于文学的影响，首先是对文学生态和生产方式的改变，作家不再完全是此前的自由状态，而是被纳入了各种组织，集体意识得到了凸显，如集体创作便成为战时文坛的一道风景，文化人也自觉地从书斋走向了十字街头，担负起实际的宣传动员工作。然而，文艺如

---

① 《第三厅工作报告》，《郭沫若研究》第4辑，1988年，第295页。

② 阳翰笙：《第三厅——国统区抗日民族统一战线的一个战斗堡垒［三］》，《新文学史料》1981年第2期。

③ 郭沫若：《推进——〈抗战回忆录〉之八章·四　抗剧九队》，《华商报·茶亭》1948年10月14日，第二版。

④ 《军事委员会政治部第三厅二十七年九、十月份工作概况》，《郭沫若学刊》2011年第3期。

⑤ 阳翰笙就回忆道：“当时许多作家、戏剧家、作曲家、画家、记者、摄影家通过第三厅获得军委政治部的证明信，奔赴前线，进行慰问宣传、采访、写生、摄影，体验战地生活。”见氏著《第三厅——国统区抗日民族统一战线的一个战斗堡垒［四］》，《新文学史料》1981年第3期。

何动员民众的问题，并不仅仅是文人如何参与宣传和动员的社会实践，更在于文学如何从语言与形式等方面对这一要求做出回应。在战争动员的要求下，郭沫若对文学形式变革的思考，及其在民众动员中所具有的独特性，这是我们要进一步探讨的问题。

二、文学如何动员民众

抗战时期文学的变化，主要是因应现实需要而做出的，一向服膺“时代精神”的郭沫若更是如此，他归国不久便指出，“美与艺术是应该跟着社会和时代前进”，而此时的时代问题无疑是抗战。因此，他在1937年8月9日出席上海诗人协会为他举行的归国欢迎会时便指出：“中国目前急需的是政治性、煽动性的东西，目的在发动民众。”[①] 这表明，在恢复政治部之前，他已经开始思考如何通过文艺发动民众的问题。在“轰炸中来去”的战时姿态中，他首先关注的是文学反映现实的即时性。因而，他除了创作充满激情的诗篇以外，也开始创作报告文学，如《前线归来》《到浦东去来》《在轰炸中来去》等，将他的所见所感以及前线将士的士气和现实需求，及时地传达给后方民众。不仅如此，他对报告文学的写作也早有规划，在他看来，“事件的文艺性有时是在文艺作品之上”，而“中国的文艺跟不上现实”，很大程度上就是忽略了报告文学的写作。报告文学的写作，对他来说不仅是作家的写作姿态问题，也是一个方法问题，在他看来“多写‘报告’除于政治上为必要，于文学素材之供给上为必要以外，是锻炼出优秀作家的一个极好的法门”，报告文学的方法论意义，不仅有助于作家的素材积累，写作技巧的提高，还在于它是作家学习认识现实、反映现实的方法。因此，对报告文学，他更为注重“报告”，“而不要责成其必为‘文学’”[②]。

较之文学反映现实的即时性，郭沫若更侧重文学主动地干预现实，

---

① 参见《立报》1937年8月10日。

② 郭沫若：《我的自述》，《质文》第2卷第1期（1936年10月10日）。

这就是强调文学的教育性。他认为“从事文化工作的人们，素来是以唤起民众，教育民众为自己的任务”[①]，这正是抗战之际的“急务”。然而，该如何教育民众，这是郭沫若及当时文化人在思考文学或文艺如何动员民众时，所遇到的一个根本问题。这个问题至少包括两点，一是如何让老百姓看得懂，二是如何让他们看得到。因此，文艺的大众化和文章入伍、下乡就成为必要。这也是大后方作家所面对的带普遍性的问题，因而文学语言和形式的大众化、通俗化、民族形式等问题都相继成为文坛讨论的热点[②]；而“文章下乡，文章入伍”也成为“文协”的宣传口号。郭沫若是较早关注这些问题的，早在1938年年初他就撰文指出，抗战所导致的文化人的内移，是“我们所得的好处”，因为此前文化人多集中于大都市，“文化宣传的力量便未能十分深入并普及于民间，民众运动和军事行动便未能严密地配合起来”[③]，而文化人的内移，则“俨如几簇地丁花的种子，被抗战的暴风一吹，便向我们全国分播了来”[④]；不过，他也看到了新的问题所在，“文化人因习于安逸的都市生活的结果，每逢一个都市快要沦陷的时候，早就一窝蜂地又飞到后方安全地带的另一个都市里去”[⑤]。这揭示了文化人内迁的限度，虽然是从沿海迁往内陆，选择的却依旧是内地的都市，生活环境虽然改变了，却具有明显的封闭性。因而，他要求作家作第二次迁移——由都市迁往乡村：“为要纠正偏重都市的错误，今后的文化人，应该分散到民间去，尤其是沦陷区域里去。这可以说是我们的根本原则。”[⑥]而且“愈散播得广，受文化宣传的民众便愈多，最后胜利的保障便愈见加强了”[⑦]。而第三厅所组织的宣

① 郭沫若：《文化人当前的急务》，《胜利》第3期（1938年11月26日）；《沫若文集》第十一卷时删除，《沫若文集》第十一卷，北京：人民文学出版社，1959年。

② 论争的主要文章可参考蔡仪主编：《中国抗日战争时期大后方文学书系·第二编 理论·论争》第一集，重庆：重庆出版社，1989年。

③ 郭沫若：《对于文化人的希望》，《救亡日报》1938年2月19日，第一版。

④ 同上。

⑤ 同①。

⑥ 同①。

⑦ 同③。

传队与演剧队，可以看作是这一理念的实践者。较之强调创作主体的内移，更关键的是主体意识以及文学语言、形式的改变。也就是说，创作者不仅要现实地下乡与入伍，而且要做到思想上的下乡与入伍。这首先意味着要改变创作的语言文字等文学形式，作家要以内地与底层社会的经验，改造都市文学的形态，更有甚者，是对主体思想和情感的改造。因而，郭沫若强调：

> 我们要分散到民间去，先决的问题是我们须得有刻苦耐劳的精神，把向来所过的安逸的都市生活抛掉，要以最下层的农民生活为生活。同时我们的文化工作的水准不用说要切实的放低，所有一切通俗的旧有的表现形式，无论是文字上的演技上的凡是可以利用的东西，都应该尽量的利用。先要去迁就一下才行，能够以农民生活为生活，在那儿切实地学习些实地的经验，对于农民的疾苦、要求、习俗、思想，有了更深切的了解，在放低文化工作的水准上，也就自然有所依据。[1]
>
> 文章要能“下乡”，要能“入伍”，决不是单纯的通俗化问题——决不是单靠形式和内容的通俗便可以办到，主要的条件是要作家们自身能有入伍和下乡的神精［精神］与其实践。作家们须得与士兵打成一片，与民众打成一片，要以士兵民众的生活为生活，要能澈底了解士兵民众的心理并习得其用语，要这样所作出的文章才真正能够入伍，真正能够下乡。[2]

如果将郭沫若此说置于大后方的语境，可以说他与之后毛泽东《在延安文艺座谈会上的讲话》构成了某种互文关系。这提示我们两个问题，一

---

① 郭沫若:《文化人当前的急务》。

② 郭沫若:《纪念碑性的建国史诗之期待——庆祝文艺界抗敌协会周年纪念》,《大公报》1939年4月9日,第二版。

是毛泽东文艺思想的形成，可能借鉴了国统区左翼知识分子的经验；二是在大后方左翼文学的脉络之内，也可能独立生长出工农兵文艺，或者说，国统区或国民党也可以有自己的工农兵文艺。不过，此时郭沫若与毛泽东之间的分歧是明显的，这就是他并未放弃作家的独立性，向农民学习仅仅是“迁就”和暂时的“放低”，是一种权宜之计。这种权变的思想，不仅是他后来接受毛泽东文艺思想的方法，更是他处理战时文艺的根本思路。这一思路更清晰地表述是在讨论民族形式问题的时候。在文坛提倡文学的大众化，反思新文学的欧化现象时，向林冰等人将民族形式等同于民间形式，并将民间形式作为民族形式的唯一源泉，从而否定了受外来形式影响的新文学传统①。此说遭到了胡风、茅盾等人的反驳，而郭沫若那篇《“民族形式”商兑》则带有为此次论争定调的意味，而他的解决方式正是一种“经权”的思路：“中国的新文艺，因为历史尚短，又因为中国的教育根本不普及，更加以国家的文艺政策有时还对于新文艺发挥掣动机的作用，一时未能尽夺旧文艺之席而代之，以贡献其应有的教育机能”，而“在目前我们要动员大众，教育大众，为方便计，我们当然是任何旧有的形式都可以利用的”，但“这也是一时的权变，并不是把新文艺的历史和价值完全抹煞了，也并不是认定民族形式应由民间形式再出发，而以之为中心源泉——这是不必要，而且也不可能”②。因此，民间形式的采用是立足于动员民众之需的“权”，新文学的发展则是“经”。

学界对郭沫若经权思想的讨论，多侧重他与延安文艺之间的关系，相对忽略的，是这种思想对他自身文艺观的影响。在笔者看来，权变的思想使郭沫若形成了一种极为激进的文艺观。权宜的本质是对长远后果的忽略，即便与常规不符也可暂时接受，这正是战争的“例外状态”所带来的后果。据此，郭沫若不仅要求作家注重“报告”，而非文学，要求他们不要“过于修词”③，同时，他还批评文坛“与抗战无关”的论调，甚

① 向林冰：《论“民族形式”的中心源泉》，《大公报·战线》1940年3月24日。

② 郭沫若：《“民族形式”商兑》，《大公报》“星期论文”1940年6月9日，第二版。

③ 郭沫若：《对于文化人的希望》，《救亡日报》1938年2月19日，第二版。

至对“反差不多”论也加以批判。“反差不多”运动由沈从文于战前提出，抗战后批评家罗荪等重拾此调，用来批评当时刊物看起来都差不多的现象[①]，茅盾予以声援，认为这“客观上实等于精神物质的‘浪费’”[②]；但郭沫若却对“反差不多”进行反批评，认为“对于抗敌理论嫌其单纯，嫌其重复的那种‘反差不多’的论调，或故作高深或高尚的理论以渡越流俗的那些文化人，事实上是犯着了资敌的嫌疑”[③]。这虽然是立足抗战的现实需要，但也不无审美专制的嫌疑。这种不忌惮“差不多”的立场，与郭沫若此时的动员文艺观一致。因为普通百姓的文化水平并不高，因而他认为“在动员大众上用不着好高深的理论，用不着好卓越的艺术”，除强调形式的通俗化大众化以外，他甚至一度提倡口号式的重复：

> 大众既需要简单的理论，而尤需要这理论的翻来覆去的重述。普及并深入民间的民话和箴言，所含的理论并不怎样高深，有的重述了几千百年，而大众并不加以厌弃，否，反而愈感觉亲切。所谓习惯成自然，也就是条件反射积久而成为无条件反射。故而我们总要把抗敌理论这个简单的条件，刻刻在大众中生出反射，处处在大众中生出反射，使他习惯了便成自然地群趋于抗敌的一途，而毫不踌躇，毫无顾虑。[④]

这种极端功利性的说法，很快引来了左翼内部的批评。胡风在《要普及也要提高》一文中，就对郭沫若的文艺观进行了反驳。在他看来，郭沫若的观点不仅有“愚民”之嫌，简直就是一种“公式主义”，“它只是反反覆覆地向民众宣说几个概念或结论，希望由这达到‘无条件反射’”[⑤]。胡风与郭沫若之间的分歧，正是民众动员中的普及与提高问题。

---

① 罗荪：《关于调整当前刊物的诸问题》，《战斗》旬刊第1卷第12期（1938年）。

② 茅盾：《广“差不多”说》，《战斗》旬刊第2卷第4期（1938年2月18日）。

③ 郭沫若：《抗战与文化》，《自由中国》第1卷第3期（1938年6月20日）。

④ 同上。

⑤ 胡风：《要普及也要提高》，《国民公论》第1卷第3号（1938年10月1日）。

在胡风看来，“全人民性质的战争，那不但需要人民底初步的政治觉醒，而且需要人民底对于政治远景的坚信、从这个坚信来的奔赴政治远景的热情，以及运用而且推动政治机构的智能，用这来通过长期的、广泛的、艰苦的战斗”，而热情、智能的来源便是“文化生活底提高”[①]。

对于胡风的指责，郭沫若曾撰文予以回应。郭再次强调他“是以动员大众为前提，故须得侧重在普及方面，而且是认定普及为提高的手段”，“因为要把文化的恩惠普及于大众，把大众的文化水准提高了，而后文化本身的提高也才有着落”[②]，而并不是否认提高。因而，在他看来，他与胡风之间“并没有两样”，问题只是出在他所用的“条件反射”与“无条件反射”这两个新术语上。正因为在郭沫若看来，二人的不同只是术语带来的误解，而且“怕引起不必要的论争，耗费彼此有用的精力”[③]，他的反驳文章写好后并未及时发表。

但实际上，二人的分歧并非出于术语的误会[④]，相反，他们在文学如何动员民众这一问题上，走着根本不同的道路。胡风所说的以提高的方式进行普及，其着眼点在于“改造人民意识”，通过培养其信念和智能，促进其政治上的觉悟，正如胡风所明确强调的，这是新文化的启蒙传统[⑤]。郭沫若则不同，他选择的不是智能，而是情感，是“由情以达意”的动员方式。他这种观点是在国民精神总动员的背景下提出的：

> 人的精神活动，不外乎智，情，意三方面，而精神总动员的目标是在最后的意的活动，便是要使全体国民在“国家至上，民族至上”，与“军事第一，胜利第一”的认识之下，使

---

① 胡风：《要普及也要提高》。

② 郭沫若：《“无条件反射”解》，《文学月报》第2卷第1、2期合刊（1940年9月15日）。

③ 郭沫若：《“无条件反射”解》文末附记。

④ 针对郭沫若《“无条件反射”解》一文，聂绀弩曾写《胡风的水准》加以讽刺，在他看来，虽然郭沫若认为是术语理解的误会，但他依旧认为，郭沫若只重普及的民众教育观，与胡风的观点其实两样（聂绀弩：《胡风的水准》，《早醒记》，桂林：远方书店，1942年，第74页。按，该文写于1940年年底）。

⑤ 同①。

"意志集中，力量集中"。故尔发动精神的途径也不外乎由智以达意与由情以达意的两种。但理智有深有浅，而情感则老弱无殊，故由智以达意不如由情以达意之较为捷便，详其理论不如列举事实，以言服人不如以身作则，在这儿正为文艺作家开放了极广大的活动疆域。[①]

郭沫若认为"由情以达意"比诉诸理性要更为快捷和有效，而"文艺是诉诸情感的最有效的工具"，"它是要把一切理论形象化，使理论的骨骼，得到血肉，得到色泽，得到呼息，得到生命，得到一切的声音笑貌，具体的，活鲜鲜的，呈现在人们感受的门前，而窜入其堂奥。作者由形象以表现理论的纲领，读者则因感发而生出实践的步骤"[②]。从情感的途径思考文艺的动员效能，是郭沫若与胡风的不同，却是郭沫若一向坚持的方式，诉诸情感的社会和政治功能，与他的战时浪漫主义精神正是内在一致的。

三、国民精神总动员视野下的动员文艺

郭沫若对民众动员的思考与呼吁，主要集中于抗战初期，这些文章后来大多收录在《羽书集》一书中，正如论者所指出的："《羽书集》的核心主题是'民众动员'。"[③]《羽书集》所收录的基本上是郭沫若任职第三厅期间所写的宣传文章，在重庆版的序言中，郭沫若将其戏称为"'鸣锣奉告'式的宣传文字的总汇"，"自己并不十分愿意祝福它的出世"[④]，因而在1941年香港初版的版本被战火焚毁后，并没有及时再版。

---

① 郭沫若：《发挥大无畏的精神——论文艺作家在精神动员中的任务》，《羽书集》，香港：孟夏书店，1941年，第158页。

② 同上。

③ 李斌：《〈羽书集〉考释》，《郭沫若文献史料国际学术研讨会暨IGMA学术年会论文汇编》，2010年，第34页。

④ 郭沫若：《羽书集·序》，重庆：群益出版社，1945年。

但同时，郭沫若也坦诚他对这些文章“不免有些偏爱”[①]。这种暧昧的态度，在1948年却有所转变，他的《抗战回忆录》在述及此节时，不仅隐去了诸多历史细节，而且认为当时许多言行是“昧着良心”[②]，诸多言论“言不由衷”。如果说郭沫若是以透露隐微心曲的方式为自己正名的话，另一位当事人阳翰笙的回忆，则是尽力将这段历史洗白。如他的回忆录《风雨五十年》，便将抗战期间的工作都置于党的领导之下：“以郭老为首的第三厅，在长江局和周恩来同志的直接领导下，冲破了国民党反动派所加的种种限制和迫害，在极端困难复杂的环境中，做了大量的工作，进行了艰苦的斗争，在历史上写下了不可磨灭的一页。”[③]此类说法相当广泛。这类为抗战初期的政治活动洗白的方式，显然表明他们当时的活动超出了政党政治叙事的限度，这也提示我们再度思考，郭沫若对如何动员民众这一问题的探索，究竟应该放置在哪个历史坐标，思考这个问题，有助于我们理解抗战初期时局的复杂性、郭沫若的立场与心态，以及他的动员文艺观的历史价值。

让我们先从他最想回避的地方出发。就上文引用较多的《文化人当前的急务》和《发挥大无畏的精神》等文章来看，后来修改时郭沫若删去了这样一些内容：

> 幸好我们的最高领袖，蒋委员长在本月一号《告全国国民书》颁发了出来，把持久抗战和全面抗战的既定国策重新昭示了一遍，要我们从今以后“更哀戚，更坚忍。更踏实。更刻苦。更猛勇奋进，以致力于全面之战争，与抗战根据地之充实，而造成最后之胜利。”就给驱除黑暗的太阳一样，把一切怀疑失望悲观畏怯的妖雾，完全扫荡干净了！[④]

---

① 郭沫若：《羽书集·序》。

② 郭沫若：《撤守前后——〈抗战回忆录〉之十三章·三 昧着良心》，《华商报·茶亭》1948年11月13日，第二版。

③ 阳翰笙：《第三厅——国统区抗日民族统一战线的一个战斗堡垒［一］》，《新文学史料》1980年第4期。

④ 郭沫若：《文化人当前的急务》，《胜利》第3期（1938年11月26日）。

> 关于国民精神总动员的纲领和实施办法，政府的功令和部署已经恺切而周密了，剩给我们全体国民的只待如何去实行而推动。文艺作家是国民的一分子，而且是被称为“灵魂的工程师”，当如何虔谨奉行，以为国民全体的表率，并使文艺成为精神总动员中的一个动力，是值得我们切实考虑的。[①]
>
> 一篇博大精辟的《国民精神总动员纲领全文》便是文艺家的具体方案，不必说把这方案的全部，如能够把这方案的局部形象化起来，已经就是足以传之万民而不悖，垂诸万世而不朽的划时代的作品。文艺作家的救国与建国的责任可以由此克尽；国民精神的改进与动员的企图可以由此而完成。[②]

已有论者根据这些删改探讨郭沫若与蒋介石之间的关系问题[③]，但我们更想以此探讨郭沫若抗战初期文艺理念的历史归属问题。目前学界关注较多的是，共产党如何通过文学动员民众的经验问题，从郭沫若这里我们可以发现，国民党对这一问题也进行了积极的探索。郭沫若虽然在1941年年底的“寿郭”运动之后，更为明确地转向了左翼，但抗战初期，他作为国民政府第三厅厅长，他的“鸣锣奉告”只能是奉蒋介石的文告，如他提及的《国民精神总动员纲领》，便是国民政府于1939年3月12日，即孙中山逝世14周年纪念日之际，开始实施的国民精神总动员运动的纲领性文件。

该纲领正是基于总体战的视野提出的，旨在全方位动员民众的物质和精神力量。纲领指出：“现代战争为全民动员之战争，故不仅应动员国内一切之物质与人力，亦必动员全国国民之精神以充实抗战之国力，不仅在于发动，而尤贵于组织，必具有组织之精神，发挥有组织之人力，利用有组织之物资，方足以适应国家当前之需要。且此次抗战之

---

① 郭沫若：《发挥大无畏的精神——论文艺作家在精神动员中的任务》，《羽书集》，香港：孟夏书店，1941年，第158页。《沫若文集》第十一卷，北京：人民文学出版社，1959年，第359页。

② 同上文，《羽书集》，第161页。《沫若文集》第十一卷，第362页。

③ 孟文博：《郭沫若前期文艺论著校勘与发现》，山东师范大学博士论文，2014年，第214—221页。

意义，不仅限于排除暴敌之侵略，而尤在于努力抗战之中，树立战后建国之永久基础，其任务之重，使命之大，在吾国历史上将为空前绝后之无上艰辛的一役。”[①] 郭沫若在思考文艺如何动员民众的时候，很大程度上正是由此出发，如他 1941 年在总结抗战以来的文化抗战时就指出：“为着对抗敌寇的文化侵略，第三期抗战开始，我们的文化战线也展开新的阵势，在蒋委员长‘政治重于军事’‘宣传重于作战’的伟大的指示之下，前线与敌后展开了剧烈的文化反攻，而大后方的文化战线，则开始走向沉着，深刻，与充实的道路。”[②]《发挥大无畏的精神》一文，原本也有副标题“论文艺作家在精神动员中的任务”[③]，只是后来被删除而已。事实上，就郭沫若抗战初期的话语和政治实践来看，将其置于国民党左派的传统来考察也未尝不可。

抗战伊始，郭沫若之所以对恢复政治部极为热心，并非仅仅是为国民政府考虑，也与政治部的政治属性有关，它负载着郭的某种政治理想。政治部是孙中山“联俄、联共、扶助农工”三大政策的产物，一直由国民党左派推动，前期是廖仲恺，之后则是汪精卫。宁汉合流之前，汪精卫是武汉政府的首脑，很多左派都对他抱着极高的期待。政治部完全是在苏联顾问的协助下建立起来的，属于左派的阵地，苏联派有铁罗尼作顾问，而政治部主任邓演达也是左派中的实权人物。因此，作为三大政策的产物，政治部对于郭沫若来说，它既是国共合作的平台，更是国民党左派政治理想的象征。这种理想可能既不同于国民党右派，与共产党也有所区别，邓演达后来另立“第三党”便是此意。抗战时期，郭沫若归国后本来就有与国民政府修好之意。甫抵上海他便去拜会沈尹默，此人有策士之称，二人在古文字研究方面有共同的兴趣，早有书札往来，且在归国一事上，沈尹默也表示孔德研究会可从旁协助。在沈尹

---

① 国防最高委员会编订：《全国精神总动员纲领》，世界书局，1939 年，第 6 页。

② 郭沫若：《四年来之文化抗战与抗战文化》，军事委员会政治部编印：《抗战四年》，青年书店，1941 年，第 189 页。

③ 郭沫若：《发挥大无畏的精神——论文艺作家在精神动员中的任务》，《羽书集》，香港：孟夏书店，1941 年，第 158 页。

默处，郭沫若对归国后的打算直言不讳，他列出了两个方案："这里的二条路，是投向中央的怀抱，或是发动青年。"[①] 加上此前郁达夫书信中所提及的，"委员长有所借重"[②] 等信息，投向国民政府无疑是他此时的首选。这种心态在他拜会蒋介石之后就更为清晰了，在接受蒋介石的召见之际，他不仅拜会了南京的左派政要，如汪精卫、孙科、陈公博等，还详细地记述了这一过程，尤其是面蒋的细节：

> 蒋先生的态度素来是有威可畏的，有好些人立在他的面前，不知不觉的手足便要战栗，但他对我总是格外的和蔼。北伐时是这样，十年后的今日第一次见面也依然是这样，这使我特别感着慰适。
>
> "目系而道存"，储蓄在脑里所想说的话顿时也感觉着丝毫也没有说的必要。因为蒋先生的眼神充分地表明着钢铁样的抗战决心，蒋先生的健康也充分地保证着钢铁样的抗战持久性。抗战既坚决而能持久，国家民族的幸福还能有更超过于这一点的吗？
>
> 蒋先生是我们最高的领袖，他既有持久抗战的决心，那他对于抗战必如何始能持久的物质条件（例如孙总理三大政策所暗示），必已高瞻远瞩，成算在心，不然，他是不会有那样的清明，那样的宁静的。[③]

这篇文章先发表于《申报》，后被多次转载，并收入郭沫若各类文集，影响不小。当然，在该文中，郭沫若对蒋介石也非一味奉承，而是

---

① 殷尘（金同祖）：《郭沫若归国秘记》，上海：言行社，1945年，第168页。

② 郁达夫：《致郭沫若》，《郁达夫全集》第6卷（书信），杭州：浙江大学出版社，2007年，第271页。

③ 郭沫若：《在轰炸中来去》，《申报》1937年10月19日，第三版。按，郭沫若会见蒋介石的这段记述，曾以《蒋委员长会见记》收入抗战时期的多种文本，如广州战时出版社的《抗战将领访问记》等。

有着期许，甚至是讽谏，如他在文中就认为既然蒋介石有如此抗战决心和精神状态，那么对物质条件也应该有所考虑，应该是已“成竹在胸”了，在提及物质条件时，郭沫若则在括号内注明：“例如孙总理的三大政策所暗示”[①]。

“三大政策”正是国民党左派的理论纲领，而此时他追怀的革命前辈也是左派领袖廖仲恺。归国后他曾面对廖仲恺的遗像，写下这样的诗句：“呜呼先生，你是忠于革命者的典型，/我们要追踪着你的血迹前仆而后起。”这里所说的革命，是国民党左派的政策：“你所协定的三大政策：联俄，联共，扶助农工，/这都是中国革命并世界革命的根底。”诗后有跋语：“一九三七年八月一日，余单身由日本回国后之第六日也。深夜独坐，瞻仰廖仲恺先生遗容，不觉泪下，爰草此数语以志感触。”[②] 对于自己的归国，他也描述为：“十年退伍一残兵，今日归来入阵营。”[③] 十年的海外经历，对他来说似乎只是对昔日革命的暂时缺席而已。

问题的复杂性在于，北伐时期国民党左派与中共的界限极难把握，这也是国民党要清党的原因之一。而郭沫若也并未因追认国民党左派的传统便与中共分道扬镳，共产党系统他依旧有很多朋友，党政军方面有周恩来、叶挺、朱德及叶剑英等，这些人都是北伐时期的战友，左翼文化系统就更不必说。这让我们看到了历史现场的复杂性，政治的敌友关系在遇到网状的人际关系时变得含混了，当历史的模糊性再盖上叙述的面纱时，便愈加难以辨识。

这种含混性在郭沫若就任第三厅厅长之后，曾一度稍微变得清晰起来。就职第三厅在某种程度上意味着立场的选择，郭沫若在初期确实是尽职尽责地做宣传动员工作，对于第二厅厅长康泽与他抢工作的做法，他也是从同侪竞争的角度去理解，而不存党派之见。其政绩除

---

① 郭沫若:《蒋委员长会见记》,《抗战将领访问记》,广州:战时出版社,第2页。

② 原文无题,以手稿形式刊载于《立报》1937年8月20日,第二版。

③ 郭沫若:《由“有感”说到气节》,《救亡日报》1937年8月30日。

了前文所提及的1938年4月三厅成立初期的宣传周之外，他最为乐道的是“七七”纪念周的扩大宣传。为筹备这个宣传周，陈诚特批了3000元的费用，后来蒋介石在召见郭沫若时，又亲自批了15 000元，并且告诉他：“你以后随时都可以到我这里来啦。要钱用，随时告诉我啦，唵？”[①] 因此郭沫若不仅有了充足的经费，而且还是“奉旨出朝”，所以这次活动也格外成功。或许是因这次活动的成功，郭沫若此后也成了蒋介石府上的座上客，有时会受邀参加“御前会议”。蒋介石对知识分子较为尊重，经常邀约学者前去面谈或聚餐，谈论时局问题[②]，而郭沫若也常能与他取得一致。如海南岛沦陷之后，蒋介石便曾邀请郭沫若、张季鸾、陈博生、王芃生及陈立夫等人探讨如何进行国际宣传的问题。郭沫若认为应该发动华南民众，发动民众一直是他解决政治问题的首选，但蒋介石的着眼点并不是对内，而是如何对英法做文章。之后郭沫若针对此事件作了题为“巩固反侵略的战线”的广播演说，便先引述蒋介石的观点，将海南岛的沦陷看作日本对英法美的挑战，并作了进一步的阐发，详细分析了日本占领海南岛后对英法美的损害。

此外，作为政治宣传和动员的主要负责人，他还写有《战时宣传工作》，这是国民党战时宣传的纲领性文件。该书分“总论：理论与方法”和“分论：应用与实习”，全面阐释了宣传的要义和宣传方法。其立场无疑要从国民党的角度出发，如总论对目前宣传工作基本任务的规定中，第一条便是：“随时随地，根据具体的环境，阐扬中央和最高领袖蒋委员长的国策、训令、主张、言论，使全国民众在中央和最高领袖领

---

① 郭沫若：《保卫大武汉——〈抗战回忆录〉之七章·二 特别召见》，《华商报·茶亭》1948年10月5日，第二版。

② 按，冯友兰对此有较为详细的记述，在《三松堂自序》中他写道：“蒋介石有一个办法：凡是从别的城市到重庆去的比较知名之士，他都照例请吃一顿饭。我差不多每次到重庆，他都送来一张请帖，请去吃饭。吃饭的时候，客人先到，坐在客厅。蒋介石先到客厅旁边的一个小房间里，请他所要单独接见的人进去单独谈话。每个人进去，谈几分钟就出来。他也随着出来到客厅，说几句应酬话就一起到餐厅。每次吃饭，大约有二十人。中餐西吃，坐定以后，边吃边谈。”见冯友兰：《三松堂自序》，北京：人民出版社，2008年，第96页。

导之下，一切为国努力。”[①] 阳翰笙等人的回忆录，往往谈及郭沫若等人如何反对国民政府“一个政府、一个主义、一个领袖”的口号，但抗战初期的情形可能并不完全如此。除该书外，当时郭沫若的其他文章也经常出现“最高领袖”的字样。或许正因为它过于清晰，这部长达十余万字的手册既未收入之后的文集，也没有收入全集，学界也少有人提及。而从这些史实来看，郭沫若那些“鸣锣奉告”的文字，也并非完全是“言不由衷”，而应该视为特定历史环境中的产物，或者说特定情境中的特殊策略。

因此，我们并不是要将郭沫若坐实为国民党左派，而是说从他抗战初期的立场和言论来看，他的文艺观也显示了左翼知识分子在国民政府“抗战建国”意识形态框架之内，对于文艺如何动员民众这一问题的探索。而且要留意的是，郭沫若就职第三厅厅长，虽然本身也有周恩来的授意，但自此郭沫若毕竟又处于国民政府体制内，他的言论必然要受到当局的影响，或者说他的这些文告本身就带有公文性质，是作为“厅长”身份应有的言辞。而作为左翼作家的郭沫若，他对文学如何动员民众的思考、“由情以达意”的动员方式，实际上延续了北伐时期的经验，此时他借助国民党国民精神总动员的形势和政策，重新予以阐发并付诸民众动员实践。

同时，郭沫若之所以能在国民精神总动员的框架内进行民众动员，也是基于抗战这一共同的目的，而且第三厅本身就带着国共合作的色彩，左翼知识分子也借此将此前的文学斗争经验转化为抗战实践。这是抗战初期的特殊性，当国民党后来将动员目的从抗战转向对抗共产党之后，郭沫若的动员文艺也就难以在总动员的框架下继续维持，因为双方文艺动员的目的出现了分歧。

---

① 郭沫若:《战时宣传工作》,武汉：青年书店,1938年,第3页。按,该书的发行量非常大,先是1938年7月由政治部印发,后来中央陆军军官学校也大量印发,首印为10 000册,而青年书店至1940年1月,已经是第三版。

政治修辞术（上）：演说及其仪式

表达方式的转变

新文化的传统

如何学习演说

仪式与演说的外部修辞

仪式的政治修辞

演说是郭沫若战时重要的表达方式，这一兼具话语实践与社会实践的表达，是考察郭沫若如何往返并沟通文学与政治的最直观的中介。在修辞学中，演说是最重要的讨论对象，它勾连着话语修辞和社会仪式，对于郭沫若而言，笔者除了讨论其演说的双重实践性之外，还试图讨论演说是如何成为郭沫若的政治参与或社会实践的文学修辞的。本节主要从以下几个方面展开：一是从历史的脉络，考察郭沫若如何习得演说术，这种修辞方式与新文化传统有何内在关联；其次，郭沫若抗战初期的演说很少是孤立的行为，往往是政治与文化活动的组成部分，是社会仪式的一环，在这个过程中，郭沫若也不仅是被邀请的演说者，也是组织者，抗战时期他作为政治部第三厅厅长，组织了一系列大型的政治、文化活动，如“七七”纪念周的庆典等。演说和节庆的仪式性，不只是个人表达的修辞，更是国家统治的修辞。那么，作为个人表达方式的演说及其仪式，与国家的组织形式有何内在联系，对抗战意识形态的建构又发挥了何种作用，这是我们要进一步探讨的问题。

一、表达方式的转变

初回上海的郭沫若，因一时去向不明，未免感到彷徨无定。在《回到上海》一文中，他写了女友黄定慧（慕兰）送他一支黑色派克笔的小事。因他逃归得匆忙，将他常用的笔落在了日本，这倒与他“投笔”的心愿颇为一致，但朋友的厚意却把“自己一切的奢望都打灭了”，“自己是决心和笔断绝关系的，然而一回国便有女友送笔”[①]。这个双关的说法，是他当时情绪的反映。他本一腔热忱归国参加抗战，却发现报国无门，只能再操旧业，因而颇为苦闷。郭沫若不免过虑，不到半月，“八·一三”抗战爆发，时移世易，即便他想继续写作研究恐怕也不可能了。

在加入全民抗战之后，他的表达方式也随之发生了变化。除了前文提及的经常奔赴前线劳军，担任政治部第三厅厅长等职务以外，无论作为政府官员还是文化名人，他都需要出席公众活动，作大量的发言和演说。笔者根据《郭沫若年谱》作了一个不完全的统计[②]，仅时间、地点和主题都明确的演讲记录，抗战期间就多达 195 次，按演说时间和演说对象的标准，可看出其不同的分布（见表 1–1）。

表 1–1

对象 / 年份	文化团体	社会团体	电台广播	学生团体	合计
1937.7—12	6	5	2	3	16
1938	9	29	6	5	59
1939	5	11	1	5	22
1940	12	7	3	1	23
1941	13	4	3	2	22
1942	7	4	0	2	13
1943	9	2	1	0	12
1944	7	2	0	1	10
1945	11	14	1	2	28
合计	**79**	**78**	**17**	**21**	**195**

这里统计的仅是公众演说，普通聚会无算。从时间分布上看，演说主要集中于 1937 至 1941 年间，1945 年之后又渐渐多起来。1942 至 1944 年间演说较少，主要原因是他转向了话剧活动和学术研究，外部

① 郭沫若：《回到上海》，《归去来》，上海：北新书局，1946 年，第 166 页。

② 龚济民、方仁念：《郭沫若年谱》，天津：天津人民出版社，1992 年。

原因则是国民政府对左翼知识分子活动的限制，如出台明文规定限制演说等。从演说内容或对象来看，针对公众的演说与针对文化团体的演说也呈现此消彼长的现象，公众演说次数在他担任第三厅厅长期间达到最大值，皖南事变之后则陷入低谷，尤其是1940年他转任文化工作委员会主任后，因主持文化工作，演说内容随之转向学术和文化领域。直到民主运动期间，公众演说次数才再度增加。这也大致可看出他战时在文化与政治之间的摆动。而不同领域之间的转换，也为他规避国民党对左翼知识分子的不利政策提供了条件。从总体上看，在抗战初期，演说对于郭沫若来说，已成为一项极为重要的表达方式。这不仅体现在演说这一行为，还在于演讲稿的记录、发表与传播等衍生环节中。

从写作的文类来看，除了《甘愿做炮灰》这个独幕剧，以及往来前线的一些报告文学外，抗战初期的郭沫若基本上没有其他文学作品，他恢复文学创作是从第三厅退出，于1940年10月底改任文化工作委员会主任委员之后。1941年他曾在香港出版文集《羽书集》，在该书的“序”中，他表示对于学术研究的荒废“并不引以为憾”，并解释放弃学术研究与文学创作，是鉴于“在目前这样天翻地覆的大时代，即使有更适当的环境让我从事研究，我也不会有那样静谧的心境”；而对于朋友的质问，“四年来为什么少写文艺上的东西”这个问题，他的看法是“在大动荡的惊涛恶浪中固定在一座珊瑚礁上了，不要说没有工夫写，甚至没有工夫看”[①]。不过，他也表示如果假以时日，在学术和文学方面“总能有至少使得自己较为满足的成绩出现”[②]。1941年《羽书集》的出版是郭沫若由政治再度回归文学的一个征候，但即便在为重新出场预热的文集中，他也收录了至少10篇演讲稿[③]。

文集中收录演讲稿表明了作者对演讲内容的重视。但对于演讲来说，更为重要的是现场效果，对此最有发言权的是观众。从场面来看，

---

① 郭沫若:《羽书集·序》,香港:孟夏书店,1941年。

② 同上。

③ 李斌的《〈羽书集〉考释》(《郭沫若文献史料国际学术研讨会暨IGMA学术年会》,2010年)对《羽书集》的出版有精彩分析,该文对郭沫若演说的论述对本书也有启发。

因为郭沫若既是革命家，又是诗人，显然极具吸引力，因此场面往往颇为壮观。时在中央大学就读的徐中玉，就曾领略郭沫若在该校演说的盛况：“特别热烈的是郭沫若来那一次。大饭厅里里外外全挤满了人，不少老师也来参加了。”演说效果也值得一书：“郭又是诗人，讲得激昂慷慨，热情奔放，在师生中造成了很大影响，震动了整个沙磁文化区”[①]，附近高校也多有慕名前来者。从当时报刊的记载来看，郭沫若的演说现场也往往是被“热烈的掌声鼓舞着”[②]，或是“郭氏讲词每至精彩处，均博得热烈掌声”[③]。对于演说者的表演技术，亲聆者也多有绘声绘色的描述，如罗岚所见，郭沫若在长沙文化界为之举行的欢迎会上的即兴答词：

> 郭先生的气概，正像他的诗一样，非常豪迈。讲话的声音很大，也很有节奏，也正像他的诗一样地有节奏。一种略带四川音调的语音飞散着，热情而中肯的爱国情绪，扣紧了各人的心弦。有时，当他的右手臂用力地举起时，像冲锋的号声杀进一群战士的耳朵似的，立刻会使各人的筋肉紧张起来。[④]

这虽然不是正式的演说，但丝毫不影响郭沫若在兴致高的时候“手舞足蹈”，演说之于郭沫若，不仅是一种表达方式，更是一场表演。他不仅将诗的节律融入到演说之中，对听众的心理也有准确的把握。郭沫若的演说大多是为了鼓舞抗战士气，激扬民气，尤其是为了动员民众，因此演说极具煽动性，这在与他相熟稔的阳翰笙、田汉等人笔下，都得到了强调。

---

① 徐中玉：《郭沫若到重庆中央大学演讲》，华道一主编：《海上春秋》，上海：上海书店出版社，1992年，第43页。

② 郭沫若：《在文艺界抗敌协会第一届年会上讲话》，《抗战文艺》第38期。转引自曾健戎编：《郭沫若在重庆》，西宁：青海人民出版社，1982年，第264页。

③ 《应中华职业教育社与青年会之请讲演“汪精卫投降论调的批判”》，《新蜀报》1939年4月23日。

④ 罗岚：《欢迎会上的郭沫若先生》，丁三编：《抗战中的郭沫若》，广州：战时出版社，1938年，第42—43页。

二、新文化的传统

郭沫若的演说主要集中于抗战初期，演说本身却非抗战新象，而是有着自身的传统。那么，演说这个新传统有何特性，郭沫若又是如何习得这一修辞术的呢？演说与现代报刊一样，是晚清时期的舶来品。在晚清的困局中，开明士绅意识到变法图存的重要性，朝廷则以“民智未开”为由暂缓变法，因此，如何“开启民智”成为士绅的努力所在。在效法英美，尤其是近邻日本的情况下，演说、办报与教育被当作传播文明的三利器，梁启超等人对此提倡尤力[①]。这种政治诉求，奠定了演说的重要品格，即不仅有较强的政治性和时代诉求，是启蒙的方式和教化下民的手段。

晚清的演说主要还是作为“社会底层启蒙”的工具，因此，往往依存于当时传播新学或新文化的场所，如阅报处、书场、茶馆，甚至戏院等地[②]。演说的形态也未固定，既有新式的演说，有仅将说书内容改换为新学的，也有的仅是模拟演说写文章，如晚清的《演说报》便是如此。演说真正成为一种独立的传播方式，与教育制度的变革密切相关[③]，这主要包括留学制度与现代中高等教育机构的设立，尤其是微观层面的课程设置和教学方式的变化。现代高校的课堂替代了传统书院，教师的演说替代了传统的讲谈，而外籍教员的大量引入和留学生的归国则加快了这一变革的进程。据郭沫若的回忆，当时他们评价一个学校的高下，便往往以外籍教员有无多寡为标准[④]。课程设置方面，如清华这样的留美预备学校，更是直接将演说列为必修课程，这大大提高了演说的技术含量。

教育制度的变革培养了新的人才，也孕育了新文化运动的方式，以

---

① 梁启超：《饮冰室自由书 · 传播文明三利器》，《饮冰室合集》第1册，上海：中华书局，1936年。按，据陈平原考证，此说由日人犬养毅最早提出，参考陈平原：《有声的中国——“演说”与中国现代文章的变革》，《文学评论》2007年第3期。

② 参考李孝悌：《清末的下层社会启蒙运动 1901—1911》，台北：“中央研究院”近代史研究所专刊，1992年，第97—103页。

③ 陈平原在《有声的中国》一文中，对“演说与学堂之关系”有较为详细的考证。

④ 郭沫若：《初出夔门》，《豕蹄》，上海：不二书店，1936年，第88页。

及新的政治文化和政治运动方式，这不仅直接影响了晚清政局与社会变迁[①]，也为新文化的传播提供了条件。经由新文化运动，演说的范围从教学及校园推广到了社会。在“五四”运动等文化社会运动中，演说很快显示了它在文化社会动员方面的优势。演说作为一种新的文化形态，也成为新派知识分子的文化象征，从而深入并影响到了私人生活。如邹韬奋就曾提及一则较有意思的事，在接受新式教育之后，他本有解除旧式婚约的打算，但因为对方誓不他嫁，邹韬奋便收回成命答应完婚，唯一的要求却是在结婚仪式上要发表演说，不仅是新婚夫妇，家长也都要演说。这对维新的邹韬奋来说自然是手到擒来，但却苦了他的妻子和丈人，老人家为了演说，事前好几天都拿着演说词，“在房里踱着方步朗诵着，好像小学生似的‘实习’了好几天”，但临场却“忘记得干干净净，勉强说了三两句答谢的话就坐了下来”[②]！

由此可见演说作为新文化的象征性。如果将晚清新学也视为新文化的一部分，那么，演说从一开始就与新文化的传播有内在相关性，不乏政治性，还具备社会动员的功能，这些经由“五四”“五卅”等社会事件而得到进一步的强化，已基本内化为演说的固有性格，学术演说虽一直延续，但从此只是作为副线存在。

三、如何学习演说

郭沫若习得演说的过程，大致也经历了类似的历史流变。他晚清便入新学，老师多为留日归国的学生，这使他很早就熟悉了演说这种形式。但因他留学日本期间所学专业为医学，这反倒使他在海外疏远了演说，因而没有机会充分领会演说的窍门，以至于成名之后的他，虽屡被邀请发表演说，却多视之为畏途。如 1924 年他作为中华学艺社的一员，前往杭州参加该社的年会。年会的一个议程便是开演讲会，为了传播新

① 参见桑兵:《晚清学堂学生与社会变迁》第八章,桂林:广西师范大学出版社,2007 年。

② 邹韬奋:《经历》,上海:生活书店,1937 年,第 92 页。

学，演讲内容有物理学家周颂久讲“相对论”，聂俊讲德国现状等。但前来听讲者寥寥，主办方只得将演讲会推迟，临时加上郭沫若讲《文艺之社会使命》，并在报刊上大做广告，情况才有所改观，“在未到时刻之前，那宏大的讲堂里，楼上楼下都被人坐满了”[①]。但问题是郭沫若的演讲却未能留住观众：

> 听众在开始的十分钟光景，都还能够忍耐，但渐渐地便动摇起来了。自己所向人淋洒着的是那种不明其妙的糊浆，自己也是明白的，心里在感觉着内疚，声音怎么也就提高不起来。声音不能提高，听的人也就愈见着急，最后的几排里面有擦脚的声音起来了，接着是有几个人退场，接着又是十几个，几十个，几百个，没到三十分钟的光景，全场的人退了三分之一。[②]

主办方期待的“大成功”成了“大失败”，这不能不归咎于郭沫若太缺乏演说的技术。演说是西方的传统，指导演说技巧的方法便是修辞术或修辞学。修辞与演说在古希腊有着本体的相关性，其最核心的要素是实践性，是对听众的“说服”，修辞学的创始人柯拉斯（Corax）和梯希亚斯（Tisias）就认为：“修辞学是个说服的艺匠。”[③]但如果修辞术就是为了说服的话，演说便容易流于诡辩，柏拉图因此将修辞学家也驱逐出了理想国。可见，演说一开始就有倾向说服与说理之间的微妙矛盾。对于演说偏重社会效果这一现象，亚里士多德试图纠偏，他在其名著《修辞学》中将修辞术定义为“一种能在任何一个问题上找出可能的说服方式的功能”[④]。将修辞术的重心从说服转化为如何说服，引入演说的伦理范畴，以演说者的道德和意图制衡说服的能力和方式，使演说的说服与

---

① 郭沫若：《创造十年续编（五）》，《大晚报》1937年4月5日，第六版

② 郭沫若：《创造十年续编（六）》，《大晚报》1937年4月6日，第五版。

③ 尼采：《古修辞学描述》，屠友祥译，上海：上海人民出版社，2001年，第5页。

④ 亚里斯多德：《修辞学》，罗念生译，北京：生活·读书·新知三联书店，1991年，第24页。

纯粹的煽动相区别。

不过，随着修辞学逐渐学科化，修辞术逐渐成为研究比喻、隐喻等辞格的学问，说服这一原初含义则逐渐被忽略了[①]。中国学界的修辞学研究尤其如此，中国虽有源远流长的说书传统，但旨在说服的公众演说却相对少见，因而修辞学也几乎成了文章学的补充，多从内部研究入手探讨作者如何修饰自己的言辞，相对忽略了修辞的社会性。当然，修饰言辞的目的也是为了说服，但对象则多为读者而非听众。本部分试图将修辞重新与演讲关联起来，将其作为一种说服的方式，探讨演说以何种独特形态传播知识、进行社会动员和传播价值理念，这有助于我们进一步理解新文化运动的遗产及其社会、历史后果。

曾置身于新文化运动，随后参与社会运动的郭沫若，很快便无师自通，学会了如何演说。1925 年，学艺大学正式开学，作为筹备者之一的郭沫若自然要在开学典礼上发表演讲。但这次演说居然非常成功，以至于典礼结束后一位校董称郭沫若讲得最好。之所以能从之前的“大失败”转变为这次的“大成功”，郭沫若觉得是经历“五卅”运动的结果，因为在该运动中他多次演说，逐渐识得演说门径：

> 我是经过“五卅”潮涤荡过来的人，在那高潮期中讲演过好些次，不知不觉之间也就把那妙窍懂到了。的确的，你总要目中无人才行。尽管有多少群众在你面前，他们都是准备着让你吞的，你只是把他们吞下去就行了。怎样吞法呢？我告诉你，你的声音总要宏大，话句总要简单，道理总要武断。愈武断，愈有效果。最好要办到一句便是一个口号。喊口号的方法你总是知道的吧？那照例是要有宏大的声音的。但一味的宏大也不行，你总得要有抑扬，而且要先抑而后扬。一句话的表达要这样，一场演说的表达也要这样，——再说一次，总要先抑而后扬。在落尾处你把声音放大，在愈武断的

① 高辛勇：《修辞学与文学阅读》，北京：北京大学出版社，1997 年，第 9 页。

> 地方你愈把声音放大，包管你是要受着热烈的喝彩的。千切不要贪长，千切不要说理，千切不要先扬后抑，这些都是催人睡眠的东西。[①]

从社会运动中习得的修辞术，使得郭沫若的社会演说与学术演说不同，这种旨在社会动员的演说，注重演说者的魅力，重在调动观众情绪，道理反而不妨武断一点。可见演说借助的是浪漫派的情感政治学，即前文所揭“由情以达意”而非“由智以达意”。其实这不乏先例，如浪漫派代表人物卡莱尔（Thomas Carlyle）的《论英雄与英雄崇拜》，便是一系列的演说，并取得了巨大成功。郭沫若注重情感而非说理的演说理念，与亚里士多德所归纳的三种说服方式也颇为一致。为了成功说服听众，亚里士多德将演说本身提供的证明分为三种：“第一种是由演说者的性格造成的，第二种是由使听者处于某种心情而造成的，第三种是由演说本身有所证明或似乎有所证明而造成的。”[②]演说者性格引入的是演说者的道德品格，从而对诡辩形成制约，在他看来，具备“见识、美德和好意”的演说者，“必然能使听众信服”[③]。至于听众的心情，在他看来演说者应根据目的利导观众的情绪。这对于郭沫若来说则较为容易，作为一个富有激情的诗人，他的演说从来不乏煽动性。而第三种则与逻辑性有关，在亚里士多德看来，修辞术也需要遵循逻辑，需要按照三段论进行论证，但也留有余地，这是考虑到修辞的说服性目的：

> 在打动听众的情感的时候，不要使用修辞式推论，那样一来就会把情感挡回去，或者使修辞式推论等于白说，因为同时发生的运动会互相排斥，结果是相互抵消或彼此削弱。[④]

---

① 郭沫若：《创造十年续编（四六）》，《大晚报》1937 年 6 月 23 日，第五版。

② 亚里斯多德：《修辞学》，罗念生译，北京：生活 · 读书 · 新知三联书店，1991 年，第 24 页。

③ 同上书，第 70 页。

④ 同上书，第 208 页。

对听众情感的重视，也就为演说者的武断留下了空间，亚里士多德甚至认为，“夸大法最适用于典礼演说”[①]，因为较之政治演说和诉讼演说，典礼演说是最注重现场效果的。而郭沫若的演说，大多都是具有煽动性的典礼演说，因而往往显得夸张武断，但其接受效果却往往最为理想。这引出的问题是，演说如何处理技巧与真理的问题，这是缠绕古希腊的老问题，亚里士多德写作《修辞学》便是试图解决这个分歧。而到了尼采，他甚至认为：“语言是修辞，因为它欲要传达的仅为意见（doxa），而不是系统知识（episteme）。”[②]这对于我们反思晚近以来知识分子的启蒙者姿态也有启发性，演说者多采取居高临下的宣喻姿态，很少向听众论证其方案的可行性，因此，民众大多时候就保持沉默，是单方面被动员的对象。而从“五卅”这样的社会运动习得演说术的郭沫若也是如此，他明知自己的演说是“毫无道理的诡辩”，明知“每一句都说不通”[③]，却并不妨碍他在台上尽情发挥。问题的复杂性还在于，演说姿态对话语实践的影响，不仅见于说，也见于写，部分新文化人的文章也难免带有演说腔。

以战时郭沫若来说，抗战初期因为工作的原因，他的演说和文章都以宣传为主，重在动员；当他从宣传部门退回文化领域之后，公开演讲的机会随之减少，本应转向说理，但他的文章还是时见演说风。这主要表现在，文章多为应时而作，如青年节、诗人节与鲁迅逝世周年纪念等，郭沫若必然要写文章，这类文章与参加典礼时的演说并无太大区别；另外就是行文多用判断句和祈使句，文中多用呼语，面向青年读者时尤其如此。现代有启蒙情结的知识分子都较为爱护青年，郭沫若也不例外，他的大多数文章都以青年为拟想读者，较为直接的，如《青年化，永远青年化》《青年哟，人类的春天》《如果我再是青年》《青年·青年·青年》等，即便是谈论“文化与战争”这类问题，青年也是他主要的对话对象；三是他学术文章的论证方式，有时也存在“以意逆

---

① 亚里斯多德：《修辞学》，罗念生译，北京：生活·读书·新知三联书店，1991年，第47页。

② 尼采：《古修辞学描述》，屠友祥译，上海：上海人民出版社，2001年，第20页。

③ 郭沫若：《创造十年续编（四七）》，《大晚报》1937年6月24日，第五版。

志”之嫌，多用时髦词汇诠释古人观点，古史研究中的阶级观且不提，他责难墨学的原因之一便是墨子“反进化”，而论证有时也不免情胜其辞，有武断之嫌，如将屈原归入儒家，并认为是陈良的弟子等。可见，演说的修辞术也渗透到了他的治学思维中。需要提及的是，抗战后期郭沫若的言论受限，他的演说便主要转向学术方面，这些学术文章在发表前，大都在文化工作委员会演讲过，这个发表的过程，也不免影响到他的文体和文风。

四、仪式与演说的外部修辞

以上对演说修辞术的分析，主要还是侧重话语实践方面，即郭沫若从社会运动中习得的演说具有哪些修辞特征，这又如何影响了他的思维、表达和文章写作等问题。但演说作为发生在公共领域中的社会行为，本身也是一种极为重要的政治文化，甚至是政治参与和社会实践的直接方式，因此，还需要借助更为宏观的视野，将其置于现代政治文化的结构中，探讨郭沫若演说的意识形态内涵。正如论者所指出的：“‘修辞’的形式——尤其是具体的‘修辞格’本身——可能带有意识形态的内涵。这并不仅只是说，修辞可以传达意识形态（如政治家用修辞手段增强其政见的传播与说服力），而是说修辞的形式本身也会蕴含价值观念。”[①] 不过，与论者将“修辞的形式”具体化为辞格范畴不同，本部分试图还原演说的社会实践性，引入演说的仪式性这一形式修辞。

所谓形式修辞，是相对于从语言学层面探讨辞格的语义修辞而言，指如何利用演说的外在形式达到说服公众的目的。如前文所引邹韬奋的事例，他在同意迎娶父母为之聘定的对象时，却坚持结婚典礼上要发表演说，正是鉴于演说是新文化的仪式，以此作为新文化人的身份象征；郭沫若对演说的这种外在修辞也有着高度的自觉，而且，仪式在他这里进一步具体化、程式化了。

---

① 高辛勇：《修辞学与文学阅读》，北京：北京大学出版社，1997年，第3页。

1936 年，郭沫若曾追记北伐时期他在武汉的一则插曲。某次他代替邓演达应汉口基督教青年会之邀前去演说。到场之后，却发现他们请他来演说的目的，并非为了革命，而是为了宣扬宗教。在请郭沫若上台之前，是漫长的宗教仪式：“赞美歌唱毕后，司会者又开始祈祷。祈祷过后又作开会辞。”[①] 面对这些宗教仪式，郭沫若有种受到侵犯的感觉，因为以革命者自居的他，是要“反对文化侵略”的，西方的基督教也在反对之列。为了与之抗衡，他临时发明了一套“革命的仪式”：

> 我先对听众说，“我自己的正式的演讲要留在后面，在讲演之前还得行一次仪式。刚才司会者某先生所行的仪式是基督教的仪式，某先生是基督教徒，自然要行基督教的仪式。但我们是革命军人，我们革命军人在讲演之前也是有革命的仪式的。这仪式是要先推一个主席，由主席宣布开会，读总理遗嘱，默哀三分钟然后才落到我的讲演。我们现在就先推李鹤龄同志为主席。”[②]

在提出革命的仪式后，听众径直狂热化，“鼓掌声比前两次的更高更长，就像始终不肯止息”。而郭沫若根据“满场充满着和惠的眼光”判断：“我知道听众已经完全是我的。”[③] 仪式对演说效果的重要性由此可见一斑。而革命仪式在受到宗教仪式的启发后出现，也颇有意味，这表明革命与宗教一样，都要借助仪式所带来的神圣感。

发明革命仪式，虽是郭沫若的神来之笔，却非郭沫若首创，而是他读书期间参加学生活动时，所受到的“政治训练”。1910 年曾发生学生国会请愿事件，活动也波及到了郭沫若时在就学的成都，但成都的学生请愿却闹哄哄的全无秩序，颇像一出闹剧，直到教师刘子通登台，告诉大家要请愿便需先具备请愿的资格，资格便是学会开会的仪式。

---

① 郭沫若：《双簧》，《东方文艺》（创作专号）第 1 卷第 3 期（1936 年 6 月 25 日）。

② 同上。

③ 同上。

刘子通的意见是，“今天的会不是这样开的。应该先推举出一个临时的主席，再来讨论本会的进行，产生出本会的决议”[1]，并具体列举了会议的议程。这对成都学生的政治参与有莫大影响，据郭沫若日后回忆：“那样简单的一种实地训练给予了学生以多大的经验，多大的秩序，多大的力量呢！至少是在我自己，可以说是有生以来所接受的第一次的政治训练。”[2]

除流程本身的仪式性之外，演说的仪式性修辞还包括：演说时间的选择、场地的布置、舞台的设置和演说的次序等，这些外在的物质形态往往决定着演说的性质和效果。如会议上的演说与广场演说便不同，尤其是会议演说，发言次序、演说内容、修辞形式都有独特的讲究，这已逐渐发展成了一种独特的政治文化。革命时代的郑超麟对此深有体会：“大家对于大会都视为一种宗教仪式，仿佛进教堂听牧师宣讲或看神甫做弥撒，并不视为决定革命命运的会议。事实上确是这样的，真正的决议是在大会以外做的，大会不过是宣布和登录决议的机关罢了。”[3]

因为郭沫若的无党派身份，没有参加党会的机会，抗战时期他的演说时间主要是节日、开幕式、欢迎会、动员会、纪念会和各类团体的集会，如抗战建国周年纪念大会、“九·一八”周年纪念、鲁迅逝世周年纪念、“五四”、诗人节及“文协”“剧协”等团体的成立周年纪念等。演说的场地，主要视活动的规模而定，在重庆则多假抗战建国纪念堂作演说，而纪念堂本身也是一种仪式性的建筑。

仪式性要求演说要“合时宜”，不是自说自话，要切合更大的主题。抗战时期最大的主题是抗战建国，郭沫若的演说大多就在做抗日政策的宣传与社会动员工作。但随着抗战的深入，不同团体在抗战职责上有所分工，集会的目的不仅是为鼓舞抗战的热情，还在于凸显团体的主体性，重点在该团体或某活动的抗战方式和功能职责上，演说便要照顾主办方的意旨。如在 1939 年的中华全国戏剧界抗敌协会年会上，他便要

---

① 郭沫若：《反正前后》，上海：现代书局，1929 年，第 86 页。

② 同上书，第 87—88 页。

③ 郑超麟：《郑超麟回忆录》(上)，北京：东方出版社，2004 年，第 252 页。

表彰艺术的进步：“我们的艺术，不但未曾破产，反之却有了惊人的进步。”[①] 在同一个月，他又要在中华全国文艺界抗敌协会成立一周年的纪念大会上，发言期待“纪念碑性的建国史诗之出现”[②]。这虽并不矛盾，但都是看场合说话，如果联系到他此时多次批判沈从文的“反差不多”论，以及文坛对抗战初期口号文学的反思，他的言论也不无自相龃龉处。

1938 年可能是郭沫若抗战期间演说最多的一年，粗略统计便近 60 场。在处理日常公务之余要做如此多的演说实非易事，因此，有时演说也难免流于应景，甚至是空洞的口号和盲目的乐观，演说便只剩下仪式性修辞。这也表明，外在的仪式并非与演说内容无关，如果演说者过于考虑演说的仪式性，那么，仪式的意义诉求便会侵入演说内部，甚至决定演说的内容。而经受过丰富的政治训练的郭沫若，对演说也逐渐内行，这一方面让他从学者、文人转向社会与政治活动时显得极为从容，但同时，这种内行化也加剧了他的演说腔，导致了演说的仪式化。值得留意的，仪式这一人类学范畴，本身便是在重复的实践中确立的，虽然重复带来的是自身意义的损耗，但即便是程式化的仪式，也并非没有意义。

五、仪式的政治修辞

正如郭沫若的演说大多数是于节日、纪念会等大型场合发生，演说在现代是极少单独出现的，大多数情况下，它是政治仪式的一个有机组成部分。反过来说，对于现代政治活动而言，演说更是必备环节。现代中国也是如此，孙中山就职临时大总统需要演说，抗战开始有蒋介石的庐山讲话等等。那么，演说及相关的仪式对于政治究竟有何意义，郭沫若与抗战时期的国家仪式又有何关联？

在《抗战回忆录》中，郭沫若津津乐道于 1938 年他所策划的两次

---

① 《郭沫若在中华全国戏剧界抗敌协会年会上致词》，《新蜀报》1939 年 3 月 23 日。

② 郭沫若：《纪念碑性的抗战建国史诗之期待——庆祝文艺界抗敌协会周年纪念》，《大公报》（重庆）1939 年 4 月 9 日，第二版。按，发表演说的时间为 1939 年 3 月 27 日。

运动，一是政治部第三厅成立时的“抗战扩大宣传周”，七天的宣传每天都有不同的主题，如歌咏日、戏剧日及火炬游行等，郭沫若基本上每次都有演说，如歌咏日他便以项羽的四面楚歌之困，号召抗战队伍来个“四面倭歌”，事后他也觉得这个说法推敲起来或有不妥[①]。这次活动因台儿庄大捷的消息，取得了空前的成功。第二场运动在郭沫若的回忆中被称为“七七”周年纪念，这次庆典因得到蒋介石的支持，也取得了空前的成功。

这两次运动的政治意义，在郭沫若日后的回忆中，更多地被描述为对当局“消极抗日”的反抗，似乎它针对的与其说是日本侵略者，还不如说是国民政府。纪念大会发动了武汉三镇的群众，这种盛大的群众场面在他看来是“民气”的象征，是人民想冲破国民政府统治的意志：“武汉三镇的确是复活了！谁能说人民是死了呢？谁能说铁血的镇压可以使人民永远窒息呢？那是有绝对弹性的气球，只要压力一松，它不仅立刻恢复了原状，而且超过了原状。”[②]“七七”纪念周的意义更显著，在他看来甚至超过了同期举行的首届国民参政会，纪念会上的献金活动也比参政会更适合表达民意。时任郭沫若秘书的阳翰笙也作如是观，不过他的立场更为鲜明。对于“七七”纪念周等活动，阳翰笙认为：“必须指出的是，以上每一件大事都是在冲破国民党顽固派的限制和破坏的斗争中进行的；也几乎每一件事的成功都招致蒋顽党徒们的忌恨、掠夺和迫害。”[③]并且认定这些活动是在中共南方局的领导下进行的。

史实可能并不完全如此。从国民政府的角度着眼，这两次活动的意义并不平凡。第一次的“抗战扩大宣传周”是政治部成立后，在陈诚授意下的一次自我宣传，既有政绩的考虑，也是国民政府战时机构革新的

---

① 郭沫若：《宣传周——〈抗战回忆录〉之五章·三 “四面倭歌”》，《华商报·茶亭》1948年9月24日，第二版。

② 郭沫若：《宣传周——〈抗战回忆录〉之五章·二 洪钧运转》，《华商报·茶亭》1948年9月23日，第二版。

③ 阳翰笙：《第三厅——国统区抗日民族统一战线的一个战斗堡垒［二］》，《新文学史料》1981年第1期。

尝试[1]。第二次的“七七”纪念周就更为复杂，是国民党确立抗战意识形态的重要活动，其运作过程远比郭沫若的叙述复杂。国民党向来重视政治仪式，除了现代政治运行的各种会议和活动外，还采取确立节日、建立纪念碑、修建纪念堂和礼堂等方式，建构国家、国民和党国等观念。因此，节庆仪式是国民党确立其党统、政府确立政统的文化工程。如孙中山去世后，国民党便举行了盛大的葬礼，建造纪念堂和陵园[2]，并确立了孙中山诞辰纪念、逝世周年纪念日、广州蒙难纪念日、总理第一次起义纪念日、伦敦蒙难纪念等多个节日，此外，还有总理纪念周这种日常化的仪式，对此史学界也有较多的关注[3]。正因国民党如此重视节庆，抗战时期为了鼓舞民情，宣传抗战，确立党国的抗战意识形态，专门为抗战确立节日也是顺理成章的事，“七七”周年纪念便是其中的重要组成部分。

“七七”周年纪念，官方称为“抗战建国纪念日”，该年3月国民党临时国大制定了《抗战建国纲领》，作为战时的意识形态总纲，这次纪念会可说是对该政策的一次全国范围的宣传。抗战期间，国民党中宣部、中央社、卫戍司令部及政治部有一个联席宣传会，每周定期举行，交换情报，制定下一周的宣传大纲。“七七”周年纪念便是在1938年6月中旬提上日程，具体则由政治部第三厅负责，郭沫若拟定具体计划。计划制定以后交政治部，由部长陈诚审核后交蒋介石，第二天便得到批示：“全部照计划进行。”

因此，“七七”周年这个仪式化的纪念活动，是郭沫若与主流意识形态合作的结果。如此，值得进一步追问的或许是，国家机器为何对仪式如此感兴趣，仪式对于政治有何意义，而郭沫若为何对仪式也如此着迷。仪式本来是一个人类学范畴，主要是指巫术和宗教中的祭祀

---

① 对此问题的相关考论，可参考蔡震：《从文献史料看郭沫若主政三厅始末》，《新文学史料》2012年第3期。

② 按，2013年11月29日，德国海德堡大学教授瓦格纳（G. Wagner）曾在北京大学作过题为“制度：中山纪念堂”的演讲，对中山纪念堂、中山陵等纪念建筑作了意识形态分析，对笔者也有一定的启发。

③ 参考郭辉：《民国国家仪式研究》，华中师范大学博士学位论文，2012年。

过程，政教分离之后，政治便逐渐理性化，脱离了仪式色彩。如传统中国就认为："国之大事，在祀与戎。"[①] 辛亥革命之后，祭祀活动逐渐从官方剥离，这从袁世凯祭孔遭到知识分子的批判可以看出。不过，当人们看到政治与宗教分离时，却忽视了政治自身的宗教化。对此，子安宣邦曾指出：

> 近代国家在拥有能够作为国权行使而进行对外战争这种主权性的同时，也被要求拥有"成为以国民能够为国家进行战争为目的的国家"这种理念性。这是近代国家作为拥有自身神圣性的国家而成立的缘由。……直截了当地说，近代国家是作为能够进行对外进行战争、国民能够为国家而死的国家而成立的。而且，为国家而死的人是被国家作为保证国家永存的基础而祭祀的。[②]

国家不仅是统治机器，而且还是国民为之牺牲的终极目的，从统治方式到目的的转化，使它自身逐渐宗教化了。而与郭沫若差不多同时期的卡西尔（Ernst Cassirer），在二战期间对此就曾有过尖锐的批判："在当代政治思想的发展中，也许最重要的、最令人惊恐的特征就是新的权力——神话思想的权力的出现。"[③] 在他看来，现代的政治家已经把原始时代的巫士（homo magus）与理性时代的手艺人（homo faber）这两种完全不同的角色和功能融为一体：

> 他（指现代政治家——引者按）不得不同时既以巫士又以手艺人的身份去行动。他是一种完全非理性的和神秘的新宗教的牧师，但他在保卫和宣传这种宗教的时候，又进行得

① 杨伯峻编著：《春秋左传注》第 2 册，北京：中华书局，2009 年，第 861 页。

② 子安宣邦：《国家与祭祀》，董炳月译，北京：生活·读书·新知三联书店，2007 年，第 18 页。引文中"能够进行对外进行战争"原文既如此，不做改动。——编者注

③ 恩斯特·卡西尔：《国家的神话》，范进等译，北京：华夏出版社，1990 年，第 3 页。

> 有条不紊。他并不寄希望于机遇，每一步都作过很好的准备和谋划。正是这种奇怪的结合成了我们政治神话的一个最为鲜明的特征。[①]

子安宣邦与卡西尔对政治神学的研究，都是立足于二战的后果所作出的，对我们研究抗战时期的中国现实问题不无针对性。他们所指出的政治的自我宗教化过程，在现代中国也正在逐步完善，而抗战这个"例外状态"无疑又为政治集权化提供了最佳时机。按照施密特所说，"例外状态"或"紧急状态"是相对于常态而言，是指"一种极端危险的情况，威胁到国家的存亡，或诸如此类的情况"[②]，战争属于此例。但在传统的独裁制国家，是否宣布进入紧急状态与采取何种措施，是统治者的权力，而现代议会国家则对此形成了有效的制约。因为为常规状态而设的法律不适用于例外状态，但国家依然存在，因此施密特引入主权的概念，认为"主权就是决定非常状态"[③]，由此，施密特便以国家的名义为新式独裁赋予了合法性。而处于训政时期的国民党也采取了这种做法，1938 年 3 月临时国大便通过决议实施总裁制，蒋介石之集军权与党权于一身的做法至此变得合法，"一个政府，一个主义，一个领袖"成为战时国民政府的宣传口号。这种领袖崇拜，正是政治宗教化的外观。

但与制度、法令等相互配合，却又极为隐蔽的方式则是政治文化，尤其是政治仪式的实施。而这方面，作为一介书生的郭沫若，不仅不是旁观者，还是一个推动者和组织者。除了英雄崇拜以外，浪漫主义者似乎对宏大的群众场面也特别迷恋，正如哈特曼（G. Hartman）所指出的，浪漫派对神话、宗教和集体无意识有种天然的迷恋，因此带有"反自我"的意识[④]。郭沫若正是如此，抗战时期他不仅热衷于对群众发表演

---

① 恩斯特·卡西尔：《国家的神话》，第 331 页。

② 施密特：《政治的概念》，刘宗坤等译，上海：上海人民出版社，2004 年，第 6 页。

③ 同上书，第 1 页。

④ G. H. Hartman：*Romanticism and "Anti-self-consciousness"*，Harold Blood, ed.：*Romanticism and Consciousness: Essays in Criticism*，New York: W. W. Norton & Co.，1970 年，第 49—51 页。

说，同时也热衷于发动大规模的群众集会。

按照郭沫若的回忆，他为“七七”周年纪念活动所做的计划是：“规定‘七七’为抗战纪念日，通令全国普遍开会纪念，举行阵亡将士纪念碑奠基典礼，正午十二时全国默哀三分钟，颁发告人民书，告前线将士书，告国际书，进行征募寒衣，药品，献金等计划。扩大慰劳运动，慰劳前线，慰劳后方，慰劳伤兵，慰劳征属，等等。”[①] 这与当时的报刊所报道的并无多大出入[②]。从郭沫若的规划中，可见他对仪式性庆典极为内行。该活动主要由第三厅主持，故于6月27日成立的筹备会上，由第三厅的主任秘书阳翰笙任筹备会主席，时在三厅供职的洪深和张志让也是筹备会成员[③]。事实上，纪念大会从7月6日晚便全面展开，《大公报》和《申报》均有详细报道，《申报》较为简洁：

> 昨为“七七”抗战建国周年纪念日前夕，武阳汉三镇各界民众，特提前与［于］昨晚六时分别召开纪念大会，并在汉口中山公园，举行向蒋委员长献旗典礼，参加民众约在十二万人以上，各机关均扎高大素彩牌楼，各商店铺户，学校门首，亦多悬挂彩灯，纪念会后，分别举行火炬大游行，经过各街道时，市民夹道围观，人山人海，并鼓掌高呼拥护最高领袖，力促抗战建国成功及打倒日本帝国主义等口号，当各团体齐唱救亡进行曲时，市民亦均随唱，实为武汉空前未有之热烈现象，直至一时半，行列抵民权路总理遗像前方宣告散会。[④]

《大公报》则详细报道了“仪式极为隆重”的献旗典礼。它先描述广场上的主席台“是大海中的灯塔，成了人们的目标，大家集向那个庄严

---

① 郭沫若：《保卫大武汉——〈抗战回忆录〉之七章·一　计划“七七纪念”》，《华商报·茶亭》1948年10月4日，第二版。

② 《七七抗战建国纪念》，《大公报》（汉口）1938年6月26日，第三版。

③ 《抗战周年纪念筹备会昨成立》，《大公报》（汉口）1938年6月28日，第三版。

④ 《抗战周年前夕举办纪念大会》，《申报》（汉口）1938年7月7日，第一版。

的台前”，主席台上的横幅是“武汉各界抗战建国纪念周年大会”。大会主席讲话之后，献旗仪式开始：“张一麐代表全国民众向蒋委员长献旗，由陈调元代表接受。‘民族领袖’四个青色大字配着蓝底红边，它闪着光、它诉说出全国人民拥护抗日领袖的热情和期望。华侨抗敌动员总会代表黄民魂也献了一面旗：‘抗战建国，民族复兴’。”[①] 几乎每一个细节都渗透着政治的符码，整个活动可以说是一套极为完善的仪式性修辞。

同时，其他活动也随之展开，这包括蒋委员长向各界发布公告和电文，举行公祭[②]，基督教会的祈祷，国民党中宣部和政治部等联合编辑《抗战周年纪念册》等。仪式还深入到了普通民众的生活：“通令全国于七月七日停止一切娱乐，全体国民一律素食一日。”[③] 而持续时间最长、影响最大的则是郭沫若一再坚持的献金活动，《大公报》对该活动也极为支持，从筹备到结束，不仅作详细的跟踪报道，而且作了大力宣传和号召。该活动不仅动员了各民众团体，连同期的参政会也临时动议献金，参政员短时内献金达两万元[④]，因市民的踊跃参加，该活动比计划延长了两日，最终收获超过百万[⑤]。

故事还未结束，在第三厅具体筹备纪念周的过程中，政府机构则将这一纪念活动常规化了。经国民党中宣部提议，得国民党中央执行委员会常务委员会第 83 次会议通过：“定七月七日为抗战建国纪念日”，成为了“国定纪念日”，列入了历史书[⑥]。郭沫若所提议，并遵蒋介石之嘱而写的“三书”——《告全国军民书》《告世界友邦书》《告日本国民书》，也成为此后历次纪念日的必备环节，内化为政治文化的一个部分。

可见，“七七”周年纪念是一次仪式的大集会，这也确实如郭沫若所说唤起了武汉的民气，宣传了政府抗战救国的政治纲领，但同时也极

---

① 《三镇昨夕纪念大会向蒋委员长献旗　火炬游行情况热烈》，《大公报》1938 年 7 月 7 日，第二版。
② 《蒋委员长公祭国殇》，《大公报》（汉口）1938 年 7 月 9 日，第二版。
③ 《七七抗战建国纪念》，《大公报》（汉口）1938 年 6 月 26 日，第三版。
④ 《参政员献金共约二万元》，《申报》（汉口）1938 年 7 月 8 日，第一版。
⑤ 《献金运动圆满结束》，《大公报》（汉口）1938 年 7 月 12 日，第三版。
⑥ 中国第二历史档案馆编：《中国国民党中央执行委员会常务委员会会议录》第 23 册，桂林：广西师范大学出版社，2000 年，第 116 页。

大地提高了蒋介石的个人威望。而被史学家和郭沫若研究界所忽略的是，在这整个活动的规划和运作中，郭沫若都功莫大焉。节庆仪式和郭沫若的浪漫情怀，为国家机器的运转提供了润滑剂，对蒋介石战时的形象塑造，以及“抗战建国”意识形态的深入宣传与推广，都有不可忽视的作用。不过，郭沫若之诗人政治家的特殊身份，也为他叛离这种国家的神话提供了可能。抗战中期，当国民党改变抗战策略，他便看透这些仪式的虚假性，作了毫不容情的批判，并做出了新的选择。

第二章　诗词唱和与士大夫情怀

从某种意义上说，郭沫若是以诗词唱和的方式开始他的抗战生涯的。1937 年 7 月 24 日郭沫若从日本神户登船归国，也就在这天，预想着两日后回到上海的情景，他写下了一首七律：

> 又当投笔请缨时，别妇抛雏断藕丝。
> 去国十年馀泪血，登舟三宿见旌旗。
> 欣将残骨埋诸夏，哭吐精诚赋此诗。
> 四万万人齐蹈厉，同心同德一戎衣。①

该诗是次韵唱和之作，和的是鲁迅《惯于长夜过春时》韵②。在郭沫若看来，鲁迅“原诗大有唐人风韵，哀切动人，可称绝唱”，而他的和作“是不成气候的，名实相符的效颦而已。但写的时候，自己确有一片真诚，因此工拙也就在所不计了”③。

这首诗后来流传颇广。在 8 月 2 日由中国文艺协会上海分会与上海文化界救亡协会联合组织的欢迎会上，潘公展代表国民政府致欢迎辞

---

① 郭沫若：《由日本回来了》，《宇宙风》第 47 期增大号（1937 年 8 月 16 日）。

② 鲁迅原诗为：“惯于长夜过春时，挈妇将雏鬓有丝。梦里依稀慈母泪，城头变幻大王旗。忍看朋辈成新鬼，怒向刀丛觅小诗。吟罢低眉无写处，月光如水照缁衣。”（鲁迅：《为了忘却的记念》，《现代》第 2 卷第 6 期 [1933 年 4 月 1 日]）

③ 同①。

后，郭沫若曾“挥泪”赋此诗，《申报》不仅对欢迎会作了详细报道，也附载了此诗[①]；文学刊物如《宇宙风》等则直接刊载了郭沫若该诗的手迹，而在友朋征求墨宝时，他也多次题写此诗[②]。除了媒体发表、为友朋题字与朗诵之外，这首本为唱和之作的诗也引起了士林注意，并出现了新的唱和之作，如张元济便步原韵写有和诗：“报国男儿肯后时，手挥慧剑斩情丝。孤怀猛击中流楫，远志徐搴旭日旗。甘冒网罗宁结舌，遍规袍泽更陈诗。惭余亦学深宵舞，起视星河泪满衣。”诗末有小注“昨夜闻空中战，不能成寐”[③]。除张元济外，沈尹默、陈布雷、孙陵等人也有和作。

对于战时的旧诗写作来说，这仅仅是冰山一角。所谓“国家不幸诗家幸”，抗战之际，国家的危亡也激发了诗人的诗兴，无论是流徙途中的见闻，还是创作史诗的冲动，都为旧体诗词的复兴提供了契机和条件。旧式诗词创作一时也的确蔚为大观，如章士钊“入蜀两年成诗约四千首”[④]，平均每天便要写五六首，而柳亚子有时候一天能写十多首；除了写作外，士林的宴集修禊、唱和酬答也呈中兴之势。

旧体诗词的复兴，郭沫若——这个激进的新文人，与有“功”焉。抗战时期，尤其是重庆时期，当政治工作从忙碌趋向赋闲之后，他与士林间的交游也渐多。与革命耆老、士林宿将，以及新文人之间，均多有诗词唱和，因而留下了大量的古典诗词。而他此时的新诗创作，无论是质还是量都颇为有限，以至于文学青年一度对他颇为不满，认为郭老向旧诗投降了[⑤]。对于这个看起来有些反常的现象，我们首先要追问的是，一向激进的郭沫若为何选择了古典诗词，诗词唱和这种交流形式，对他有何特殊意义？或者说，诗词唱和作为一种交流方式和文化模式，

---

① 《两文化团体昨联合欢宴郭沫若》，《申报》1937年8月3日，第11版。

② 夏衍：《懒寻旧梦录》，北京：生活·读书·新知三联书店，1985年，第379页。

③ 张元济：《和郭沫若〈归国书怀〉步原韵》，《张元济全集》第4卷，北京：商务印书馆，2008年，第69页。

④ 章士钊：《近诗废疾》，《文史杂志》1941年第5期（1941年6月11日）。

⑤ 臧克家：《新诗旧诗我都爱》，《文艺报》1962年第5—6期。

对于郭沫若的文化政治实践，以及对于我们理解抗战时期的郭沫若来说，提供了哪些新的视角？

另外，此时写作古典诗词的新文人并不止郭沫若，其他创作较丰的有田汉、郁达夫、朱自清、叶圣陶、老舍等，创作之盛堪称一道独特的文学或文化风景。饶有意味的是，诗词唱和成为旧诗词写作的动力之一，此时不仅旧派士人之间多有诗词酬唱，新旧文人之间、新文化人之间也多有诗词往来，如朱自清与叶圣陶、郭沫若与田汉、郭沫若与老舍之间，都迭有唱和。之所以出现这种情况，究竟是新文学在表达方面的某种普遍性的不足，还是这代人的特殊境遇所致？因此，对于郭沫若诗词唱和的研究，也有助于我们反观新文学在抗战时期地位和功能的变化。

要探讨这些问题，我们需要先进入战时的文化语境。就郭沫若所在的战时陪都重庆来看，当时这是一个文化人集聚的地方，如果从文化归属做一个粗略的分类，这里既有大量的新文人，如郭沫若及其领导的第三厅，中华文艺界抗敌协会的总部也设在这里；此外，还有大量旧派文人，这主要以清遗民和革命耆老为主，清遗民除了避难而来者，更多的则是蜀中老名士，如著名的“五老七贤”，他们虽多寓居成都，且抗战时期大多已谢世，但他们主导的保守风气，以及他们的弟子辈都不容忽视；革命耆老则是清末倡议革命的开明士绅，如老同盟会成员，此时大都是国民党元老，或是社会名流，虽不必有具体职务，其言议对士林、社会、政界都有影响，如张澜、沈钧儒、柳亚子、章士钊等均是如此，南社的大部分成员此时也多避居重庆，亦可归入此类。而政界和军界显要如冯玉祥、于右任、孙科等人出于不同目的，也发扬传统养士之风，为流寓重庆的部分新旧文人提供了庇护。

无论是位居西南的地缘，还是抗战时期特殊的时代氛围，都使蜀中成为一个文化相对保守的地方。而涌入重庆的大批新文化人，如何因应这种新的文化环境，也是摆在他们面前的一个现实问题。但在既有的文学史叙述中，这基本上不成为一个问题，不仅古代文学史管不着，绝大部分新文学史更是直接忽略其存在，即便是对新文人的古典诗词创作也多视而不见[①]。那么，本章首先要着手的，便是以郭沫若为中心，重新绘制一份文坛指掌图，首先通过描述他与重庆新旧文坛之间的多重关系，探讨他多元身份背后文化、政治的复杂性，以及由此显示出来的“新旧蜕嬗”之际的时代征候性。

“新旧蜕嬗”借用的是陈寅恪的说法。他在研究元稹（微之）的《莺莺传》时，曾尝试从文体与社会风气互证的角度，探讨其社会身份、文化身份与写作文体之间的多重关联，并从当时文化道德的更替提出了“新旧蜕嬗”概念，相对政权更迭的“易代之际”，这在研究抗战文学尤其是国统区文学时似乎更为妥帖。而“新旧蜕嬗”的文化意识之所以重要，是因为它对士大夫的言行，乃至身份意识都直接构成了威胁，正如陈寅恪所说：

> 凡士大夫阶级之转移升降，往往与道德标准及社会风习之变迁有关。当其新旧蜕嬗之间际，常呈一纷纭综错之情态，即新道德标准与旧道德标准，新社会风习与旧社会风习并存杂用。各是其是，而互非其非也。斯诚亦事实之无可如何者。虽然，值此道德标准社会风习纷乱变易之时，此转移升降之士大夫阶级之人，有贤不肖拙巧之分别，而其贤者拙者，常感受苦痛，终于消灭而后已。其不肖者巧者，则多享受欢乐，往往富贵荣显，身泰名遂。其故何也？由于善利用或不善利用此两种以上不同之标准及习俗，以应付此环境而已。[②]

---

① 较早反思这一问题的新文学研究者有吴晓东，其在1995年发表的《建立多元化的文学史观》一文中，对单一的“现代性”史观作了反思，主张将“现代”看作一个中性的时间概念，“旧体诗词”应该被纳入文学史的研究视野。（见吴晓东：《建立多元化的文学史观》，《中国现代文学研究丛刊》1996年01期）这种主张旋即遭到王富仁的反对，他从中国现代文学的学科，以及为维护“五四”新文化传统的角度，策略性地提出，“不同意把它们写入中国现代文学史，不同意给它们与现代白话文学同等的地位”。（王富仁：《当前中国现代文学研究中的若干问题》，《中国现代文学研究丛刊》1996年02期）新世纪以来，对将旧体诗词纳入现代文学研究框架的做法，虽依旧不乏反对之声，但学界对现代的旧体诗词关注还是逐渐增多。

② 陈寅恪：《元白诗笺证稿》，上海：上海古籍出版社，1978年，第82页。

文化变迁不再是虚幻的风气流变，而是关系着士大夫的安身立命问题，因此不可小觑。抗战时期的文化变迁与陈寅恪所描述的相反，恰好是一个保守主义再度回潮的过程，遭遇挑战的反而是新文化人，但文化形态和价值理念的“纷纭综错”则是一样。新文化人所遇到的挑战不仅在于文化与身份意识方面，也在于表达层面，即如何表达兴亡感这一与旧文学形式同构的文化心理。因而，本章除从文化社会学的角度考察郭沫若的新旧意识之外，也试图从文学史的角度，打破新文学史叙述的单一线索，呈现抗战时期重庆文坛旧派文士的流风余韵。

书拓与诗词唱和

汉砖拓片与郭汪唱和

唱和的社会交际功能

沈郭交游中的诗书画

声韵共同体

1959年由作家出版社出版的《潮汐集》，收录了郭沫若300余首旧体诗词。这些诗词都写于抗战时期，其中绝大部分是题赠唱和之作，这包括他与朱德、叶剑英、董必武等中共军政高层，与柳亚子、沈衡山等革命士绅之间的唱和，以及他为政治部第三厅职员、戏剧演员等下属或友朋的题赠之作。无论就数量还是酬和对象而言，都表明诗词唱和对于战时郭沫若的重要性，同时，这种呈现方式，也不排除1959年意识形态的有色眼镜，使他对自己的作品进行了必要的筛选和修改，如他所和的朱德诗“群峰壁立太行头”韵，原有七首[①]，《潮汐集》则改为四首。除了这种曾经发表过的诗作以外，旧体诗词因其写作与传播的私人性，使我们很难窥得原貌，因此难以估量意识形态或个人因素在他新中国成立

① 郭沫若：《郭沫若和朱德诗》，《新华日报》1940年7月24日。

后的删选中究竟发挥了多大的作用。

如此，郭沫若战时的拓片题诗、题画诗、书法作品等显得尤为重要。这些私人藏品，因无意于公众流通，也非向公众表明姿态之作，故部分地保留了诗词的原初面貌，为我们探讨战时郭沫若的诗词唱和与文人交游提供了弥足珍贵的原始资料，使我们可以部分地还原郭沫若及重庆文人的日常文化生活，重新绘制他与士林的交往图谱。其次，对于郭沫若而言，一个绕不开的问题是，作为新文化人最激进的代表，他为何重新大量写作旧体诗词。而与之相关的第三个问题是，诗词唱和作为一种兼及言论与行动的艺术，对于处身战乱的郭沫若有何意义。公众视野中的郭沫若，此时念兹在兹的问题是民众动员，强调的常是文化人要从书斋走向十字街头，以社会动员为创作旨归，呼吁一种见诸“行动”与社会效果的文化政治学。这赓续的固然是“五四”以来，以运动的方式从事文化政治活动的传统，也符合革命政党的动员形态，因此在后来的抗战史与革命史中，这被一再强调；与此相反，制作砖拓、诗词唱和这些行为，似乎宣示了郭沫若行为的“无意义”一面，因此，重返这些郭沫若自己以及研究者所忽略的材料，有助于我们更全面地审视抗战时期的郭沫若，以及同时代知识分子的文化行为和心态。

一、汉砖拓片与郭汪唱和

1940 年 4 月 22 日，重庆《益世报》上刊载了一篇长文，开头便是：“轰传一时的江北发掘汉墓工作，现已匆匆结束。考古家郭沫若，卫聚贤，马衡，常任侠诸氏，在热心工作一周间所获得的全部汉墓古物，也在昨天作了最后一次的公开展览。”[①] 这篇题为“汉墓古物观赏记”的文章，详细记载了此次展出盛况：“昨逢星期，天气又晴朗，行都各界人士都前往观光者，不下二三千人。”[②] 但记者重点描述的却是郭沫若制作

---

① 裹谟：《汉墓古物观赏记》，《益世报》（重庆）1940 年 4 月 22 日。

② 同上。

的汉砖拓片与题诗：

郭沫若先生特别手拓四幅，悬诸展览室中，雅好者，徘徊于拓本之前，留［流］连忘返，盖拓本上且有郭氏之题诗耳，诗意入古，笔力秀劲，并为此二千年前之土砖增色不少。其题“昌利砖”者云“农家汉甓砌泥沟，拾取归来汗满头，剑剔苔痕辨昌利，一轮红日照渝州”。此诗盖写出发现之经过，最后一句，乃照出此砖正中有一红轮花纹也。

其题“富贵砖”一诗，尤为精心之作，因郭氏现虽从事抗战工作，而对昔年考古之学，未尝忘怀，故诗意奔放，有直追唐汉气慨，诗曰：

“富贵如可求，尼叟愿执鞭，今吾从所好，乃得汉时砖，上有富贵字，古意何娟娟。文采朴以素，委婉似流泉，相见仅斯须，逖矣二千年！贞寿逾金石，清风拂徽弦，皓月来相窥，拓书人未眠，嘉陵江上路，蔼蔼竖苍烟。”[1]

其中，题“昌利砖”一诗，为目前学界所未见，应为佚作[2]。就该诗来看，作者描绘了一个远离战争的田野工作场景，诗人不再是公众场合的演说者，而是一个田野考古家；诗作语言平实，情感真挚；结尾一句拓开出新的诗境，非鄙儒所能为。因此，该诗的宏廓视野与诗人所为之事反呈现出一种张力；而从色彩政治学的角度来说，国统区在日后的革命史中，向来被描述为白色，“一轮红日照渝州”自然政治不正确，被作者选择性遗忘也是难免。

第二首题“富贵砖”诗为五言古体，由实入虚，从论学到遣志述怀，

---

① 襄谟：《汉墓古物观赏记》，《益世报》（重庆）1940 年 4 月 22 日。

② 《郭沫若全集 · 文学编》（北京：人民文学出版社，1992 年）、《郭沫若年谱》（龚继民、方仁念著，上、中、下三卷，天津：天津人民出版社，1992 年）不载；由上海图书馆所编的《著译系年目录》（《郭沫若专集 2》，成都：四川人民出版社，1984 年）也未见；新出《〈郭沫若全集〉集外散佚诗词考释》（丁茂远编著：《〈郭沫若全集〉集外散佚诗词考释》，杭州：浙江大学出版社，2014 年）也未收录。

景语收尾，余音袅袅，颇具唐人风韵，古朴可玩。郭沫若曾将《二十四诗品》的风格分为雄壮与冲淡两类，并且认为自己的诗作也主要是这两种风格，据此，这首诗可列入冲淡一品，是郭沫若诗词中的佳制。对此事的报道，除《益世报》外，中央社也发了消息，因此《时事新报》《国民公报》《扫荡报》《新民报》等重庆各大报都有相关报道，均称"郭沫若氏曾将汉砖之上各式花纹文字拓出，题有诗句，悬之壁间，古色古香，与陈列之古物，相映成趣"。可见，郭沫若之参与嘉陵江北岸汉墓的挖掘与展览，是当时的一个公众事件。而他自己对此也较为看重，如在他后来自制的《五十年简谱》中，1940 年条下便有"四月发现江北延光四年之汉墓"[①]，与 9 月政治部改组并列，可见其重要性。

然为公众所未见的，是郭沫若对汉砖拓片的后续处理，以及士林对郭沫若诗词的反应。当时参与其事的常任侠，后来曾回忆郭沫若发掘汉砖、题诗，以及他与汪辟疆等人的唱和经过；近来也有论者从金毓黻（静庵）的《静晤室日记》中钩稽出金毓黻、汪辟疆、常任侠等人的唱和诗作[②]。因此，汉砖所引出的，不仅是一个社会事件，它也提供了一个视点，据此我们可以略窥战时郭沫若与士林的唱和与交游情形。

金毓黻原执教东北大学，曾任职伪满，后逃归上海，战时执教于中央大学，在史学领域颇有建树，著有《中国史学史》等。金毓黻与当时大多数教授一样善诗词，他的日记中不仅记载了他与友人汪辟疆等人的唱和，也记载了他自己的大量诗作。据论者考察，金毓黻曾两度次韵郭沫若的题汉砖拓片诗，素不相识的二人也因此定交，金毓黻不仅邀请郭沫若前往其执教的中央大学演讲，二人之后也时相过往，继有唱和之作。如 1945 年金毓黻有《邀郭君沫若过寓小饮，赋赠长句》，郭沫若也有和作[③]。鉴于学界对金郭二人的唱和已有考论，此处从略，可略作补

---

① 郭沫若：《五十年简谱》，《抗战文艺》第 7 卷第 6 期（1942 年 6 月 15 日）。

② 宋丛：《郭沫若题富贵砖拓墨诗》，《社会科学辑刊》1979 年第 3 期；李斌：《〈静晤室日记〉中的郭沫若》，《郭沫若学刊》2014 年第 2 期。

③ 金毓黻：《静晤室日记》（第 8 卷），沈阳：辽沈书社，1993 年，第 5854 页；李斌：《〈静晤室日记〉中的郭沫若》。

充的是，《静晤室日记》1940 年 5 月 11 日记载：“郭沫若嘱题汉砖拓本，以前撰之诗写其上。”[1] 这表明汉砖拓本是郭沫若与金毓黻诗歌唱和的媒介，而“前诗”虽次郭沫若韵，但实是与汪辟疆的唱和，此时遵郭沫若之请而题，故也可看作是和郭沫若的诗作。另外，金毓黻实三次次韵郭沫若诗，除论者钩稽出的两首外，金毓黻曾于 5 月 13 日与徐澄宇约定作砖字韵诗，并于次日与李緦丞、徐澄宇、范五等聚餐时，有《赠澄宇押鞭字韵》诗[2]，依旧次郭沫若诗韵，可见“鞭字韵”的范围可能会超出郭沫若的交友圈。以汉砖拓片为媒介的唱和，现存最多者为汪辟疆与郭沫若之间的和诗。汪辟疆为近代诗词大家，他与郭沫若之间的唱和有进一步考掘的必要，而亲历者常任侠的文章《永念考古学家郭沫若先生》，常为学界征引，但他对这一史实的记述也有可商榷处。

汪辟疆，名国垣，号方湖，工诗学，著有《光宣诗坛点将录》，有诗才，早年曾受陈三立（散原）提携，受其影响，后转益多师[3]，不落同光窠臼。汪辟疆一生创作甚富，据其弟子程千帆介绍，其诗作达 1400 余首，惜“文革”期间被抄没，仅剩残余，门人整理有《汪辟疆文集》，辑有《方湖诗钞》，该诗钞保留了他与郭沫若之间的唱和诗作。因此，将《方湖诗钞》《静晤室日记》、常任侠的回忆与郭沫若题拓片诗进行校读，或能部分还原唱和原貌。

在论及和诗之前，需先厘清郭沫若原诗的面貌。《郭沫若全集・考古编》第 10 卷根据郭沫若纪念馆馆藏拓片，整理有《叠鞭字韵题汉墓墓砖》诗 11 首，均为五言古诗，押“鞭字韵”。剔除重复者，计有鞭韵诗八首，在郭沫若的跋语中有“十四日晨九用鞭字韵”[4]，表明尚有亡佚之作。这么高的创作密度，以及多次为人题识，可见他此时花费了颇多心力在拓片、作诗与题诗上。从现存的砖拓及题诗来看，题富贵砖的诗有

---

① 金毓黻：《静晤室日记》（第 6 卷），沈阳：辽沈书社，1993 年，第 4552 页。

② 同上书，第 4553 页。

③ 对汪辟疆的学术与诗学的介绍可参考其门人程千帆所著《汪辟疆文集》后记，《汪辟疆文集》，上海：上海古籍出版社，1988 年。

④ 郭沫若：《郭沫若全集・考古编》（第 10 卷），北京：科学出版社，2002 年，第 232 页。

四首，顺次为《题富贵砖之一》，即上述记者所记载的五古，文字略有差异；其次是《题富贵砖之二》，其诗为：

> 延光二千载，瞬息视电鞭。人事两寂寞，空余圹与砖。重堂叹深邃，结构何联娟。上规疑碧落，下矩体黄泉。但期坚且美，无复计华年。富贵江上波，巧奇琴外弦。一旦遘知音，仿佛启冬眠。影来入我斋，壁上生云烟。

题写时间都是“廿九年五月十日”，去4月21日的展览已有半月余，第一首的文字差异应为修改所致。第二首于5月12日再次题于“延光四年”砖拓，据全集编者介绍，延光四年砖另一拓本也题此诗，后有跋语，可辨识者为：“……月廿一日此砖出土于嘉陵江北岸雨田山，旁晚拾归，拓此纸……叠鞭字韵一首以咏之。”[①] 可见该诗首先题于延光四年砖拓，后题于富贵砖拓，因此可定题为“题延光四年砖”。而根据记者的报道展览日期为4月21日，延光四年砖为展览当晚发现，又因题写日期早于5月21日，因而残缺的月份是4月，故可确定创作时间为1940年4月21日晚，此为《郭沫若年谱》所未载。

汪辟疆和郭沫若的诗，《静晤室日记》载有三首，均为次韵之作：1940年4月27日所记《和郭沫若汉冢诗，即次原韵》，5月1日《再题延光砖拓本和沫若韵》，及5月2日《再题富贵砖，用沫若韵》。日记4月23日载有郭沫若的《题富贵砖》（即《题富贵砖之一》），及金毓黻与常任侠的和诗，因为都是押鞭韵，这样的记录顺序，很容易让人以为汪辟疆第一首和的就是《题富贵砖之一》。另外，唱和强调的是双方的往来，但金毓黻的日记中，却不见郭沫若的和诗。这一点为常任侠补足，他在《永念考古学家郭沫若先生》一文中，不仅描述了他与郭沫若之间的唱和，也提到了汪辟疆与郭沫若之间的唱和。

在常任侠的描述中，郭沫若成诗的经过，是先有《题富贵砖之一》，

---

① 郭沫若:《郭沫若全集·考古编》(第10卷),北京:科学出版社,2002年,第226页。

常任侠随即唱和，后他到郭沫若处制作富贵、昌利及延光等砖的拓片，并请郭沫若题款，郭沫若叠前韵作《题延光四年砖》；之后，常任侠又请同在中央大学执教的汪辟疆题诗，汪辟疆再步郭沫若韵，该诗《静晤室日记》未见，诗为："嗜古郭与卫，得君同竟鞭。言寻董家碛，果得汉时砖。砖文出奇古，纹彩尤丽娟。何物可方之，古木森寒泉。入眼延光字，失喜二千年。考证见淹洽，疏越闻朱弦。一读一叹息，损我清夜眠。谁谓金石寿，过眼如云烟。"[①] 常任侠认为汪辟疆也将此诗寄给了郭沫若，因此郭沫若有和诗《再叠前韵简方湖》，《郭沫若全集》从其说。

但《方湖诗钞》所载则与上述二者均有差异。其与《静晤室日记》的差异在于，汪辟疆第一首和诗为《至董家碛观新掘汉墓和郭沫若韵》[②]（金毓黻日记中的《和郭沫若汉冢诗》，二者字词略有差异），其和的对象不是《题富贵砖之一》，而是《题延光四年砖》；第二首和诗为《题富贵砖拓本，再和沫若，奉酬静庵先生》[③]（即金毓黻日记中《再题延光砖拓片和郭沫若》一诗），这才是和郭沫若《题富贵砖之一》诗；第三首为《题延光四年砖拓本，三用沫若韵》[④]，日记中题为"再题富贵砖，用沫若韵"。因为原诗都是题于拓片之上，诗题多为后来所加，又都押鞭韵，因此易造成唱和次序的混淆。那么顺序该如何排列呢？

首先需要弄清楚拓片及郭沫若题诗的状况，在和郭沫若诗之前，汪辟疆有答谢金毓黻诗，即《金静庵以新出土汉延光四年砖拓本见贻，用章行严寺字韵成长句奉酬》一诗，有小序："东汉安帝延光四年砖拓本凡三纸：其一昌利二字反书；其一横书富贵二字，四周范以花纹；其一长方形，有延光四年七月造作牢坚谨，凡十一字，双行分写，界以直线，字体苍润，真汉隶也。"[⑤] 可见砖有三种，即"昌利""富贵"与"延光四年"，因这些汉砖都是延光年间所造，故延光砖为统称。另外，从

---

① 常任侠:《永念考古学家郭沫若先生》,《考古》1982 年第 6 期。

② 汪辟疆:《汪辟疆文集》,上海:上海古籍出版社,1988 年,第 991 页。

③ 同上书,第 992 页。

④ 同上书,第 993 页。

⑤ 同上书,第 990 页。

郭沫若题诗的跋语“此专藏吾斋”“旁晚拾归”等字样，以及常任侠到郭沫若处拓片可见，这些砖均存郭沫若处。而延光四年砖是展览当天傍晚才发现，并由郭沫若“拾归”，制作拓片题诗，因此，展览当天观者无法见到该拓与《题延光四年砖》一诗。

既然这些砖都存郭沫若处，那么拓片便多从他那里流出，金毓黻的拓片也很可能是郭沫若所赠，并题有诗句，这样才会有后来的唱和。汪辟疆于展览当天曾去参观，如是此时唱和，和的对象只能是《题富贵砖之一》；但他于4月26日从金毓黻那里得到了包括延光四年砖在内的三种拓片，而金毓黻是27日才见到和诗，因此，也可能是如《方湖诗钞》所载，和的是《题延光四年砖》，因此，究竟是和哪一首，尚无从定论。而金毓黻的日记中也并未坐实是和《题富贵砖之一》，其诗题为“和郭沫若汉冢诗”。因此，汪辟疆第一首和诗很可能只是和韵，而统和两诗之意，原题“和郭沫若汉冢诗”也可为证。后来和诗渐多，于是重新作了排列。

另一个问题是汪辟疆与常任侠之间的差异。郭沫若与汪辟疆之间的唱和与交往，远不止金毓黻日记所载，二人此后还有进一步的诗词往还。但常任侠所披露的，汪辟疆先将诗作寄给郭沫若，之后郭沫若作《再叠前韵简方湖》回赠，这个顺序也有问题。从《方湖诗钞》可见，次序正好相反，是郭沫若先将诗寄给对方，请求汪辟疆为其拓片题诗：郭沫若的诗为《以诗乞方湖先生题延光砖拓本》，即《再叠前韵简方湖》；汪辟疆的和诗为《沫若以诗乞题汉砖拓本，次韵答之》[①]。至于汪辟疆为常任侠的拓片所题，为《庚辰郭沫若、卫聚贤于江州董家碛雨田山发掘东汉延光墓砖，常任侠参与其役 有文记其事，且考证翔实，不愧学人之文也。今任侠出拓本属题，因用沫若韵再成此诗》[②]，从题诗传统来看，该诗酬赠对象既为常任侠，且该诗中“嗜古郭与卫，得君同竞鞭”中已提及郭沫若与卫聚贤，“君”自然指常任侠，“考证见淹洽，疏越闻

① 汪辟疆：《汪辟疆文集》，上海：上海古籍出版社，1988年，第994页。

② 同上。

朱弦”也是指常任侠而言，汪辟疆自然不会将其寄给郭沫若索和，可见常任侠之说有待商榷，而《郭沫若全集》据此定题也需斟酌。汪郭二人唱和还有余响，《方湖诗钞》中就存留了一首《题于立群女士手拓汉延光砖》，显然是赠送给郭沫若的夫人于立群的。

于立群制作的汉砖拓片，开拓了新的唱和空间。除了郭沫若、汪辟疆、常任侠这三人的唱和之作外，还有杨仲子、田汉等人的次韵之作，均押鞭字韵。可见，汉砖拓片是郭沫若与文化界交往的一个重要媒介。而制作砖拓、唱和题识等行为本身也是士大夫的风雅传统，颇富文人雅趣，而郭沫若、田汉辈的参与，不仅意味着他们对士大夫传统的熟悉，也意味着他们对这一交往方式的认同。

二、唱和的社会交际功能

以延光四年砖拓片为媒介的唱和，让我们略窥郭沫若战时与士林的交游情况。但问题是，作为新文学家的郭沫若，为何对汉砖拓片如此感兴趣，并汲汲于诗词唱和？在新文学的传统中，这种情形并非第一次出现，在新文化运动之前，鲁迅就曾在S会馆埋首抄古碑，这在《呐喊·自序》中已成为一个经典的场景。在新文化运动的语境中，抄古碑的行为是一种自我麻醉的象征行为：

> “你钞了这些有什么用？”有一夜，他翻着我那古碑的钞本，发了研究的质问了。
>
> “很［没］有什么用。”
>
> “那么，你钞他是什么意思呢？”
>
> “很［没］有什么意思。”①

面对新文化人的质问，抄古碑者只能唯唯，这个颇有意味的对话场

① 鲁迅:《呐喊·自序》,《晨报·文学旬刊》1928年8月21日。

景，宣告了新文学家鲁迅的诞生，也宣告了抄古碑者的死刑。但为我们所不知的是，抄古碑或许更合鲁迅脾性，正如他无法释怀《嵇康集》一样，只是在新文化运动的进程中，这种策略性否定是必要的。郭沫若也是如此，逃亡日本期间，他从事的是甲骨文、金文与石鼓文研究，这些比古碑还要古老，不仅如此，研究的性质要求他用毛笔作为撰写工具，以文言文为述学语言。但从新文化立场来审视，这些都需要辩解。他在1936年所写的反驳陈独秀《实庵字说》的文章中，曾对自己的述学方式有所解释：

> 《甲骨文字研究》那书，我是用文言，用毛笔写，用影印问世的，使一般的读者难于接近，这怕也就是我应该负的责任了。因为研究文字的古代著作，有多数古字用铅印不便，所以便不得不笔写而影印。笔写，实在是一件苦事，能够少写得几个字便乐得少写几个字，在这儿，用文言实在比白话要简单一点。因此，那书的发表的形式便成了那样。我的其它的固［同］性质的著作都以同样的形式发表了的，也都是基固［因］于这同样的理由。那到不必如某一部人［分］人所推测，有什么骨董趣时［味］含蓄在里面。然而那样发现［表］了使一般的读者难于接近，实在也是千真万确的事。①

这种致歉的口吻显出他心态的微妙，毛笔和文言不仅有迷恋“骨董趣味”之嫌，更为重要的是，文言阻碍了知识的传播，这是典型的新文化人的启蒙心态。因此，书写工具和述学语言对于他才成了一个问题，即便是用之于学术，也需要加以辩解。但他内心又不得不承认文言的简洁，可见郭沫若置身新旧文化之间的矛盾。

然而，抗战时期的郭沫若，经由寻访汉砖、掘汉墓、拓片、题诗等，却渐成“好古之士”。在江北汉墓发掘期间，媒体基本上是跟踪报

---

① 郭沫若:《读〈实庵字说〉(六)》,《新民报》1937年7月7日,第4版。

道，虽然郭沫若并不天天到场，但报道中首先提及者必为郭沫若。如对于参与者的报道："郭沫若，卫聚贤，胡小石，金静庵，杨仲子，马衡，常任侠等亲往主持，潘公展先生是研究中国文字的，自然也到场找材料，张西曼更盼能发现奇珍异宝好送到苏联去展览，张溥泉先生同张夫人前天已经去过一次。"[①] 其他报纸则多冠之以"考古家"的头衔，常任侠则干脆称这些人为"好古之士"。

与毛笔、文言、古碑与砖拓一样，古典诗词也是一古，而且是新文化运动要打倒的首要对象。但它不像砖拓那样有学术研究作为幌子，因此，在现代的境遇无疑最为艰难。虽然郭沫若在蛰居日本期间也写有不少旧体诗[②]，但在面对公众时，他对旧体诗词还是持否定态度。如在归国之前，对于郁达夫"打算用旧诗的形式来尽量表现新出的现象"这一计划，郭沫若十分不以为然，在他看来这无疑是"黄公度路的重践"，因此"没有表示出什么可否的意见"[③]；抗战时期他也坚持认为"旧诗乃至文言文都不适于作为表现新时代的工具了。新时代应该用新时代的言语文字来表示，这不仅在表现上更适宜而且也更自由，更容易得多。旧诗和文言文真正要做到通人的地步，是很难的事。作为雅致的消遣是可以的，但要作为正规的创作是已经过了时了"[④]。因此，即便是在大量创作古典诗词之时，他也不愿承认旧诗具有表达的优势，而是以一种自嘲的方式对待——"骸骨的迷恋"[⑤]，在一种反讽的姿态中，既维护了新诗的立场，同时也为自己写作旧诗留下了余地，这与周作人以打油诗之名写旧诗，其辙一也。

此处我们看到了郭沫若公众姿态与自我意识之间的某种龃龉，古典诗词、文言、毛笔与拓片一样都是老古董，作为新文化人的郭沫若，自

---

① 西洛:《掘墓之第一日 汉墓中藏巨蛇》,《新民报》1940 年 4 月 15 日。

② 参考蔡震:《郭沫若流亡日本期间若干旧体佚诗考》,《新文学史料》2011 年第 3 期。

③ 郭沫若:《达夫的来访》,《宇宙风》第 35 期(1937 年 2 月 16 日)。

④ 郭沫若:《战士如何学习与创作》,《战士月刊》创刊号(1943 年 3 月 15 日)。

⑤ 按,郭沫若虽曾用"骸骨的迷恋"一语,但其发明者为创造社小伙计张友鸾,张的《随感录·吃饭》一文中用此语,后郁达夫应其约写有七律《骸骨迷恋者的独语》。参见张恬:《张友鸾早期文学活动——兼及一些珍贵的文学史料》,《新文学史料》1990 年第 3 期。

然要排斥，但又时时受其诱惑。而郭沫若与汪辟疆等以汉砖拓片为媒介进行唱和，也表明这些“骨董”之间互为表里的关系。从人类学的角度来看，文物是集体记忆的承载者，与民族认同与身份认同密切相关[①]。在战时特殊的历史境遇中，追摹古物，寄托着赓续传统文化的幽情。因此，这次考古发掘不仅受到了蜀中士林的关注，也引起了公众的兴趣，正如郭沫若所说：“勿谓古物无补于抗战，实则乃发扬民族精神之触媒。”[②]这便为战时的考古和古典诗词的兴起，从民族精神的角度提供了合法性。但这种从战时环境与文化心理的角度，对战时古典诗词兴起原因的考察，学界已有论述，但似乎都难落到实处。本部分试图从文学社会学的角度，以郭沫若为案例，对这一问题再略作讨论。

凭吊古迹、吟诗作赋为士人传统，但这个传统不仅表现于士大夫的审美趣味，也是其日常生活的有机组成部分，尤其是诗词唱和，很大程度上是文人士大夫间的社会交际方式，带有很强的社会功能性。因此，单从文化心理学的角度难以充分解释它与文人习俗之间的关系。反观民国时期的诗词创作，绝大部分诗词都是酬赠之作，或为唱和，或为结社、宴饮等场合的应制产品，单纯的述怀之作只占少部分。这也正是诗词唱和这一研究视角的意义，它为我们考察文人之间的交往提供了可能。从某种程度上可以说，“唱和”本身就是古典诗词独特的生产方式，因此，不仅要着眼于诗，也要着眼于唱和这一行为。

如郭沫若近十首“鞭字韵”诗，本身便产生于“题诗”这一特定的文化生产模式中，更为重要的是，除了《题富贵砖之一》《题延光砖拓片》两诗之外，其他后续的叠韵之作都是唱和的产物，而汪辟疆、常任侠与金毓黻等人的鞭韵诗，也都是应唱和之需而创作的。如金毓黻在日记中就记载了他应汪辟疆之请，作第二首和诗的情形：“汪方湖要余再押鞭字韵作一诗，勉为应命，殊无佳句。”[③]很多唱和之作都是出于“应

---

① Alan Radley：*Artefacts: Memory and a Sense of the Past*, Middleton & Edwards ed.：*Collective Remembering*, London: Sage Publications, 1990 年，第 113—143 页。

② 郭沫若：《关于发现汉墓的经过》，《说文月刊》第 3 卷第 4 期（1941 年 10 月 15 日）。

③ 金毓黻：《静晤室日记》（第 6 卷），沈阳：辽沈书社，1993 年，第 4550 页。

命”的需要，背后则是人际间的情谊与交流，如郭沫若以诗“乞”汪辟疆为其汉砖拓片题诗，汪辟疆的和诗也属“应命”之作；而多数情况他们是乐于应命的，如此，方有十数韵甚至上百韵的往来。

文人间的诗词唱和，往往与结社、郊游、宴饮等社会活动联系在一起。且不说古代那些知名的文人结社与唱和，就民国时期着眼，也不乏文人结社、修禊的佳话。如柳亚子笔下南社每年一度的雅集，诗友相晤，各逞风骚，刻印诗集，均为一代之雅；另外有20年代的“师期韵”唱和，后有《师期酬唱集》，但让人印象更深的，是胡朴安在《南社诗话》中所记载的“来台”韵唱和：“一时友辈，凡有宴游之作，皆用‘来、台、哀、来’韵。”[①] 后成集《来台集》。如果说这是民国初年的旧事，且以文人为主，那么，抗战时期的重庆更不乏此类活动，且不限于文人圈，而是兼及官场与士林。如于右任笔下，就有多次这样的修禊活动，择录部分如下：

> 窦圌山纪游二首　同游者林少和、杨孝慈、严谷声、林君默、罗文谟、张采芹、冯翰飞诸先生与林纪芳、李祥麟、杨大智诸君，时三十一年八月。[②]

> 韬园修禊，分韵得青字，寄贾煜如先生　年年修禊春如醉，此日严寒昔未经；莫报南山朝积雪，满山松柏独青青。[③]

对于这类雅集活动，郭沫若也时有参加。黄炎培1942年4月7日的日记中便曾记载：“陪张仲仁访沈衡山，同渡嘉陵江，衡山招午餐，观朱氏熙园花木（朱，重庆银行，杜名岷莫，律师公会会长）。沈衡山假朱氏熙园招饮，同席张仲仁、于右任、江翊云、郭沫若、杜协华，即

① 胡朴安：《南社诗话》，曼昭、胡朴安：《南社诗话两种》，北京：中国人民大学出版社，1997年，第167页。

② 于右任著，杨博文辑录：《于右任诗词集》，长沙：湖南人民出版社，1984年，第246页。

③ 同上书，第248—249页。

席赋六绝：软软风丝浅浅舠，嘉陵春思怒于潮。百花开尽犹能醉，不逐时芳意自高。”[①]同席的江庸（翊云）对此也有记载：“沈衡山招饮江北熙园，园中花木多不知名。主人朱敬熙一一举以告客。因戏仿山谷《演雅》谢衡山、敬熙，并示仲仁、右任、沫若、任之、协华。”其中有“演雅聊效涪翁颦，敢乞舍人安注脚”句[②]，用的是郭舍人的典故，相传他曾于乐山之乌尤山注《尔雅》，此处借指郭沫若，因郭沫若是乐山人，并有《登尔雅台怀人》诗。这表明游园、宴饮与赋诗等文人传统，在重庆士大夫中间得到了延续，郭沫若处身其间，自不能例外。

诗酒风流，题赠酬答，不仅见于旧派文人，及缙绅官吏之间，也见于新文人之间。此时写旧诗的新文人颇不少，诗词唱和较多的如朱自清与叶圣陶等“白马湖”故旧间。与郭沫若相关的，则是他与田汉之间的唱和，二人是“三叶”老友，此时则以旧诗续写佳话；同时，郭沫若与老舍之间也多有诗词来往，如1941年郭沫若在赖家桥请客，老舍便有酬赠之作《沫若先生邀饮赖家桥》，发表于《新蜀报》[③]。而当时老舍、吴组缃、姚篷子等人之间曾一度兴起作人名诗，即以当时的作家姓名联句为诗，一时也成风气，郭沫若也曾作数首，老舍有回赠[④]。重庆时期，即席赋诗、联句几乎成为一种必要的交际能力。如1940年3月20日，王昆仑代表中苏文化协会宴请苏联作家，老舍、郭沫若、孙师毅等作陪，席间大家念及远在南洋的郁达夫，便即席联诗：“莫道流离苦（老舍），天涯一客孤（沫若）。举杯祝远道（昆仑），万里四行书（施谊）。”[⑤]郁达夫接到该诗之后，回赠一首：“万里倦行役，时穷德竟孤。关门无令尹，谁问老聃书。”[⑥]郭沫若还曾著文介绍他与几位友好为于伶联句祝寿事，诗为“长夜行人三十七，如花溅泪几吞声。至今春雨江南日，英烈

---

① 黄炎培：《黄炎培日记》第7卷，中国社会科学院近代史研究所整理，北京：华文出版社，2008年，第249页。

② 江庸：《江庸诗选》，北京：中央文献出版社，2001年，第108—109页。

③ 老舍：《沫若先生邀饮赖家桥》，《新蜀报·蜀道》1941年8月23日。

④ 方锡德：《老舍、吴组缃与“抗战人名诗”》，《现代中文学刊》2010年第2期。

⑤ 郁达夫：《“文人”》，《星洲日报》1940年4月19日。

⑥ 郁达夫：《无题》，《星洲日报》1940年4月20日。

传奇说大明”。每句都嵌入了于伶的一个剧本名，依次为《长夜行》《花溅泪》《杏花春雨江南》《大明英烈传》。在郭沫若看来，此诗“嵌合得很自然，情调既和谐，意趣也非常联［连］贯”。因此他感叹道：“联句的诸兄平时并不以旧诗鸣，突然得此，也是值得惊异的事。”[①] 可见联句是一项较有难度的交际形式；而郭沫若在看过此诗后，觉得该诗情绪过于低沉，于是挥毫改为“大明英烈见传奇，长夜行人路不迷。春雨江南三七度，杏花溅泪发新枝”[②]。也可见郭沫若的敏捷才思，以及他的某种大局观。除了游园宴饮时的唱和外，古典诗词的交际功能还在于酬赠，郭沫若就有相当多的诗词是为友朋而作，如贺徐悲鸿新婚，更多的则是为演员而作，这既包括传统戏曲演员如金素痕，也有现代的话剧和电影演员如张瑞芳等。

新诗本来也具有交际的功能，如赠别[③]、祝寿之什，但并不普遍。其中的缘由要从“五四”时期新文化人对新诗的想象入手。胡适《文学改良刍议》所列的“八事”，无论是“须言之有物”，“不作无病之呻吟”，还是“务去陈言套语”[④]，几乎都切中应酬诗的弊端；陈独秀的三大主义，如“推倒雕琢的阿谀的贵族文学，建设平易的抒情的国民文学”[⑤]，更让士大夫之间的应酬之作无立锥之地；与之相对的是新文学，在胡适看来，“光有白话算不得新文学”，“新文学必须有新思想和新精神”[⑥]；具体到新诗，则不仅要有“活的工具”白话文，还需要“诗体的大解放”，这样，“丰富的材料，精密的观察，高深的理想，复杂的感情，方才能跑到诗里去”[⑦]，新诗不仅是证明白话文作文有效性的方式，它本身也是传播新知、塑造新的国民的媒介。正是这种将新诗当启蒙工具的心理，使新文人对新诗有种“意义”的焦虑，因而自觉抵制新诗的程式化或应酬

① 郭沫若：《人做诗与诗做人》，《半月文萃》第1卷第11、12期（1943年5月11日）。
② 同上。
③ 参考袁一丹：《诗可以群——康白情与“少年中国”的离合》，《新诗评论》2011年第2辑。
④ 胡适：《文学改良刍议》，《新青年》第2卷第5号（1917年1月1日）。
⑤ 陈独秀：《文学革命论》，《新青年》第2卷第6号（1917年2月1日）。
⑥ 胡适：《逼上梁山》，《胡适文集》（第1集），北京：北京大学出版社，1998年，第156页。
⑦ 胡适：《谈新诗——八年来一件大事》，《星期评论》“双十节纪念专号”（1919年10月10日）。

化。如鲁迅在为胡适《尝试集》再版去取提建议时，便着重强调要删去《周岁》一诗，因为“这也只是寿诗一类”。对此，有论者指出：“鲁迅对刚诞生的白话诗有可能成为新的应酬工具，保持高度的警惕，故特别点出此乃源远流长的‘寿诗’传统。”[①]

新诗对酬赠传统的自觉抵制，使新文学固然符合传播新知的工具要求，但因此也留下了一些无法征服的社会空间，尤其是社会交际与应酬方面，如宴饮、寿诗、对联、挽幛等，依旧是旧体诗词的地盘。新诗与酬赠交际之间的这种错位，随着“新青年”逐渐成为社会中坚，其矛盾便逐渐显露出来，也使得新文人的文化归属成了一个问题。抗战时期的郭沫若，已不再是“五四”时期的文学青年，而是知名文化人，是国民政府的高层官员，此时真可谓“往来无白丁”[②]，文字交往不可或缺，旧诗的优势也再次得到凸显，因此，郭沫若之创作旧诗，就不仅仅是因为形式的诱惑[③]，也与旧诗的社交功用有关。当然，这种交往有程式化的，也有源自肺腑的，因此，诗的品类也有高低。

---

① 陈平原：《经典是怎样形成的》，《触摸历史与进入五四》，北京：北京大学出版社，2010 年，第 255 页；鲁迅语转引自该书第 247 页。

② 郭沫若在《创造十年》中曾记述了他与田汉第一次见面的情形：“寿昌来访的结果是产生了一部《三叶集》，所蒐集的是白华，寿昌和我的通信。但他对我是很很的失望。他回东京时，路过京都，和郑伯奇见面时，伯奇问他见了我的感想如何，他说了一句‘闻名深望见面，见面不如不见’。这是后来伯奇对我言及的，但我相信绝对不是假话：因为寿昌对我也露过这样的口气。当他初来的时候，我正在烧水，好等产婆来替婴儿洗澡，不一会产婆也就来了。我因为他的远道来访，很是高兴，一面做着杂务，一面和他谈笑，我偶尔说了一句‘谈笑有鸿儒’，他接着回答我的便是‘往来有产婆’。他说这话时，或者是出于无心，但在我听话的人却感受着不小的侮蔑。后来在《三叶集》出版之后，他写信给我，也说他的舅父易梅园先生说我很有诗人的天分，但可惜烟火气太浓重了。当时的寿昌大约是嫌我太不清高，太不自重，往来的是产婆下女，关心的是柴米油盐，这样是会把诗艺之女神骇到天外去的。但他却没有想到我假如有钱，谁去干那样的事体；不消说，更没有想到使我们不愁盐不愁米的社会，更是怎样的社会。《三叶集》出版之后颇受了一时的欢迎，寿昌便又食指欲动起来，又曾约我和他的另一位朋友作三角的通信，好出一部《新三叶集》。这个提议是由我拒绝了。”(郭沫若：《创造十年》，上海：现代书局，1932 年，第 82—83 页) 两厢对照，可见郭沫若境遇的变化。

③ 刘纳：《旧形式的诱惑——郭沫若抗战时期的旧体诗》，《中国现代文学研究丛刊》1991 年第 3 期。

三、沈郭交游中的诗书画

与诗词唱和的交际功能相关的是，作为文人传统的一部分，唱和往往不单独发生，而是与书画、器物等物质媒介相伴而行，郭沫若的诗作也多经由这些媒介保存下来。这也表明，要研究古典诗词唱和，需要将古诗词置于文人传统之中。另外，郭沫若与士林间的交往，也非汉砖拓片这一事件所能穷尽，但与其一一列举他的交游对象，不如继之以郭沫若与沈尹默之间的交往个案，探讨古文字、拓片、书法、诗词等“骨董”，如何综合地在他的社会交际中发挥作用。之所以选择沈尹默，不仅在于抗战期间二人往来较多，更在于沈尹默的多重角色，可带出郭沫若与士林交往的其他轮廓，由此也可见出郭沫若诗词交往的广度。

沈尹默是新文化运动的主将之一，其新诗《三弦》被胡适评为“从见解意境上和音节上看来，都可算是新诗中一首最完全的诗”[①]；后来他回到书斋，不仅创作旧体诗词，并以书法闻名。沈郭二人虽同为“五四”新文化人，并曾于1921年在日本京都相识，但彼时二人对对方的印象都不见佳，直到后来郭沫若蛰居日本，潜心学术期间，二人才以古文字定交。新文化人借助古文字论交，这本身便颇有意味，传统的学人眼光或重于新文化人之间立场的投契。在1939年7月出版的郭沫若的《石鼓文研究》中，有沈尹默的序，他在序言中提及郭沫若将书稿寄给他寻求发表的事，而该书后来也确是作为“孔德研究所丛刊之一”出版。沈尹默在序言中对该书作了较高评价，他尤其提到该书因首次完备采录“北宋三拓”（《先锋本》《后劲本》《真权本》）等资料，“得此一书，则石鼓文之精英悉备于斯矣。其所以嘉惠士林者，为何如耶！”并从学术研究的角度，认为“持论精辟者，固当推此著为第一”[②]，可见其评价之高。如此看来，沈郭定交，或源于“北宋三拓”。抗战前，二人除了书信论学，对于郭沫若的归国一事，沈尹默也表示孔德研究会可从

---

① 胡适：《谈新诗》，《新青年》第8卷第1号（1920年9月1日）。

② 沈尹默：《石鼓文研究·沈序》，《石鼓文研究 诅楚文考释》，北京：科学出版社，1982年，第272、273页。

旁协助，而当郭沫若抵达上海后，第一件事便是去孔德图书馆，找“策士”沈尹默商量以后的计划[①]。不过，郭沫若并未如他所建议的那样，去继续研究学术，而是选择了“在轰炸中来去”的生活，但这并不妨碍二人的诗酒交往。

沈尹默很早就和了郭沫若“又当投笔请缨时”一诗，此后，即便在硝烟四起的上海滩，二人也常把酒赋诗，并留下不少墨宝。如近有论者从书画中考得，1937 年 11 月 5 日，刚从前线归来的郭沫若，便约沈尹默、褚保权，以及张凤举夫妇“于锦江会食”，兴致到处，各逞笔墨；后来，郭沫若的即席题诗，经沈迈士添画，沈尹默题跋，竟成书画长卷[②]；三日后，他们再次“共饮于锦江”，郭沫若又押冲字韵作诗，沈尹默即席唱和，奋起挥毫，再成书卷。锦江饭店老板董竹君与郭沫若渊源颇深[③]，初回上海的郭沫若，在戎马倥偬之际，是这里的常客。潘公展也曾应郭沫若之邀到此聚会，他的一首诗便曾叙及“沫若约餐于沪上锦江餐室寿昌亦在座谈锋甚健”之事[④]，后来郭沫若五十寿辰之际，潘公展不仅代表官方出席庆贺，而且赋诗相赠，可见郭沫若与潘公展之间私交也不错，并非历史叙述中的那样立场分明。

避难重庆期间，沈尹默入监察院，实际是借于右任栖身。抗战期间，于右任这个国民党元老，罗致了大批旧派文人，当时师从沈尹默学书法的张充和曾描述过当时的状况：“陶园是监察院同人宿舍，院长于右任先生罗致诗词书画篆刻家于一堂，其他文人墨客亦以类聚，我所见即如汪旭初（东），乔大壮（曾劬），潘伯鹰（式），章孤桐（士钊），曾履川（克耑）及谢稚柳等。”[⑤]这些艺术监察员多住桃园，篆刻挥毫，诗词唱和，也形成了一个小小的文化圈。而重庆著名的“寺字韵”唱和，

① 殷尘（金同祖）：《郭沫若归国秘记》，上海：言行社，1945 年，第 168 页。

② 对该长卷的释读参考龚明德：《郭沫若一九三七年十一月上旬在沪三天纪事》，载氏著《旧日笺》，北京：中华书局，2013 年，第 100—117 页。

③ 可参考夏衍：《懒寻旧梦录》，北京：生活·读书·新知三联书店，1985 年，第 380 页。

④ 潘公展：《答田寿昌》，《民族诗坛》1938 年第 3 辑，第 39 页。

⑤ 张充和：《从洗砚说起——纪念沈尹默师》，吴耀辉、卢之章主编：《尹默二十年祭》，北京：北京燕山出版社，1991 年，第 30 页。

便与这个圈子密切相关。对于此次唱和的盛况，时在中央大学历史系就读的黎泽济，日后回忆起来依旧不无感慨：

参加的人，名流如章行严（士钊）、江翊云（庸）、黄任之（炎培），诗人如陈仲恂（毓华），刘成禺（禺生）、曾履川（克耑），词人如汪旭初（东）、卢冀野（前），学者如朱悌先（希祖）、李思纯（哲生）、汪辟疆（国垣），大僚如于右任，政府文官如谭仲辉、楚廉山、陈锡襄，军人如陈铭枢、姚味辛，姓名难以备举。[①]

两份名单对比多有重合，可见桃园文化圈之于重庆士林风习的作用，而沈尹默是其中的重要成员，他的《蜀中杂诗》便是此时的作品。这些人中与郭沫若有诗词来往者并不少，如江庸、黄炎培、汪辟疆、陈铭枢及于右任等，另外还要加上金毓黻与马衡，二人不仅都参与了寺字韵唱和，与郭沫若也都有诗词交往。他们甚至还一度成立了“友声书画社”，据当时报载：

梁寒操、郭沫若、黄炎培、章士钊、褚辅成、沈尹默、江庸、汪旭初、江恒源、沈钧儒等诸人最近发起友声书画社，目的在以所得润资，捐助优待出征军人家属费用，闻日内即可在民生路生活书店内开幕陈列，欢迎各界参加。[②]

此外，郭沫若也并未外于寺字韵唱和。1959年出版的《潮汐集》中便收录了一首题为《登乌尤山（用寺字韵）》的七言古诗，在注释中他写道：“当年重庆诗人盛行用寺字韵，叠相倡和，成为风气。余亦偶为之，今仅存此一首。”[③] 事实上，郭沫若曾创作十数首寺字韵诗，其中一部分也

① 黎泽济：《桑榆剩墨》，南昌：百花洲文艺出版社，1999年，第320页。
② 《梁寒操、郭沫若等组友声书画社》，《新华日报》1941年5月8日，第一版。
③ 郭沫若：《潮汐集》，北京：作家出版社，1959年，第446页。

经由他的书法作品得以保存，后来逐渐为学界发现：1980 年，曾在第三厅工作的张肩重，披露了郭沫若书赠朱执桓的《题苏子楼（七言诗寺字韵）》一诗[①]；1999 年四川辞书出版社整理出版了《郭沫若书法集》，收录了包括上述两首诗在内的七首寺字韵诗，这些诗存于郭沫若 1940 年书赠于立群的条幅，诗后有跋语“廿九年一二八纪念之前夕书此立群其保之　沫若 / 三十五年前在重庆曾为寺字韵十三首，此卷存其七首，余六首如石沉大海矣　一九六五年二月十五日　沫若”[②]，可见郭沫若是两度题跋；另外，蔡震还考得郭沫若的另三首寺字韵诗——“书奉马衡”的《十二用寺字韵》及两首《叠韵寺字韵赠别西北摄影队》的寺字韵诗[③]。那么，郭沫若共有寺字韵诗 13 首，现在可见的有十首。如此规模，如果与他同时期的“鞭字韵”诗联系起来考察，不难发现，古典诗词的唱和与题识，是郭沫若此时与士林交流的重要方式。

沈尹默与郭沫若虽都有大量的寺字韵诗，但因为诗作散佚，无法确定二人之间是否有直接唱和。但沈郭之间的交流一直未中断。1941 年年底郭沫若 50 岁生日，沈尹默曾赋诗相赠，郭沫若有和诗。1942 年沈尹默曾应郭沫若之邀，再次为他题汉砖拓片。该拓片来自四川芦山新发现的建安时期的石棺，当时受到重庆士林的关注，郭沫若也辗转得到该拓片。从郭沫若所藏拓片来看，该拓为彩拓，是车瘦舟为郭沫若制作的，郭在得到该拓后题诗多首，详细描述了石棺发现的情况，以及图案本身的艺术魅力，在跋语中他还意犹未尽地描述道：“棺之两旁有浮雕为飞龙飞虎，两端亦有龟蛇相缠之浮雕及王晖之简短墓志。雕工精细，甚有艺术价值。因于灯下题此长句。”[④] 同时，他又请于右任和沈尹默题诗，此二人既工诗词，又擅书法，因而共同生产了一件精美的艺术品：拓片正中是飞腾的青龙，下方是郭沫若的题诗与跋语，左下是沈尹默的

---

① 张肩重：《在郭老周围的日子里》，《四川大学学报丛刊》第 8 辑，1980 年。

② 郭沫若：《寺字韵诗七首》，《郭沫若书法集》，成都：四川辞书出版社，1999 年，第 214 页。

③ 蔡震：《抗战期间用寺字韵作佚诗考》，《郭沫若生平文献史料考辨》，北京：社会科学文献出版社，2014 年，第 220、228 页。

④ 郭沫若：《郭沫若全集·考古编》（第 10 卷），北京：科学出版社，2002 年，第 340 页。

书法，左侧是于右任的题识，右侧是于右任的题诗，青龙朱砂色，线条粗犷古朴，郭沫若在诗中描述为“虎龙矫矫挟棺走，龟蛇纠缪尾与首”，可想见其神态，配上名人书法，可以说是郭沫若藏品中的珍品。

郭沫若如此醉心于拓片，也提醒我们重新思考拓片与诗词唱和的关系。从延光砖拓片来看，拓片充当了郭沫若与友朋唱和的媒介，但从王晖石棺拓片来看，题诗反为拓片而存在，正如题诗之于国画一样，最终完成的是画，而非诗。那么，郭沫若之所以重视拓片，很大程度上也是因为这些拓片自身的美学价值，如果联系他蛰居日本的十年间，陪伴他的都是甲骨、青铜器和石鼓文的拓片，而他在史学领域的建树之一便是对原始图案作系年处理。由此，他与拓片之间的渊源不可谓不深。郭沫若《题富贵砖》中有句“皓月来窥窗，拓书人未眠”，就较为恰切地表露了他对拓片本身的情怀，制作拓片不仅是体物，也是言志抒情。

从上文的梳理来看，书拓、诗词与书法是沈郭二人交往的综合媒介，因此可以说，这些寻常为郭沫若研究界所忽略的部分，恰为我们了解郭沫若重庆时期的生活提供了一个独特的视角。如砖拓便综合了考古、历史、美术等多个领域，尤其是作为诗词唱和的特殊媒介，让我们得以窥见政治与新文化之外的郭沫若，他不仅与士林来往密切，而且深度参与了他们的活动，这是为后来的革命史和抗战史所遮蔽的。另外，制作拓片、题诗与唱和，这些“无意义”的行为，也显示了郭沫若战时行为诗意的一面。

四、声韵共同体

为了重新勾勒郭沫若与士林的交游轮廓，前文较为侧重从外部研究诗词唱和的社会“行为”，而较少涉及唱和诗词本身。事实上，郭沫若与汪辟疆等人的唱和，并非简单的交际应酬，而往往有深意存焉。汪辟疆的第一首唱和之作是《和郭沫若汉冢诗》，其诗为：

延光去千载，咄哉羲和鞭。不谓陵谷移，乃出剑与砖。

> 埋幽者谁子，绝代岂婵娟。不然累世士，玩志甘林泉。我闻江州彦，多出元初年。贤守好荐士，永歌蜀国弦。岂其归山丘，爱此吉祥眠。松楸不可见，怅望空云烟。①

作者蓦然看到两千年前的汉砖，难免时光飞逝之叹，这也是郭沫若原诗"相见仅斯须，逖矣二千年"所表达的意蕴。汪诗值得留意处是其典故，"江州彦""贤首"都有具体出处，这可与他赠给金毓黻的诗——《金静庵以新出土汉延光四年转拓本见贻，用章行严寺字韵成长句奉酬》互相参看。

> 幽宫近发香国寺，断砖喜睹延光字。光气沉沉土花碧，知有神物故矜异。千华山民走涪岷，蒐奇稽古声訚訚。江守王堂号荐士，严张陈黄皆雅驯。史乘荒邈旷年载，瘗藏或有诸贤在。不然三杰谒陈谯，恐有姓字遗沧海。冥搜莫问公与卿，即看题记世已惊。贞寿岂必输金石，乌曹雅擅千秋名。②

这也是寺字韵诗，金毓黻曾次韵两首回赠，由此可见当时寺字韵唱和与鞭字韵唱和有重叠处。这首诗用了与上一首诗同样的典故，但更为具体，"贤首"为"王堂"，"江州彦"则是"严张陈黄"，以及"谒陈谯"三杰等。结句"冥搜莫问公与卿，即看题记世已惊。贞寿岂必输金石，乌曹雅擅千秋名"之中，"题记"指的是郭沫若题诗中的"贞寿逾金石，清风拂徽弦"句，可见，这里不仅是汪辟疆与金毓黻之间的唱和，也是对郭沫若诗的回应，三首诗之间形成了互文关系，可以看作是郭、汪、金三人之间的特殊唱和。因汪辟疆所用是僻典，故在小序中又特意申张了他的意思：

---

① 汪辟疆：《和郭沫若汉冢诗，即次原韵》，金毓黻《静晤室日记》(第6卷)，第4546页，按，《方湖诗钞》所载文字有改动。

② 汪辟疆：《汪辟疆文集》，上海：上海古籍出版社，1988年，第991页。

> 巴郡自东汉而后，文教大兴，贤守如杜安（见《后汉书·杜根传》）、王堂（《后汉书》四十八有传）为政公清，征辟贤能，习成风尚，故人文蔚起，尤盛于章、和之世。《华阳国志》载，广汉王堂以安帝元初三年为巴郡太守，拨乱致治，进贤达士，贡孝子严永、隐士黄错、名儒陈髦、俊士张瑞皆至大位；又有然温、然存亦江州硕彦，温以度辽将军守桂阳；稍前有谒焕、陈为、谯章，号三杰。焕汝南太守，为司隶校尉，章度辽将军也。据此，则江州名贤并集于东汉元初延光之朝，可谓极盛，惜史传未能备载，而方志又历久失坠，漏略亦多，即诸贤墓地乾隆、同治二志亦无征，此考古者所为叹惋也。[①]

对古代重庆贤首的表彰，不无借古讽今之意。郭沫若的和诗无疑是读出了汪辟疆的言外之意。其和汪辟疆的诗作《以诗乞方湖先生题延光砖拓本》中有句，“天地一大墓，京垓人正眠”，较之汪诗，这就更进一步，不是讽谏，而是“怨”了。从当时的文人心态来看，士林之“怨”颇具普遍性。如朱希祖当时对政府的施政措施便极为失望，在他日记中对政府政策频有怨词。其1938年11月14日的日记中甚至有如下记载：“本拟欲撰一文以箴当世，继而思之，垂亡之国，箴已晚矣，且微末之人，剀切之言，必不能达。蔽塞已甚，不堪救疗，因而中止。”[②]可见政治弊端之甚，知识分子的失望之情。

这种不满从郭沫若的经历也能得到理解，他凭热情归国抗战，但经历了抗战初期的短暂忙碌之后，此时却落得“厅务闲闲等萧寺”，只能“偶提笔墨画竹字”[③]（《六用寺字韵》）；赋闲的原因又并非能力不足，也不是无事可做，而是党派偏见，所谓“非关工作不需人，受限只因党派

---

① 汪辟疆：《汪辟疆文集》，上海：上海古籍出版社，1988年，第990—991页。

② 朱希祖：《朱希祖日记》（中），北京：中华书局，2012年，第950页。

③ 郭沫若：《寺字韵诗七首》，《郭沫若书法集》，成都：四川辞书出版社，1999年，第214页。

异”[1]（《六用寺字韵》）。抗战进入相持阶段以后，国共之间的摩擦逐渐升温，左翼知识分子不免受到排挤。为国难投笔请缨的郭沫若，也要先遭遇党派的利益选择，因政治立场而被国民党边缘化。可见，此时诗词唱和发挥的是“诗可以怨”的儒家诗教功能。

除了“怨”以外，唱和更为直接的功能显然是“群”。而无论是“寺字韵”还是“鞭字韵”，都是次韵。这种唱和方式，成熟于中唐时期的元白唱和，后逐渐成为唱和的主要方式，民国诗人继承了这一传统。然而，从文学史的角度来看，诗人参与面极广的次韵唱和，其文学史地位却并不高，有清以来尤其如此。如袁枚就“雅不喜叠韵、和韵，及用古人韵”，因为“既约束，则不得不凑拍；既凑拍，安得有性情哉？”[2]标举性灵的袁枚作此语，原不足怪，但清代的诗话大多对次韵持否定态度，吴乔便认为：

> 依其次第者，谓之步韵。步韵最困人，如相殴而自系于足也。盖心思为韵所束，于命意布局，最难照顾。今人不及古人，大半以此。严沧浪已深斥之，而施愚山侍读尝曰：“今人只解作韵，谁会作诗？”此言可畏。出韵必当严戒，而或谓步韵思路易行，则陷溺其心者然也。此体元、白不多，皮、陆多矣，至明人而极。[3]

李重华更是认为“近世胸中元未有诗，藉以藏拙，故离却次韵，不复能为倡和”[4]，这便不是否定，而是将次韵作为缺乏诗才的标志了。因此，从文学史的角度来看，唱和之作虽一直是诗词大宗，但其地位一直不高，翻检古代诗词研究成果，专门论述唱和诗词者并不多见。到了民国时期，士林对次韵的兴致依旧有增无减，不过他们对次韵的理解却有

① 郭沫若：《寺字韵诗七首》，《郭沫若书法集》，成都：四川辞书出版社，1999年，第214页。
② 袁枚：《随园诗话》，北京：人民文学出版社，1982年，第3页。
③ 吴乔：《答万季埜诗问》，中华书局上海编辑所编：《清诗话》，北京：中华书局，1963年，第25页。
④ 李重华：《贞一斋诗说》，同上书，第930页。

新见。如上文论及的“来台”韵唱和，在《来台集》的序言中，傅屯良便赋予了次韵以积极意义：

> 自是朋辈之作，咸用斯韵。虽赋事异常，而协音则一。驰和千里，积简盈尺。铜山崩而洛钟应，牙弦响而期心会。彬彬乎？炳炳乎？盖乱离以来，未有之盛也。余惟风雅之道，世变系焉。时会升平，则言皆温厚；世伤屯蹇，则人具哀思；兔罝麟趾，质异而情合；匪风下泉，兴殊而感同。一国之风，不必篇皆一事；一代之雅，不必作皆一人。而自成一国之风，一代之雅，世为之也。故世治则安以乐，世乱则怨以怒，亡国则哀以思。声成于言，通于政，动乎感，见乎情，自古然矣。用“来台”韵者数十题，以通迩近之世，而极诗人之情者也。[①]

次韵形成的时代风气，便不仅仅关乎诗人的性灵与技艺，也关乎世情世变，大有季札观乐遗风，以乐观政之得失，以声音体察国运兴衰。因此，韵虽小道，却系于国家兴亡，因而遭到现代诗人的青睐。到了抗战时期，家国罹难，士人流离播迁，触目即是诗料，到处不乏诗情，以至有韵便可成诗，如“寺字韵”的唱和之所以能成为一时风气，也是如此，其开风气者章士钊，“入蜀两年成诗约四千首”[②]，以至于友人送来诗韵，也能触发他的诗情：“我诗本如马，得韵如得鞭。一韵抵万金，长沙容回旋。夜半起高吟，同舍惊佳眠。性命良有托，兼可延寿年。河阳讯如何，不问司徒燕。浩然为此歌，遐想白云边。”[③] 高吟诗词以托性命，可见诗词在战时甚至成为士人安身立命的所在。大约身处战乱时代，旧体诗词所蕴藏的丰富的历史经验，为身处乱世的知识分子提供了

---

① 傅屯良：《来台集·序》，转引自《南社诗话两种》，北京：中国人民大学出版社，1997年，第168—169页。

② 章士钊：《近诗废疾》，《文史杂志》1941年第5期（1941年6月11日）。

③ 章士钊：《章士钊诗词集》，长沙：湖南人民出版社，2009年，第29—30页。

表达其离乱经验和时代意识的最佳形式。知识分子通过诗词唱和这种交游形式，以文学的方式重建了一个文化共同体。正如傅屯良所指出的："虽赋事异常，而协音则一。驰和千里，积简盈尺。"次韵意味着韵律的完全一致，这种独特的形式，超越了事类与地域之间的隔阂，从而具有了"群"的意义，形成了一个声韵共同体，乃至知识共同体，这不仅深合南社的旨趣，也是抗战时期知识分子的一种普遍心态。郭沫若归国之初，即用鲁迅原韵作诗，大概也是考虑到"群"的这种社会效应。而抗战时期，他在重庆参与的"寺字韵""鞭字韵"唱和，之所以能引起如此多的士人参与，也与唱和所蕴含的共同体意味有关。由此，也可见战时重庆士林的精神共通性。这是为日后革命叙事所遮蔽的，而文学与日常生活之间的关联、新旧之间交叠融合的历史情形，也是新文学史所无法完全容纳的。

危机与救赎：一个新文化人的"南渡"

"南渡"的焦虑与救赎

"南方"的地理诗学

历史的救赎，柳郭唱和中的"南明"

1942 年，郭沫若在为傅抱石题画时，步龚半千与张鹤野的原韵写了五首诗，并写了长文《题画记》，对原诗与傅抱石的画作了细致的读解。对于他自己的和诗，他"觉得都还满意"[①]。这是一组较为特殊的唱和诗：龚半千与张鹤野均生于明末，身处乱世。傅抱石将他们的诗以画境表达出来，而郭沫若又次韵原诗题画。在中国的文人传统中，集古人句、次前人韵都是较为习见的创作方式，大致唱和对象以陶渊明为多，

① 郭沫若：《题画记》，《今昔集》，重庆：东方书社，1943 年，第 115 页。

而集句材料多采杜诗。而傅抱石和郭沫若则选择了明末诗人，着眼处都是其民族意识，这无疑与他们身处乱世的共同历史境遇相关。

抗日战争时期，国民政府西迁，无论是都城的移动，还是知识分子的播迁，都让人很容易联想起历史上的南渡经验。因而，南渡一度成为当时知识分子常涉及的经验，这种现实处境与历史经验的相互映衬，既是国难危机中知识分子忧患意识的体现，也是知识分子的一种言说方式和行为模式。对此，学界关注较多的是京派学人群，如陈寅恪、吴宓、冯友兰等人的南渡诗词，而较少涉及由南京、上海等地内迁的文人，至于新文化人的南渡经验，处理得就更少。事实上，新文化人并未因反对传统而外于南渡经验，如田汉、胡愈之、于伶、凌叔华等人都以各自的方式表达了他们对南渡历史与现实的关注；由上海南下香港、广州，后又辗转武汉、重庆的郭沫若也是如此，他不仅步龚半千、张鹤野等明末诗人的诗韵作诗，与柳亚子这种有着浓厚南明情结的诗人交往密切，而且还以南明题材创作了话剧《夏完淳》。

那么，新文化人如何选择、阐释与接受南渡经验，以及南渡对于他们又有何特殊意义？如果将其置于新文化运动以来的历史脉络中，这个问题将变得更为复杂。因此，本部分从郭沫若的旧体诗词出发，结合他此时的文学与文化活动，探讨其如何处理南渡这一现实与历史问题。尤其是在危急时刻，郭沫若如何借助传统诗学与历史经验以因应现实问题，以及面对这些问题时他的特殊性所在。

一、“南渡”的焦虑与救赎

1937年年底，郭沫若离开上海，拟往南洋向华侨募款。辗转香港之际，他“站在骑楼上望着烟雾迷蒙着的海，烟雾迷蒙着九龙对岸的远山”，成诗两首：

> 十载一来复，两番此地游。
> 兴亡增感慨，有责在肩头。（其一）

遥望宋皇台，烟云郁不开。

临风思北地，何意却南来。[1]（其二）

第一首诗比较平实，郭沫若以旧体诗词的形式，道出了传统士大夫在危机时刻的行为模式。在民族主义情绪高涨之际，“责”无疑是指向国家；“天下兴亡，匹夫有责”的说法，出自《日知录》，作者顾炎武与龚半千、张鹤野一样，也是明遗民。第二首诗中的“宋皇台”，既是实指，也是用典。宋皇台又称宋王台，为南宋遗迹，位于香港九龙，当年宋端宗赵昰南逃至此，曾在一巨石上休息，后病死于香港，后人在巨石上刻“宋王台”三字以示纪念。抗战时期，不少知识分子借道香港转昆明，诗词中多有提及宋皇台者，既增兴亡之叹，也有担忧历史重演的焦虑。

除面对宋皇台时“烟云郁不开”的感叹，同时期郭沫若的其他诗句，如“大业难成嗟北伐，长缨未系愧南迁”[2]等，都表明他也感受着同样的南渡经验，分享着同样的时代焦虑。对此，他在日后的回忆中有更为清晰的说明：

宋皇台不又成为了时代的象征吗？

……他们所关联着一段历史悲剧，却沉重地镇压着我。

历史在它长期停滞的期间，就给流水窜开了水津，便只是在西流里打洄漩一样，是可能重演的。

宋朝在南边搅完了，明朝又到南边来搅完，现在不又是明末宋末的时代了吗？

冲破那种洄漩，不让历史重演，不正是我们当今的急务吗？[3]

---

① 郭沫若：《遥望宋皇台》，《〈抗战回忆录〉之一章·南迁》，《华商报》1948年8月26日，第三版。

② 郭沫若：《辗转反侧》，《〈抗战回忆录〉之一章·南迁》，《华商报》1948年8月28日，第三版。

③ 郭沫若：《遥望宋皇台》，《〈抗战回忆录〉之一章·南迁》，《华商报》1948年8月26日，第三版。按，《郭沫若全集》本中，第三句改为：历史在它长期停滞的期间，就象流水离开了主流一样，只是打洄漩。见《郭沫若全集》第14卷，第10页。这大大淡化了郭沫若当时的历史悲剧意识。

这确实与陈寅恪、吴宓等人的感慨颇为相似，南渡让知识分子感受到的，是历史深处的惘惘威胁。所谓“南朝一段兴亡影，江汉流哀永不磨”[①]“绮梦空时大劫临，西迁南渡共浮沉”[②]等莫不如此；更为关键的是，无论是晋、宋还是明的南渡，都是以悲剧收尾，这是知识分子在援引历史经验时，所低估的这种叙事模式本身所积累的历史悲剧性，即，南渡从来就未北归。正如陈寅恪所说的“南渡自应思往事，北归端恐待来生”[③]。这既是知识分子面对现实时的悲观情绪，也是历史经验的归纳。因此，南渡的焦虑，首先是种历史意识——“南宋”与“南明”所带来的历史重演的循环论隐忧。

既然南渡经验是悲剧性的，为何知识分子依旧乐道于此？从历史的角度，南渡一般指东晋、南宋与南明的南渡，是一种因外族入侵所导致的京阙被迫迁移的现象。因此，它天然地与民族危亡相关，这不仅涉及江山易主时士大夫的出处问题，而且还与“华夷之辨”的民族主义传统密切相关，这些因素都使“南渡”的叙事结构在国家危难之际有被唤醒的可能；而从诗学着眼，南渡主要处理的是朝廷行在、士人流亡等经验，背后是政权颠覆，甚至于亡国灭种的威胁，形成的是一种独特的危机诗学，处理的是国家危机时刻的离散经验，在危难之际它往往成为士大夫寻求精神支援的资源。因此，在文人传统中，南渡不仅是独特的历史经验，也是一种特具内涵的叙述结构和出处方法，背后关联的是士人如何应对乱世的思想模式、道德伦理、情感结构和行为模式等。

对于抗战之际的知识分子，南渡叙事首先提供了一种熟悉的认知方式。面对日寇入侵这种家国兴亡的经验，他们需要从历史上找到熟悉的叙述和表达方式，以言说自己的处境，缓解其身份和思想上的焦虑。因而，南渡叙事为抗战之际的知识人提供了某种身份想象的空间和

---

① 陈寅恪：《七月七日蒙自作》，陈美延、陈流求编：《陈寅恪诗集》，北京：清华大学出版社，1993年，第24页。

② 吴宓：《大劫一首》，吴学昭整理：《吴宓诗集·南渡集》，北京：商务印书馆，2004年，第328页。

③ 陈寅恪：《蒙自南湖》，《陈寅恪诗集》，北京：清华大学出版社，1993年，第24页；吴宓日记中题为“南湖即景”。

方法，如此时诗人就极少使用“日本”或“日寇”这类现代词汇，而是匈奴、狄、夷、倭寇等传统历史叙事和诗学表达的词汇。比如程潜有句“蛮夷觊诸夏，豺虎出东邻”[①]；郭沫若也是如此，如“树影疑戎，风声化狄”[②]“薄海洪波作，倭奴其式微”[③]等均是。借助传统的夷夏观，或表达自身的民族意识，或为唤起民众的抵抗情绪。可见在中日交战之际，传统的夷夏观念并未因外族入侵而消除，而是被重新激活。

华夷之辨的复苏不仅是诗学层面的，也延伸到政治、思想和社会领域，这主要借助的是南渡叙事的伦理意义，尤其是反抗、忠义与赓续民族文化等方面。这重伦理色彩，将士大夫的逃亡与普通的迁徙区分开来，逃避战乱的行为因而也变得不同寻常。这与抗战时期的意识形态也最为契合，它不仅具有社会动员的效能，而且也是处理叛国问题的伦理资源，正如“汉奸”这个词汇所显示的，传统社会所积累的华夷之辨的资源在抗日战争中也被重新起用了。这也是郭沫若等人强调较多的一面，如同在国民政府政治部第三厅任职且与郭沫若往来密切的画家傅抱石，在抗战初期便编译了《明末民族艺人传》，传晚明诗人、画家等艺人行状。郭沫若在序言中特指出傅抱石的微言大义：

> 北京破后，直至清顺治初期，若干书画家在异族宰割下之所表现，窃以为实有不容忽视者。如文湛持兄弟、黄石斋夫妇、史道邻、傅青主，乃至八大、石涛诸名贤，或起义抗敌，或不屈殉国，其人忠贞壮烈，固足垂千古而无愧，其事可歌可泣，一言一行，尤堪后世法也。……兹民族危难不减当年，抗战建国责在我辈，余嘉抱石之用心而尤愿读者深察之也。[④]

---

① 程潜：《赠贾韬园景德》，《养复园诗集》，长沙：岳麓书社，2012 年，第 113 页。

② 郭沫若：《望海潮》，《潮汐集》，北京：作家出版社，1959 年，第 431 页。

③ 郭沫若：《挽张曙诗两首・二》，同上书，第 430 页。

④ 郭沫若：《〈明末民族艺人传〉序》，傅抱石编译：《明末民族艺人传》，出版地不详：商务印书馆，1938 年。

南渡经验与遗民传统并不完全相同。但在南渡的历史中，南明的特殊之处在于其时间较短，因而与遗民文化联系极为紧密。傅抱石的传主中，部分便属此类，这也是郭沫若所指为“忠贞”的对象。可见在民族危机时刻，新文化人也要从忠君的传统汲取资源。

但正如“宋皇台”唤起了郭沫若的“南渡”无意识一样，南渡经验吸引郭沫若的，也并非只是其抗敌的实用价值，还在于南渡叙事与抒情本身所具有的诗美学。无论是龚半千的诗，还是傅抱石的画，郭沫若都是从诗学的角度予以品评的，他读到的是种独特的乱世美学：

> 半千的诗虽然不多，大率精练，颇有晚唐人风味。就是这《与费密游》三首，确是格调清拔，意象幽远，令人百读不厌。这诗的好处简单的说似乎就是“诗中有画”。借无限的景象来表示出苍凉的情怀，俨如眼前万物，满望都是苍凉。其实苍凉的是人，物本无与，但以诗人有此心，故能造此物。[①]

龚半千，名贤，工诗画，明清之际隐逸之士。虽有隐逸情怀，但家国沦丧之情，故土易主之痛，却通通涌入笔端，因此诗多寓兴亡之意。如“六朝无废址，满地是苍苔”；“一夕金笳引，无边秋草生。橐驼尔何物？驱入汉家营”；“自怜为客惯，转觉到家愁。别酒初醒处，苍烟下白鸥”等，均是如此。可见处身世外，亦难泯故国之思的概况。更无法回避的，是满目疮痍，发而为诗，故生成了一种独特的残破美，隐喻家山的破碎。郭沫若于此心有戚戚焉，故名之为“苍凉”。傅抱石显然也体味到了这一点，他寻龚半千诗意作画，并有题记：

> 壬午芒种，拟画野遗《与费密游》诗，把杯伸纸，未竟竟醉。深夜醒来，妻儿各拥衾睡熟，乃倾余茗，研墨成之。蛙声已嘶，天将晓矣。重庆西郊山斋傅抱石记。[②]

---

① 郭沫若：《题画记》，《今昔集》，重庆：东方书社，1943 年，第 117 页。

② 同上书，第 116 页。

郭沫若对此跋尤为注意，认为“虽仅寥寥数语，已不免满纸苍凉。更何况敌寇已深，国难未已，半千心境殆已复活于抱石胸中。同具此心，故能再造此境”。傅抱石之选择龚半千，已不无兴亡意识；而敌寇窥江、战乱频仍之际，跋语中虽聊作洒脱之态，却难掩黍离之悲，卒显苍凉之感；末世况味，所续接的正是明末诗人的乱世美学，一种独特的兴亡之美，重点不在兴，而在亡；处身隐隐威胁之中，这是战时诗学的独特风格，也是战时士人感受到的某种普遍况味。

这种普遍况味，也体现在重庆士人的日常活动中。抗战期间，重庆士林间的宴游雅集反较平日为多。以程潜现存的部分诗作为例，仅1939年涉及修禊宴集者便多达七次：《冯园禊集四十二人　分得“实”字》《浴佛日集大兴善寺　分得“方”字》《冯园消夏集　分得“绥”字》《七夕曲　乐府　菊花园集分得“意”字》《重九大兴善寺集后同吊翠华公墓　分得“我”字》《赠贾韬园景德　并序》（序为：韬园六十生日，诸友集马氏莘庄赋诗为寿，分得“秦”字）、《苦寒行》（序为：己卯小寒，同人举消寒集，分得“平”字，感念军民抗战劳作，作《苦寒行》）。在诗中他也往往以历史上的修禊佳话自许，如“兰亭传韵事，斯会正堪匹”[①]等。程潜，字颂云，时为第一战区司令长官，但第一战区早已沦亡，实为闲职。他本为近代大儒王闿运弟子，故与士林多有来往。从他该年的宴饮活动便可略窥重庆士林的风貌，这大致继承了在节日期间集会的传统。结合前文所述“寺字韵”“鞭字韵”唱和，不难发现，正如东晋与南宋诗人，多借宴游、修禊以述怀一样，重庆士林也往往借诗消愁。因此，南渡的诗学似乎为焦虑与离散中的知识人提供了一种救赎的美学，修禊、读诗、写诗本身就是一种有效的抒情实践。正如章士钊诗中所言：“人矜夔府去来诗，独我泠然别有思。向壁功名馀白首，过人哀乐况危时。著经原不因关令，居室无须避寇师。老去眼存还爱读，强遗游旧借书瓻。”[②]而郭沫若之热衷收藏汉砖拓片、为傅抱石等人题画等

① 程潜：《冯园禊集四十二人　分得“实”字》，《养复园诗集》，长沙：岳麓书社，2012年，第109页。
② 章士钊：《章士钊诗词集》，长沙：湖南人民出版社，2009年，第33页。

行为，未尝不可纳入此种体物抒情的时代潮流。

郭沫若读画解诗之后，依龚半千原韵，和诗三首，诗为：

> 披图忽惊悟，仿佛钓鱼台。古木参天立，残关倚水开。
> 蒙哥曾死去，张珏好归来。战士当年血，依稀石上苔。
>
> 卅载撑残局，岿然有废城。望中皆黍稷，入耳仅蝉鸣。
> 一寺僧如死，孤祠草自生。中原独钓处，是否宋时营？
>
> 三面皆环水，双江日夜流。当年遗恨在，今日画图收。
> 我亦能拼醉，奈何不解愁。羡君凝彩笔，矫健似轻鸥。①

诗中多残破意象，如残关、石上苔、残局、废城、黍稷、蝉鸣、孤祠、宋时营等，不一而足，套用郭沫若自己的话说，“苍凉之意宛然矣”。如果置于晚明诗人集中，几可乱真，对南渡诗人的残破美学表达得尤其到位；他由傅抱石画而念及的钓鱼台，与宋皇台一样是南宋遗迹，背后关联的也是一段历史悲剧。

二、“南方”的地理诗学

南渡对于知识人的影响，不仅在于流亡过程的“渡”，也在于地理方位的“南”。郭沫若诗中的钓鱼台是一个典故，指的并非汉代严子陵隐居江浙的钓鱼台，而是蜀中的钓鱼城，诗中的蒙哥、张珏等典故均与此相关。郭沫若不仅曾经亲往钓鱼城凭吊，还著长文《钓鱼台访古》详细介绍钓鱼城的历史故实。钓鱼城位于离陪都重庆不远的合川，是南宋末年名将余玠、王坚、张珏等人抗元的遗迹。郭沫若于 1942 年 5 月曾应卢子英之邀，前往钓鱼城凭吊。钓鱼城借钓鱼山之固，依山筑城，且有水势之险，据巴蜀门户，易守难攻。郭诗中的“蒙哥”即元宪宗，他

---

① 郭沫若：《题画记》，《今昔集》，重庆：东方书社，1943 年，第 118 页。

曾亲率大军围城，据说被飞石击中而死。后来钓鱼城在抵抗蒙元入侵时也屡建功勋。

钓鱼城的坚固，让郭沫若推而及于巴蜀在抗战事业中的重要性。凭吊钓鱼城时他曾赋七律一首，首、颔联为："魄夺蒙哥尚有城，危崖据地水回萦。冉家兄弟承璘珏，蜀郡山河壮甲兵。"[1] 冉家兄弟，即冉琎与冉璞，正是他们建议余玠修筑钓鱼城。富饶物产与难破天险，使蜀地成为抗击外寇的最佳腹地，这也是国民政府西迁巴蜀的原因。郭沫若对此不乏自觉，他在其他诗作中也多次强调蜀地之于抗战全局的重要性，其《再用寺字韵》有句："抗战以来逾二载，剩有蜀山犹健在"[2]；《别季弟》："飘摇日夕惊风雨，破碎乾坤剩蜀山"[3]；《感时四首》其一："嘉陵三月炎如暑，巫峡千寻障此民"[4]；《赠朴园》："一成一旅能兴夏，此日谁嗟蜀道难？况复中原文物尽，仅留福地在人间"[5] 等等，均言巴蜀危卵独完，不仅使境内居民得以保全，也是国民政府借以抗敌的资源。因此，南方对于抗战的重要性，正体现在其地理优势上。

地理之于国家的重要性首见于资源、地势等战略层面，但对于知识人来说，则体现于南方的文化传统。抗战时期的南方，范围主要是指大西南，与明末的文化中心江南不同。西南的文化开发要晚得多，这从西南联大师生的纪行诗文中可以找到大量的材料。即便从大西南着眼，与郭沫若直接相关的蜀地也有特殊性，无论是从历史资料，还是郭沫若等人发现的汉砖实物来看，都表明四川早在汉代便已得到开发，而且有司马相如、杨雄、陈子昂、苏轼等历代文豪，因此，从文化传统来看，士大夫在蜀地并不会感到不适。正如章士钊诗中所云："巴蜀自来尊汉腊，文章何忍说新家。"[6] 相反，蜀中的山水反而为诗人提供了诸多新鲜的诗

---

① 郭沫若：《钓鱼台访古》，《说文月刊》第3卷第7期（1942年8月15日）；诗作另以"钓鱼城怀古"为题，单独发表于《新蜀报》1942年6月18日，第四版。

② 郭沫若：《寺字韵诗七首》，《郭沫若书法集》，成都：四川辞书出版社，1999年，第214页。

③ 郭沫若：《别季弟》，《潮汐集》，北京：作家出版社，1959年，第448页。

④ 郭沫若：《感时四首·三》，同上书，第410页。

⑤ 郭沫若：《赠朴园》，同上书，第347页。

⑥ 章士钊：《和翊云花茶韵五首》，《章士钊诗词集》，长沙：湖南人民出版社，2009年，第23页。

料，汪辟疆在《近代诗派与地域》一文中对此有详细论说。在他看来，除蜀地诗人外，“即寓公游客，如少陵、山谷、剑南诸家，其客蜀所作，亦颇与蜀山蜀水之青碧为近”，因而感叹：“盖山川与文章相发，寓于目者不可弥于胸，其理固不可诬也。”[①] 而本为四川人的郭沫若，战乱反为他第一次返乡提供了契机，因此，他不仅不会感到不适，入川反而成了他的优势。

但四川毕竟深处内地，文化较为封闭保守，这也为入川士人的南渡情结提供了文化氛围。晚清张之洞创尊经书院，为蜀学转变之一大关纽，后王闿运任山长期间更培养了不少学生，如廖平、宋育仁等，均为蜀中后起之秀。民元后，这些人大多以遗老自居，即便善变如廖平者，也依旧闭门治学。因此，蜀中文化氛围较为保守，而对于廖平、赵熙等遗老，蜀中有“五老七贤”的雅号，研究者认为在四川军阀混战之际，正是他们维系着蜀地的上层文化和价值系统[②]；当然蜀地也有离经叛道者，如吴虞便曾一度被胡适誉为“‘四川省只手打孔家店’的老英雄”[③]，但究其史实，“只手”属实，“打”的效果却并不佳，以至于到了抗战时期周文还在向胡风抱怨“这里还是‘五老七贤’的世界，文必‘之乎者也’，诗必‘七言五言’，这才能登‘大雅之堂’”[④]。

事实也是如此，这些耆老在抗战时期依旧是士林中心。可以作为象征性事件的，是赵熙的北碚修禊。1941 年，赵熙被弟子江庸等接到重庆，在北碚冷宅主持了一次文人修禊活动，他们仿效兰亭之雅，取《兰亭序》为诗韵唱和，这几乎惊动了重庆的整个士林，不仅晚清遗老视为盛举，军政界要人与革命耆老也颇多参与者。如黄炎培因外出未能与会，友人也代为拈得“长”韵，赋诗呈送香宋公[⑤]。赵熙诗虽宗唐者多，

---

① 汪辟疆：《近代诗派与地域》，《汪辟疆文集》，上海：上海古籍出版社，1988 年，第 320 页。

② Kristin Stapleton: *Civizing Chengdu: Chinese Urban Reform, 1895—1937,* Cambridge: Harvard University Press，2000 年，第 208 页。

③ 胡适：《吴虞文录》序，《吴虞文录》，上海：亚东图书馆，1921 年。

④ 周文：《致胡风：1938 年 2 月 6 日》，《周文文集》第 4 卷，北京：作家出版社，2010 年，第 196 页。

⑤ 黄炎培：《香宋先生退隐三十年矣，顷者，门弟子自其籍容县车迎来渝，文燕无虚日，独北泉禊集，余未获与，纕蘅代拈得长字，因赋呈兼示诸君子》，《黄炎培诗集》，北京：人民出版社，2014 年，第 156 页。

但他与同光诗人郑孝胥、陈衍等多有来往，故与闽派、赣派等都有交往，经由这些渊源，战时入川的“下江”诗人对他也颇为敬重，彼此多有诗词往还。

郭沫若此次虽未与身其间，但他与“五老七贤”的关系并不浅，除了乡谊之外，他本人便是廖平的再传弟子，其经学业师帅平均便是廖平的弟子。郭沫若的古代史研究，实未走出今文经学范围。而他1939年返乡时，也特意前去拜会昔日业师。对于赵熙，郭沫若不仅与他的弟子江庸等人颇有来往，建国初期他还曾参与集资出版《香宋诗前集》。因此，战时重庆形成了一种文化奇观，晚清遗老、革命耆旧、新文人等在四川共聚一处，相互唱和。

然而，南渡传统毕竟与遗民文化不同。南渡一般尚有京阙行在，旨归在于反抗与复国，与遗民的自我放逐不同。因此，对于新文化人且兼任政府宣传工作的郭沫若来说，他的问题不仅在于如何调整个人的心态，还在于如何从南方出发，重新讲述一个关于抗战、关于建国的故事，这不仅关系到抗战建国的意识形态建构，也与知识人的文化认同相关。或许正是鉴于蜀地浓厚的遗老气氛，郭沫若转向更具代表性的南方文化——楚文化寻求支援。抗战时期，受楚文化泽被者不止郭沫若，楚国的悲剧性，与东晋、南宋、南明等虽性质不同，但其面临北方强敌入侵的局面却是一样，而楚人立志雪耻、仇终得报的气魄，也一度成为士人抗战必胜的信念来源。“楚虽三户，亡秦必楚”的说法，当时几乎见于所有诗人的笔下，如郁达夫有“一成有待收斯地，三户无妨复楚仇”[①]；赵熙酬赠章士钊诗有“三户亡秦原有谶，楚台高处榜章华”[②]；而即便身在桂林，黄炎培也不忘写下“请缨写遍千门帖，三户兴亡卜楚秦”[③]之类的诗句，柳亚子在与郭沫若的唱和之作中，也写道“郭生郭生歌莫哀，亡秦三户燃劫灰。天禄著书馀事耳，燕然勒石亦豪哉”[④]等等，不一而足。

---

① 郁达夫：《感时》，《郁达夫全集》第9卷，杭州：浙江文艺出版社，1992年，第168页。

② 赵熙：《答章侯》，转引自《章士钊诗词集》，长沙：湖南人民出版社，2009年，第25页。

③ 黄炎培1937年12月31日日记：《黄炎培日记》第5卷，北京：华文出版社，2008年，第240页。

④ 柳亚子：《次韵答沫若，六月八日作》，《磨剑室诗词集》下，柳亚子文集编辑委员会主编，上海：上海人民出版社，1985年，第1119页。

对于郭沫若，与其说他是认同楚文化，还不如说他是根据现实需要，在创造、发明楚文化。楚文化在抗战时期的中兴，与郭沫若有莫大的关联，这不仅在于他的屈原研究，以及轰动一时的话剧《屈原》，更在于他从源头上赋予了楚国文化以正统地位。楚文化是一种较为独特的南方文化，虽同为士人想象的“南方”，江南与楚地之间差别却极大。江南自隋唐之后，不仅成为全国经济重心，而且也是文化重心，江南士林向以中原正统自居。因此，即便是江山易主，江南士大夫依旧能保持文化上的优越感，这也是清初的明遗民文化形成的原因[①]；但楚地则不同，历史语境中的楚国，一向被视为南蛮之地，尤其是颇具巫祝之风的楚文化，一直都是作为汉文化对立面而存在，虽然楚文化逐渐被儒家化，但它依旧与以自居正统的汉文化不同。因此，郭沫若首先要面对的问题是，因日人入侵所唤起的夷夏之防，如何容纳非正统的楚文化，或者说，楚文化本身所具有的南方形象，如何进入以汉文化为中心的家国叙事。

郭沫若提供了一个根本性的解决方案。他以屈原研究为契机，将南方确立为中国的正统。在他看来，殷文化是华夏文化的源头，周文化则属西部的夷狄文化[②]。后来在《论古代文学》一文中，他对此描述得更为详尽，不仅为殷纣王翻案，还将楚确立为殷的同盟及其文化的继承者：

> 我们从民族的立场来讲，殷纣王比周武王所贡献的要大得多，殷纣王征服黄河、淮河、长江下游一带的东夷，随把殷朝的文化传到东南。这种文化的扩张，乃殷纣王的功劳。殷纣王被周武王乘虚袭击，逼得自杀后，一部分殷民族屈服成为奴隶，一部分不愿屈服，在黄河一带曾同周朝斗争，结果失败，而从中心区域的黄河中部退据殷纣王所征服了的东夷的疆土（即今安徽江苏一带），立国号曰宋。春秋时代的徐楚，古书称为徐人楚人，好像是外化的蛮子，实际徐人楚人，

① 参考杨念群：《何处是江南：清朝正统观的确立与士林精神世界的变异》，北京：生活·读书·新知三联书店，2010年；赵园：《明清之际士大夫研究》，北京：北京大学出版社，1999年。

② 郭沫若：《屈原》，上海：开明书店，1935年，第55—56页。

> 是殷民族的同盟民族，周灭殷，徐民族不屈服，与周民族抗战失败，被迫向东南迁移，过长江到江西。江西遂成为徐人的领土。[①]

随着殷民族的南迁，殷朝文化逐渐传播到南方，尤为重要的是，“这个南方的殷文化，是没有经过周民族的控制损益的”[②]。这样，郭沫若从民族志的角度，将殷确定为中华文明的源头，而楚文化则是这一文明的直接继承者，从而确立了楚文化的正统性；因此，战时知识人的南渡，反而是进入了正统之内，这不仅解决了当时诗词中常见的、以楚秦之争喻指中日之战的不伦，也为以南方为中心的抗战建国战略提供了历史依据。郭沫若此种观念看似离经叛道，但与史学界徐中舒、傅斯年等人关于夏商的研究，尤其是傅斯年所提出的“夷夏东西说”，实有内在的一致性[③]。郭沫若与傅斯年等人观点之间的相似并不足怪，因为他们的源头都是王国维的《殷周制度论》，正是王国维在该文中提出殷周“政治与文物”的变革，较之夏商更为“剧烈”[④]，从而开启了后学对殷周变革问题的研究。

正如殷周变革问题最终转变为“夷夏东西”的民族问题一样，郭沫若对徐、楚“外化的蛮子”的否认，以及他为楚文化追溯正统性的尝试，也进一步坐实了他的夷夏观。但毕竟此时的焦点是“五族共和”以共同御敌的问题，因此，他的这种策略不仅未能解决问题，反而让他的话语显得矛盾：他无法既征用夷夏之防作为抗敌的精神资源，同时又从南方这个本来就民族混杂的地域，讲述一个完整的中国故事，这种矛盾不仅体现于旧体诗词的形式与内容之中，也体现在他以西南为历史背景的话剧中。

---

① 郭沫若：《论古代文学》，《学习生活》1942年第4期。

② 同上。

③ 傅斯年：《夷夏东西说》，《国立中央研究院历史语言研究所集刊外编》，1933年。学界对这一问题的探讨，可参考王汎森：《傅斯年：中国近代历史与政治的个体生命》，北京：生活·读书·新知三联书店，2012年，第115—135页。

④ 王国维：《殷周制度论》，《观堂集林》，北京：中华书局，1959年，第453页。

1942至1943年，除了《屈原》以外，郭沫若还作过两部以南方为背景的话剧，即《孔雀胆》与《南冠草》。其中，《孔雀胆》是一部充满少数民族风情的戏剧，上演后颇受关注。就创作初衷来看，郭沫若本想“把宋末抗元史中的钓鱼城的故事戏剧化的”，但在阅读元文献时却被阿盖这位女性吸引去了[①]。但无论是四川钓鱼城的故事，还是云南孔雀胆的故事，郭沫若的初衷都是想从西南出发，讲述一个团结抗敌的国族故事。因此，在他最初的设计中，是以阿盖（元人）与段功（云南冲家人，后改为民家人）的爱情为主线，因“怕惊动微妙的民族感情”，段功与元人的关系处理得较为含混。但该剧上演后却不断遭遇政治性的质疑，这使得郭沫若一再对该剧加以修改，最为重要的是加入了汉族大一统的历史远景，使以爱情为主线的故事，转变为政治寓言。正如论者所指出的，西南的民族故事因而转变为了以汉族为中心的国族建构[②]。

需要进一步追问的，是修改后的《孔雀胆》能否讲述这个大一统的故事。该剧修改幅度最大的，是加了汉人杨渊海主张反元的一幕，同时，段功的“妥协”也被重新塑造为立足民众利益的“和亲”，他的失败也转化为现实中对妥协主义的批判。但这样修改过后，段功虽然替代阿盖成为主角，他的形象反而更为模糊；大一统视野的引入，对于杨渊海是历史的出路，但对于段功却不见得如此。这只是徒增西南国族叙事的难度而已。如此，郭沫若写作原剧只花费了五天，而修改则花费20多天这一情况便能得到理解。可惜的是，修改本在悲剧性上也弗如原剧远甚。

---

① 郭沫若:《〈孔雀胆〉的故事》。据郭沫若称,他是幼年从《国粹学报》上的《阿盖诗》得知阿盖的存在的,而触动他创作的,是1939年他回老家时,找到了青年时读过的那册《国粹学报》,并将之携至重庆,“时时喜欢翻出来吟哦”,后起念将之搬上舞台。查考《国粹学报》第64期,可见由雪生辑录的“明遗老刘毅庵”的《脉望斋残稿》,其中有《阿盖诗》,雪生在按语中详细考证了阿盖的事迹,肯定了她的“忠孝节烈”具有普遍性,而“不得以阿盖为夷裔而遗弃之”,尤为表彰了段功后人的复仇之志,“足以愧天下万世之腼颜男子而忘祖父仇雠,反认贼作父者”,这正与《国粹学报》所宣传的种族革命观一致。

② 王家康:《〈孔雀胆〉创作过程中的民族因素》,《聚散离合的文学时代(1937—1952)》会议论文集,北京,2013年,第74页。

回到《孔雀胆》的创作初衷，阿盖吸引郭沫若的，很大程度上是她的诗词。阿盖在丈夫遇害后，留下绝命诗而自杀。诗为："吾家住在雁门深，一片间云到滇海。心悬明月照青天，晴天不语今三载。……云片波潾不见人，押不芦花颜色改。肉屏独坐细思量，西山铁立风潇洒。"[①] 郭沫若最初是在《国粹学报》上读到这个故事的。《国粹学报》是他青年时期的读物，1939 年他返乡时携回重庆。对阿盖的诗，则是"时时喜欢翻出来吟哦"[②]，并进一步将其写为话剧。可见，南方对于战乱中的知识分子来说，虽然提供了抗日的资源，但也可能只是心理寄托，一种源自地理的文学想象与诗学救赎。

三、历史的救赎，柳郭唱和中的"南明"

如果说，南渡和南方对于战时知识分子来说，更多的是意味着一种独特的乱世经验，是危急时刻的政治经验、文学想象和伦理资源，获得救赎的方式的是心理和情感层面的美学慰藉，而南渡背后历史循环的隐忧，却从未得到解决。相对而言，与南渡议题密切相关的南明，则突破了这一局限。而郭沫若对南明历史的处理方式，以及他与柳亚子之间就南明事的唱和，也体现了郭沫若在面对南渡问题时的独特性，即他试图打破这个历史的循环，获得某种历史的救赎。

抗战时期曾一度兴起南明热。新文化阵营中，仅就蜀中而言，就有苏雪林的《南明忠烈传》（1941 年）、小说《蝉蜕集》（1945 年），吴祖光的《正气歌》（1942 年），台静农的《南明讲史》（未出版）[③]。而身处沦陷区上海的阿英更是创作了《碧血花》（1939 年）、《海国英雄》（1940 年）、《杨娥传》（1941 年）、《悬岙神猿》四部南明剧，蔚为壮观。郭沫

① 郭沫若：《〈孔雀胆〉的故事》，《孔雀胆》，上海：群益出版社，1946 年，第 183 页。

② 同上书，第 191 页。

③ 对台静农写作《南明讲史》的分析，可参考王德威：《国家不幸书家幸——台静农的书法与文学》，该文收《抒情传统与维新时代》，吴盛青、高嘉谦主编，上海：上海文艺出版社，2012 年。王德威主要是从新文学写作的内在困境着眼，也涉及当时的文化语境。

若也是这一潮流的推动者，他于1943年年初创作了《南冠草》，写的是明末“江左少年”夏完淳抗清的事迹，后由夏衍执导，以《金风剪玉衣》的剧名上演；南明事也多出现于他的诗词，尤其他与柳亚子的唱和诗词中。柳亚子是“南社”主盟，南社之“南”本来就带有以南方传统（南音、南服等）对抗北廷的文化政治色彩，同时，他又立志独立撰写南明史，是南明热的主要推动者。因此，借助新旧诗坛两位盟主之间的诗词唱和，我们或可体察南明之于当时士人的精神意义，以及二人之间的同与异。

南明在二人的唱和中，首先是作为交往的话题。他们唱和中第一次出现南明，是柳亚子到达桂林之后。因香港沦陷，柳亚子仓皇逃出，他此前所搜集的南明史料及部分书稿，片纸未被携出，这对于立志要编纂百卷南明史的他来说，无疑是一个绝大的打击。因此他在诗中写道：

> 楚吴前辈典型在，风洞山高接水湄。
> 百卷南明书未就，忍教流涕语兴衰。[①]

此诗写于1942年端午节，是应田汉之邀于“桂林七星岩前饮茶”时所写。还有两首，其一提及郭沫若：“怀沙孤愤郁难平，千载惟留屈子名。猛忆嘉陵江上客，一片珍重写幽情。”[②] 其二有句“剑态箫心吾已倦”[③]，可见亚子此时的倦怠之态。田汉是此时柳亚子作诗的主要“对手”，先次韵奉和三首，又感于亚子对郭沫若的怀念，因而将亚子与自己的诗都寄给郭沫若，嘱其和韵。郭沫若依韵和诗，其三为：

> 欲读南明书已久，美人远在海之湄。
> 薪樵岂有伤麟意，大道如天未可衰。[④]

① 郭沫若：《诗讯》，《新华日报》1942年7月15日。
② 同上。
③ 柳亚子诗，见郭沫若《诗讯》。
④ 郭沫若：《诗讯》。

与田汉着眼于亚子的精神状态不同，郭显然更侧重亚子的名山事业，不仅和韵，也是和意。亚子诗中的“楚吴前辈”“风洞山”均有所指，“楚”指张同敞（别山），湖北江陵人，“吴”指瞿式耜（稼轩），江苏常熟人，二人均为南明封疆大吏，清军进攻桂林时，二人被执，后从容赴死[①]，风洞山相传为二人就义处[②]。在桂林期间，柳亚子曾多次凭吊二人的纪念亭，并有诗纪念：“南明宗社莽榛芜，纪念亭留德未孤。”[③]又题瞿式耜遗像：“艰危亡士空瞻拜，愧道勾吴是旧乡。”[④]这种今昔之感，表明南明往事实际上为战时的柳亚子提供了精神的支撑与归宿。郭沫若的和诗无僻典，唯“伤麟”与孔子有关，据《公羊传・哀公十四年》载：“西狩获麟，孔子曰：吾道穷矣。”郭沫若反用，自是为了安慰柳亚子；而“南明书”则是指柳亚子的南明研究，但并未深入谈论南明往事。可见，郭沫若固然了解南明对于柳亚子的重要性，却无法在精神上与之相和。南明对郭沫若来说还只是话题性存在。

1943年5月，值柳亚子57岁寿辰之际，郭沫若再赋长诗一首：

亚子先生今不朽，诗文湖海同长久。
敢言振发天下聋，刀锯斧钺复何有。
南社结盟曾点将，四方豪俊唯君望。
删诗圣手削春秋，史述南明志悲壮。
七七卢沟卷大波，一盘破碎汉山河。
弈楼射日日未落，且挥椽笔如挥戈。
春申一叶天溟开，崇朝饮马宋皇台。
吁嗟国姓爷已渺，永历遗迹埋尘埃。
放歌我欲飞南陔，飞入八桂共含杯。

---

① 可参考张晖：《帝国的流亡》，北京：中国社会科学出版社，2014年，第138—152页。

② 后来朱琴可告诉柳亚子，瞿式耜与张同敞就义处为独秀峰下的靖江王故邸，埋葬之地为仙鹤岩，风洞山系误传，因而后来柳亚子诗中有“流传风洞误，青史念瞿张”句。见柳亚子：《中山公园示朱琴可，一月十日作》，《磨剑室诗词集》下，柳亚子文集编辑委员会主编，上海：上海人民出版社，1985年，第1025页。

③ 柳亚子：《十一月一日，谒瞿、张二公殉国纪念亭有作》，同上书，第1014页。

④ 柳亚子：《瞿文忠公遗像，为琴可题，二月十日作》，同上书，第1032页。

寿君五十又七盏，盏盏血泪非新醅。
中原万千鸿鸣哀，玄黄草木余劫灰。
天地生我在今日，身无羽翼奈何哉。
珊瑚坝上有铁鹰，日抟扶摇不我以。
手捧红云天上来，我为君歌歌不止。
因风我寄南冠草，寿以诗人应最好。
江左由来出奇才，君与完淳参与昴。[①]

与前一首不同的是，该诗几乎句句不离南明，尤其是第四阙中的“春申”“宋皇台”“国姓爷”“永历遗迹”等南明遗事、遗迹，恰与柳亚子战时的逃亡经历相吻合，同时也再度激活了郭沫若抗战初期“南迁”的历史经验。南明故事与抗战现实之间的交互迭现，可见千古不变的离乱经验和士人心迹。因此，南明对于此时的郭沫若，再次转化为了叙述模式和心性结构，同时也是一种历史意识。柳亚子次韵相和，进一步将东汉北击匈奴的窦宪，南宋呼吁北渡的宗泽，都引入笔端，表明其抗战必胜的信心。可见二人分享了以历史经验对待现实战争的文化心理。

即便如此，二人唱和中也有貌合神离的一面，这便是郭沫若在诗中所提及的《南冠草》。《南冠草》是“江左少年”夏完淳的绝笔诗集，郭沫若借以作为话剧名。夏完淳（字存古）是明松江人，其父夏允彝、业师陈子龙均为明末几社主盟，曾参与南明福王政权，后筹划松江起义，事败后夏允彝自沉。陈子龙归隐而去，之后曾再度参与起事，被执而亡，夏完淳也未能幸免。柳亚子与夏完淳同为“江左”诗人，对他早有研究。1940 年他便写有《江左少年夏完淳传》一文，考论夏完淳的抗清事迹；同时，柳亚子对郭沫若的话剧也颇为称道，曾专门收集郭沫若的创作[②]。因此，当柳亚子从夏衍的书信中得知郭沫若要创作关于夏完淳

① 郭沫若:《寿柳亚子》,《潮汐集》,第 298—299 页。按,该诗作于 1943 年 5 月 19 日。

② 如 1942 年 11 月 11 日致其女儿柳非杞的信中,柳亚子便曾抱怨,“《虎符》为什么不寄航空呢?两星期叫人等得好苦”,并且询问“《孔雀胆》有没有单行本出版呢?如有,我也要的”(柳亚子:《致柳非杞:1942 年 11 月 11 日》,《柳亚子文集:书信辑录》,上海:上海人民出版社,1985 年,第 255 页)。

的话剧时，曾一度寄予厚望。他曾致信其女柳非杞，让她将自己的文章《江左少年夏完淳》抄录三份，一份给汪辟疆，因汪辟疆对夏完淳也有研究[①]，一份给他自己，另一份则让她“送给鼎先生”，“供给他作参考材料”[②]。鼎先生便是“甲骨四堂”之一的鼎堂。同时，柳亚子在信中还透露，桂林汉民中学的任中敏也创作了一部《夏完淳》四幕剧，并打算在当年除夕公演，柳亚子打算让任中敏也把剧本抄录，并“送给鼎堂先生一份”。

郭沫若也了解《南冠草》之于柳亚子的意义，因此在柳亚子生日时，他特意寄赠该书：“因风我寄南冠草，寿以诗人应最好。”并且在诗中将柳亚子与夏完淳并提：“江左由来出奇才，君与完淳参与昴。”虽然郭沫若在寿诗中对此颇为重视，但柳亚子的答诗中却未言及《南冠草》，这不太符合酬答惯例。原来柳亚子对郭沫若该剧并不满意，在他看来，郭剧想象成分未免过多，特别是剧中虚构的夏完淳表姐盛蕴贞对他的恋情，柳亚子认为有附会之嫌[③]；或许正是史家与诗家看待南明的不同眼光，使柳亚子决议与张焘朗合作重写关于夏完淳的史剧，这便是《江左少年》。柳亚子的野心还不止于此，他欲将整个南明搬上舞台，因而他给张焘朗“定了一个写十二本史剧的计划”[④]，基本上是一套完整的南明史演义。

柳亚子的不满，显示了郭沫若与传统的南渡、南明意识之间的差异。正如他从龚半千等晚明诗人的作品中读到的是兴亡美学，是一种独特的“苍凉”之美；在南方最终寻找到的是诗人屈原，以及阿盖公主

---

① 汪辟疆：《三百年前一位青年抗战的民族文艺家——夏完淳》，《民族诗坛》第2卷第1辑、第2辑，1938年。

② 柳亚子：《致柳非杞：1942年12月30日》，《柳亚子文集：书信辑录》，上海：上海人民出版社，1985年，第263页。

③ 见王锦厚：《抗战戏剧史话》，《抗战文艺研究》1987年第2期；肖斌如、孙继林：《郭沫若与柳亚子交谊琐记》，《郭沫若学刊》1987年第1期。

④ 张焘朗：《几时商略罄生平——纪念柳亚老诞辰一百周年》，中国人民政治协商会议江苏省吴江县委员会文史资料研究委员会编：《柳亚子先生诞辰一百周年纪念专辑》，1987年，第87页。据张焘朗回忆，这个计划包括“从福王时期抗清的江左少年、吴日生写到鲁王、唐王时期张煌言、张名振、郑成功，又从抗清的赵琼华写到桂王时期李定国等抗清的《翠湖曲》”。

的诗词一样；他从夏完淳事迹中看到的也是一种乱世美学。在《夏完淳之家庭师友及其殉国前后的状况》一文中，他一开始强调的也是夏完淳的“才”，并极力为他的“天才”辩护[①]；话剧中则加入盛蕴贞对他的爱情，在晚明的离乱背景下，《南冠草》讲述的其实是一段才子佳人的故事，《桃花扇》式的乱世之情，说的是兴亡，却也带着审美的眼光。柳亚子则不同，他有志于南明史研究，始于1939年，他身处沦陷区上海“活埋庵”之时，是将其当作“消愁解恨的活宝”[②]。因而，南明对于柳亚子来说，实具有安身立命的意义。

不过，柳亚子与郭沫若之间的分歧，也不仅仅是诗与史的差别，其实质更在于对待南明的不同历史意识。对于柳亚子来说，他的南明史研究，固然有针对中日战事的现实目的，但同样也是他早年种族革命思想的延续。在爱国学社读书期间，他便结识了鼓吹种族革命的章太炎、邹容等人，邹容的《革命军》还是他与蔡冶民、陶亚魂等人资助出版的，后来他加入同盟会，编辑《复报》鼓吹革命。对于南社与同盟会之间的相承关系，柳亚子曾说道：“同盟会是提倡三民主义的，但实际上，不消说大家对于民生主义都是莫名其妙，连民权主义也不过装装幌子而已。一般半新不旧的书生们，挟着赵宋、朱明的夙恨，和满清好像不共戴天，所以最卖力的还是狭义的民族主义。南社就是把这一个狭义的民族主义来做出发点的。”[③]这表明，柳亚子等人是从朝代更替的历史传统从事革命的。

正如南渡叙事所带来的内在危机——南渡从来就未北归一样，种族革命叙事也带有内在的危机，即如何面对传统的循环史观。这就回到了本部分开头，郭沫若所提出的问题：

> 宋朝在南边搅完了，明朝又到南边来搅完，现在不又是明末宋末的时代了吗？

---

① 郭沫若：《夏完淳之家庭师友及其殉国前后的状况》，《中原》第1卷第2期（1943年9月）。

② 柳亚子著，柳无忌编：《南明史纲、史料》，上海：上海人民出版社，1994年，第312页。

③ 柳亚子：《自传》，柳无忌编：《自传·年谱·日记》，上海：上海人民出版社，1986年，第3页。

冲破那种洄漩，不让历史重演，不正是我们当今的急务吗？[①]

柳亚子也意识到了这一点，他曾批评“中国旧时的史籍，严格说起来，是不能成为历史的。偌大的二十五史，也不过史料而已”[②]。他试图突破这种一朝一姓历史的新方法，是所谓的夷夏之辨，即“以汉人和鞑子的斗争来做本位”，这在他看来是更具普遍性的。然而，他的试验过程往往显得左支右绌，最终还是不免沦为一部史料长编。柳亚子的失败，表明抗战时期传统史观的复兴，虽然为士大夫提供了心灵层面的情感和美学救赎，但当他们试图以此寻找历史出路时，却不免有些局促。

郭沫若与他们的相同之处在于，他首先也是从美学和心理层面，重新召回历史记忆的，并且也尝试从“审美之维”的角度，解决他所面对的历史问题。这一点清晰地表现在他对屈原及其楚文化的解释上。前文述及他从抗战建国的现实出发，将楚文化确立为华夏正统。但他所阐释的楚文化，所提供的解放视景却是美学的：“中国人由楚国来统一，由屈原的思想来统一，我相信自由的空气一定更浓厚，艺术的风味也一定更浓厚。”[③]可见，在他的理想国中，统治者是艺术家。从而在循环史观和夷夏观念之外，建构了新的乌托邦图景。

40年代确实为美学的解放潜能提供了出场的机会，如沈从文也正在完善他的“抽象的抒情”。在“建国”的视野下，美学的感性解放也应该成为建构新的民族国家的有效力量。然而，美学的乌托邦或许最终还是需要转化为历史内景，这样才能真正解决历史问题。因而更多的人将目光转向了现实的政治领域，这就是当时的民主运动。郭沫若向来有着强烈的现实关怀，这体现于他的晚明研究，就是《甲申三百年祭》。在这篇轰动一时的文章中，他否定了史学界的既有共识——明亡于“内忧

① 郭沫若：《遥望宋皇台》，《〈抗战回忆录〉之一章·南迁》，《华商报》1948年8月26日，第三版。按，《郭沫若全集》本中，第三句改为：历史在它长期停滞的期间，就象流水离开了主流一样，只是打洄漩。《郭沫若全集》第14卷，第10页。这大大淡化了郭沫若当时的历史悲剧意识。

② 柳亚子著，柳无忌编：《南明史纲、史料》，上海：上海人民出版社，1994年，第297页。

③ 郭沫若：《论古代文学》，《学习生活》1942年第4期。

外患”，而是将明亡的责任归之于明王朝的制度问题。这就从历史的角度解构了南明的合法性，也终结了他的“南渡”意识，但更为重要的是，他通过李自成等人的“革命”，或者说农民起义，描述了一种新的革命史观和历史远景，成为当时民主运动的呼声之一。而他这种态度，也表露在他同年写给柳亚子的一组和诗中，其一、二、三为：

> 凭栏独醉甕头春，殚怒逢天信不辰。
> 南渡衣冠羊胃烂，东来寇盗羽书频。
> 挽戈我亦思挥日，悬胆谁能解卧薪？
> 方报中原人被发，倭氛已过汨罗湣。
>
> 烽燧连天已七春，流年又届木猴辰。
> 乾纲独断原如此，池渴今看仍自频。
> 驱石犹夸鞭是铁，斱间仍贱足于薪。
> 煤山千古传金鉴，徼幸还飞象海湣。
>
> 黄天当立世当春，民主高潮际此辰。
> 心轴凡三倾折始，战场第二报开频。
> 挟山今见人超海，厝火何堪自寝薪？
> 幸有烛龙章北极，震雷将起马訾湣。[①]

柳亚子当时以“春湣”韵写了近百首诗作。郭沫若的和诗从日寇入侵写起，“南渡”还是晋宋以来的南渡，但意义已变。“羊胃烂”典出《后汉书·刘圣公传》，意指滥封官爵[②]，矛头实指向国民政府，与第三首“厝火寝薪”同。“木猴辰”便是指甲申年，“煤山”不再是凭吊之处，而是历史教训。“战场第二报”指盟军诺曼底登陆，由此知识分子关注问题的重心，由抗战转向了建国。较之柳亚子南明研究的困境，郭沫若这种

---

① 郭沫若：《叠和柳亚子四首》，《潮汐集》，北京：作家出版社，1959 年，第 260—261 页。

② 参考王继权、姚国华、徐培均：《郭沫若旧体诗词系年注释》（下），哈尔滨：黑龙江人民出版社，1984 年，第 55 页。

大开大阖的历史眼光，不能不说是革命史观，尤其是唯物史观所赋予的。实际上，柳亚子也将自己著史的失败，归之于自己唯物史观的缺乏。因此，他将整理史料的目的，最终定位为“以便当代具有唯物史观学识的历史家作为参考时方便一些”[①]。可见，在40年代，唯物史观确实提供了历史的解释力和某种历史叙事的动力。但更值得注意的是，唯物史观的历史解释力，是内在于当时的民主化大潮的。柳亚子与郭沫若关于南明史的唱和，及其寻求历史救赎的尝试，让人想起一年后（1945年）黄炎培与毛泽东那场著名的对话：

> 黄炎培：我生六十多年，耳闻的不说，所亲眼看到的，真所谓“其兴也浡焉”，“其亡也忽焉”，一人，一家，一团体，一地方，乃至一国，不少单位都没有能跳出这周期律的支配力。……一部历史。“政怠宦成”的也有，“人亡政息”的也有，“求荣取辱”的也有。总之没有能跳出这周期率。中共诸君从过去到现在，我略略了解的了，我是希望找出一条新路，来跳出这周期率的支配。
>
> 毛泽东答：我们已经找到新路，我们能跳出这周期率。这条新路，就是民主，只有让人民来监督政府，政府才不敢松懈。只有人人起来负责，才不会人亡政息。
>
> 我想：这话是对的，只有大政方针决之于公众，个人功业欲才不会发生。只有把每一地方的事，公之于每一地方的人，才能使地地得人，人人得事。把民主来打破这个周期率，怕是有效的。[②]

日本侵略所带来的民族危机，最终转化成了国内政权的制度危机；从循环史观的隐忧到走出“周期律”，美学的救赎最终让位于历史的救赎。黄炎培的问题，郭沫若早就给予了回答。

---

① 柳亚子著，柳无忌编：《南明史纲、史料》，上海：上海人民出版社，1994年，第292页。

② 黄炎培：《延安归来》，出版地未标注：华中新华书店印，1945年，第34—35页。

唱和传统的现代嬗变

诗可以群："寿郭"唱和

诗可以怨："屈原"唱和

诗可以党："沁园春"唱和

文学与政治的"唱和"

重庆时期，除了士林间的唱和，如"寺字韵""鞭字韵"唱和以外，郭沫若还参与了三次较为集中且影响较大的诗词唱和，分别是"寿郭"唱和、"屈原"唱和与"沁园春"唱和。前两次唱和都是以郭沫若为中心，在第三次唱和中，他也是主要参与者。这三次唱和的共同点，是唱和都源于社会与文化事件，而且与政治文化密切相关。本部分将历时梳理这三次唱和事件，考察诗词唱和在不同事件中的不同功用，以及这一文人传统在现代政治文化影响下的嬗变。同时，也借助诗词唱和的视角，考察郭沫若在三次唱和中所扮演的不同角色，及其立场、心态的变化。

一、诗可以群："寿郭"唱和

寿诗既是文人传统，也是士人交流的雅事。1941 年 11 月，郭沫若于五十初度之际，便收到来自各方友朋的数十首贺诗。这包括董必武、吴克坚等中共驻重庆办事处人员，也有政府官员冯玉祥、陈布雷、梁寒操、潘公展等。但更多的则来自学者文人圈，如顾一樵、马衡、柳亚子、沈钧儒、卢前（冀野）、沈尹默、田汉等。除诗词外，尚有周恩来、老舍、茅盾、周扬、宗白华等数十篇纪念文章，文协刊物《抗战文艺》也为其出专刊，加上同时期各大报刊的报道，可谓重庆文化界的盛事。

从新文学的传统来看，五十做寿非郭沫若始。知堂五十自寿诗不仅和者纷纷，而且引起京沪文坛骚动，一度受到左派的激烈批判。鼎堂五十寿辰，规模则远过之。二者相同之处，都由旧体诗词充当交流媒介。不同的是，“寿郭”活动一开始就发生于政治文化的空间之内。

“寿郭”的缘起，是共产党文化政治运动方式的转变。皖南事变之后，共产党加大了国统区政治工作的力度，同时也转变了政治工作的方式，转而利用祝寿、丧吊等传统习俗，积极开展政治运动。正如中共南方局在给中共中央的报告中所总结的：“由于当局之种种压迫，过去文化活动的方式已不能用，被迫产生新的方式。借文化人的红白日，郭沫若氏之五十寿辰，冯玉祥之六十寿辰，张冲之追悼会等等，以此方式进行一些文化活动。”[①] 而据吴奚如介绍，中共早在1938年夏便根据周恩来提议，决议以郭沫若为鲁迅的接班人，树为新的“中国革命文化界的领袖”[②]。从周恩来1941年所发表的《我要说的话（代论）》来看，吴奚如此说不虚[③]，1941年的祝寿活动正是这一决议在文化界的具体实践。

对该次活动，共产党和左翼文化人计划得较为周密，涉及范围也极广，不仅动员了重庆文化界，也动员了香港、桂林、延安等地的文化人。活动虽为中共发起，但一如既往，政党并不直接出面，而是借助中华全国文艺界抗敌协会、中苏文化友好协会、“抗敌剧协”、救国会等文化或社会组织出面，以使祝寿活动显得较为自然。在中共及各团体的广泛动员和周密筹备下，活动得到了较多文化人的响应。不过，各团体虽在同一个舞台唱戏，侧重点却各不相同。

周恩来将郭沫若确定为继鲁迅之后的“革命文化的班头”[④]。在他看来，“鲁迅的时代，是一半满清，一半民国的时代”，而郭沫若“既没有在满清时代做过事，也没有去北洋政府下任过职，一出手他就已经在‘五四’前后”，因此，“郭沫若创作生活二十五年，也就是新文化运动

---

① 《南方局关于文化运动工作向中央的报告（1942年）》，《南方局党史资料·文化工作》，南方局党史资料编辑小组编，重庆：重庆出版社，1990年，第13页。

② 吴奚如：《郭沫若同志与党的关系》，《新文学史料》1980年第2期。

③ 也可参考段从学：《郭沫若史实二题》，《郭沫若学刊》2006年第3期。

④ 周恩来：《我要说的话（代序）》，《新华日报》1941年11月16日，第二版。

的二十五年”。基于郭沫若与鲁迅二人社会背景的历史差异，周恩来得出了他的历史性结论：

鲁迅自称是革命军马前卒，郭沫若就是革命队伍中人。鲁迅是新文化运动的导师，郭沫若便是新文化运动的主将。鲁迅如果是将没有路的路开辟出来的先锋，郭沫若便是带着大家一道前进的向导。鲁迅先生已经不在世了，他的遗范尚存，我们会愈感觉到在新文化战线上，郭先生带着我们一道奋斗的亲切，而且我们也永远祝福他带着我们奋斗到底的。[①]

周恩来的这篇文章，不仅巩固了郭沫若文坛祭酒的地位，对日后文学史的叙述也不无影响。与之形成对照的，是国民政府官员的态度，时任国民党文化运动委员会主任委员的张道藩，在“郭沫若创作二十五周年纪念茶会”上表示，“郭先生除了文学上的成功，还有他事业上的成绩，他革命，他北伐，他抗战，他建国”[②]；而潘公展与郭沫若早有诗酒之交，此时也朗诵了“一首古体的贺诗”，“并且说起郭先生弃家回国那段凄绝悲壮的故事，说是回国以后郭先生的诗，他读来也流泪”[③]；时任政治部副部长的梁寒操不仅出席讲话，也有诗赠予郭沫若。从张道藩、梁寒操及潘公展等国民党文化大员均出席，发表讲话、赋诗，以及《中央日报》《扫荡报》等官方媒体的大篇幅报道等情况，表明从国民党的角度来看，为郭沫若做寿不仅毫无不当之处，郭沫若抗敌的决心、建国的热情同样也是值得宣传的主流价值。据郭沫若秘书翁植耘回忆，连何应钦都曾亲自送去寿联[④]。历史现场的这种复杂情形，与日后左翼知识分子的回忆有较大差异。作为文协主席的老舍也发表了讲话，他重点强

① 周恩来：《我要说的话(代序)》，《新华日报》1941年11月16日。第一、二版。
② 本报采访组特写：《创作之寿 郭沫若五十生辰文化界集会庆祝》，《中央日报》1941年11月17日。
③ 同上。
④ 翁植耘：《文化堡垒——回忆郭老领导的文化工作委员会》，翁植耘、屈楚等编著：《在反动堡垒里的斗争——忆解放前重庆的文化生活》，重庆：重庆出版社，1982年，第20页。

调了郭沫若在文学创作方面的成就，并且提倡“拿工作来纪念郭沫若先生，成立研究会，设立奖学金，刊行郭沫若全集与选集”[①]。从老舍对郭沫若文化成就的强调也可看出，郭沫若的文化人身份是各个派别所能接受的共同身份。

郭沫若在此过程中处于什么地位呢？据时任主任秘书的阳翰笙回忆，当周恩来提及要给郭沫若做寿时，郭沫若当即谦辞[②]。而郭沫若在致别人的信中也曾表露他的心迹：“祝寿之举甚不敢当，能免掉最好。照旧时的规矩来讲，先君于前年五月逝世，今岁尚未满服，更不敢说上自己的年岁来也。”[③]在纪念会的答词中他也是极为谦诚，将众人的褒奖喻为催人奋进的鞭子，同时以燕昭王求士的故事，说明“今日之会，在鼓励更优秀之作家”[④]。这种谦逊固然不乏交际辞令的意味，但就回赠诗作的对象范围看，部分表明他此时的中立姿态，至少在公众视野中是如此。

据目前的资料，他诗词酬答的对象主要是陈布雷、柳亚子、沈尹默、马衡（叔平）等人。陈布雷是“寿郭”活动的发起者之一，但他参与此事的过程却较为特殊，他的外甥翁植耘，此时恰为郭沫若的秘书，翁植耘其实是以私人关系要求陈布雷参与发起。但陈布雷不仅具名发起，而且还写了四首寿诗给郭沫若：

郭沫若君五十初度，朋辈为举行二十五周年创作纪念，诗以贺之。

滟滪奔流一派开，少年挥笔动风雷，
低徊海澨高吟日，犹似秋潮万马来。
（先生以文艺创作公于世，以民国十年前后最多，时余同客海上。）

---

① 杨庚：《诗笔灿烂的二十五年——郭沫若先生创作生活廿五年茶会纪》，《新华日报》1941年11月17日。

② 阳翰笙：《战斗在雾重庆——回忆文化工作委员会的斗争》，《新文学史料》1984年第1期。

③ 郭沫若：《致××》，《戏剧春秋》第一卷第五期（1941年10月10日）。

④ 《文坛佳话——陪都文化界祝贺郭沫若》，《扫荡报》1941年11月17日。

搜奇甲骨箸高文，籀史重徵起一军，
伤别伤春成绝业，论才已过杜司勋。
(君客居东邦，以甲骨金文理董古史，成绩斐然。)

刻骨酸辛断藕丝，国门归棹恰当时，
九州无限抛雏恨，唱彻千秋堕泪词。
(七七变起，君自东瀛别妻孥归国，当时有“别妇抛雏断藕丝”“登舟三宿见旌旗”句，时为传诵。)

长空雁侣振秋风，相惜文心脉脉通，
巫岫云开新国运，祝君采笔老犹龙。[①]

第一二首诗写郭沫若创作与研究的成绩；第三首写其慷慨赴国难，需留意的是，这首诗是步郭沫若《黄海舟中》（又当投笔请缨时）诗韵，是唱和之作；第四首提及了二人共同的文人身份。陈布雷与郭沫若早有交往，据李一氓回忆，北伐时期，郭沫若曾为蒋介石引荐陈布雷[②]，郭任第三厅厅长期间，与陈布雷也多有过往。但陈布雷的诗并未涉及太多私人情谊，而是着眼于他的著述事业，相对忽略了郭沫若自己最重视的北伐经历和抗战期间第三厅的政治活动，可见陈布雷对郭沫若的肯定主要是从文学和学术上着眼，对其政治经历则觉得不足道，这在他致郭沫若的私信中写得更明确，信的原文是：

沫若先生大鉴：

三叶集出版时之先生，创造社时代之先生，在弟之心中永远活泼而新鲜。至今先生在学术文化上已卓尔有成。政治

---

① 陈布雷：《沫若先生二十五年创作纪念诗》，《大公报》1941年11月28日。按，《大公报》仅刊载二人的唱和诗作，至于陈布雷的注释文字，见植耘：《郭沫若与陈布雷》，《战地》1980年第4期。

② 李一氓：《模糊的荧屏：李一氓回忆录》，北京：人民出版社，1992年，第74页。按，蒋介石早有延引陈布雷之意，早有交往。

> 生活实渺乎不足道。先生之高洁，先生之热烈与精诚，弟时时赞叹仰佩。弟虽一事无成，然自信文士生涯、书生心境，无不息息相通。国家日趋光明，学人必然长寿。此非寻常祝颂之词也。唯鉴不尽。
>
> 弟陈布雷　谨上[1]

“政治生活实渺乎不足道”，这既是陈布雷的个人感悟，也是他对郭沫若的劝诫。或许是陈布雷言辞的恳切，郭沫若及时写了和诗，并将陈布雷的诗与自己的唱和之作，一并在《大公报》上刊载，郭沫若的和诗为：

> 第寒深深未易开，何从渊默听惊雷，
> 知非知名浑无似，本有春风天际来。
> 欲求无愧怕临文，学卫难能过右军，
> 樗栎散材绳墨外，只堪酒战策功勋。
> 自幸黔头尚未丝，期能寡过趁良时，
> 饭蔬饮水遗规在，三绝韦编爻象词。
> 高山长水仰清风，翊赞精诚天地通，
> 湖海当年豪气在，如椽大笔走蛇龙。[2]

郭沫若以自嘲的方式，说自己文章书法均不见佳，并表示假以时日，或可在学术研究上有所创获，由此，郭沫若对于陈布雷的看法——名山之业重于政治，至少从表面上也是认可的。这点在他与柳亚子等人的唱和中也有所体现。柳亚子时在香港，是香港文艺界“寿郭”活动的发起人之一，在宾朋欢聚之余，雅爱赋诗的他“先赋一律，兼柬渝都索和”，诗为：

---

① 转引自（翁）植耘：《郭沫若与陈布雷》，《战地》1980年第4期。

② 郭沫若：《敬步原韵呈畏垒先生教》，《大公报》1941年11月28日。按，据翁植耘所记，第一首开头为“茅塞”，《大公报》或系误排。

温馨遥隔市声哗，小小沙龙淡淡花。
北伐记擐金锁甲，东游曾吃玉川茶。
归来蜀道悲行路，倘出潼关是旧家。[①]
上寿百年才得半，祝君玄发日休华。[②]

颔联写郭沫若北伐与东渡事，颈联“倘出潼关”是今典，因郭沫若有诗句“驱车我欲出潼关”。潼关位于西安以东，为三秦门户，历代兵家所争之地。郭沫若此句向被解释为对延安的向往，虽不无道理，但也可理解为发抒抗战豪情（延安实际上在西安以北）。如老舍《潼关炮声》一诗，便有“瓦砾纵横十万家，潼关依旧障京华”[③]句，将潼关作为保卫京阙的屏障。从柳亚子诗无法看出究为何指，但郭沫若的和诗却绕开这些话题，别有怀抱。诗有小序：“五十初度，蒙陪都延安桂林香港星岛各地文化界友人召开茶会纪念，亚子先生寓港并为诗以张其事，敬步原韵奉和，兼谢各方诸友好。”表明该诗除了酬答柳亚子，也是对公众的回应，诗为：

千百宾朋笑语哗，柳州为我笔生花。
诗魂诗骨皆如玉，天北天南共饮茶。
金石何缘能寿世，文章自愧未成家。
只余耿耿精诚在，一瓣心香敬国华。[④]

和诗重在和意，郭沫若该诗却未涉及柳亚子或自己的革命生涯，而是落脚于“文章”事业。该诗可与此前他与金静庵、汪辟疆等人“鞭字韵”唱和对读，郭沫若在《题富贵砖》便有句“贞寿逾金石，清风拂徽

① 此句诗后本有作者原注：先生有“朔郡健儿身手好，驱车我欲出潼关”之句。
② 柳亚子：《十一月十六日为沫若先生五十生朝，入夜有纪念晚会，先赋一律兼柬渝都索和》，《磨剑室诗词集》下，柳亚子文集编辑委员会主编，上海：上海人民出版社，1985 年，第 943 页。
③ 老舍：《诗四首・潼关炮声》，张桂兴编注：《老舍旧体诗辑注》，北京：中国国际广播出版社，2000 年，第 60 页。
④ 郭沫若：《柳郭唱和诗二首・和诗》，《新华日报》1941 年 12 月 2 日。

弦”，金汪二人都有和句。对于该句，有解为郭沫若政治上自明心志者，这或有不妥，此典出《古诗十九首》。《回车驾言迈》有“人生非金石，岂能长寿考”句，慨叹人生苦短，郭沫若《题富贵砖》反用此典，释之以旷达，而和亚子诗则正用此典，以鞭策自我。此外，对于马衡和沈尹默等人的和诗，郭沫若在酬答中也多侧重名山事业，尤其是学术研究上的志向，延续了此前他热衷考古的姿态。

因此，虽然此次“寿郭”活动为中共发起，各方的积极介入却一定程度上稀释了它的政治色彩，毋宁说这本身也是共产党需要的效果。而郭沫若也通过与士林耆老、学界宿将之间的诗词往来，成功地树立起一个中间派人士的形象。由此也可看出他此时的立场和心态，如与陈布雷唱和便以文运升降相互期许。从唱和的角度来看，他与学界士林间以诗词互为酬答，并开启了他与柳亚子之间的唱和生涯，延续的是借助诗词唱和论交、“诗可以群”的文人传统。当然，不可否认的是，“诗可以群”也是有限度的，当时柳亚子还有两首寿诗给郭沫若，同时他也将诗呈给曾琦（慕韩）。其二为：“两贤相厄更相匡，各抱千秋铁石肠。……同有峨嵋灵气在，齐年五十鬓休霜！”[1] 曾琦为青年党党魁，20 年代中期郭沫若曾与青年党的国家主义展开论争，抗战时期青年党成为国共之外的第三大党，而郭沫若也步入政界。显然，柳亚子是想以唱和的方式，让郭沫若与曾琦修好，但未见郭沫若和诗。这表明郭沫若与曾琦之间的立场分野，诗词无法使之愈合，此时的中间势力，是有特殊立场的一群人，但他们各怀平戎之策和建国方略，彼此之间也存在分歧。

二、诗可以怨：“屈原”唱和

《屈原》唱和，是《新华日报》的一个专栏。1942 年 4 月 13 日，《新华日报》刊载了黄炎培、董必武与郭沫若三人的唱和诗词，虽然以

---

① 柳亚子:《郭沫若先生五十寿诗兼呈愚公索和，仍叠匡字韵。愚公先生今年亦五十初度，又两先生兼蜀籍，故次章及之云》，《磨剑室诗词集》下，柳亚子文集编辑委员会主编，上海：上海人民出版社，1985 年，第 948 页。

《〈屈原〉唱和》为总题，但无其他按语，显然一开始并无设置专栏之意，后来和者纷纷，《〈屈原〉唱和》便成为固定栏目。因此，学界往往将其视为“寿郭”事件的延续，尤其是放在“左翼剧运”的框架内考察，而相对忽略了唱和的独立性。唱和的参与者，其实很多都未观看话剧，仅仅是以屈原为话题而已，因此“《屈原》唱和”实难涵盖所有的诗作。同时，唱和诗词也不仅发表于《新华日报》，如黄炎培、郭沫若之间的唱和一开始便发表于《新民晚报》，《新华日报》只是转载，并附载了董必武的和诗。因此以“‘屈原’唱和”为题或更为贴切，这意味着大家所关注的，更多是屈原与当代知识分子命运间的关联性，而不仅仅是话剧《屈原》所带来的社会效应。

如果说郭沫若是被动地参与“寿郭”运动，唱和诗词也多是回赠的话，“屈原”唱和则略有不同。在整个唱和过程中，郭沫若都表现得相当主动。据黄炎培日记载，1942 年 4 月 7 日中午，他与郭沫若同饮于朱氏熙园，同席有沈衡山、张仲仁、于右任、江庸等，多人即席赋诗[①]。翌日所记为：

> 夜，郭沫若赠票，邀观所著《屈原》剧上演，邻座张蓉贞之妹。
>
> 既读郭沫若所为《屈原》剧本，复观上演，成二绝句：
>
> 不知皮里几阳秋，偶起湘累问国仇；
> 一例伤心千古事，荃茅那许辨薰莸。
>
> 阳春自昔寡知音，降格羞向下里吟；
> 别有精神难写处，今人面目古人心。[②]

4 月 9 日，他“讯谢郭沫若”，并附赠自己的《苞桑集》[③]；11 日“得

① 黄炎培 1942 年 4 月 7 日日记，《黄炎培日记》第 7 卷，北京：华文出版社，2008 年，第 249 页。
② 黄炎培 1942 年 4 月 8 日日记，同上书，第 250 页。
③ 黄炎培 1942 年 4 月 9 日日记，同上书，第 251 页。

郭沫若和诗二绝”[1]。其间，黄炎培还曾将《屈原》二绝抄示他的女友姚维钧，及诗友江庸。12 日该诗便在《新民晚报》刊出，旋即为《新华日报》转载，受到诗词爱好者的关注，并迭有和作。而黄炎培因要南下，实际上在这次唱和中是缺席的。可见，现代媒体对诗词唱和这一传统的改变。对照周作人的自寿诗，虽然它也经林语堂的发表而广泛传播，但和者刘半农、钱玄同、胡适、蔡元培等多为圈内人；“屈原”唱和则不同，它不仅超出了圈子的限制，而且也超出了党派的限制，使诗词唱和从私人交谊走向了公众。郭沫若在这次唱和中的积极姿态也颇值得关注。

黄炎培诗前原有小序：“既读郭沫若所为《屈原》剧本，复观表演，率成二绝句奉赠，沫若其为道者乎？”[2] 对自己所领会的《屈原》主旨颇为自信，无论是“皮里阳秋”，还是“今人面目古人心”，都道出了郭沫若“失事求似”的史剧观，可谓知音。郭沫若的和诗为：

> 两千年矣洞庭秋，嫉恶由来贵若仇。
> 无那春风无识别，室盈薋菉器盈菰。
> 寂寞谁知弦外音，沧浪泽畔有行吟。
> 千秋清议难凭借，瞑目悠悠天地心。[3]

郭沫若诗延续了黄炎培两首诗的主题，第一首写屈原精神，郭沫若将其具体化为“嫉恶如仇”的道德观；第二首写《屈原》的弦外之音，郭诗也进一步点出《屈原》确有“弦外之音”。他还将屈原与士林的“清议”传统连接起来，“千秋清议难凭借”是对清议社会效应的怀疑，而“瞑目悠悠天地心”一句，却又转向对清议维系价值体系的肯定，同时也将自己纳入了清议的历史脉络，有自我指涉的意味。如果将《屈原》

---

① 黄炎培 1942 年 4 月 11 日日记，《黄炎培日记》第 7 卷，第 252 页。

② 《〈屈原〉唱和》，《新华日报》1942 年 3 月 17 日，第三版。

③ 同上。

话剧及其后的唱和置于“清议”这一传统来考察，郭沫若等人的诗词唱和便不能简单地以“政治斗争”来概括，尤其难以具体化为政党运动，而应该是士大夫议政干政的讽谏传统，是文人的牢骚语，也是独特的美芹之献；这一点联系到前文所述他与汪辟疆、金静庵之间的唱和，体现得便更为明显。

而《新华日报》为何转载郭黄的唱和，且将之置于第三版，而非第四版的副刊，也有缘故。原来，在一个月之前，中共南方局接到毛泽东的电文，毛泽东转告了张申府的建议，“希望把党报变为容许一切反法西斯的人说话的地方”，毛表示同意，并要求“《新华日报》也宜有所改进”。南方局在3月18日致毛泽东的电文中报告了《新华日报》的改进情况：副刊开始吸收外稿，“第三版设了‘友声’，专门发表党外人士的意见”[①]。无论是黄炎培、郭沫若，还是紧随其后赋诗唱和的沈钧儒、张西曼、吴藻溪（西南大学教务长，九三学社发起者之一）等都是“友声”，而陈禅心、邓吉云等更是政府军人。“《屈原》唱和”的栏目也始终位于第三版，偶或挪至第二版。

对于此次唱和，学界往往只提及黄炎培、郭沫若等知名人物，而相对忽略了其他参与者，实际上这次唱和还形成了一个次级的唱和圈，这便是以陈禅心为中心，包括陈树棠、陈建业父子、柯璜等人的唱和往来。陈禅心，福建人，战时参加空军，精于集句，与南社诗人柳亚子、林庚白（福建人）、叶楚伧等人有交往，曾得郭沫若赏识，二人早有诗词往还，其集句诗《抗倭集》有郭沫若和柳亚子序。郭在1939年所作的序言中称其为“爱国诗人而兼集句圣手”[②]。陈禅心观剧也是出于郭沫若之邀，这从他的集句诗《郭沫若先生邀余观看话剧〈屈原〉》可以看出，当他看到报上黄郭等人的唱和之后，很快便和了一首，虽然他与郭沫若有文字来往，但他对《屈原》一剧还是有自己的看法，似乎对郭沫

---

① 转引自《周恩来年谱：1898—1949》(修订本)，力平、方铭主编，北京：中央文献出版社，1998年，第540页。

② 郭沫若：《〈抗倭集〉诗序》，陈禅心：《抗倭集》，福州：海峡文艺出版社，1986年，第2页。按，该诗集战时未能出版。

若等人的牢骚语略有不满。其诗为："灵均辞赋已千秋，此日应须写国仇。欲为两间撑正气，唇枪舌剑论薰莸。"[①] 委婉指出大敌当前"应须写国仇"，因而对"唇枪舌剑"辩论忠奸问题略有讥刺。柯璜首次唱和时并未观剧，而是因"陈禅心兄以步黄郭董三先生屈原唱和见示，因步原韵，就正大雅"[②]，故他的和诗与陈禅心意近："汨罗遗恨蔑经秋，今古伤心是国仇。偏反婀娜争代谢，苍莽何处认兰莸？"[③] 但他观剧之后，观点有较大转变，因该剧"古调哀音至为感动"，"归叠原韵质之禅心"。诗为："彰弹大义著春秋，岂独沈冤一楚仇？三代人心存直道，神奸无设掩薰莸。"[④] 从春秋大义的角度，认为郭沫若的史剧超出了陈禅心所指摘的个人冤屈问题。不过，陈禅心似未改初衷，他在第二次和诗中甚至有所劝勉："湘水宁为嫉俗音，劫冤更莫作哀吟！若非靳尚工馋口，谁识孤臣独醒心？"[⑤] 靳尚的谗言，似乎反而为验明屈原的忠贞提供了机会，开脱多于责难。联系到不久前的皖南事变，陈禅心在中共党报上发表这样的诗作，其寓意不言自明。

陈树棠、陈建业父子参与唱和，都是因"禅心示以步任之沫若必武诸先生屈原唱和之什"[⑥]。陈树棠，字朴园，与郭沫若本有诗词来往，故不取陈禅心意，是和韵不和意之作；陈建业诗却委婉提及"不重私仇重国仇"[⑦]。就在二陈发表诗作之时，郭沫若发表了答诗，其一重申薰莸之辨，其二有身世之慨："晨郊盈耳溢清音，经雨乾坤万籁吟。始识孤臣何所藉，卅年慰得寂寥心。"[⑧] 郭沫若的感慨来自他的自身经历。该诗有小序："二十六日晨兴，乘肩舆由赖家桥赴壁山途中，大雨初霁，万

① 《新华日报》1942 年 4 月 15 日。

② 《柯璜初先生和诗（有序）》，《新华日报》1942 年 4 月 16 日，第三版。按，"柯璜初"应为"柯璜"，系误排，《新华日报》1942 年 4 月 17 日第二版左下角有更正。柯璜（1877—1963）。

③ 《柯璜初先生和诗（有序）》。

④ 《柯璜先生再叠原韵（有序）》，《新华日报》1942 年 4 月 21 日，第三版。

⑤ 《陈禅心先生再叠原韵（代序）》，《新华日报》1942 年 4 月 21 日，第三版。

⑥ 《岳池陈树棠先生和诗》，《新华日报》1942 年 5 月 7 日，第三版。

⑦ 同上。

⑧ 《郭沫若先生答和诗》，《新华日报》1942 年 5 月 7 日，第三版。

象如新浴。微风习习，鸟声清脆，恬适之情，得未曾有。爰再踵任老韵，奉答赐和诸君子。”[①] 由自身的经历——借风景慰藉寂寥之心，得悟屈原遭际，可见郭沫若此时的寂寞，也可见屈原之于郭沫若的象征性。

但以陈禅心为中心的次级唱和，其对郭沫若这种哀叹个人际遇的微词，不仅与郭沫若的初衷不同，与《新华日报》开辟专栏的目的也相悖。因此，在刊载郭沫若答诗的同时，编者加了一段按语，在一月之内，便匆匆结束了此次唱和。此后黄炎培与郭沫若还有第三次唱和，但刊载时已不用“屈原唱和”之题，而以“黄郭唱和”为题，黄炎培在序中也称：“平生不善步韵为诗，亦不敢重劳诸君子赐和也。”[②] 从而婉言退出了唱和，一向谨慎的黄炎培或许也是不愿卷入《新华日报》太深。郭沫若倒是意犹未尽，其酬答之作有序：“任老自湄潭来归，赠以新作。次韵再吊三闾，却寄呈教。步步趋趋，瞻前顾后，殊得暂时忘机之乐，敢云劳乎哉？”[③] 以诗忘忧，可见郭沫若心中的不满情绪。但郭沫若兴致再好，此后《新华日报》也未见和诗。因此，由《新华日报》发起的唱和其实只持续了一个月左右，学界有称“半年之久”者，可能要旁及其他刊物，以及私人唱和领域。

就郭沫若两次答诗的小序来看，他所抒发的多是个人的寂寞之情，联系到此时郭沫若的遭遇更是如此。1940 年年底，他转任文化工作委员会主任。“文工委”是一个以学术研究为主的机构，对于郭沫若个人来说，这要求他从政治工作转向学术研究；而从他与国民党的关系来看，其实是蒋介石政府对他的疏远。这对于满腹救国热情、积极用世的郭沫若，不啻一个绝大的打击，如此，他才会对屈原被逐如此同情。联系到此时前后郭沫若对汉砖拓片的兴趣、与田汉骑马郊游等活动，郭沫若这里所说的，将诗词唱和作为打发闲暇的方式，不乏针砭时弊之意。这一点也体现于田汉写给郭沫若的祝寿之作中：

---

① 《郭沫若先生答和诗》,《新华日报》1942 年 5 月 7 日，第三版。

② 《黄任之先生诗》,《新华日报》1942 年 5 月 18 日，第二版。

③ 《郭沫若先生和诗》,《新华日报》1942 年 5 月 18 日，第二版。

壮士的手
不摩挲宝剑，
而摩挲“延光四年”的砖纹。
对着
洞庭的霜叶，
又想起楚的湘累，
汉的逐臣[①]

抗战初期，郭沫若去长沙找田汉时，曾写过一首诗：“洞庭落木余霜叶，楚有湘累汉逐臣。苟与吕伊同际遇，何缘憔悴作诗人。”在田汉看来，“一个以‘吕伊’自况的人不能不在故纸堆中过着憔悴的生活也决不是国家之福！”[②]可见郭氏也是被“放逐”之人，这也是他“怨”的由来。而从他们的唱和诗词来看，所强调的也多是传统士大夫式的忠奸之辨，如多借助楚辞中的香草美人意象，作为批判奸邪褒扬忠臣的象征手法，不仅是代屈原鸣冤，也是被黜者的“怨刺”，“怨刺上政”，是文人“清议”的方式。因而，屈原唱和延续的是“诗可以怨”的传统。从这个角度来看，“屈原”唱和的政治批判性有限，且不说陈禅心等人的唱和本就貌合神离，即便是黄炎培等人的“道者”之作，其作用或许也只是如郭沫若所说，使他暂得“忘机之乐”。

三、诗可以党：“沁园春”唱和

郭沫若第三次因社会文化事件而参与诗词唱和是1945年年末，和的是名词——《沁园春·雪》。此次唱和，与传统文士间的诗词酬答不同，不仅在形式上不同于普通的唱和，他参与唱和的原因及心理也更为复杂。

① 田汉：《南山之什——为沫若兄五十寿辰而作》，《新华日报》1941年11月16日。按，该诗是田汉为《英雄的插曲》所写的歌词，《英雄的插曲》是杜萱根据郭沫若事迹所编写的话剧，于郭沫若五十寿辰之际在桂林上演。

② 田汉：《AB对话——寿沫若先生五十之一》，《文艺生活》第1卷第3期（1941年11月15日）。

郭沫若之所以参与"沁园春唱和"，与毛泽东该词在重庆发表后所引起的社会反响有关。1945 年重庆谈判期间，柳亚子为完善《民国诗选》，请毛泽东誊录《长征》组诗[①]，盖该诗因斯诺《西行漫记》中有记录而广为人知[②]。但毛泽东录给柳亚子的诗，除了《长征》外，还有《沁园春·雪》，这便是后来所谓的"信笺"本，为现存《沁园春·雪》的最古本[③]。柳亚子本为南社狂人，对一切流派词家向不放在眼里，即便是于右任，他也认为"是名家而不是大家"，但对毛泽东的诗词则极为佩服："毛润之一枝笔，确是开天辟地的神手。"[④]因而在收到该词后，他便和了一首，一并送给《新华日报》要求发表。《新华日报》以需要请示为由，只发表了柳亚子的和词，而未发表毛泽东的原词[⑤]。但该词已不胫而走，逐渐在文士间传播开来。

时任《新民报晚刊》副刊"西方夜谭"编辑的吴祖光，也得到了一份抄件，虽然友人以《新华日报》不发表的情况规劝他不要发表，但编辑的职业敏感告诉他，"这样的稿件是可遇难求的最精彩的稿件"，"是无论如何也不能放弃的稿件"[⑥]，从而执意将原词登载于 1945 年 11 月 14 日《新民报晚刊》的副刊"西方夜谭"上。但他还是谨慎地加了按语："毛润之氏能诗词似尠为人知。客有抄得其沁园春咏雪一词者，风调独绝，文情并茂。而气魄之大乃不可及。据氏自称则游戏之作，殊不足为青年法，尤不足为外人道也。"[⑦]此词一发表，便激起了千层浪。

首先是重庆《大公报》转载了该词，随后，《中央日报》《益世报》《和平日报》（原《扫荡报》）三大报在 12 月 4 日同时刊载了四篇和词

---

① 廖辅叔:《柳亚子先生言行小记》,《文史资料选辑》第 69 辑(1980 年 5 月)。

② 斯诺:《西行漫记》,王厂青等译,出版地未标注:复社印行,1938 年,第 249—250 页。

③ 按,学界因此对该词的创作时间也有争议。

④ 柳亚子:《柳亚子的字和诗》,中国革命博物馆、上海人民出版社编:《磨剑室文录》下,上海:上海人民出版社,1993 年,第 1470—1471 页。

⑤ 柳亚子:《关于毛主席咏雪词的考证》,周永林编:《〈沁园春·雪〉论丛》,重庆:重庆出版社,2003 年。

⑥ 吴祖光:《话说〈沁园春·雪〉》,《新文学史料》1978 年第 1 期。转引自黄中模:《毛泽东咏雪词——〈沁园春〉词话》,太原:山西人民出版社,2004 年,第 118 页。

⑦ 《毛词沁园春》,《新民报晚刊》(重庆) 1945 年 11 月 14 日,第二版。

与两篇批判文章。“三湘词人”易君左的和词是写作较早的，其词有序：“乡居寂寞，近始得读《大公报》转载毛泽东柳亚子二词，毛词粗犷而气雄，柳词幽怨而心苦，因次韵成一阕，表全民心声，非一人私见，并望天下词家，闻风兴起！”词为：

国脉如丝，叶落花飞。梗断蓬飘。痛纷纷万象，徒呼负负，茫茫百感，对此滔滔。杀吏黄巢，坑兵白起，几见降魔道愈高。神明胄，忍支离破碎，葬送妖娆。　黄金难贮阿娇，任冶态妖容学细腰。看大汉孤烟，生擒颉利，美人香草，死剩离骚。一念参差，千秋功罪，青史无私细细雕。才天亮，又漫漫长夜，更待明朝。[①]

三大报同时刊载和诗，且多为批判之作，显然是有组织的行为。如果先撇开政治立场，易君在该词透露了当时部分知识分子的隐忧。易君左词中所谓“天才亮”，既指抗战的胜利，也指这一年国共谈判所初步达成的共识，尤其是刚签署的《政府与中共代表会谈纪要》（双十协定），使知识分子看到了和平建国的可能。因此，他们才会对革命者的“气雄”如此敏感，似乎感到“漫漫长夜”再临的威胁，以致反应如此激烈。对此，《中央日报》同日刊载的署名“耘实”的和作说得更为明白：“君休矣，把霸图收拾，应在今朝。”[②]一月之内，仅这三大报刊所载和诗即近30首，其出发点与易君左并无二致。只是易君左词多讥刺和误解，而其他词作多是劝诫。对内战的隐忧，使当时唱和的着眼点，并未停留于所谓的帝王思想，而是更为具体的现实问题，也就是说，和者所担忧的与其说是有帝王思想，倒不如说是笼罩在重庆的内战氛围。

正是鉴于文化界的臆测，郭沫若写作了他的和词，试图澄清事实。其词为：

---

① 易君左：《沁园春》，《和平日报》1945年12月4日。

② 耘实：《沁园春》，《中央日报》1945年12月4日。

国步艰难，寒暑相推，风雨所飘。念九夷入寇，神州鼎沸；八年抗战，血泪天滔。遍野哀鸿，排空鸣鹏，海样仇深日样高。和平到，望肃清敌伪，除解苛娆。 西方彼美多娇，振千仞金衣裹细腰，把残钢废铁，前输外寇；飞机大炮，后引中骚；一手遮天，神圣付托，欲把生民力尽雕。堪笑甚，学狙公芧赋，四暮三朝。[①]

这首和词并未正面为毛辩护，而是荡开一笔，写美国对国民政府的战略援助，正如当时有人指出的："虽次毛泽东原韵，但对毛氏之词意，并无反应，而借题发挥其'反美'之思。"[②] 但此人所忽略的，是郭沫若与易君左等人分享着同样的内战焦虑，只是易君左着眼的是延安，而郭沫若则担忧美国的武器援助，也可能引发内战。当时，像郭沫若这类声援的和词并不多见，连《新华日报》都未作任何回应[③]；而媒体对毛词的批判，也超出了官媒，如中间派的《平论》也有文章称："毛先生的词，确实是气概非凡，从秦皇汉武一直数到唐宗宋祖，成吉思汗，结句'数风流人物，还看今朝'，大有天下英雄，惟使君与操耳的意思。以毛先生今日的地位言，亦不能说他自负过甚。但一再讽诵，总觉得字里行间流露的英雄主义色彩过于浓厚，出于共产主义者领袖之口，好像有点令人惊奇。"[④] 该文最终落在对民主的期待上："希望一切俱以民生为前提，使中国走上民主统一的大路，那就是我们老百姓之福了。"[⑤] 这样的说法虽不温不火，但其批判的锋芒是不难感觉到的。正是在类似批判愈来愈多的情况下，郭沫若写了第二首和词：

说甚帝王，道甚英雄，皮相轻飘！看古今成败，片言狱

① 郭沫若：《沁园春》，《新民报晚刊》1945 年 12 月 11 日。
② 危涟漪：《毛泽东"红装素裹"》，《新闻天地》1946 年第 10 期（1946 年 2 月 20 日）。
③ 重庆《新华日报》直到 1946 年 5 月 23 日才转载了锡金《沁园春词话》一文。
④ 张厚墉：《毛泽东先生的词》，《平论》半月刊第 9 期（1946 年 1 月 16 日）。
⑤ 同上。

> 折；恭宽信敏，无器民滔。岂等沛风，还殊易水，气度雍容格调高。开生面正堂堂大雅，谢绝妖娆。　传声鹦鹉多娇，又款摆扬州闲话腰。说红船满载，王师大捷；黄巾再起，蛾眉贼骚。叹尔能言，不离飞鸟，朽木之材未可雕。何足道！纵漫天迷雾，无损晴朝。[1]

该词上阕是对原词的评价，下阕批驳其他人的和作。“无器民滔”是对毛泽东个人的评价，典出《庄子·田子方》“无器而民滔乎前”[2]，此处指如具备“恭宽信敏”的品行，没有帝王之器，百姓也会服从；而“气度雍容”“堂堂大雅”等句，则从美学的角度肯定了词作的崇高美。下阕有较多的“今典”，如“扬州闲话”便是指易君左的作品《扬州闲话》，此书对扬州人的描写颇有不当处，曾一度引起扬州人公愤，甚至被诉诸公堂；“红船满载”“黄巾再起”等，则是针对其他文章和词对革命政权的批判，如某女士的和词就是：“十载延安，虎视眈眈，赤旗飘飘”[3]；吴诚的和词写得更具体：“延寿家风，百世芳流，万年香飘，看长城内外，白骨累累，大河上下，赤血滔滔，遍野黄巾。满地红帻，欲与巢闯共比高，待功成，看白镪煌耀，红粉妖娆。”[4]充满了想象性责难和歪曲。

郭沫若的这首和词，新中国成立后一向被左翼文化人所称道，但究其实际，说服力并不强。其原因在于，郭沫若与他的论敌实面对着同样的时代问题。这既包括反封建议题，如董令狐的《封建余孽的抬头》便从这个角度来批判《沁园春》词，而“封建”一词的现代意义本来就是郭沫若赋予的；另外就是上文所述的反内战思想；更关键的，他们都是从政治的角度解读《沁园春》词的。从这些角度来看，“沁园春”的唱和事件并不仅仅是关于词作的争议，实际上是左右双方关于左翼革命性质的

---

① 《毛词和章·(四)郭沫若》,《客观》周刊1945年第8期(1945年12月29日)。

② 庄子:《田子方》,《庄子集释》,北京:中华书局,1961年,第707页。按,前文所引“目系而道存”亦出自该篇。

③ 蔚素秋女士:《沁园春》,《和平副刊》1945年12月10日。

④ 吴诚:《沁园春·步和润之兄》,《和平副刊》1945年12月5日。

交锋。此时，左翼知识分子正在批判蒋介石的“新独裁主义”，倡导民主运动，而易君左等人对《沁园春·雪》的批判，看似是论词，但从相关言论来看，则是将诗歌修辞直接转换为现实政治的对位结构，以此作为对左翼批判的反击，但充满对延安革命的隔膜和误解。

郭沫若曾试图从根本上解决这个问题，即借革命话语正面阐释该词的“底子”。在回应《大公报》主笔王芸生的责难时[①]，郭沫若写了《摩登唐吉珂德的一种手法》，对《沁园春·雪》的意义作了正面的解释：“我的揣测是这样。那是说北国被白色的力量所封锁着了，其势汹汹，‘欲与天公试比高’的那些银蛇蜡象，遍山遍野都是。那些是冰雪，但同时也就是像秦皇汉武、唐宗宋祖，甚至外来的成吉思汗的那样一大批‘英雄’。那些有帝王思想的‘英雄’们依然在争夺江山，单凭武力，一味蛮干。但他们早迟是会和冰雪一样完全消灭的。这，似乎就是这首词的底子。”[②] 将风景（雪）之白，解释为政治之白，词的意旨便

① 正当“沁园春”唱和风行之际，《大公报》主笔王芸生发表了《我对中国历史的一种看法》，该文首先连载于重庆《大公报》，之后其他地区的《大公报》也纷纷转载，影响较大。从论题来看，王芸生并非直接针对毛泽东的词作，而是发表他的历史见解，但他在文前加了引语：“这篇文章，早已写好。旋以抗战胜利到来，国内外大事纷纷，遂将此文置于箱底；现在大家情绪起落，国事诸多拂意，因感一个大民族的翻身，不是一件小事。……近见今人述怀之作，还看见‘秦皇汉武’‘唐宗宋祖’的比量，因此觉得我这篇斥复古破迷信反帝王思想的文章，还值得拿出来与世人见面”（王芸生：《我对于历史的一种看法》，《大公报》1946年5月26日）。这便使这篇文章显得是专为毛词而发了。

② 郭沫若：《摩登堂吉珂德的一种手法》，《周报》第46期（1946年7月）。按，该文中郭沫若误将毛词中的“腊像”写为“蜡象”，毛词这个字的改动，是新中国成立后臧克家的建议。同时，郭沫若的这种解释，可能借鉴了聂绀弩的说法。聂绀弩的《毛词解》一文，曾引艾青的诗句——“雪落在中国的土地上，寒冷封锁着中国呀！”——作为旁证，认为“这雪不仅指自然的雪，寒冷也不仅指天气的寒冷，它们象征着日本法西斯强盗、汉奸政权，真正的封建余孽们对于中国人民的压制。雪是人降的，寒冷也是人造的。而用雪，用白色，用寒冷来象征残暴的统治，不仅艾青一人如此，早已成为世界的常识了”；因此，毛词上阕“不过铺陈那些强盗们，汉奸们，封建余孽们在中国的土地上的‘群魔乱舞’”，下阕“须晴日”，则如雪莱的“冬天来了，春天还会远吗？”一样，昭示的是胜利的前景，而所谓的帝王“自况”也转变为一种“否定”。聂绀弩该文曾与郭沫若的第二首和词一起发表于《客观》周刊，郭沫若该文为毛词平反的方式，与聂颇为相似；聂实为最早撰文为毛词辩护者，但1949年之后聂因胡风案牵连，这一点往往为学界忽略。有意味的是，聂绀弩、郭沫若对雪的这种解读，之后也部分得到了毛泽东的首肯，在1958年版的《毛泽东诗词十九首》中，他自己的注释为：“雪：反封建主义，批判二千年封建主义的一个反动侧面”（转引自中共中央文献研究室编：《毛泽东诗词集》，北京：中央文献出版社，1996年，第70页）。

来了一个一百八十度的大转弯，陕北的雪景成了法西斯的象征，秦皇汉武等帝王也就转化为了敌对势力。这种解释自然难以自洽，正如木山英雄的质疑，“果真如此，‘素衣红裹’该是指反革命的假惺惺的革命姿态了？”[①] 如果联系到郭沫若前面两度和诗，这种解释是一种不得已而为之的策略。即就词论词，往往落入对方预设的政治对位结构，倒不如对词作进行新的政治解读，将其与延安的革命性质作关联性解读，这样的辩驳反而切中对方的问题。但如此一来，郭沫若的诗词唱和就与传统的唱和有所差异，它不再是文人或文士间交流的方式，而是成了公众媒体视野中的政治文化斗争，且带有浓厚的政党文化色彩，甚至成为政党文化的内在组成部分。

四、文学与政治的“唱和”

虽说郭沫若主动参与《沁园春·雪》的唱和，并为之辩护，是一个由立场决定的问题，但既然中共南方局都未表态，他又为何要主动承担这一责任呢？这一问题关系到的，不仅是他与国共两党之间的关系，还在于，在国共分野之际他究竟是以什么姿态作出回应的，这有助于我们理解其时知识分子的历史姿态和心态。

对于《新华日报》为何拒绝发表毛泽东的词，而只发表柳亚子的和词，柳亚子对此心知肚明。他在将毛泽东手迹转赠尹瘦石时，撰有跋语：

> 毛润之《沁园春》一阕，余推为千古绝唱，虽东坡、幼安，犹瞠乎其后，更无论南唐小令，南宋慢词矣。中共诸子，禁余流播，讳莫如深，殆以词中类帝王口吻，虑为意者攻讦之资；实则小节出入，何伤日月之明。固哉高叟，暇当与润之详论之。余意润之豁达大度，决不以此自欺，否则又何必

---

① 木山英雄著，赵京华译：《〈沁园春·雪〉的故事——诗之毛泽东现象》，《中国现代文学研究丛刊》2003 年第 4 期。

写与余哉。情与天道，不可得而闻，恩来殆犹不免自郐以下之讥欤？余词坛跋扈，不自讳其狂，技痒效颦，以视润之，始逊一筹，殊自愧汗耳！瘦石既为润之绘像，以志崇拜英雄之慨；更爱此词，欲乞其无路以去，余忍痛诺之，并写和作，庶几词坛双璧欤？瘦石其永宝之。

一九四五年十月二十一日，亚子记于渝州津南村寓庐。[①]

早在词作发表之前，日后为对方所攻讦的相关说法，柳亚子及中共诸人早就意会，但有意思的是，柳亚子并不觉得这是一个问题。主要原因在于，柳亚子是将其置于诗人的狂态来理解的；因此，对于周恩来等政治家的顾虑，在他看来也是不通风雅，不懂高人间的玄机，所谓“情与天道，不可得而闻”。柳亚子对毛泽东的这种观感，很大程度上是经由诗的审美眼光形成的，而从崇高美学的角度，“唐宗宋祖”的英雄口吻不仅是“小节”，反是原词作的优势，正如论者所指出的，体现的是“在与历代帝王的霸业类比中叙述了自己对革命权力的意志”[②]。如此，柳亚子的和词才可能出现“上天下地”一类的句子，而他直呼毛泽东的字“润之”，也是经由诗词这根纽带才形成的。从这个角度来看，“诗人毛泽东”是我们理解此时领袖形象的一个关键。

简单来说，《沁园春·雪》的发表，对毛泽东及革命政权并非全无益处。它使毛泽东从国民政府宣传中的“匪目”转变为一个风雅之士，正如当时媒体文章所说——“过去人们以为是青面獠牙的毛泽东，很少有人知道他还有其书生本色”，“他有一副温文沉静的书生态度，还有一套士大夫吟风弄月的才华”[③]。诗词转变了士大夫乃至公众对毛泽东的观感和想象，让人们逐渐认识真实的毛泽东形象，这是诗词之于政治

① 转引自石玉昆、张树德著:《诗词为媒:毛泽东与柳亚子》，北京:中共中央党校出版社，1999年，第106页。

② 木山英雄著，赵京华译:《〈沁园春·雪〉的故事——诗之毛泽东现象》，《中国现代文学研究丛刊》2003年第4期。

③ 危涟漪:《毛泽东“红装素裹”》，《新闻天地》1946年第10期(1946年2月20日)。

的魅力。

郭沫若与毛泽东的交往，遵循的也是诗人逻辑。早在1926年，郭沫若便在广州见过毛泽东，但彼时郭沫若风头正健，对毛泽东印象不深。再度交往则是抗战时期。1944年8月，郭沫若收到周恩来托人从延安带去的《屈原》与《甲申三百年祭》的延安单行本，并及时给周恩来、毛泽东等人去信致谢。不久，郭收到毛的回信，毛在信中首先提及的便是二人交往的经历："武昌分手后，成天在工作堆里，没有读书钻研机会，故对于你的成就，觉得羡慕"；而且称"最近看了《反正前后》，和我那时在湖南经历的，几乎一模一样"。不仅如老友叙话，而且俨然书生本色；同时，毛还告诉郭沫若，延安将《甲申三百年祭》作为整风文件，而且委婉提议："倘能经过大手笔写一篇太平军经验，会是有益的；但不敢作正式提议，恐怕太累你"[①]，关怀之情溢于言表。在毛泽东赴渝谈判期间，还曾打算专门去拜访郭沫若，后因故取消，但在会面时，郭沫若将他的手表赠予毛泽东，这成为日后郭常提及的话题。

毛泽东与柳亚子、郭沫若等知识分子的交往，遵循的是传统"礼贤下士"的规则，不仅毛泽东，周恩来也同样如此。而一直推崇儒家思想的郭沫若，王者师也是他实现政治理想的途径，因此，毛郭之间的契合并非偶然。但这种关系的建立，正如诗词唱和这种形式本身一样，它是互为依托，需要遵循交流的对等伦理。也就是说，政治家以诗化的逻辑对待士大夫，文化人在关键时刻也要承担政治责任，正是这种诗与政治的双向规约，使我们在探讨毛郭、毛柳之间的唱和时，要与其个人化的述怀之作区别对待，要尤其注意诗人毛泽东背后的政治诉求。因此，当木山英雄沿着竹内实"作为诗人的毛泽东"的脉络[②]，认为

---

① 毛泽东：《毛泽东书信选集》，北京：人民出版社，1983年，第241—242页。

② 按，竹内实在"诗人毛泽东的诞生"一节中如是描述毛的诗歌源流："把中国革命作为直接的土壤，把独特的人格形成作为核心或中心，从丰富的古典宝库中吸取营养的毛泽东的诗的世界，为中国的文学传统所包围，同时又以独特的创造补充了一种新的作品世界"（竹内实著，张会才译：《毛泽东的诗与人生》，北京：中国文艺出版社，2002年，第8页）。

郭沫若的解释是“帮倒忙”的时候，便相对忽略了郭沫若这种解释背后的伦理承担，郭此时正是要以政治化的解释来回应毛泽东的诗化，只有这样，才能完成这次政治与诗的“唱和”。

如此，柳亚子与他之间的微妙差异便显现出来了。柳亚子从诗的角度出发，执意将自己的和作披露出来，其结果正如周恩来等人所料，不仅原词受到众人责难，他自己也未能幸免，被人讥为“癫狂柳絮，随风乱舞”[①]，更被人指斥为“簧言舌乱”“巴结妖娆”，“南社声威，何甘堕落，朽木岂真不可雕”[②]。柳亚子从诗的角度解读《沁园春·雪》，是词人的本分，后来他虽再度和沁园春词，都止于私人之间，可见他始终坚持的是诗的立场。而作为局外人的郭沫若，却奋起辩驳，既是为维护自己的政治理想，同时也不无“投桃报李”之思，而后者正是唱和的交往伦理。

结　语

桐城后学、且曾师从陈衍的曾履川（克耑），是重庆时期“寺字韵”诗唱和的开风气者。他曾从发生学的角度，对战时诗词兴盛的原因作出解释，在他看来：“诗和骚为什么要愤要怨呢？还不是因为政治之不良，国家之危乱，才有这些诗人骚人愤的愤怨的怨！我们简直可以说，如果中心没有愤怨，绝对不会有好诗歌发现的。”[③]从抗战初期旧体诗词的兴起来看，此说不无道理。国土沦陷，京阙南迁，知识人流亡，都是诗人怨愤的来源。然而，为何是旧体诗这个问题，则是身在局中的曾履川不会提出的问题，但从他的说法中也不难发现，在因应

① 颜霁:《沁园春·叠韵和致柳亚子》,《和平副刊》1945年12月13日。

② 老酸丁:《沁园春》其二,《合川日报》1945年12月6日。

③ 曾履川:《论同光体诗》,《颂橘庐丛稿》第4册,香港:新华印刷股份公司,1961年,第424—425页。

国难时诗骚传统本身就是一种有效的表述方式，这是知识人于危难之际，从历史传统寻找支援时所必然遇到的。旧体诗词累积了大量的处理乱世的经验，使得旧诗在面对抗日战争所带来的民族危机、国族意识、离散经验时，本身就具有历史经验与表达结构的同构性，这是古典诗词在抗战时期兴起的内在原因。除了表达层面的这种本质关联以外，旧体诗词所内涵的伦理关怀，也让追随行都奔赴大西南的知识分子，获得了某种美学的救赎，如他们不断回顾的诗骚传统和南渡情结，这虽然带来了历史循环的隐忧，但历代士大夫同样的历史境遇、书写形式和离乱情绪，反而又为他们提供了某种“稳定性”，从而为“播迁”中的知识分子提供了一个美学的保护层。从这个角度来看，旧体诗词写作不仅是中国知识分子应对战乱的表达方式，它们本身也是一种文化实践。

然而，表达方式并不是中立的，当表达主体在利用这一方式观察、体验外界变化，利用这一方式言志抒情时，它本身也对主体形成了规约。这对旧派诗人来说是理所应当的现象，但对新文化人来说则是一个问题。尤其是蒙学尚在私塾度过的郭沫若这一代，他们有旧学根基，早年都曾吟诗作赋，如郭沫若学生时代便效法才子名士，与友朋多有诗词唱和，只是后来在新文化潮流中有意规避了旧诗写作。因而，到抗战时期，他们回归诗骚传统既容易，同时，鉴于新文化人的身份，又难免“背叛”意识的自我谴责。因此，在抗战时期这样一个“新旧蜕嬗”（陈寅恪语）的时代，新文化人的旧体诗词写作确实是一个较为复杂的历史现象。对于置身新旧之间的尴尬处境，郭沫若这个处于风口浪尖的人体验尤甚：

旧诗我做得来，新诗我也做得来，但我两样都不大肯做：因为我感觉着旧诗是镣铐，假使没有真诚的力感来突破一切的藩篱。一定要我“做”，我是“做”得出来的。旧诗要限到千韵以上，新诗要做成十万行，我似乎也可以做得出来。但那些做出来的成果是“诗”吗？我深深地怀疑，因而我不愿白费力气。我愿打破一切诗的形式写我自己能够够味的东西。

我自己更坦白地承认，我的诗和对于诗的理解，和一些新诗家与新诗理论家比较起来，显然是不时髦了；而和一些旧诗翁和诗话老人比较起来，不用说还是“裂冠毁裳”的叛逆，因此我实在不大喜欢这个“诗人”的名号。[①]

此言不虚，在青年人眼中，对于郭沫若与旧派诗人的唱和，当时就有“郭老向旧诗投降了”[②]的说法；而从旧派的角度来看，郭沫若的旧体诗词又多“随意出之”，缺乏必要的锤炼[③]，从保守的角度观之，难免破格之嫌。较之元稹身处新旧蜕嬗之际的游刃有余，郭沫若倒有点左右不对。这种处境，难免让人忽略了他诗学上的创新处：将现代的抒情主体带入旧诗的写作之中，从某种程度上，正如鲁迅以杂文为诗一样，郭沫若是以新诗的方式在写旧诗。而文体上兼容新旧的写作模式，也与他社会、文化活动中的姿态互为对照。从其变者观之，郭沫若实与元稹有相似处，在“新社会风习与旧社会风习并存杂用”之际，能自如出入新旧派之间，既是新青年的导师，革命文艺的班头，又与旧派士人诗词唱和。而其不同处则在于，他让各种身份、文体都各得其所：新文学用来向青年传播革命思想，旧诗则是与军绅、士绅阶层交往的媒介。从郭沫若所具有的这种能量来看，当时确实较有代表性，这也是中共为何选择郭沫若的原因。

但郭沫若于新旧蜕嬗之际的选择，较之元稹等由旧入新者不同，抗战时期郭沫若恰恰是重回传统。旧体诗词的视角，所提供的正是观照郭沫若如何回归、再造或者抵抗传统的过程。在入职第三厅前夕，郭沫若曾从武汉“逃”至长沙田汉处，田汉在迎接郭沫若时，曾赋诗一首：

---

① 郭沫若：《序我的诗》，《中外春秋》1944 年第 3、4 期。

② 臧克家：《新诗旧诗我都爱》，《文艺报》1962 年第 5—6 期。

③ 参见田汉：《AB 对话——寿沫若先生五十之一》，《文艺生活》第 1 卷第 3 期（1941 年 11 月 15 日）。

十年城郭曾相识，千古湖南未可臣。
此处尚多雄杰气，登高振臂待诗人。[①]

虽然郭沫若是以不想做官的名义来长沙，但他对“诗人”这一身份却并不领情，他的和诗为：

洞庭落木余霜叶，楚有湘累汉逐臣。
苟与吕伊同际遇，何因憔悴做诗人。

和寿昌原韵[②]

当时在长沙的文化人有不少和诗，并形成了两种不同的意见。如著名教育家方克刚认为：“从来文以穷工，屈贾之伟大何尝减于吕伊，与其让郭先生为肥头大脑之吕伊毋宁留他做憔悴之屈贾。”因此也和诗一首：“贾生痛哭曾忧汉，屈子口吟作逐臣。几见吕伊佳句在，从来憔悴屈诗人。”[③]方克刚显然不认同郭沫若的选择；与之相反的，是戏剧理论家董每戡的和诗：“忧时我亦心肠热，朋辈当年半逐臣，如此田园供践踏，敢抛心力作诗人。”[④]面对外患的迫切性，诗人的选择似乎也不合时宜；陶良鹏也和了一首：“才名旧已传三叶，忠悃真堪继二臣，莫笑斯民无眼耳，振聋发聩更何人。”[⑤]对郭沫若的期待与田汉近似。可见，当时知识圈对郭沫若的期待，还是以诗人为主，但他们对“诗人”的期待又远远超出了诗人能承担的范围。

对于方克刚等人来说，诗人与政治家的身份是冲突的，而诗的价值并不亚于政治事业；对于郭沫若来说则不同，转向政治并不意味着对自我诗人身份的否定，而是自我的完成，他对古代名相吕尚与伊尹

---

① 田汉:《迎沫若》,丁三编:《抗战中的郭沫若》,广州:战时出版社,1938年,第38页。
② 见田汉:《沫若在长沙》,《抗战中的郭沫若》,第49页。
③ 见岳兰:《欢迎郭沫若大会纪详》,同上书,第46页。
④ 同上。
⑤ 同上。

的向往，体现的不仅是他的求售心理，或抗战时期的忧患意识，也是传统士大夫修齐治平的人生理想，对于士大夫来说，从学问到政治，并不是相互排斥的身份，而是一个递进的过程，其终极关怀是家国与天下。也正是这种传统士大夫的理想，使郭沫若甘心为政治家辩护，接受文学与政治间的“唱和”伦理，因为这正是他进一步实现其政治理想的方式。从这个角度来看，旧体诗词的方法论意义在于，我们不仅由此可以一探郭沫若与士绅间的交往；古典诗词所涵容的士大夫的文化趣味、生活方式以及感觉结构等，也为郭沫若的士人心态提供了表达形式和文化条件。

第三章　屈原：一个文化符号的生成

如果说诗人革命家的生成，倚赖于郭沫若的文学创作的话，那么，抗战时期郭沫若的诗人形象是与屈原分不开的。屈学是中国20世纪的显学，这不仅在于学界关于屈原的研究成果蔚为壮观，屈原本人的历史地位在现代也得到了空前的提高，从20世纪初今文经学大师廖平及其后的“古史辨”派对屈原存在的质疑，到1953年他被列为世界“四大文化名人”之一，与哥白尼、拉伯雷与莎士比亚一起，受到世界和平大会的纪念；而新成立的中华人民共和国也形成了以郭沫若、郑振铎等人为中心的研究团体，屈原研究因此成了一项国家的文化工程。对照前后，可见其地位变化之大。

屈原地位在20世纪的变迁，与中国现代社会文化语境密切相关，但郭沫若在其间起着不可忽视的作用，尤其是抗战期间，郭沫若与屈原之间甚至形成特殊的文化镜像关系。郭沫若很早就开始了对屈原形象的重塑，如《湘累》就塑造了一个纯洁而高尚的诗人形象；而在战前的1935年，尚蛰居日本的郭沫若又写出学术长文《屈原研究》，批驳廖平、胡适等人对屈原存在的怀疑，不仅如此，他还将屈原的《离骚》译成了现代白话文，以利其传播；而到了40年代，郭沫若对屈原倾注了更多的心思，他不仅写了大量的学术文章，探讨屈原的文学、思想和政治意义，而且还创作了话剧《屈原》。经由话剧舞台，让屈原直接“现身”重庆，一时成为战时的文化热点。而从社会效果来说，戏剧的方式比学术研究的影响要大得多，正如侯外庐所说：“结果是文学和艺术战胜了史学和哲学。今天，已经抹不去中国人心目中郭沫若所加工的屈原形象。”[1]几乎可以说，正因为有了郭沫若，才有了20世纪的屈原形象，借用霍布斯鲍姆的话说，屈原这一文化传统几乎是郭沫若发明出来的。

然而，屈原之所以能成为抗战时期的一个文化符号，也决非仅靠郭沫若的个人之力，而是与时代问题、历史语境，以及各方政治和文化力量的推动密切相关。引入历史语境和集体意识，并不会削弱郭沫若在塑造屈原形象过程中的作用，相反，它让我们将郭沫若与屈原之间纳喀索斯式的诗性镜像关系，转化为一个在地的历史过程，带出的是郭沫若、屈原与时代问题之间的多重关系，而我们的问题也就从郭沫若的《屈原》创作这一作家论视角，转化为文化史和认识论问题，即屈原对于我们理解郭沫若及其时代有何启示。因此，在我们进入郭沫若与屈原这一话题之前，需要先回到40年代的历史语境，从与屈原和郭沫若均密切相关的诗人节出发，探讨传统资源、诗人身份与政党政治之间的互动关联。

政治修辞术（下）：诗人节与新诗人的诞生

发明诗人节
节日的非节庆化
象征资源的争夺与消费
询唤“人民诗人”
诗人节与政治的修辞

抗战时期，屈原受到大众的关注并不始于郭沫若的话剧《屈原》，而是与中国的民间节日——端午节有关。1939年端午节前一天，国民政府在重庆举行了大型水上运动会。据当时报载，“节目有龙舟竞渡、横渡嘉陵江游泳比赛、跳水比赛、救生表演等项，与赛者达千余人”，

① 侯外庐：《韧的追求》，北京：生活·读书·新知三联书店，1985年，第134页。

可见其规模之大，连党国大员如孔祥熙与孙科也都亲往主持，“到大会会长孔副院长、孙院长、王宠惠、刘峙、吴国祯及中外记者观众五万余人”。孔祥熙在开幕词中称：“吾人今日纪念投江而死的屈原，同时纪念为国牺牲之同胞，国民必须有健强身手，方可担当复兴国家民族之重任。”[①] 自觉地利用节日的悼亡色彩，并将其转化为对国殇的纪念，再加上龙舟竞渡的健身意义，将国家意识形态顺利地植入传统的民俗节日之中，可谓一举多得。如果说运动会的举行尚具偶然性，与端午节/屈原这一文化形象也缺乏本质的关联，那么，随着端午节被确立为诗人节，屈原这一文化形象本身的意义也就得到了凸显。诗人节是40年代前期一个重要的文化现象，已有论者从诗人节及其论争探讨彼时的政治文化与民族文化等问题[②]，本部分则在具体呈现诗人节论争的基础上，探讨论争中诗人形象的历史演变及诗人身份内涵的变化，并进一步探讨诗人节的文化政治内涵，尤其是背后的政党政治文化因素。

一、发明诗人节

1941年5月30日为农历端午节，这天《新华日报》刊载了以“中华全国文艺界抗敌协会”为名义发表的《诗人节缘起》，号召将端午节确立为诗人节。该文先描述屈原的文学成就与政治情怀，并结合屈原的时代、身世与遭遇，强调了他身处乱世的爱国精神，而战时的中国也正遭受强敌入侵，“是体验屈原精神的迫切的时代”，因而，文艺界同仁决定将端午节定为诗人节：

> 伟大的诗人屈原，在两千数百年前来到世界上，为后世留下了豪放的热情，爱国的深思，他的气节在史可法文天祥的爱国行动上发扬，他的艺术引导杜少陵白香山扩大艺术的

① 《渝市水运会盛况 横渡嘉陵江竞赛》，《申报》1939年6月26日，第八版。

② 王家康：《四十年代的诗人节及其论争》，《中国现代文学研究丛刊》2003年第1期。

园地，屈原虽是殉了国，但他是永远活着的。他的殉国的日子端午，两千数百年来一直是民族的纪念日。我们爱好诗歌的人们现在决定把这个民族的纪念日，作为中国的诗人节，而今年的农历五月五日适当“五卅”，在我们是双重的纪念日子，这把诗人节的意义显示得更明确了。[①]

一个新的节日就这么被发明出来了。宣言的完整版是由《大公报》翌日刊载的，主要是增加了发起人名单，这个长长的名单囊括了当时大多数著名诗人，包括林庚白、汪辟疆、郭沫若、闻一多、戴望舒、梁宗岱、易君左、卞之琳、艾青以及王平陵等新旧、左右派诗人，也包括于右任、梁寒操这样身在政界的人物[②]。作为“文协”主任，老舍不仅应时地写了《论诗歌》《诗人》等文章，还写有一篇代社论性的文字《诗人节献词》。在他看来，诗人节有两重意义，一是“纪念大诗人屈原”，二是“鼓舞当今文人”。对于后者，他又进行了说明，即虽曰诗人节，但“凡气度崇高，富有创造力与想象者统可被誉为诗人”[③]，并试图将诗人节的意义扩展为具普遍意味的文艺节；其次，他对何为诗人以及抗战时期诗人何为的问题，也作了较为清晰的说明：“所谓诗人者，非谓在技巧上略知门径之诗匠也”，“诗所以彰正义、明真理、抒至情，故为诗者首当有正义之感，有为真理牺牲之勇气，有至感深情以支持其文字”。如此，是否为诗人，不在于能否作诗，而在于是否有诗人气度，而所谓的诗人气度也就是富有正义感和责任感。因此，“诗人节之倡设，实与整个社会有关”，尤其是抗战年月，“举国在统一崇高的理想下共赴国难，头可杀而节不可辱；此理想是诗的本质，此艰苦为诗的本事”[④]。从抗战的时代需要出发，老舍从诗歌的美学、伦理及诗人的气度等角度，重点强调了崇高、正义等层面的价值，这与柏拉图对诗人的期许一致，都是立足

---

① 中华全国文艺界抗敌协会:《诗人节缘起》,《新华日报》1941年5月30日,第二版。

② 中华全国文艺界抗敌协会:《诗人节缘起》,《大公报》1941年5月31日。

③ 老舍:《诗人节献词》,《新蜀报》1941年6月30日。

④ 同上。

于国家（城邦）的需要。诗人节的确立，屈原的出场，也未脱离时代的这层限定。

然而，现代节日的诞生，除了知名人士的提倡以外，更为重要的是媒体，尤其是报刊的推动。首届诗人节的特出之处在于，它可能是抗战期间报刊宣传最广、力度最大的一次。重庆地区的各大报纸，如《中央日报》《大公报》《扫荡报》《新华日报》等，基本上都出了专刊。详细情形，当时《中央日报》上有一篇题为“诗人节的重庆各报特刊”的文章，专门对此作了说明：“一，篇幅最多连出三日的，有《大公报》；二，篇幅相等一日刊完的，有《中央日报》，《国民公报》，《新华日报》，《西南日报》；三，《新蜀报》本来准备了和《大公报》差不多的稿子，可惜因为和它的报馆印刷所同遭火灾，那天只刊了一篇专文。此外刊载专文的，还有《益世报》；四，仅刊了一篇《诗人节缘起》的通用文字的有《扫荡报》；五，于专刊以外，另加专文或诗的，有《中央日报》，《西南日报》，《大公报》。”[①] 该文有未详处，《大公报》其实是连出五日特刊，由此可见诗人节成立时的舆论气象。

诗人节之所以能确立，并获得广泛响应，与报纸的参与密不可分，这是现代节日生成的独特方式。按麦克卢汉的说法，较之传统的书本，报纸天然地具有群体属性，“是一种群体的自白形式（group confessional form），它提供群体参与的机会”[②]。对于节日来说，报纸的这种群体性意义就显得异乎寻常，它是节日氛围的营造者，如双十节各大报纸的特刊或增刊便是如此，它本身就是节日的构成要素。诗人节也是如此，虽然是新生的节日，但媒介赋予了这一天以独特的意义，它不仅打开了群体参与节日的特殊时空，而且也召唤群众的参与。

除报纸的专刊以外，必不可少的是节庆仪式，这是节日最激动人心的部分。老舍曾有专文描述首届诗人节晚会的盛况。庆祝晚会由“文

---

① 堵述初：《诗人节的重庆各报专刊》，《中央日报》1941年5月6日，第四版。文中书名号为引者加。

② 麦克卢汉（McLuhan）：《理解媒介：论人的延伸》，何道宽译，南京：译林出版社，2011年，第234页。

协”发起、筹备，地点在中国留法比瑞同学会的礼堂，礼堂正中是孙中山像，“国父遗像下，悬起李可染画的屈子像，像前列案，案上有花及糖果。左壁榜曰‘庆祝第一届诗人节’；右壁题：‘诅咒侵略，讴歌创造，赞扬真理’”[①]。将屈原像置于孙中山遗像之下，从政治仪式的角度来看，屈原既屈居党国意识形态光环之下，同时也是这一意识形态建构的环节与资源。值得一提的是，该画有郭沫若题词，但因画亡佚，题词也不存。

在举行具体仪式时，于右任被推为主席。“行礼如仪后，主席以极简练的言语，道出今年诗人节与五卅恰好在同日的含义——诗的内容是要反抗侵略，阐明真理；诗人也就该是战士啊！”[②]接着是主办方老舍报告诗人节筹备经过，然后是郭沫若讲演，他考定了屈原的生卒年，继而认定“屈原之投江，实由于不甘忍受楚国之沉沦现象”，因而是“一个有民族气节的诗人”[③]。于右任与郭沫若的讲话，与壁上的画一样，都将屈原纳入到了抗战建国的时代主题之中，而这也正是诗人节能得到广泛响应的原因所在。

节庆仪式，除名人讲话阐明主题、奠定基调以外，更为重要的是余兴节目，老舍在“诗人节后二日”所写的追忆文章中，提供了一个“节目单”：

> 常任侠朗诵《离骚》。
> 李嘉独唱《云中君》。
> “文协”歌队合唱《汨罗江上》。
> 可惜室中无台，吴晓邦的《披发行吟》舞不能表演。
> 自由表演：
> 安娥读于右任先生的诗人节五律二首。
> 高兰朗诵自己的长诗。

---

① 老舍：《第一届诗人节》，《宇宙风》第119—120期合刊（1942年8月）。

② 同上。

③ 《首届诗人节 文化界昨开庆祝会》，《新华日报》1941年5月31日。

易君左读即席赋诗二韵。

时电灯果灭，马上燃起红烛。烛光花影中，分散糖果及粽子。[①]

其中，《云中君》由著名提琴家马思聪制谱，《汨罗江上》是方殷所写的诗歌，由王云堦制谱。而老舍未记的是冯玉祥也即席赋诗一首，由老舍代为朗诵[②]。从节目来看，"文协"确实做了精心准备，尤其是第一部分的表演，也较为正式，而且主题集中，可以说是屈原纪念晚会。但"自由表演"环节则基本上是为诗人提供的表演场地，从参与者来看，这次活动主要局限于诗人圈。而在"烛光花影中，分散糖果及粽子"，吟诗谈唱，确有节日的氛围。

对于诗人节确立的时间，已有论者考证为1940年端午节文协的一次晚会，老舍为主要参与者[③]。据其他人的回忆，该说可进一步补充，诗人节的倡议是由文协的诗歌组发起的，老舍和郭沫若是后续的推动者。据《诗人节缘起》的执笔者臧云远回忆，诗人节的设立是由"文协"诗歌组的几个人发起并付诸实施的。首倡者是诗人方殷，时间是在1941年春季的某次"文协"诗歌座谈会上[④]；曾参与此次座谈会的高兰，具体描述了诗歌晚会内容，是"艾青、徐迟几位同志有声有色的诗朗诵和胡风的抗战以来的诗歌报告"，参与筹划诗人节的是光未然、臧云远、方殷、李嘉、陈纪滢、臧克家与高兰七人，因为他们"是中华全国文艺界抗敌协会诗歌晚会的负责人"[⑤]；而据臧克家回忆，所谓的诗歌晚会是文协的定期活动："1941年前，'文协'总会几乎每月召开诗歌座谈会或晚会，讨论诗歌创作、如何提高朗诵诗质量等问题"，而诗人节的设立，在他看来是"诗人们为争取有个合法的、公开的节日，1941年5月底在'文

① 老舍：《第一届诗人节》，《宇宙风》第119—120期合刊（1942年8月）。
② 南伊：《中国诗人节的诞生》，《物调旬刊》第49期（1948年6月15日）。
③ 王家康：《四十年代的诗人节及其论争》，《中国现代文学研究丛刊》2003年第1期。
④ 臧云远：《雾城诗话》，《南京艺术学院学报（美术与设计版）》1983年第4期。
⑤ 高兰：《回忆第一届诗人节》，《新文学史料》1983年第3期。

协’支持下，定端阳节（屈原投江日）为‘诗人节’。”[①] 虽然难以排除有人更早拟议诗人节的可能，但就 1941 年首届诗歌节的成立来说，主要还是臧云远、高兰这群青年诗人的推动，而后来以“文协”名义发表的《诗人节缘起》，也正是出自臧云远的手笔。其时，大后方的青年诗人群较为活跃，此时他们正在进行朗诵诗实验，还自发成立了“春草诗社”，逐渐形成了一个小群体，如参与诗人节的厂（ān）民、王亚平、柳倩等都是他们的圈内人。因而，虽然这些诗人大多是左翼青年，但也确实可按臧克家的说法，诗人节是重庆的青年诗人为诗人争取的节日。

二、节日的非节庆化

对于节日的研究，学界往往借镜于巴赫金对拉伯雷《巨人传》的研究，从狂欢节的角度，强调节日的乌托邦视景，或是其反抗政治大叙事的一面。从上述讨论来看，诗人节也具有这个面向，在国统区知识分子的日后回忆中，也往往将这种反抗性，具体嵌入到国共政争的权力格局中。因此，即便是当时的亲历者臧云远也说，对于诗人节的盛况，“反动派甘 [干] 着急，却没法子禁止”[②]。但这种说法一定程度上还是忽略了国民政府是诗人节的积极推手这一事实，同时，这种定势眼光——无论是节庆对政治的颠覆，还是国共政争——也难免遮蔽诗人节与当时政治权力间的多重关联。

巴赫金所探讨的节日，是一种自然生成的、本身便带着政治生产性的节庆。正如他所说“一定的和具体的自然（宇宙）时间、生物时间和历史时间观念永远是它的基础”[③]，节庆活动是位于历史发展的变革阶段，与自然、社会与人生危机、转折相联系的，因此，官方节日并不在他的

① 臧克家：《中国抗日战争时期大后方文学书系》第六编《诗歌》序，重庆：重庆出版社，1989 年，第 8 页。

② 臧云远：《雾城诗话》，《南京艺术学院学报（美术与设计版）》1983 年第 4 期。

③ 巴赫金：《弗朗索瓦·拉伯雷的创作与中世纪和文艺复兴时期的民间文化》，《巴赫金全集》第 6 卷，夏忠宪译，石家庄：河北教育出版社，2009 年，第 10 页。

讨论范围之内，在他看来“官方节日违反了人类节庆性的真正本性，歪曲了这种本性”[①]。巴赫金虽然在官方与民俗之间强分轩轾，但他还是揭示了节日的某些共同属性，即“节庆活动永远具有重要的和深刻的思想内涵、世界观内涵。任何组织和完善社会劳动过程的‘练习’、任何‘劳动游戏’、任何休息或劳动间歇本身都永远不能成为节日。要使它们成为节日，必须把另一种存在领域里即精神的意识形态领域里的某种东西加入进去”[②]。只是他将这种思想内涵理解为左翼的世界观，而排斥了其他可能性，从而将节日与政治图景作了本质化的关联。但这对我们分析诗人节还是具有一定的方法论意义，即节日这一公共形式，往往被不同的政治势力注入不同的意识形态内涵。

诗人节虽然是由民间团体提倡并确立，但它从一开始就与主流意识形态密切交织在一起。但从传统节庆的角度来看，诗人节却具有先天不足的一面，这就是节日的群体性与“诗人”这重身份限定之间的差距，使得这个节日只能成为“纸”上谈兵，普通百姓可能并不关注诗人如何过节，而更乐意过传统的端午节。这表明，诗人节只是知识分子对端午节的重新命名，是一个知识分子的节日：诗人节的这些要素要求我们跳出传统的节日研究模式。但反过来看，纸上谈兵固然是诗人节的不足，但同时也是它的独特性，也就是说，诗人节注定是一个基于传播媒介的节日，报纸赋予了诗人节以新的形式；而报纸虽然为群体参与提供了机会，但它也“可以给事件抹上一层偏见的色彩”[③]。因此，首届诗人节期间，重庆各大报刊争相出专刊，但在纸上嘉年华的背后，其实是理性化的运作，这与传统节日的非理性行为完全不同。

诗人节初期的这种非节庆化特征，首先表现在国民党党报《中央日报》上。在该报所载文章中，易君左的《大民族诗之再建——为纪念屈原而作》较具代表性。易君左因对《沁园春·雪》的批判，大陆学界对他关注不多，实际上他是现代较为重要的诗人和散文作者，不仅在

① 巴赫金:《弗朗索瓦·拉伯雷的创作与中世纪和文艺复兴时期的民间文化》,第 11 页。

② 同上书,第 10 页。

③ 麦克卢汉:《理解媒介:论人的延伸》,何道宽译,南京:译林出版社,2011 年,第 234 页。

重庆时期较为活跃，与田汉、郁达夫等人也渊源甚深，多有诗词往来。在此文中，他认为诗歌建设要从历史性和时代性两重视野着手，这意味着要打破历史偏见，立足现实需要，“在这一个万事以‘国防’为中心的抗战建国的伟大时代，凡是能歌颂民族精神，拥护国策，而带有战斗性革命性的诗，就是我们当前所急切需要的诗！”因此，“屈原之所以伟大，正因其整个人格全部诗篇都贡献给了国家民族”，其诗歌“充满了忠君爱国悲天悯人崇高纯洁的思想”[①]。由此，他提出了一个“大民族诗歌”的概念，这包括两个方面，首先需具备民族国家意识，即“今日大民族诗之建设，应以‘国家至上！民族至上！’为最高的目标。诗不是替个人来抒情，替一部分人来享乐，而是要替国家民族注射一种新的生命剂”[②]；其次是“情感”，在他看来，诗的情感成分总是超出理智，但他否认个人的私情，认为“天下的公情，人类的至情”，“乃是对国家民族的真情！”对于如何表达公情至情，易君左重新引入了“温柔敦厚”的概念。在他看来，“根本上，‘温柔敦厚’，不是义理而是情”[③]，从而将儒家诗教转变为了儒家情教，也将南国的屈原，纳入了儒家的正统之中。

这虽然不必由官方授意，但“国家至上”“民族至上”正是官方在积极推行的家国观。而屈原忧思忧国的形象，以及南方楚国的历史境遇，确实与战时官方意识形态建构有契合处。因此，屈原这一传统也就较为容易地被官方收编，而在此之前也有机构在着手将屈原改编为戏剧，据《中央日报》1941 年 5 月 24 日报道，长沙就有人编著新剧《屈原》，并让各县市于端午节排演，具体为：“端午节为楚大夫屈灵均先生殉国纪念、□战区政治部特编著《屈原》一剧、印发常德益阳湘潭衡阳洪江等四十五县市剧团戏院排演、以资纪念先贤、发扬爱国思想云。”[④]偏居西南的国民政府，也早就注意到了南方民俗及屈原传统是可利用的

① 易君左：《大民族诗之再建——为纪念屈原而作》，《中央日报》1941 年 5 月 30 日，第三版。

② 同上。

③ 同上。

④ 《湘编著〈屈原〉新剧　各县端节排演》，《中央日报》1941 年 5 月 24 日，第五版。

资源。

既然屈原精神于战时有可取处，诗人节也可从官方语境得到充分的解释，故而在诗人节发起人中，除于右任、冯玉祥这样的党国元老外，也不乏梁寒操这样实际主管宣传的人物；而日后官方刊物《文化先锋》上连载的《建国历》也将诗人节列入其间，描述为："对日抗战以来，国内诗人咸感屈原诗风人格，两俱不朽，于爱国诗人中最早最著，丁兹大敌当前，国势阽危之际，允宜矜式前贤，用励来者。"[①] 正如论者所指出的，这延续了近现代鼓吹摩罗诗人的传统，是深处民族危机之时，"才产生了召唤'前贤'的精神力量来激励'来者'的要求"[②]。可见，纪念屈原首先是官方意识形态建构的需求。从本节开头所引的端午节水上运动会来看，国民政府也确实在自觉地利用民间传统，后来虽然少见运动会的消息，但端午节劳军却成为一个固定的项目。如 1941 年《中央日报》第四版在刊行诗人节专刊时，第六版则是"端节劳军运动特刊"[③]，而随后三年的端午节，《中央日报》虽不见纪念诗人节的专文，"端节劳军"却从未中断，成了端午节的新传统，但无论是借端午节召开运动会，还是劳军，既是对民俗的征用，也是主流意识形态对民间文化的渗透与改造。

诗人节的成立，与左翼知识分子的积极介入不无关联，但这并非指中共的政治势力，而是国统区的左翼知识分子，尤其是郭沫若及其主持的政治部文化工作委员会。在上文所提及的七位发起人中，臧云远、光未然都是"文工委"职员，隶属田汉（由石凌鹤代）主持的"文艺研究"组，诗人节的积极参与者如李可染、安娥、柳倩，也都是该文艺研究组成员[④]；更为重要的是，由臧云远执笔的《诗人节缘起》这一代宣言性的

① 徐贡真:《建国历详解·阴历五月初五日　诗人节》,《文化先锋》第 2 卷第 8 期(1943 年 6 月 1 日)。

② 王家康:《抗战时期思想文化背景中的历史剧写作》,北京大学博士论文,2003 年,第 48 页。

③ "端节劳军运动特刊",见《中央日报》1941 年 5 月 30 日,第六版。

④ 阳翰笙:《国民政府军委会政治部文化工作委员会组织及名单(1940 年 10 月 1 日—1945 年 4 月 1 日)》,中共重庆市委党史工作委员会编:《南方局领导下的重庆抗战文艺运动》,重庆:重庆出版社:1989 年,第 82 页。

文件，也曾经过郭沫若的润色[①]，实际上诗人节之所以能顺利成立并引起各界关注，与“文协”主任老舍及“文工委”主任郭沫若的大力支持不无关系。

第一届诗人节，郭沫若也有文章，与《诗人节缘起》一起发表于《新华日报》；虽然郭沫若在诗人节晚会上重点强调的是屈原殉国的意义，但他的纪念文章却没有这么宏大的主题，而是主要讲民俗，包括端午节“邪辟”、划龙舟及日本端午习俗等，这在同时期的文章中显得较为特殊；对于龙舟竞赛，他认为这有利于国民保健，值得保留，这与当局举办水上运动会的初衷一致，但他显然不止于此，而是认为赛龙舟也有“培养民族精神的作用”，“龙船竞渡相传是为拯救沉溺了的屈原，但精神上便是拯救被沉溺了的正义！正义为邪辟所陷没了，我们要同一切的邪辟斗争”[②]，从正邪之争的角度来看待端午节，是郭沫若此时主要的观点。在他看来，古人之所以认为端午邪辟，主要是因为屈原是被邪辟小人迫害而死的，“群鬼百邪害死了屈原，损毁了民族的正义感，故而每一个人为自卫和卫人计，都须得齐心一意的来除去邪鬼”[③]，因此，对于屈原所面对的民族问题，从一开始郭沫若与其他人之间就有侧重外患还是内忧的分歧。

这种差异不仅见于他与于右任、易君左等人之间，也见于他与左翼知识分子之间，如供职“文工委”的柳倩，同日发表于《新华日报》的文章《纪念与任务——祝贺第一个诗人节》，虽然也提及屈原为奸臣所害的史实，但他认为，“目前我们之不同点：正在危害中国的，是我们民族的敌人——日本强盗，而不是当时同室操戈各割据一方的氏族”[④]，从

---

① 见臧云远：《雾城诗话》，《南京艺术学院学报（美术与设计版）》1983年第4期；老舍：《第一届诗人节》，《宇宙风》第119—120期合刊（1942年8月）。按，据臧云远回忆，在诗人节晚会之前，诗人节筹备会还曾邀请众诗人到“文工会”所在地天官府聚餐，邀请函上还注明：“节目有即席赋诗，游龙船，诗座谈等项”（臧云远：《雾城诗话》，《南京艺术学院学报［美术与设计版］》1983年第4期），但这个环节未见其他人的佐证，或只是“文协”诗歌晚会同人的圈内聚谈。

② 郭沫若：《蒲剑·龙船·鲤帜》，《新华日报》1941年5月30日，第二版。

③ 同上。

④ 柳倩：《纪念与任务——祝贺第一个诗人节》，《新华日报》1941年5月30日，第二版。

而将屈原的文化功用限定于家国层面。柳倩原名刘智明，也是四川乐山人，早年曾参加“左联”，与郭沫若既是同乡，私交也不错，当时在郭沫若主持的“文工委”工作[①]。二人出发点的不同表明此时左翼文人对屈原及诗人节的理解还是较为个人化的，而郭沫若的独特理解，与他被国民党高层疏远的现实境遇有关；而郭沫若萌生把屈原搬上舞台的想法，也正是在第一届诗人节期间，因此，他笔下的屈原难免呈现出爱国与牢骚的双重形象。

此外，《新华日报》诗人节专刊上的另一篇署名“和山”的文章《关于离骚》，也主要是强调屈原“不逃避现实”，及其“保卫祖国，抵抗强敌侵略的意志”[②]，这种论调与《中央日报》并无实质分歧；而《新华日报》则干脆还登了一则“附告”，表明诗人节专刊不是出于他们的策划：“今日为旧习相传屈原忌辰，又为第一个诗人节，本报今日所登有关诗人节的各作家稿件，全系‘诗人节筹备会’所供给，盛意可感，特此附告。”[③]这与老舍、臧云远等人的说法一致。因此，就第一届诗人节来看，屈原作为爱国者形象，被召唤出来作为应对外敌的精神资源，这个较为完整的形象是应时代需要产生的。

显得异样的除了郭沫若的牢骚外，便是《大公报》。相对来说，对于诗人节的确立，《大公报》的规格是最高的，它不仅连续出了五天“第一届诗人节纪念特刊”，而且还发表了社论。社论除表彰屈原的“坚贞人格”与“爱国精神”外，重点强调的是“国家至上”的原则：“当这‘超国家’的思想走到绝路大家必须服膺‘国家至上’的原则之时代，由文艺界人给我们这位伟大的爱国诗人带上一顶桂冠，实是一件佳事。三闾大夫虽不待此而荣，借此以示范当世，垂训来兹，其意义实极深长而远大。”[④]《大公报》此举所针对的自然是共产党，自皖南事变以来，《大公报》与中共便不无龃龉，尤其是对第十八集团军的报道，多有令中共

---

① 参见屠建业：《郭沫若的挚友柳倩》，《纵横》2007 年第 11 期。

② 和山：《关于离骚》，《新华日报》1941 年 5 月 30 日，第二版。

③ 《编者的话》，《新华日报》1941 年 5 月 30 日，第二版。

④ 《端午杂写》，《大公报》社论 1941 年 5 月 30 日，第二版。

不满处，就在该年端午节前一周，周恩来为此还曾专门致书《大公报》主笔张季鸾和王芸生，对《大公报》的议论有所抗议[①]。但除了社论外，《大公报》的诗人节纪念特刊也并无新奇处，其诗文主要出自陈纪滢、方殷、臧云远、任钧等人，都是"文协"诗歌座谈会的成员，偶尔也可见老舍、于右任、李根源的诗文。

可见，第一届诗人节主要是在"文协"的筹办下确立的，主要推动者和策划者是当时身在重庆的年轻诗人，这既是他们自我命名、出场的方式，同时也是对抗战主题的回应，利用战时的民族主义情绪，激活了屈原的爱国精神，并得到重庆地区诗人的广泛响应。因此，尽管参与者或各有心曲，但大体上却取得了一致，将屈原共同塑造为一个爱国诗人，从某种意义上说，这是在主流意识形态的驱动下，生产出来的战时新诗人形象。而从过节的方式来看，第一届诗人晚会也主要是诗朗诵、诗歌座谈等文化活动。但到第二届诗人节，"文协"的年轻诗人们便逐渐难以控制局面，诗人节的组织形式逐渐超出了文化视野；诗人节也成为塑造另一种新诗人的仪式。

三、象征资源的争夺与消费

较之首届诗人节的盛况，各大报纸对第二届诗人节的报道要冷清得多，然而，诗人节的规格并未降低，它逐渐成为一种半官方的纪念仪式，《中央日报》对当日诗人节活动有所报道：

> [中央社本市讯]十八日为第二届诗人节，即屈原忌辰，又值苏联文豪高尔基逝世六周年纪念日，中苏文化协会，特联合政治部文化工作委员会、国际反侵略中国分会等十一团体，于午后七时半在该会举行纪念晚会，首由主席孙会长哲生报告纪念意义，□派于院长右在[任]、苏联对外文化工作

---

① 周恩来：《致大公报张季鸾王芸生两先生书》，《新华日报》1941年5月25日。

> 委员会驻华代表米克托□夫斯基、郭主任委员沫若及曹靖华诸氏分别报告屈原及高尔基之生平。与会者约两百余人，苏大使潘友新亦曾出席。[①]

“中苏文协”除了举行纪念晚会以外，其会刊《中苏文化》也推出了纪念屈原和高尔基的专号。不过专号上的文章，主要转载的是侯外庐与郭沫若就屈原思想的论争，并无新意。《大公报》也推出“纪念诗人节及世界文豪高尔基先生”专刊，不过这次主要刊载的是诗歌作品，这包括冀汸的《雨·烟·雾》，李长之的《女媭之歌（其二）》，臧云远的《时间》等；此外，《中央日报》出的是“端午征募书报劳军特刊”，虽有一篇《诗与诗人》的应景文章，反而并不主张用功利的角度论诗[②]；不过在诗人节之前，该报也曾刊载纪念屈原的文章，作者严恩复从艺术上将屈原归于“崇尚无为的道家”，但思想方面“却已深受北国现实主义儒家思想的感应”[③]，这呼应了易君左的观点——屈原继承了儒家诗教的传统。

《新华日报》这次则不同，它一改首届诗人节用外稿的方式，连续出了两个专刊，第一个纪念屈原，第二个纪念高尔基。纪念屈原专刊有郭沫若的《“深幸有一　不望有二”》，他先对每逢节日必作应景文章的现象提出批评，并且坦诚没有新见解，只是坚持以前的信念，不希望中国有第二个屈原，因为有屈原的代价是国破家亡，而他“绝不相信中国会亡”[④]。同时，对坊间有人说他以屈原自比的传闻，他也给予了澄清。此外还有李篁的《学习屈原的创作精神》，范永的《迎诗人节》等纪念屈原的文章。范永在文章中已开始强调诗人的人民性，他不仅引用普式庚（现译普希金）《纪念碑》中的诗句——“我将要永远地爱那般人民”等，作为题记，文中他又进一步强调，要表达民族的心灵，就需要“呼吸着，认识着，理解着，生活着他们的生活”，诗人的诗要无愧于“人民

---

① 《昨日诗人节　陪都团体开会纪念》，《中央日报》1942年6月19日。

② 怀沙：《诗与诗人》，《中央日报》1942年6月18日，第六版。

③ 严恩复：《从民族主义的立场读楚辞》，《中央日报》1942年5月12日，第四版。

④ 郭沫若：《“深幸有一　不望有二”》，《新华日报》1942年6月18日，第四版。

的手”所编织的桂冠[1]，虽然这里的人民话语还只是一种道德诉求，与马克思主义视域中的人民尚有差别，但这已经显示了诗人节及诗人的新面目，与其他报刊所建构的诗人形象不同。

第二届诗人节看起来乏善可陈，原因并非是知识分子遗忘了这个节日，而是因为话剧《屈原》在两个月前演出，已经做足了文章。在演出期间，评论者也往往将话剧与诗人节联系起来，如《新民报》上就有文章指出，“今年的诗人节还没有到，而郭沫若先生的《屈原》这个历史剧就上演了，《屈原》的上演就作为纪念第二届诗人节的伟大贡献吧。我们以无上的热诚来祝贺——诗人节，并祝贺《屈原》上演的成功”[2]；甚至有回忆者称：“《屈原》在重庆是由中华剧艺社以纪念第二届‘诗人节’的名义来公开上演的。”[3]《屈原》的上演虽不必一定与诗人节相关，但二者在同样的历史语境中，且是对同一历史资源的再造，因而可以对照理解。

首届诗人节期间，左翼的话语处于缺席状态，他们此时正在筹划的是年底给郭沫若做五十大寿，可以说是打造现实版的屈原。为此，他们特意筹备了两出话剧，一是阳翰笙的《天国春秋》，其次是郭沫若的《棠棣之花》，在不计成本与全明星制的推动下，取得了巨大的成功，因而也刺激了郭沫若的创作欲，他于1942年1月仅费十日之力便创作了话剧《屈原》。左翼知识分子本有“剧运”的传统，皖南事变之后，这一方式再度受到左翼剧人青睐，其实早在筹备“文化工作委员会”期间，周恩来便关照郭沫若，“盖既名文委，其范围必须确定，文艺（剧场剧团仍宜在内）与对敌工作倒是两件可做之事，然必须有一定之权（虽小无妨）一定之款（虽少无妨）方不致答应后又生枝节也”[4]。而1941年“文工委”也成立了戏剧指导委员会，指导“剧运”的开展。

---

① 范永：《迎诗人节》，《新华日报》1942年6月18日，第四版。

② 沈：《屈原和利尔王》，《新民报》1942年4月18日。

③ 俞仲文：《关于〈屈原〉及其在重庆的演出》，中国人民政治协商会议四川省重庆市委员会文史资料研究委员会编：《重庆文史资料选辑》第6辑，中国人民政治协商会议四川省重庆市委员会文史资料研究委员会，1980年，第138页。

④ 周恩来：《文艺和对敌工作仍能有所贡献——致郭沫若（1940年9月8日）》，《周恩来书信选集》，北京：中央文献出版社，1988年，第185页。

《屈原》从写作到上演，都受到政党政治的干预，这主要是通过阳翰笙来运作。阳翰笙是中共老党员，抗战时期周恩来安排他辅佐郭沫若，因为他与郭是北伐旧识，大革命失败后他又与李一氓一同加入创造社，此时担任“文工委”的主任秘书，是国统区“剧运”的主要参加者和组织者。阳翰笙的主要工作是组织演出班子和演出场地，对于演出人员，他“经过数日奔走”[①] 所组织的班子，被当时的论者称为“‘铁’的阵容”[②]，因为该剧演出用的是“留渝剧人联合公演”的名义，因而，“使演员阵容，不受所在剧团的限制，得尽一时之选”[③]，主角金山、张瑞芳、白杨且不说，都是当时最红的演员，连配角也是周峰、孙坚白这样的明星。为了给《屈原》留出档期，国泰大剧院原本安排的是郑用之所导的《江南之春》，也只能将演出时间压缩一半，只演十天[④]。不仅如此，在戏剧筹备和演出期间，周恩来也亲自给予指导。他不仅多次到排演现场，而且还将主要演员请到红岩村，进行思想上的教育指导[⑤]；演出期间，他也让工作人员“到剧场去多买几张票，让红岩村和曾家岩五十号的同志都轮流去看”，“还召集大家开座谈会，谈论这个戏的政治意义”[⑥]。

实际上，开展国统区的文化运动是中共早就筹备的工作。早在1940年中共中央就曾下发文件，要求在国统区积极开展文化运动。“指示”认为“这项工作的意义在目前有头等重要性”，“因为它不但是当前抗战的武器，而且是在思想上干部上准备未来变化”，因而要求南方局将“推动、发展及其策略与方式等问题经常放在自己的日程上”[⑦]。皖南事变后，中共曾主动组织左翼文化人撤离重庆，以表示抗议，并不完全像日后描述的那样是因遭受迫害。事实上，形势在1941年3月即好

---

① 阳翰笙：《阳翰笙日记选》，成都：四川文艺出版社，1985年，第25页。

② 何为：《诗的〈屈原〉》，《扫荡报》1942年4月27日。

③ 潘孑农：《〈屈原〉的演出及其它》，《四川大学学报丛刊》1982年第13辑。

④ 阳翰笙：《阳翰笙日记选》，第27页。

⑤ 张颖：《雾重庆的文艺斗争》，《怀念敬爱的周总理》，北京：人民文学出版社，1977年，第154页。

⑥ 同上书，第155页。

⑦ 《中央关于发展文化运动的指示》，见南方局党史资料编辑小组编：《南方局党史资料·文化工作》，重庆：重庆出版社，1990年，第4页。

转，可以为证的是，在1941年3月22日中共中央的政治情报中，便已做出如下判断："从去年十月十九日何应钦、白崇禧皓电开始的新的反共高潮现似已告一段落，而走向低降。"[①] 因而，中共也逐步启动了国统区的文化运动，而带有起始意味的，便是"郭沫若五十寿辰暨创作生活二十五周年"纪念活动，该活动由周恩来亲自主持，除重庆地区知识分子以外，桂林、香港、延安及新加坡等地的知识分子都曾积极响应。据研究者分析，这次纪念活动，"就是为了把郭沫若从政治家塑造成文化人而举行的大规模社会书写仪式"[②]，而从郭沫若1942年的话剧创作实绩来看，这个书写仪式无疑是成功的。

就《屈原》的演出来说，更为重要的则是如何借重屈原这个文化资源。从政党的积极介入来看，可以说他们是在消费首届诗人节所积累的屈原形象，争夺并改造这一象征资本。左翼知识分子对《屈原》的批评，既延续了首届诗人节所塑造的爱国者形象，也突显了郭沫若所阐释的"内忧"一面，但却将内忧从郭沫若式的个人牢骚，转化为政党隐忧，正如周恩来对这一运动的评价："屈原这个题材好，因为屈原受迫害，感到谗谄之蔽明也，邪曲之害公也，才忧愤而作《离骚》。'皖南事变'后，我们也受迫害。写这个戏很有意义。"[③] 这就将士大夫式的怨刺方式，转而作为政治斗争的手段，《新华日报》唯恐读者/观众不能体察其背后的寓意，借助广告将该剧的寓意作了极为清晰的解释："这虽然是一幕历史悲剧，但是在这里面有现实的人底声音，有崇高的人格，正气凛然的气节，使你爱憎是非之感，分外分明。这是一首美的诗篇，她唱出你要唱的诗，她说出你要说的话！美与丑恶在这诗篇中的斗争，强烈的使你的灵魂作了最忠实的裁判。"[④] 或许也正因如此，国民党宣传部才极力支持陈铨的《野玫瑰》，以之作为对抗。

---

① 《一九四一年三月政治情报》，中央档案馆编：《中共中央文件选集》第13册，北京：中共中央党校出版社，1991年，第67页。

② 段从学：《"文协"与抗战时期文艺运动》，北京：北京大学出版社，2012年，第234页。

③ 黄中模：《雷电的光辉》，《红岩》1979年第1期。

④ 《屈原》广告，《新华日报》1942年4月3日，第一版。

四、询唤“人民诗人”

既然左翼知识分子已取得诗人节的话语权，只要政治时机成熟，他们便可藉此打造自己的新诗人。随着抗战的推进，建国问题逐渐超越抗战，中共也适时地提出人民民主的政治主张，诗人节也再度受到左翼知识分子的关注，成为询唤“人民诗人”的文化仪式。

“人民诗人”话语的大规模出现，始于1945年诗人节。《新华日报》设置了诗人节专刊，但关注的重心已从民族矛盾转向阶级矛盾，政治斗争被提上日程。臧克家要求，“在今天，不但要求诗要带政治讽刺性，还要进一步要求政治讽刺诗”[①]；力扬则进一步要求诗人为人民而写作，“在这人民的世纪里，一切的文艺都应该为着人民，所以评判一首诗的好或者不好，首先就必须从人民的观点出发，一个诗人之能否作为伟大的诗人，也是要从这观点来评定的，为人民歌唱得愈多，他的成就也愈大”[②]；在政党文化的推动下，诗人节成为锻造人民诗人的文化车间。

政党话语的积极介入，与抗战后期延安文艺政策在国统区的传播密切相关。1944年延安派何其芳与刘白羽到重庆，向后方文人传达《在延安文艺座谈会上的讲话》，1945年年初，周恩来回延安，时在重庆主持南方局工作的王若飞有在国统区开展整风运动之议，但该提议遭到周恩来一定程度的抵制。在周看来，“如文化人整风只限于文委及《新华日报》社两部门的同志，则可行；如欲扩大到党外文化人，似非其时”；并且认为“即便对文委及《新华日报》社同志的整风，历史的反省固需要，但检讨的中心仍应多从目前实际出发，顾及大后方环境”[③]；虽然如此，延安的整风运动无疑已开始波及后方文人，如力扬所写的纪念文章《诗人·人民》便已涉及知识分子改造的问题，“所谓知识分子的改造，即是要在生命上消灭那些不适合于为大众的利益而斗争的弱点，同时却

---

① 臧克家：《向黑暗的“黑心”刺去》，《新华日报》1945年6月14日，第四版。

② 力扬：《诗人·人民》，《新华日报》1945年6月14日，第四版。

③ 周恩来：《关于大后方文化人整风问题的意见》，中共重庆市委党史工作委员会编：《南方局领导下的重庆抗战文艺运动》，重庆：重庆出版社，1989年，第58页。

要吸收或学习人民大众所富有的一切完美的东西”[①]；延安话语在国统区的传播，也可见后方的知识分子在抗战后期，关注的问题已由抗战问题，转向了建国问题，或者说是如何争取政权的问题，因而政党立场变得不可忽略。

较之在现实中寻找或塑造人民诗人，对传统的改造无疑要容易得多，屈原因此也从爱国诗人，转变成了人民诗人。如王亚平就认为，屈原和杜甫是“天才”，是“人民的艺术家”，但在专制时代，“才华一代，为人民所喜爱，为中国文学留下了光辉成果”的诗人却成了“疯子”和“难民”，这正是“诗人不能阿谀权贵，反对专制，反抗强权，热爱人民热爱祖国的结果”，但他们“懂得了人民的痛苦，仇恨，希望，蒐集了民间的歌谣，故事，神话”，无论是做人还是创作都是现代诗人的榜样，因此，“纪念诗人节，我们要发扬屈原、杜甫的做人精神，要学习屈原杜甫的创作态度”，以“锻炼我们的武器（笔）”，“为新民主主义而斗争”[②]。值得留意的是，诗人节纪念的诗人中，以及人民诗人的行列里，增加了杜甫。

对人民诗人的呼吁，甚至扩展到了相对中立的知识群中间，如叶圣陶便认为，虽然屈原是心系怀王，但要本着“了解的同情”去认识他，并且认为，如果屈原、杜甫置身现在“人民的世纪”，“按照他们那么伟大的精神推想，他们作诗的宗旨也必然是表达出人民的心声”[③]。但无论是王亚平还是叶圣陶，他们在将屈原转化为人民诗人时，还是有所顾忌，尤其是叶圣陶，其实是认定屈原是贵族诗人，只是存在转化为人民诗人的可能性。

将屈原直接命名为人民诗人的，是闻一多。1945 年他曾借用郭沫若将奴隶分为“生产奴隶”与“家内奴隶”的概念，将屈原归之于家内奴隶，以回应孙次舟关于“屈原是弄臣”的说法。在闻一多看来，正因屈原是文化奴隶，所以他才是文学弄臣，但他却“挣脱了时代的束缚”，

---

① 力扬：《诗人·人民》，《新华日报》1945 年 6 月 14 日。

② 王亚平：《诗人，为新民主而斗争！》，《新华日报》1945 年 6 月 14 日，第四版。

③ 叶圣陶：《诗人节致辞》，《华西晚报》1945 年 6 月 13 日。

“反抗的奴隶居然挣脱了枷锁，变成了人”[①]，投身到了人类的解放事业之中；而在第二篇文章中，闻一多便将屈原正式命名为“人民诗人”了，在他看来，“古今没有第二个诗人像屈原那样曾经被人民热爱的”，而从身份来说，屈原虽出身王室，但在混乱的战国时期，“屈原从封建贵族阶级，早被打落下来，变成一个作为宫廷弄臣的卑贱的伶官”，“和人民一样，是在王公们脚下被践踏着的一个”，他的作品是民间的，“用人民的形式，喊出了人民的愤怒”，因此是艺术的也是政治的；更为重要的，屈原之所以为人民所爱，是因为他的“行义”，不是他的“文采”，屈原的反抗与自沉，为暴风雨的时代“执行了‘催生’的任务”[②]，闻一多正是从屈原诗歌的社会“价值”，而非美学层面来肯定其历史功绩的。

郭沫若也是人民诗人的宣传者，但他因缺席第五届诗人节，所以迟至第六届诗人节才将屈原命名为人民诗人。他的方式更为直接，他根据《离骚》中“长太息以掩涕兮，哀民生之多艰”等诗句，认为屈原是“为多灾多难的人民而痛哭流涕”，是“真正尊重人民、爱护人民”的诗人；同时，他还从诗歌形式的角度，判定屈原“完全采取的是民歌民谣的体裁”，因此，“从这两方面来考察，我们便可以看出屈原的伟大，他的诗意识是人民意识，他的诗形式是民间形式，他是彻内彻外的一个人民诗人”[③]。不过，郭沫若的这种追认，其实只是话语的转换，较之他之前的屈原研究，并无多大新意，他在询唤人民诗人的历史潮流中，真正起到作用的，是将闻一多塑造为现实版的屈原。

闻一多被特务杀害，激起了公愤，无论左翼还是右翼对此暴行都予以批评；而闻一多纪念则为左翼知识分子逐渐发展为例行仪式。在这项纪念仪式中，郭沫若的纪念文章是重中之重。郭沫若的方式既简单又有效，他效法闻一多对屈原的命名，将闻命名为人民诗人：“闻一多先生由庄子礼赞变而为屈原颂扬，而他自己也就由绝端个人主义的玄学思

① 闻一多：《屈原问题——敬质孙次舟先生》，《中原》第2卷第2期（1945年10月）。

② 闻一多：《人民诗人屈原》，《诗与散文》“诗人节特刊”（1945年6月）。

③ 郭沫若：《从诗人节说到屈原是否是弄臣》，《新华日报》1946年6月7日。按，郭沫若与田汉的文章后出，有论者据该年6月4日为端午，从而误认为该文也发表于当日。

想蜕变出来，确切地获得了人民意识。这人民意识的获得也就保证了‘新月’诗人的闻一多成为了人民诗人的闻一多。假使屈原果真是‘中国历史上唯一有充分条件称为人民诗人的人’，那么有了闻一多，有了闻一多的死，那‘唯一’两个字可以取消了”[①]；之前一再强调对于屈原的态度，是“深幸有一，不望有二”的郭沫若，此时则因闻一多而取消了“唯一”二字。屈原的人民诗人形象，经由闻一多而最终显形，现实中的人民诗人则由郭沫若塑造完成，因此，诗人节最终承担了节日的历史使命，即生产政治新诗人。

五、诗人节与政治的修辞

还需补充的是，对诗人节意义的争夺，不仅在于左翼对诗人或屈原的重新命名，还在于人们对节日时间的争议上。节庆本来就生成于特定的历史时间，因此，何时纪念诗人节也是一个极为重要的问题。1944年诗人节，柳亚子曾赋诗一首：“聂耳先生今乐圣，鸰原犹喜识贤昆。开筵为祝新诗节，盛酒宁须老瓦盆。湘水行吟曾吊屈，渝都谠论合扶孙。中原并辔吾能健，一笑掀髯待细论。”[②]为庆祝诗人节，聂叙伦招饮兴文大楼，柳亚子“谨赋一律志喜”，但他的“喜”非为诗人，而是为“孙”，诗中的“孙”指孙科，诗中有小注：“‘五五’本属国父孙先生就职非常大总统纪念，而先生又能为旧体诗，故余主张定是日为诗人节，其意非徒在吊屈也。顷见哲生院长发表《民主政府与计划经济》一文，已传诵遍海内外，士别三日，刮目相待，中山先生于是乎有肖子矣，喜而志之。”[③]此“五五”非彼“五五”，柳亚子指的是西历，而非夏历，当日柳亚子又专门写了一篇文章，呼吁“改定国历五月五日为诗人节”，因为国历五月五日是孙中山就任非常大总统的纪念日，而孙中山

---

① 郭沫若:《论闻一多做学问的态度》,《大学》第6卷第3、4期合刊(1947年8月20日)。

② 柳亚子:《五月五日聂叙伦招饮兴文大楼,为庆祝新诗人节日也,谨赋一律志喜》,《磨剑室诗词集》下,上海:上海人民出版社,1985年,第1193页。

③ 同上。

本身也是一个诗人，因此，定是日为诗人节“是有一种特别的意义存在着”[1]。柳亚子欲扶植“少主”孙科，因而想将诗人节从夏历端午改到国历“五五”，不无苦心，只可惜应者寥寥。

与之有关联的，是汪精卫（即汪兆铭）的说法。南京伪政府定“五五”为青年节，汪精卫从历史上追溯节日的来源，首先是“十年五月五日国父就任大总统”，其次也追溯到端午节的传统，他从顾炎武《日知录》对屈原的相关评价出发，认为屈原是“信道笃而自知名，不可为环境所屈服”，因此，像“屈原这样宁死不为流俗污世所屈，是值得佩服的”，从而号召青年，像孙中山和屈原一样，“与恶俗奋斗，战胜恶俗，改造一个光明纯洁的社会”[2]，从而跨越式地将阴历、国历“五五”连缀到了一起。

对“五五”的争夺，再次显示了节日对于历史、政治的重要性，节日远不止是一次民间的庆典，也是一项独特的仪式，更是一种隐晦的政治修辞。对于诗人节来说，偏居重庆的国民政府，要积极利用南方的民俗，因为习俗可以“为所期望的变化（或是对变革的抵制）提供一种来自历史上已表现出来的惯例、社会连续性和自然法的认可”[3]，传统可为政治提供历史的合法性，因此，诗人节的诞生只是国家意识形态建构的一个部分，因而，在抗战建国的需求下，诗人节成为爱国诗人的诞生地；而在共产党政治文化的推动下，它又成为询唤人民诗人的契机。

这也是郭沫若当时所处的文化政治语境。就他与诗人节的关系来看，他不仅没有外在于诗人节，而且自始至终都是一个参与者，甚至是诗人节象征意义的赋予者。诗人节成为新诗人的文化诞生地，是诗人们主动参与推动的结果，但“新诗人”也对他们提出了身份改造的要求。那么，郭沫若是如何具体参与这一过程，同时，“新诗人”的诞生于他有何意义？他所创造的《屈原》，在抗战语境中又是如何参与这场政治与文化的对话，它本身又有何独特性呢？这是我们接下来要讨论的问题。

---

① 柳亚子：《纪念诗人节——改定国历五月五日为诗人节的宣言》，《怀旧集》，上海：耕耘出版社，1946年，第251页。

② 汪兆铭：《五五青年节之意义》，《申报》(沪版) 1943年5月5日。

③ 霍布斯鲍姆等著：《传统的发明》，顾杭、庞冠群译，南京：译林出版社，2008年，第2页。

情感教育剧：《屈原》的诗学政治

舞台与教育

话剧与教化传统

情感与形式

抗战时期，与郭沫若就屈原的历史真实性问题展开反复辩论的侯外庐最终不得不承认："结果是文学和艺术战胜了史学和哲学。今天，已经抹不去中国人心目中郭沫若所加工的屈原形象。"[①] 郭沫若的话剧《屈原》，不仅就他个人而言是《女神》之后的又一文学高峰，就 1940 年代的左翼文化政治实践而言也是极为重要的存在。对话剧而言，除了剧本的生产与阅读外，舞台演出也不可忽视。正如此前《棠棣之花》的演出是共产党策划的文化活动一样，《屈原》的演出也受到共产党的大力支持。无论是演员的选择、场地的接洽，还是最终的宣传与评论，中共及其他左翼文人都有干预。因此，历史现场的《屈原》是一个与政党政治直接关联的产品。这带来的文学史叙述是，以周恩来为代表的中共南方局如何领导《屈原》的演出，从而将《屈原》作为国共党争的武器。

但《屈原》的生成又似乎与政治无关。在《写完〈屈原〉之后》一文中，郭沫若对他的写作过程有详细的介绍：在《棠棣之花》上演时，他便有写作屈原的拟议，其最初计划是仿照《浮士德》的写法，分上下两部写屈原的一生，但在具体写作时，这计划却"完全被打破了"；"目前的《屈原》，真可以说是意想外的收获"，"各幕及各项情节，差不多完全是在写作中逐渐涌出来的。不仅写第一幕时还没有第二幕，就是第一幕如何结束都没有完整的预念。实在也奇怪，自己的脑识就像水池开了闸的一样，只是不断地涌出，涌到了平静为止。"[②] 这是一种类似写作《女神》时，天才爆发的经验，因此，该剧本的形式独创性不容忽视。

---

① 侯外庐：《韧的追求》，北京：生活·读书·新知三联书店，1985 年，第 134 页。

② 郭沫若：《写完〈屈原〉之后》，《中央日报》1942 年 2 月 8 日。

无论是政治文化的视野，还是创作论的视野，对《屈原》来说都有效，但又都显得不足。前者忽略了这部作品的美学形式，后者则无视其与时代语境之间的深层互动，因而难以回答这个问题：在抗战时期数百部话剧中，为何是《屈原》能在战时文化与政治运动中取得如此成就。或许这才是郭沫若参与抗战时期政治与文化对话的独特方式，即他在与其他人一道通过“诗人节”塑造“新诗人”的同时，还以美学的方式回应了时代的问题。因此，首先需要探讨的是《屈原》美学形式的创新之处，以及这种形式所具有的文化政治内涵。在我们看来，《屈原》开创了现代情感教育剧的形式，而这种形式又与郭沫若的历史意识和革命道路有着内在的关联。

一、舞台与教育

相对来说，《屈原》的第一幕是为学界较为忽略的部分，这是一个教育场景。布景是在“清晨的橘园”[①]，情节是屈原将刚写就的《橘颂》传授给他的学生宋玉。从师生的对话来看，教育的内容主要包括情操、历史与伦理等方面。屈原先是因物起兴，由于橘树的生长习性较为独特，屈原进而赋予其“独立不迁”的道德意义，并以之作为教育宋玉的材料，正如他所说：“你看那些橘子树吧，那真是多好的教训呀！它们一点也不矜持，一点也不怯懦，一点也不懈怠，而且一点也不迁就。……它们开了花，结了实，任随你什么人都可以吃，香味又是怎样地适口而甜蜜呀。有人吃，它们并不叫苦，没有人吃，它们也不埋怨，完全是一片的大公无私。但你要说它们是，万事随人意，丝毫也没有骨鲠之气的吗？那你是错了。它们不是那样的。你先看它们的周身，那周身不都是有刺的吗？它们是不容许你任意侵犯的。它们生长在这南方，也就爱这南方，你要迁移它们，是不很容易的事。”[②] 宋玉的回答是：“经先生这一

---

① 郭沫若：《屈原》，《中央日报》1942年1月24日。

② 同上。

说，使我感受了极深刻的教训。”[1]

这个场景平常而近乎乏味，但从戏剧的思想和美学资源来看，至少以下几个方面是值得留意的：一是教育对象宋玉是“年可十八九”[2]的青年，屈原也从代际的角度赋予了他们不同的意义，他自己是“年青时代受过典谟训诰，雅颂之音的熏陶的”，因此“文章一时不容易摆脱那种格调”，宋玉一代则不同，他们的诗“彻内彻外，都是自己在作主人”[3]。这几乎是“五四”一代知识分子的夫子自道，而宋玉则是“导师”所召唤的文学青年。其次，教育的内容是浪漫主义的人格想象，一种纯洁而独立的精神状态。正如伯林对这种精神的归纳：“人们所钦佩的是全心全意的投入、真诚、灵魂的纯净，以及献身于理想的能力和坚定性，不管他信仰的是何种理想。”[4]由此来看，《屈原》延续了作者“五四”时期所写诗剧《湘累》的风格。第三，从教育的方式来说，它继承了中国的诗教传统。这不仅在于屈原以“作诗”和“教诗”作为“言志”方式[5],还在于他对诗歌的解读方式也贴合“六艺”之教。而从剧作者的角度着眼，则又多了一重“著述引诗”的传统[6]，不过，这里的“诗”不能按儒家诗教具体化为《诗经》，而应从“变风、变雅”的视角指向楚辞，至于为何会变，则不仅与战国时期的屈原相关，也与抗战时期的郭沫若有关。

伦理教育之外，还有历史教育，这主要是对楚文化进行溯源的工作。屈原对宋玉讲到，殷代是华夏文明的源头，纣王并不昏庸，只是在经营东南时为周人“乘虚而入”，殷人败而南下，作为其同盟的楚国，则继承了正宗的华夏文明。因而，楚文化不仅不是南蛮，相反，它才是华夏文明的正统。历史教育的重要性在于，它不仅是知识性的，而且是为当下的身份寻求文化认同的根据，因此，《橘颂》中的南方也不仅仅是诗意的，而是具体的“地方”，是抗战时期行都所在地区。

---

① 郭沫若：《屈原》，《中央日报》1942年1月24日。

② 同上。

③ 同上。

④ 以赛亚·伯林：《浪漫主义的根源》，吕梁等译，南京：译林出版社，2011年，第16页。

⑤ 朱自清：《诗言志辨》，上海：开明书店：1947年，第20、29页。

⑥ 同上书，第114页。

不过，屈原之所以引入这段故实，不单是为南方争正统，也是为拯救伯夷叔齐的精神。当屈原以橘树为例，教导宋玉不要同乎流俗时，他也认为不必过分矜持，重要的是“遇到大节临头的时候”，“丝毫也不可苟且，不可迁就”，要学“那位古时候的贤人，饿死在首阳山的伯夷那样，就饿死也不要失节”[①]。宋玉的疑惑是，纣王既为暴君，伯夷的饿死便毫无意义，因此屈原需要从历史的角度赋予伯夷之死以正当性，而这也成为他整个教育的中心，正如他对宋玉所说的：

> 在这战乱的年代，一个人的气节很要紧。太平时代的人容易做，在和平里生了来，在和平里死了去，没有什么波澜，没有什么曲折。但在大波大澜的时代，要做成一个“人”实在是不容易的事。重要的原因也就是每一个人都是贪生怕死。在应该生的时候，只是糊里糊涂的生。到了应该死的时候，又不能慷慷慨慨的死。一个人就这样糟蹋了。（稍停。）我们目前所处的时代，也正是大波大澜的时代，所以我特别把伯夷提了出来，希望你，也希望我自己，拿来做榜样。我们生要生得光明，死要死得磊落。[②]

屈原对伯夷“守节”的重新肯定，再次提醒我们《屈原》与郭沫若早期创作的关系，除了《湘累》之外，“五四”时期他曾创作《孤竹君之二子》，歌颂“原人的”纯洁、真诚与自由，诅咒制度的危害与人类的堕落[③]，是浪漫主义与无政府主义思想的杂糅。而《屈原》中的伯夷，虽然也高悬着一个抽象的“人”，但所指已不是与制度相对立的“原人”，而是易代之际的守节者：伯夷从一个无政府主义者转变成了一个具有民族归属的政治人和伦理人。但也有不变的成分，这就是人的抽象性及其蕴含的纯洁、高尚的特质，这是浪漫主义精神的延续。从《屈原》与《湘

---

① 郭沫若：《屈原》，《中央日报》1942年1月24日。

② 同上。

③ 郭沫若：《孤竹君之二子》，《创造季刊》第1卷第4期（1923年2月）。

累》《孤竹君之二子》之间的这重关系，可以看出，浪漫主义对完满人性的向往与战时所需的儒家节义，二者之间有着内在的通约性，郭沫若“五四”时期的浪漫主义借助儒家思想得以复归，甚至连美学视域中的纯洁也因此濡染了传统气节的伦理内涵。因此，从剧作来看，伦理教育与美育从一开始就纠缠在一起。

无论是伦理教育还是审美教育，都表明《屈原》具备教育剧的特征。这除第一幕戏本身就是教学场景以外，还在于戏剧本身与教学之间的同构性。正如论者所指出的，“教学就是演示”，而“教学的戏剧性再现就是演示的演示，演示你如何演示和展示”[①]。也就是说，舞台上的戏剧演出，本身也是一种广义的教学形式。因此，问题的关键便在于《屈原》为何具有教育剧的品格，以及它如何演示，演示要传达何种理念，这便涉及戏剧的形式与主题问题。

第一幕的教学场景，其形式的特殊性在于，首先它是一个美学空间，是由戏剧人物屈原和宋玉组成的戏剧空间，但他们开辟的“训喻空间”又具有普遍性，在舞台这个教学元语言的作用下，从而被具体化为戏剧与观众之间的教育形式。也就是说，“训喻空间”既是屈原与宋玉所身处的橘园，同时它又是敞开的，教学空间在特殊与普遍、审美与伦理、古与今之间任意游走，从而突破了戏剧美学空间的封闭性，使训喻的内容具有普遍性，可以经由舞台、观众等传播媒介扩展到社会空间。因此，屈原这个人物形象也具有了双重性，他既是楚国的三闾大夫，将《橘颂》传授给他的学生宋玉；同时，他又是一位传统政治文化的代言者，直接显身战时重庆舞台，对读者或观众传达那尚未变更的真理。而从接受美学的角度来看，读者和观众不仅是拟想的教育对象，事实上也只有他们的现实参与，这个教学活动才能最终完成。读者或观众就像隐形的学生一样，参与到了第一幕的教学场景，及其后的戏剧进程之中。

这种时空的自由度及其教育特质，与该剧作为历史剧的文体特征密

① 詹姆逊：《布莱希特与方法》，陈永国译，北京：中国社会科学出版社，1998年，第101页。

切相关。对于历史剧创作，郭沫若有一个常被征引的说法：“历史研究是‘实事求是’，史剧创作是‘失事求似’”[①]，他将历史剧作家归于诗人一类，因此，他也引证了亚里士多德《诗学》对史家与诗家的区别：“诗人的任务不在叙述实在的事件，而在叙述可能的——依据真实性，必然性可能发生的事件。史家和诗家不同！”[②] 对于史剧家来说，重要的不是发掘历史精神，而是“发展历史的精神”[③]，这就赋予了历史剧以某种抽象的品格，使它既依托于具体历史事件，同时与事件背后的历史观有着更为本质的关联。历史剧这种往返于具体历史事件与抽象史观之间的辩证，使它天然地具有额外的寓意，正如詹姆逊所指出的：

> 历史剧是特别具有寓意同时又是反寓意的，因为它的确设定一个现实，和它所要求的外在于它的一个历史指涉物，不管这种要求强烈与否，它都将这个外物作为一个启示的因而也是阐释的表象；与此同时，历史存在的纯粹事实似乎又拉直了这个循环，关闭了这个过程，它意味着如果表象的确最小限度地意味着别的什么，即实际存在的历史事件，那么，那就是它所意味的一切，在进行补充阐释的过程中就不必再附加什么了。[④]

历史剧之所以是寓意的，在于它的表达往往不仅指向历史事件本身，而是存在一种意义的剩余，这意味着它必然意指它物。中国抗战时期的史剧大多属于此类，这种意义的剩余要在历史事件之外去寻找，这便是郭沫若所说的发展历史精神，或是对现实的影射等方面；即便是封闭的史剧，剧作家对题材和演出时机的选择，也可能赋予其历史或时代以寓

---

① 郭沫若:《历史·史剧·现实》,《戏剧月报》第1卷第4期(1943年4月)。

② 亚里士多德:《诗学》,转引自郭沫若《历史·史剧·现实》。按,罗念生的译文为:“诗人的职责不在于描述已发生的事,而在于描述可能发生的事,即按照或然律或必然律可能发生的事”(亚里斯多德:《诗学》,罗念生译,上海:上海人民出版社,2005年,第39页)。

③ 郭沫若:《历史·史剧·现实》,《戏剧月报》第1卷第4期(1943年4月)。

④ 詹姆逊:《布莱希特与方法》,陈永国译,北京:中国社会科学出版社,1998年,第139页。

意：因此，历史剧所具有的具体性与抽象性，使它天然具有寓意性，而寓意正是教育所要传达的内容。

二、话剧与教化传统

教育剧的视角，打开了《屈原》美学与伦理的双重空间；然而，它之所以具有教育剧的特征，不仅在于第一幕的教育场景，或历史剧的寓意性，也在于《屈原》与传统戏曲间的联系。该剧虽为话剧形式，但从戏剧情节模式和主题学的视角，我们可以发现它与旧戏之间的深层关联。

就情节模式来看，该剧的矛盾主要集中于屈原与郑秀、靳尚等人之间：在战国七雄争霸的历史背景下，楚国的左徒屈原从本国利益出发，主张齐、楚合纵以拒秦；南后郑秀、上官大夫靳尚则立足自身利益，在秦国使者张仪的挑拨下转而要求楚王绝齐以联秦。为了达到目的，郑秀设计陷害屈原，屈原因此遭到罢黜。从情节看，其主要着眼点在忠奸之辨，而屈原遭到南后陷害的一场，也被李长之从情节发展的角度视为全剧的高潮[①]。除情节的善恶模式以外，人物也存在脸谱化的嫌疑，如屈原的大公无私、靳尚之奸佞、张仪的狡诈、郑秀的阴险等，性格轮廓极为清晰，虽无旧戏的脸谱而胜于脸谱。这种黑白分明的特征，在人物的服饰上得到了进一步强调，如屈原是“着白色便衣”，其对手则服色多夹杂不清，而宋玉的“没骨气”也主要从他早晚不同的服饰上体现出来。无论是忠奸之辨，还是人物的脸谱化，都是传统戏剧的典型叙述手法，对此，当时就有论者指出：

> 把《屈原》搬上舞台我想不独中国一般老百姓爱看，士大夫们也一定爱看。不但对于读过史书的人对于这有考据、来历的故事、人物、用具服饰感到兴趣，而本剧取材也正是百分之百的中国的作风，佞臣宠姬蒙蔽国主，陷害忠良，“国

① 长之：《〈屈原〉》，《大公报》1942 年 5 月 25 日。

> 丈”助虐，忠臣有口难辩，弱女骂奸，侠士救忠，都是爱看旧戏的人所熟习，瞧惯了的，作者复通过人物性格的描写，这正是“深入浅出”的典型作品。①

论者的现场观感，印证了该剧与旧剧之间的关联。而这重关联，也有着更为复杂的文学史意义。该论者进一步指出，《屈原》“殆全在可作民族形式的示范”。就它与旧戏之间的这重关联，确实符合毛泽东所提倡的“中国作风”，也可从文学史的视野归入创造“民族形式”的范例。因为1940年郭沫若那篇带有总结性质的文章——《“民族形式”商兑》，就已不具名地引用了毛泽东《论中国共产党在民族战争中的地位》对“中国作风”的相关论述，因而，他虽然坚持了新文学的传统，驳斥了向林冰等人的以“民间形式”为民族形式源泉的说法，但也不得不在士大夫传统、民间形式与外来形式之间作调和，正如他所指出的：

> 中国新文艺，事实上也可以说是中国旧有的两种形式——民间形式与士大夫形式——的综合统一，从民间形式取其通俗性，从士大夫形式取其艺术性，而益之以外来的因素，又成为旧有形式与外来形式的综合统一。而且凡中国近百年来的新的事物，比较上“中国化”了的，还当推数文艺这一部门。②

除与民族形式等问题的关联外，或许还要考虑到战时民众教育与动员的实际需求。因此，无论是从文学创作的角度，还是从现实环境，郭沫若都不惮于从旧戏汲取资源的。更何况传统戏剧，本来就承担了伦理教化的社会功能，并积累了一些极为有效的教育程式；而对传统戏剧的这种优势，20世纪初期以来的文人学者也早就自觉意识到，并曾积极

① 北厂：《诗剧〈屈原〉——话剧底民族形式的新基石》，《新民报》1942年4月18日。
② 郭沫若：《“民族形式”商兑》，《大公报》“星期论文”1940年6月9日，第二版。

提倡。如世纪初南社诗人柳亚子和陈去病等人，便从伦理教育和社会动员的角度肯定了旧戏。陈去病对传统戏曲的看法是：

> 其词俚，其情真，其晓譬而讽谕焉，亦滑稽流走，而无有所凝滞，举凡士庶工商，下逮妇孺不识字之众，苟一窥睹乎其情状，接触乎其笑啼哀乐，离合悲欢，则鲜不情为之动，心为之移，悠然油然，以发其感慨悲愤之思，而不自知。以故口不读信史，而是非了然于心；目未睹传记，而贤奸判然自别。[①]

南社诸人所强调的是传统戏剧中的种族识别因素，这一点，在抗战的民族主义氛围中，恰恰也为《屈原》所继承。这需要从主题学的角度加以辨析，如第一幕中，屈原所强调的主要是气节问题，这涉及的是存亡之秋士人的出路问题，而在抗日战争的语境中，这激活的正是气节、忠义和华夷之辨等思想传统，如孙伏园就很自然地将其誉为“新正气歌”：

> 郭先生的《屈原》剧本，满纸充盈着正气。有人说郭先生的“屈原研究”的态度和方法是“新朴学”，那么他的“屈原剧本”实在是一篇“新正气歌”。[②]

《屈原》初刊于《中央日报》的《中央副刊》，是应编者孙伏园之请，因该剧存在争议，故甫一载完，孙伏园便率先为《屈原》定调，这当然不免有为《中央日报》刊载此剧“正名”的意味，但这也确是《屈原》所明确发挥的主题，故孙伏园此说为当时论者征引较多，其认可度也不小，可见这种思潮在当时具有一定的普遍性，而无论是气节还是华夷思想，都是传统戏曲的主题。不过，新文人强调气节者也非郭沫若一人，如吴祖光便有话剧《新正气歌》，南明戏也一度成为时尚[③]，可见，所谓

---

① 佩忍（陈去病）：《论戏剧之有益》，《二十世纪大舞台》第1期（1904年10月）。

② 孙伏园：《读〈屈原〉剧本》，《中央日报》（1942年2月7日）。

③ 参见本书第二章“危机与救赎：一个新文化人的‘南渡’”。

的“正气”问题并非关乎题材或戏剧主题，它也是郭沫若等人面临的现实问题。

主题不仅关乎戏剧的思想层面，它也涉及传统戏剧的教育程式问题。传统戏剧的模式虽然老套，但它也培养了一种程式化的“观看—反应”模式。正如陈独秀所指出的：“观《长板（坂）坡》《恶虎村》，即生英雄之气慨（概）；观《烧骨计》《红梅阁》，即动哀怨之心肠；观《文昭关》《武十回》，即起报仇之观念；观《卖胭脂》《荡湖船》，即长淫欲之邪思；其他神仙鬼怪，富贵荣华之剧，皆足以移人之性情。”[①] 对于普通市民来说，这种程式化的回应模式无疑使接受效果更为理想，这其实也是郭沫若以文艺动员民众的主导方式。如果将《屈原》置于1940年代重庆新旧文化杂糅的氛围中，那么，旧剧的套路为普通市民接受该剧的寓意，无疑提供了某种前理解。

较之陈去病对种族观念的兴趣，陈独秀关注更多的是戏曲“触人之情感”的独特方式与效果：

> 戏曲者，普天下人类所最乐睹、最乐闻者也，易入人之脑蒂，易触人之感情。故不入戏园则已耳，苟其入之，则人之思想权未有不握于演戏曲者之手矣。使人观之，不能自主，忽而乐，忽而哀，忽而喜，忽而悲，忽而手舞足蹈，忽而涕泗滂沱，虽些少之时间，而其思想之千变万化，有不可思议者也。……由是观之，戏园者，实普天下人之大学堂也；优伶者，实普天下人之大教师也。[②]

然而，在新文化运动期间，新青年大多极力宣扬废弃旧戏，其善恶分明的一面反而成了它的不足。如傅斯年便认为：“中国人恭维戏剧，总是说，善恶分明；其实善恶分明，是最没趣味的事。善恶分明了，不

---

① 陈独秀：《论戏剧》，《新小说》第2卷第2期（1905年）。

② 同上。

容看戏的人加以批评判断了。新剧的制作，总要引起看的人批评判断的兴味，也可以少许救治中国人无所用心的毛病。”[1] 从启蒙视野观之，旧戏的脸谱化使观剧者不必思考便能轻易分辨善恶，因而不具备发人深思、启人觉悟的思想教育功能。傅斯年与陈独秀之间的分歧，是思想启蒙与情感动员之间的差别。

然而，新文人也并不排斥戏剧的教化功能，如早期文明戏的倡导者李叔同就认为，戏剧的教化功能兼有演说和报纸二者之长：“第演说之事迹，有声无形；图画之事迹，有形无声；兼兹二者，声应形成，社会靡然而响风，其惟演戏欤？”[2] 可见，为梁启超所忽略的戏剧，也是传播文明之利器，在宣传新思想方面大有可为，新旧冲突只在戏剧形式及其宣传的思想不同而已。因此，对于《屈原》来说，重要的便不仅是教育剧与旧戏的本质关联，这在上文已从情节模式和人物形象作了勾连，更为重要的是剧作者的教育理念，是侧重思想启蒙还是情感动员。

对于郭沫若来说，较之思想，他可能更关注情感。《屈原》中的人物，不仅善恶分明，而且往往慷慨陈词，不留余地，这在第四幕所模拟的审判场景中，已体现得较为明显：

> **张仪** （故示镇静）你发泄够了吧！我是在国王和南后面前，不愿意和你这病人多作纠缠，你是愈说愈不成话了！
>
> **屈原** 不成话？你简直不是人！你戴着一个人的假面具，到处替秦国破坏中原的联合，你怕我没有看透你！你想谋害我们楚国，你离间我们齐楚两国的国交，好让秦国来坐收渔人之利，我相信我们的国王绝对不会被你愚弄的。
>
> **张仪** 哼，你口口声声要说齐国好，当然有你的理由，据我所知道的，你死了的太太是齐国人，似乎还丢下了一位

---

① 傅斯年：《论编制剧本》，胡适编：《新文学大系·建设理论集》，上海：良友图书印刷公司，1935年，第291页。

② 李叔同：《春柳社演艺部专章》，原载《北新杂志》第30卷（1907年），此处转引自阿英编《晚清文学丛钞 小说戏曲研究卷》，北京：中华书局，1960年，第635页。

陪嫁的姑娘跟着你，而且齐国近来也送了很多贿赂啦。

屈原 哼，你这信口雌黄的无赖，要你才是到处受贿，专门卖国的奸猾小人！你怕我不知道，你昨天晚上都还领受了我们南后一千五百个刀币吗？

南后 （决然）简直是疯子，满嘴的胡说八道！[①]

正如张仪所用“发泄”一词所显示的，屈原并不是在讲理，而是在抒情——愤懑之情，因而言辞激烈，情感充沛。而从信息层面来看，这个场景并未带来多少新信息，屈原所指责的张仪之离间、南后之行贿，这些内容在前面早就交代过，因此，这场辩论并不是在讲理，而是为屈原寻找一个抒情和发泄的机会。正如郭沫若后来在写《南冠草》时，一定要让夏完淳当面痛骂洪承畴一样，这都是直接诉诸情感力量的表达方式。而这在当时的语境中，也似乎比说理更受观众欢迎，阳翰笙在日记中就曾提到他对沈浮戏剧《重庆二十四小时》的观感：“此剧演出时，竟意外地得到很多观众的爱好。主要的原因，据我看，多半是剧本的内容充满了‘出气主义’，在这闷人欲死的后方，只要能够当场‘出气’，小市民们自然就会哈哈大笑的了。”[②] 可见，诉诸情感的方式具有更好的社会效果。

审判这出戏虽然缺乏新的信息量，但它本身所带来的话语错位，却有效激起了观者的反应。这表现为，极富正义感的屈原，却被楚王、张仪等视为“疯子”和“病人”；更关键的是，“疯子”揭示了阴谋和真相，楚王不惟不能体察，反将屈原囚禁到东皇太一庙。作为局外人的读者和观众则不同，他们接受的信息是全面的，故而这场辩论在他们眼中，忠臣的形象显得更为高大，奸佞就愈加可恶，而楚王的决断也成为他昏庸的证明，这种错位就可能导致群情激奋；同时它也使人物的脸谱更为明晰，使观众更容易接受其教化意义。可见审判场景的演示效果要优于教学场景，因此，教育剧多采用此类方式，如布莱希特的《四川好人》《伽利略传》等，剧中均有审案或法庭场景。

---

① 郭沫若:《屈原》,《中央日报》1942年2月5日。

② 阳翰笙:《阳翰笙日记选》,成都:四川文艺出版社,1985年,第24页。

然而，《屈原》虽吸纳了部分旧戏的元素，但毕竟是现代话剧，无论是主题还是情节模式，都超出了旧戏的范围。就主题来看，南后、张仪与屈原之间的矛盾，虽可从忠奸的角度理解，但按郭沫若自己的看法，则还涉及历史正义的问题，这是需要将《屈原》置于一个更大的时空语境，尤其是郭沫若的战国研究中才能理解的；而从情节模式来看，《屈原》是一个悲剧，而剧作者对悲剧结局的处理，也是极为独特的，最后一幕“雷电颂”尤其如此。

三、情感与形式

在第三幕的模拟审判场景中，屈原当面申斥张仪，并揭露其与南后之间的阴谋，因而被楚王囚禁在东皇太一庙。第五幕第二景，屈原再次出场，戴着镣铐，独自徘徊在“光甚昏暗”的正殿里，“时而伫立睥睨，目光中含有怒火”[①]。此外并无其他情节，屈原似乎只是在酝酿情绪，紧接着便开始了他的激情独白：

> **屈原** （向风及雷电独白。）风！你咆哮吧！咆哮吧！尽力的咆哮吧！在这暗无天日的时候，一切都睡着了，都沉在梦里，都死了的时候，正是应该你咆哮的时候，应该尽力咆哮的时候！
>
> ……
>
> 但是我！！我没有眼泪。宇宙！！宇宙也没有眼泪呀！眼泪有什么用呵？我们只有雷霆，只有闪电，只有风暴，我们没有拖泥带水的雨！这是我的意志，宇宙的意志。鼓动吧，风！咆哮吧，雷！闪耀吧，电！把一切沉睡在黑暗怀里的东西，毁灭，毁灭，毁灭呀！[②]

---

① 郭沫若:《屈原》,《中央日报》1942 年 2 月 6 日。

② 同上。

无论是从浪漫抒情的诗学，还是戏剧学的情节来看，这段物理时间长达半个小时的独白，都逸出了戏剧的情节进程，它占据的叙事时间极少，以极大的情感密度突破了以行动为旨归的戏剧时间，事实上形成了情节的中断。对此，注重情节性的传统戏剧学显然无法处理。如署名“何为”的评论者就认为“剧中唯一的缺点，就是叙述多而动作少”，进而怀疑“《屈原》是否是‘舞台艺术’”，“它的成功是否是戏剧的成功”[①]；而徐迟读完该剧后，便致信郭沫若，认为这“虽是光辉的诗句”，但“不主张这一段独白存在于《屈原》剧中”[②]。因为郭沫若的回信，徐迟的要点往往被理解为这一幕与《李尔王》（*King Lear*）的差异问题，实际上徐迟强调的是屈原疯狂之后，“他不会审判，但一定会问”，因而建议改用《天问》的哲学方式，可见徐迟是从屈原性格发展的角度来看待这一幕的，因而才对屈原的审判式语调感到不适。

然而，当我们重返教育剧的视野，情节中断反而必不可少。情节剧往往让读者或观众沉溺于情节，使之成为被动的体验者，相对缺乏探究悲剧根源的意识。但“雷电颂”对情节的突破，恰恰提供了这样一个契机，使观众停留在屈原被囚禁时的心理瞬间，感受其情感的强度、愤怒的力量，对浪漫的崇高主体形成某种心理认同，而这种认同也要经历一个复杂的心理过程。正如朱光潜所指出的，一般在面对崇高事物时先是“霎时的抗拒”，这种抗拒“唤起内心的自觉”，“使我们隐约想到外物的力量和体积尽管巨大无比，却不能压服我们的内心的自由；因此，外物的‘雄伟’适足激起自己焕发振作”[③]。这里，我们不仅看到了《屈原》的教育意义，更看到了教育剧的另一重面向。

提及教育剧，一个不可或缺的对话者是布莱希特。无论中外，教育剧本是历来戏剧的重要形式，但布莱希特的贡献在于发明了史诗剧（epic），不仅创造性地将教育融入到了娱乐之中，而且开拓了审美教育

---

① 何为：《诗的〈屈原〉》，《扫荡报》1942年4月27日。

② 徐迟：《徐迟先生来信》，《新华日报》1942年4月3日。按，本文载于《新华日报》“屈原公演特刊”，是作为郭沫若复信《屈原与厘雅王》的“附录”发表的。

③ 朱光潜：《刚性美与柔性美》，《文学季刊》第3期（1934年7月1日），后收入《文艺心理学》。

的新空间，将教育剧的重点从内容转向了形式[①]。所谓的史诗剧是指以间离手法为主的表演体系，即演员要保留自己的个性，阻碍共鸣的发生，“演员自己的感情，不应该与剧中人物的感情完全一致，以免使观众的感情完全跟剧中人物的感情一致。在这里观众必须具有充分的自由”[②]；观众的自由表现在不必沉溺剧情，从而可以保持判断与批判的清醒，“剧院不再企图使观众如醉如痴，让他陷入幻觉中，忘掉现实世界，屈服于命运。剧院现在把世界展现在观众眼前，目的是为了让观众干预它”[③]。本雅明对这种间离效果评价极高，认为这足以“同以亚里士多德的理论为代表的狭义的戏剧性戏剧分庭抗礼”，而“至于表演方式，史诗剧演员的任务是在他的表演中向观众表明，他保持着清醒的头脑”[④]。因而可以说，布莱希特的教育剧是一种思想教育剧，是通过打破移情与认同，让观众思考并获得自觉意识的教育，正如罗兰·巴特所指出的，这“是一种与观众一起思考的戏剧”[⑤]。

作为同时代的左翼知识分子，郭沫若与布莱希特都试图以美学为中介，探讨人的解放的可能性，这个共同的时代问题让他们的戏剧都自觉带有教育色彩；然而，《屈原》对情节性戏剧的突破方式，却与布莱希特不同：在剧情的中断处，出现的不是布莱希特式的间离效果，而是情感的爆发，是抒情主体的顽强显形。“雷电颂”这段天才式独白，延续了《女神》中《晨安》等诗章的抒情风格，呼唤、命名并命令雷电的姿态，呈现的是浪漫主义式的抒情主体及其自然政治学，诗人内在的愤怒、激情等强烈情感，不仅经由独白而得到宣泄，也转化为驱使万物的动力，情感因而有可能成为一种有效的政治或社会能量。而这种高强度

---

① 布莱希特：《娱乐戏剧还是教育戏剧》，丁扬忠译，见《布莱希特论戏剧》，北京：中国戏剧出版社，1990年，第72页。

② 布莱希特：《戏剧小工具篇》，张黎译，同上书，第25页。

③ 布莱希特：《论实验戏剧》，丁扬忠译，同上书，第63页。

④ 本雅明：《什么是史诗剧？》，君余译，见《启迪：本雅明文选》，北京：生活·读书·新知三联书店，2008年，第160、164页。

⑤ 罗兰·巴特：《布莱希特批评的任务》，《罗兰·巴特文集·文艺批评文集》，怀宇译，北京：中国人民大学出版社，2010年，第92页。

的情感抒发，剧作者并不是为了让观众保持清醒，而是让他们认识、感受情感的驱动力，进而认同这种情感的操作模式。

这一点似乎也为观者的回应所证实。罗荪的感受是“被一种激越的情绪刺激着，这种激越的情绪，恰正是充沛在整个剧本中的凛然的气节，和光明磊落的正义感”[①]；而屈原的扮演者金山，则指出当时观众的印象：“特别是在青年、中年以及老年的知识界中，人们在教室内外，在马路上，在轮渡上，常常会发出‘爆炸了吧……’的怒吼声”[②]；当时甚至有将这段独白坐实为压迫者反抗情绪的，如署名“沈”的论者就认为，屈原“对雷电愤怒的呼喊”，“代表了被压迫者的呼喊”[③]。基于《屈原》的形式特征和观者的反应模式，进而可以说，《屈原》是一出情感教育剧，它通过情感引导观众学会如何蓄积、抒发情感。其意义或许正如论者所指出的，“为观众提供一种孕育感情的方法”，“比对感情做出判断是更为基本的”[④]。从这个角度来看，上世纪三四十年代产生了两类教育剧，即布莱希特的思想教育剧与郭沫若的情感教育剧。值得一提的，二人的教育剧与中国传统戏曲都有关联，前文曾论及陈独秀肯定了旧戏的移情功能，而傅斯年则从启蒙的视野否定旧戏，从思想解放的视野提倡新剧。而郭沫若所创作的新剧，不仅保留了旧戏的教育方式，而且也具有强烈的抒情性，而布莱希特则通过对中国旧戏的创造性误读，创立了史诗剧，而且与傅斯年一样是诉诸思想层面的。

这种分歧并非不重要，它与剧作者的历史意识和对革命道路的选择有关。教育剧是一种美学形式，它为《屈原》提供了某种整体性视野。但正如“教育”所显示的，这种美学形式同时也是实践形式。对于思想教育剧，布莱希特从来不掩饰他的政治目的，他认为“真正的、深刻的、干预性的间离方法的应用，它的先决条件是，社会要把它的境况

---

① 罗荪：《读〈屈原〉》，《新蜀报》1942年4月5日。

② 金山：《痛失郭老》，《悼念郭老》，北京：生活·读书·新知三联书店，1979年，第238页。

③ 沈：《屈原和利尔王》，《新民报》1942年4月18日。

④ 苏珊·朗格：《情感与形式》，刘大基等译，北京：中国社会科学出版社，1988年，第457页。

作为历史的可以改进的去看待。真正的间离方法具有战斗的性质"[①]；罗兰·巴特也认为它"具有一种助产术的能力"[②]，即有助于培养观众的某种历史意识，因而是通向自我解放的艺术[③]；而对于《屈原》来说，情感教育也并非是为了再度宣扬浪漫主义，强调非历史性的纯洁，或构筑一个无政府主义的乌托邦，情感教育也有着极为明确的历史含义和社会功能。从40年代的语境而言，可以说《屈原》的情感是与民族情感、与弱者的正义密切相连的。然而，同为教育剧，二者在教育理念和方式上的差别，也显示了二者革命理念和道路的不同。

布莱希特自然是从马克思对统治阶级意识形态虚假性的批判出发，进而通过美学的间离方式，让演员和观众保持清醒，并培养其独立思考、判断和批判能力。然而这种批判是建立在自我意识的自觉基础之上的，因而教育剧也指向自我，美国剧作家托尼（Tony Kushner）就认为教育剧的主题是"要革命，就必须痛苦地抛开自我"[④]。因此，布莱希特更为注重激发人的自我潜能，确立解放的自我意识。而郭沫若对社会史的兴趣，使他更多地从社会关系层面来考虑人的解放问题。对此，我们可先回到他对屈原时代的研究，从某种意义上说，他对战国史的研究，为他的教育剧提供了历史视野，也潜在地规定了他的教育理念和教育方式。

郭沫若经过研究，发现战国是一个变革的时代："中国的古代社会在春秋战国时代确实是进行着一个很大的变革，即便是由奴隶制逐渐移行于封建制，而这个变革的完成是在嬴秦兼并天下以后。"[⑤]而这种变革的历史意义，就是人的社会关系的改变，尤其是生产奴隶的地位得到了

---

① 布莱希特：《戏剧小工具篇补遗》，丁扬忠译，见《布莱希特论戏剧》，北京：中国戏剧出版社，1990年，第46页。

② 罗兰·巴特：《失明的大胆妈妈》，《罗兰·巴特文集·文艺批评文集》，怀宇译，北京：中国人民大学出版社，2010年，第40页。

③ 罗兰·巴特：《布莱希特的革命》，同上书，第45页。

④ Tony Kushner：《美国天使》，台北：时报文化出版企业股份有限公司，1996年，第442页。转引自蓝剑虹：《回到史坦尼斯拉夫斯基》，台北：唐山出版社，2002年，第266页。

⑤ 郭沫若：《屈原思想》，《新华日报》1942年3月9日，第四版。

极大的提升，因此，知识分子才提出了“仁”的思想。自然，战国的变革从一开始就是当时问题的隐喻，在郭沫若看来，其不同处只在于，战国是从奴隶社会走向了封建社会，而当时则是从封建社会转向资本主义社会。屈原这个悲剧形象，为他的历史哲学提供的是感性外观。这种社会学的解放视角，对他战时文学观的影响是，在普及与提高两者间，他更倾向于前者，也就是文学的社会动员作用，这不仅见于他的文学批评，也见于他对悲剧教育价值的定位。正如他日后所说：

> 悲剧的教育意义比喜剧的更强。促进社会发展的方生力量尚未足够壮大，而拖延社会发展的将死力量也尚未十分衰弱，在这时候便有悲剧的诞生。悲剧的戏剧价值不是在单纯的使人悲，而是在具体地激发起人们把悲愤情绪化而为力量，以拥护方生的成分而抗斗将死的成分。[①]

可见，被激发出来的情绪，是要被引向社会斗争层面的，这既来自他研究战国史的社会进化史观，更直接地来自于国民革命时期的斗争经验。虽然较之布莱希特、傅斯年或后期创造社的意识形态批判，郭沫若对个人意识的忽略是他的不足，但我们也不得不承认，他有着对历史发展脉络和现实问题的深刻把握，其对社会关系的分析和情感教育的重视，从某种程度上也通向阶级意识和集体意识的生产。

回到话剧，从情节中逸出的激情也并未消失于1940年代的上空，而是深嵌于当时的历史、社会和政治结构之中。从历史的角度来看，“五四”时期的抒情模式，从来就未退出历史舞台，脱序的力比多能量时刻都在寻找重新安放的空间，无论是“革命加恋爱”，还是郭沫若的战时浪漫主义均是如此，在社会和政治运动的影响下，青少年的冲动逐渐转化为具体的社会动员的能量，这在抗战初期的社会动员中，如郭沫若所策划的“七七”纪念周大游行等活动中，更是得到了明显体现。而

① 郭沫若：《由〈虎符〉说到悲剧精神》，《福建日报》1951年8月4日，第四版。

具体到政党政治，尤其是对共产党来说，情感也始终是他们进行社会动员的方式，正如论者所指出的解放区政治动员的“情感的模式”：“人们先是流泪和发泄心中的愤怒，接下来就是诉诸革命行动。”[①] 情感教育不仅是动员的有效途径，也为大众的集体意识提供了情感的维度。这不仅意味着政治和社会动员利用了文学的情感调节机制，或者说，浪漫主义的情感机制本身就具有社会动员的潜在力量，还在于，政治从本体上就具有诗性的情感维度：因此，只有通过情感教育的镜框，我们才能明了，对缺乏戏剧性的《屈原》，为何在左翼的文化政治实践中占据如此重要的地位，这不仅在于它的美学形式，也在于这种形式——情感教育剧本身所包含的实践价值。

剧可以兴：《屈原》作为诗化戏剧

剧可以兴

从“剧曲”到诗化戏剧

寓言的文化诗学

从某种意义上说，《屈原》代表了郭沫若抗战时期文学创作的最高成就，因而，从美学的角度探讨《屈原》的独特性或创造性，就为我们理解与想象作为诗人或文人的郭沫若，其在文学领域所已经或可能达到的高度，提供了某种基准。研究《屈原》绕不开“雷电颂”，但问题大多也由此而来：从诗学的角度，论者多据此肯定其浪漫主义风格的复归[②]，或将其与《女神》作诗学或文化政治的对读；但《屈原》毕竟为话剧，从

---

① 裴宜理：《重访中国革命：以情感的模式》，《中国学术》（刘东编）第8辑（2001年4月）。

② 王瑶：《郭沫若的浪漫主义历史剧创作理论》，《文学评论》1983年第3期。

戏剧学的角度来看，它又反因缺乏戏剧性而受到质疑[①]，这既是《屈原》所带来的复杂性，同时也是问题性：这重悖论该如何理解，从戏剧学的角度看其独创性何在等，都是值得进一步讨论的话题。

一、剧可以兴

较之研究者的审慎，郭沫若倒显得有点不拘章法。对于《屈原》，他有一个说法似尚未得到充分注意，在他看来："写历史剧可用《诗经》的赋、比、兴来代表。准确的历史剧是赋的体裁，用古代的历史来反映今天的事实是比的体裁，并不完全根据事实，而是我们在对某一段历史的事迹或某一个历史的人物，感到可惜可爱而加以同情，便随兴之所至而写成的戏剧，就是兴。"[②] 在文学史的叙述中，郭沫若的话剧都背负"影射"之名，尤其是《屈原》，无疑当归入"比"的行列。然而，郭沫若接着却说："我的《孔雀胆》与《屈原》二剧，就是在这个兴的条件下写成的。"[③] 从诗教的传统来说，郭沫若的话剧本就不乏政教色彩，前文从教育剧的角度对此已作探讨，但郭沫若此说却是从创作论和发生学的角度来说的。而从创作的角度，"赋比兴"是诗法，似乎与以"行动"为旨归的戏剧不是一路，因此，从一开始郭沫若就挑战了传统的戏剧学观念，这需要我们突破对戏剧性的本质化理解，从更为开放的戏剧诗学的视野，来看待《屈原》和郭沫若的其他剧作。

古人有"以文为诗"之说，郭沫若既然以诗学方法创作戏剧，则不妨称之为"以诗为剧"。诗可以"兴"，剧也可以"兴"。《屈原》也确实是郭沫若因"某一个历史的人物"而兴的产物，这种个人化的相遇，从郭沫若"五四"时期的诗剧《湘累》开始，到抗战前后的屈原研究均是

---

① Rose Jui Chang Chen：Human Hero and Exiled God: Chinese Thought in Kuo Mo-jo's Chu Yuan, A dissertation of University of Detroit，1977 年，第 228 页。

② 郭沫若讲，周惜吾记：《郭沫若讲历史剧——在上海市立戏剧学校演讲》，《文汇报》1946 年 6 月 28 日。

③ 同上。

如此；同时，这也见于他写作该剧的状态。据作者所披露的创作经过，他虽然早就备有一个详细的计划写屈原的一生，然而最终还是回到了类似创作《凤凰涅槃》时的即兴状态，以一种天才式灵感爆发的方式完成了整部戏，得到的也是"一个意想外的收获"[①]。这种"兴"的戏剧创作方式，也见于他同时期的其他剧作：《孔雀胆》的写作，是出于对阿盖这个人物及其绝命诗的兴趣，可以说是因"诗"起兴，不仅如此，因阿盖绝命诗刊于作者"年轻时所读过的书籍"《国粹学报》中，他1939年回乡时，找到了这些"多被虫蛀焚毁，仅留极小一部分"的书籍，并将其携至重庆，"时时喜欢翻出来吟哦"[②]，因而《孔雀胆》的"兴"也是因物（旧籍）起兴；《虎符》的写作虽受抗战时期戏剧运动的推动，但正如作者所说："事实上也是我书案上的摆着一个虎符，不声不响的在催促我。"[③] 郭沫若的虎符是从一位轿夫手中买到的，"长约四寸，背上有十个错金书分写两边，一边五个，……字体是汉隶大约是汉初的东西"，因为"古气盎然"，郭沫若将它用作镇纸，"但是就是这个铜老虎事实上做了""《虎符》的催生符"[④]；而在将击筑的乐师高渐离搬上舞台之前，郭沫若也先是对"筑"这种乐器作了一番详细的考证，并将其命名为"筑"；《棠棣之花》与《南冠草》的创作也无不是基于对人物的同情。可见，对于郭沫若来说，话剧实承担着兴寄的功能。

从《屈原》来看，"兴"不仅是一种创作论，它也内化为作品的某种结构性特征。如"雷电颂"整体上便是一个"兴"的结构。"雷电颂"是屈原被囚禁于东皇太一庙时的独白，该庙的物象颇值得一观，正殿"三间靠壁均有神像"：东皇太一、云中君、山鬼、国殇等，或骑黄马，或立云彩之上，摄人心魄，而"室外雷电交加，时有大风咆哮"[⑤]。屈原正是置身此间，目寓此物才有呵天叱神之问。也就是说，屈原的独白并非

---

① 郭沫若：《写完〈屈原〉之后》，《中央日报》1942年2月8日。

② 郭沫若：《〈孔雀胆〉的故事》，《孔雀胆》，上海：群益出版社，1946年，第191页。

③ 郭沫若：《缘起》，《虎符》，出版地未标注：群益出版社，1946年，第5—6页。

④ 同上书，第6页。

⑤ 郭沫若：《屈原》，《中央日报》1942年2月6日。

凭空产生，而是因物而起，与他被囚禁的地方——东皇太一庙直接相关。而从内在结构上看，雷电颂也有内在的逻辑：一是每部分大致对应一种物象，分别由风、雷、电、东皇太一神、云中君等引发；一是整体上遵循着从自然（雷电）到神灵的顺序，而神灵内部也遵循地位从高到低的顺序，因此，屈原的独白看似随意出之，实由东皇太一庙的物象所顺次引起。屈原作为一个诗人，他的创作方式也构成了《屈原》的自我隐喻。可见，“兴”作为创作方式，也必然渗透到作品的结构之中，这为我们进一步探讨“兴”如何内化为剧作的美学特征提供了可能。

从《屈原》来看，剧可以兴的创作论，所生成的是浓郁的诗化效果。正如当时的论者刘蘧然所指出的：“《屈原》这篇剧作整个地说来就是一首诗，是不错的。所描写的是诗人，同时从头至尾也充满了诗的气息和韵味。”[①] 这种诗化的美学效果，首先是由语言的诗化或散文化生成的，如戏剧一开始便以散文的笔致，勾勒了一处田园景观：“清晨的橘园。暮春天气，尚有若干残橘，剩在枝头。园后为篱栅。左前别有园门一道通内室。园中右侧有凉亭一，离园地可数高段。亭之阶段正向左，阶上各陈兰草一盆”[②]。尤其重视意象的营造，这可从剧中的颜色运用看出，如第一幕开场就有“金黄的橘子”、屈原“白色便衣”、用“朱砂写成”的《橘颂》等等，颜色对比极为鲜明。剧作家对颜色的敏感基本上贯穿全剧，如第二幕描述宫内布置时，颜色就更为丰富，如墙上的壁画为彩色，正南面的圆柱为“深红色”、帘幕为“绿青色”，西面的帘幕则为白色，东面又为青色，接下来舞者登场时更是颜色的狂欢，除奇装异服外，众人所戴面具的颜色分别为青、银灰、白、绿、黑、赤、紫等十种颜色，极具视觉效果。而就语言的诗化来说，“雷电颂”完全是诗的语言，李长之看后便写道：“这使我们恍然忆起《女神》中的调子，诗人郭沫若的青春原来依然在着！单就这点，让我们欣慰，也让我们欣

① 刘蘧然：《论〈屈原〉的创作与演出》，《中央日报》1942 年 5 月 17 日。
② 郭沫若：《屈原》，《中央日报》1942 年 1 月 24 日。

羡！”[1] 这类诗化语言也不仅见于雷电颂，而是散于全篇。甚至可以说，《屈原》的对白语言整体上带有一种抒情腔，且不说屈原，“邪恶”的南后有时也难免如此，如她在描述屈原的诗风时，便不无夸张地说：

> 就是你的诗，也不比一般诗人的那样简单，你是有深度，有广度。你是洞庭湖，你是长江，你是东海，你不是一条小小的山溪水，你不是一个人造的池水啦。[2]

这也难免略染“颂”调。而这所关联的其实是诗化的第二个特征，即强烈的抒情性。对此需对“雷电颂”再作细读，这幕独白充分展现了全剧的抒情特征：崇高的抒情主体，强烈的情感强度，这表现为屈原对自然或神灵的任意呼唤、命名、斥责和驱使。如他对于电的独白：

> 啊！电！你这宇宙中最犀利的剑呀！我的长剑是被人拔去了，但是你，你能拔去我有形的长剑，你不能拔去我无形的长剑呀，电！你这宇宙中的剑，也正是我心中的剑，你劈吧，劈吧！劈吧！把这比铁还坚固的黑暗劈开，劈开，劈开！虽然你劈它如同劈水一样，你抽掉了，它又合拢了来，但至少你使那光明得到暂时间的一线的显现，那多么灿烂，多么炫目的光明呀！[3]

屈原似乎是一个巨人，置身宇宙，以闪电为长剑，独自奋战黑暗，这是典型的浪漫主义式的英雄想象；此外，如果将“雷电颂”置于全剧来看，它又形成了情感的韵律和具有整体性的氛围，这也是剧作者的有意为之，正如他在回复徐迟的信中所说：

---

① 长之：《〈屈原〉》，《大公报》1942 年 5 月 25 日。

② 郭沫若：《屈原》，《中央日报》1942 年 1 月 28 日。

③ 同上文，《中央日报》1942 年 2 月 6 日。

全剧虽然是自发地写出的东西，但下笔时——尤其在写完一幕以后，我的意识或下意识，即灌注在这最末一景。屈原是抒情的，不过是壮美而非优美，但并不是怎么哲学的。[①]

不仅如此，从他日记来看，他写作陷于“停滞”的原因是“情调难以为继”[②]，而他舍弃《天问》而创雷电颂，也是“为求全剧的气氛的统一”[③]：可见，对于郭沫若来说，他心目中的戏剧是以情感为主线，故他设计的戏剧高潮，也不是情节性，而是情绪性的。从这个角度来看，《屈原》虽然符合“三一律”的规则，但它本质上与古典戏剧不同。而情绪和氛围的视野，也解决这个戏剧的一个难题，即它从某种程度上生成了戏剧的整体性，从而克服了因诗化所带来的破碎感；或者更准确地说，是剧作者试图从情感层面赋予该剧以整体性。

《屈原》诗化的第三个特征是情境化。戏剧一般都会生成某种情景或情境，诗化情境的特征在于，它可能阻断甚至是脱离戏剧情节的主线，而具有相对的独立性，生成一个诗意的空间。雷电颂就是如此，这段物理时间长达半个小时的独白，并未与全剧情节产生必然关联，而是进入了诗人的心理时间，因而呈现出共时性特征。而从结构上看，第一幕的教学场景也具有较强的独立性，只是训谕氛围过重，相对缺乏诗意；但更值得关注的是群众为屈原招魂的场面，这段从《九歌》演绎而来的招魂场景，其完整性、独立性和诗性几乎不亚于雷电颂。屈原遭到南后陷害，被楚王罢黜之后，因行为乖离而被视为疯子，他周边的群众便为他招魂，整个场面由一位老者主持，众人先唱《礼魂》，然后老者开始乞告各路神灵，又向四方祷告，因歌词是直接化用《招魂》，语言是诗性的，整个场面也具有仪式性，带有人类学视野。对招魂场景的详细描摹，表明剧作者对诗化场景的重视程度可能超过了剧情本身。

---

① 郭沫若：《屈原与厘雅王》，《新华日报》1942年4月3日。

② 郭沫若：《写完〈屈原〉之后》，《中央日报》1942年2月8日。

③ 同①。

二、从“剧曲”到诗化戏剧

经由对《屈原》的文本细读及其诗化特征的美学探讨，使我们由此可以提升出一种独特的戏剧美学，即诗化戏剧。为使其进一步明晰化，有必要在上述讨论的基础上，对这个概念作进一步的辨析。从上文的勾勒来看，诗化戏剧是戏剧的一种美学品格，它包括语言的诗化或散文化，情境往往突破情节而占据中心位置，因而具有浓郁的抒情性，乃至整体上具有某种诗意的氛围。可见，诗化戏剧与诗剧不同，这从概念史的角度也可得到印证。从西方戏剧史的角度来看，戏剧可分歌剧（opera）与话剧（drama）两类，话剧又可细分为诗剧（poetical drama）与散文剧（prose drama），按新文化运动时期的说法则是“白话剧”，此前戏剧家宋春舫即指出，中国传统戏曲属于歌剧，现代话剧则属于散文剧[①]。就诗剧来说，如果诗的成分突破剧的限制，便发展为剧诗（dramatic poetry），这是一个极具文体间性的文类，如拜伦、叶芝的部分作品即属此类，而这在中国抗战时期也并不鲜见，如穆旦的长诗《隐现》、吴兴华的部分长诗都属此类。但剧诗本质上不是剧，而是诗。诗化戏剧不同，严格来说它是散文剧的亚文类，立足中国现代文学来看，则属于话剧的文类范畴，也就是说，它首先要具备话剧的文体特征，如对话、情节性等，在此基础上还具有诗性特征。就40年代的文坛而言，诗人王亚平在读完《屈原》之后，便曾用“诗化”来形容郭沫若的话剧，并且对这个概念作了一些界定，在他看来：“所谓戏剧的诗化，可以解释为有诗样的动人的情节，有壮美的场面、有紧张的结构、有具有诗的美与真的对话，有充满生命的人物。”[②]虽然王亚平的概括不尽准确，如紧张的结构就不太适合生成诗意，但他身处历史现场的观感表明，诗化戏剧这个概念对于郭沫若的话剧具有一定的历史有效性。

之所以对诗剧与诗化戏剧作细分，其文学史的意义在于，它有助于

---

① 宋春舫：《宋春舫论剧》第一集，上海：中华书局，1923年，第261页。

② 王亚平：《诗剧初谈——祝〈屈原〉之上演》，《新蜀报》1942年4月5日。

我们对话剧的不同风格做更为细致的鉴别，对郭沫若来说这尤其必要，他的创作便显示出从诗剧或剧诗，到诗化戏剧的转变过程，而这一转变过程所呈现出来的文体学上的演化轨迹，对于我们理解现代话剧体式的发展，以及郭沫若这个创作主体都不无意义；同时，从文体演化的历史脉络重读《屈原》，也有助于我们将其进一步历史化和问题化。

郭沫若在文学史上的地位，最初是由《女神》奠定的，而这部诗集初版本的封面上便明确标注为“剧曲诗歌集”[①]。第一辑中的《女神之再生》《湘累》《棠棣之花》三篇全是戏剧形式，第二辑中的《凤凰涅槃》也是如此。按作者的分类，无疑是将前三者归于“剧曲”，而将《凤凰涅槃》归入诗歌文类，《凤凰涅槃》初刊时虽注有“一名菲尼克司的科美体”，“科美体”即 comedy 音译，但实际上与“神曲”不同。它纯粹只借用对话形式，无戏剧情节，自可归入诗剧或剧诗范畴。前三篇则有些特殊，《女神之再生》的语言是韵文，《湘累》和《棠棣之花》是独幕剧的形式，语言虽为白话，但夹杂了大量的诗词歌曲，对话本身也大多是独白，从这个角度来看，“剧曲”的文类标识，本身也意味着体裁划分上的困难，因此，与其将它划归某一固定文类，倒不如对“剧曲”的特征略作分析。

《湘累》所写的，主要是屈原被放逐到洞庭湖以后，在听到娥皇、女英的歌声时所做的内心独白，抒发其志向的高洁和创造精神：“我这么正直通灵的人，我能忍耐得去学娼家惯技？我的诗，我的诗便是我的生命！我能把我的生命，把我至可宝贵的生命，拿来自行蹂躏，任人蹂躏吗？我效法造化底精神，我自由创造，自由地表现我自己，我创造尊严的山岳，宏伟的海洋，我创造日月星辰，我驰骋风云雷雨，我萃之虽仅限于我一身，放之则可汎漫乎宇宙。”[②] 如果将其与《屈原》雷电颂对读，不难发现二者之间的渊源。但二者之间的差异也是明显的，《湘累》只是利用了戏剧的对白形式，而这种形式是为诗人的独白服务的，整体

① 《女神》封面，上海：泰东图书局，1921 年。

② 郭沫若：《湘累》（戏曲），《学艺》第 2 卷第 10 号（1921 年 4 月 1 日）。

上并不具备完整的戏剧结构。《屈原》则不同，它整体形式是戏剧，独白是内在于情节之中，人物也从洞庭湖上抽象的浪漫抒情形象，转化为了置身楚国历史语境中的控诉者，因此，《屈原》的戏剧结构不容忽视。而显示从《湘累》的诗剧或剧曲形式，到《屈原》诗化戏剧这一转变过程的，恰好有《棠棣之花》渐进而漫长的演变史。

《棠棣之花》可以说是中国现代文学史上最具版本研究价值的文本，郭沫若对此也有所自觉，1941 年他在答复黄芝冈对该剧的批评时，他便说道："本来这《棠棣之花》的完成，由民国九年到现在，是绵亘了二十二年的岁月。中间经过了好几次的删改。民九《时事新报·学灯》双十节增刊，初版《女神》，《创造》季刊创造号，《聂嫈》单行本，光华版《三个叛逆的女性》，商务版《塔》，北新版《甘愿做炮灰》，这些资料如收得齐全，我倒很想把它们汇集起来，以表示一个作者在创作过程中的一些苦心的痕迹。但这工作，恐怕比重新创作一种剧本还要艰难吧。"[①] 郭沫若大致梳理了这个剧的变化轨迹，而学界在版本考校方面已有较多成果，但较之将其作为考察郭沫若思想变化的文本，笔者则将其作为考察其戏剧体式演变的材料。

郭沫若写作《棠棣之花》的动议，据他自己所说，是在"读过了些希腊悲剧家和莎士比亚，歌德等的剧作，不消说是在他们的影响之下想来从事史剧或诗剧的尝试的"[②]，而且原打算写十幕，无论是题材选择还是规模都是史诗巨作，但最终因情节、人物都不够统一，而放弃了计划。不过，他对于"写成了的五幕中的第二幕和第三幕觉得很有诗趣，未能割爱，在民国九年的双十节《时事新报》的《学灯》增刊上把第二幕发表了"[③]。史诗创作的构想，留下的只是诗意的片段，这也是为何《棠棣之花》在收入《女神》时难以归类的原因。而从作品来看，该剧也确实具有浓郁的诗意，如第一幕中聂政、聂嫈在其母墓前的场景：

---

① 郭沫若:《由"墓地"走向"十字街头"》,《新蜀报》1941 年 10 月 24 日。

② 郭沫若:《我怎样写〈棠棣之花〉》,《新华日报》1941 年 12 月 14 日,第四版。

③ 同上。

（陈设毕，聂嫈在墓前拜跪。聂政也来拜跪。拜跪毕，聂政立倚墓旁一株白杨树下。聂政取箫，坐墓前碧草上。）

聂政 姐姐，月轮已升，群鸦已静，茫茫天地，何等清寥呀！

聂嫈 你听，好像有种很幽婉的哀音在这天地之间流漾。[①]

再加上大量的歌曲，几乎停滞的情节进程，这确可说是诗剧。但之后每到一个历史的节点，如“五卅”运动、“九·一八”，郭沫若都会回头增补该剧。直到1941年中共组织庆祝他“诞辰五十周年暨创作生活二十五周年”，计划将上演《棠棣之花》作为“寿郭”的一个环节，也作为“左翼剧运”的开端时，郭沫若才最终将其戏剧化，增补为五幕剧《棠棣之花》。因此，有论者将其作为郭沫若“探索”戏剧创作方法，是他最终走向“成熟”的标志[②]。此说揭示了该剧对于郭沫若戏剧创作的意义。然而，即便是在1941年，该剧在文类归属上还依旧是个难题，如黄芝冈就将该剧当作诗剧，并从诗意的角度，认为第三幕的争斗破坏了整体氛围[③]；该剧的导演石凌鹤，也是从诗意的角度来把握该剧的。如他所说：“当我第一次读二幕本《聂嫈》时还是在中学时代，我深为那种浓厚的诗的氛围和崇高的纯情所感动。以后日子久了，自不免淡薄，可是这次为了上演再来研读五幕本《棠棣之花》时，依然陶溶在馥郁的诗的情调中，使我慨叹，使我哭泣。我觉得与其说是热情的剧本，毋宁说是赞美正义的壮丽的诗篇。这便确定了导演的一个概念：我要尽可能地把诗的风格强调起来，这应该是本剧最显著的特色。”[④]不过作为话剧导演，石凌鹤虽注重其诗意，还是认为它“并非诗剧，亦非歌剧——虽则有歌舞的穿插”，而是话剧。而郭沫若则说得最为直白：“诗剧或史剧或

① 郭沫若：《棠棣之花》，《时事新报·学灯增刊》1920年10月10日。

② 田本相、杨景辉：《〈棠棣之花〉——走向成熟的标志》，《辽宁师院学报（社会科学版）》1982年第4期。

③ 黄芝冈：《评〈棠棣之花〉》，柳倩编辑《文艺新论》，成都：莽原出版社，1943年，第68页。

④ 凌鹤：《〈棠棣之花〉导演的自白》，《棠棣之花》，重庆：作家书屋，1942年，附录部分第2—3页。

话剧，在作者都无可无不可。”[1] 但从他的辩护来看，他还是希望观众从话剧的角度来接受。

《棠棣之花》体裁演变的轨迹，显示了它从诗到剧的位移；但定本在文类归属上的分歧，又表明这个位移是个尚未完成的状态。而从前文对《屈原》的分析来看，反而是这种未完成的状态，才是郭沫若40年代话剧的特质所在。如果我们放弃“未完成”背后的发展、进化史观，也可以说，这是作为诗人的郭沫若，带给现代话剧的新形式。郭沫若话剧的这种文体间性，使得论者无论单从诗剧还是话剧的角度，都难以把握其艺术上的独特性，这正是诗化戏剧这个概念的优势所在，它既立足于戏剧的整体结构，同时又能容纳诗意。就《棠棣之花》来说，诗化戏剧的方法论意义，不仅在于它能容纳诗意的情境和氛围，同时也有助于我们发现其结构上的独创性。如剧中多达十余次的歌舞表演，虽然在上演时被一再删减，还是为人所诟病，但从诗化戏剧的角度来看，这恰恰是其创新性所在，这不仅在于歌词俚语往往带有社会性，是理解当时风土人情的渠道，更在于歌曲形成了回环复沓的效果，生成了该剧的整体性氛围，提升了话剧的美学品格。在剧中加入歌舞，似乎是郭沫若40年代话剧的特色，除《棠棣之花》外，《屈原》中仅《礼魂》就唱了四次，而《虎符》《筑》《孔雀胆》等剧也多有歌曲或歌舞，由此也可见诗化是郭沫若话剧的共同特征。不过，需要进一步厘清的是，虽然诗化戏剧解决了诗意与戏剧之间的矛盾，但这个概念并非是要弥合二者之间的差异，相反，它在将这种差异内化为美学风格时，也完整地保存了这种差异，并将其带到了某种文化诗学的视野。

三、寓言的文化诗学

在排演过程中，《屈原》的编导人员也遇到了类似问题，即虽名为话剧，但他们感受最强的却是该剧的诗化风格。正如参与屈原舞台工作

---

[1] 郭沫若:《由“墓地”走向“十字街头”》,《新蜀报》1941年10月24日。

的潘孑农所说："最近读了沫若先生的新剧作《屈原》，并于中华剧艺社排此剧之前，听到作者自己朗诵全剧的词句，虽然演出于舞台的形象尚未领略，但也使我深感到像看《棠棣之花》一样，已经被这剧作带进了崇高的，热烈的诗之境域里去了。"[①] 诗境美则美矣，但却与话剧的情节性构成了冲突，"《屈原》一方面是充满了浓重彭湃的诗的气氛，一方面却由于作者郑重关心演出效果之故，带来几个生动紧凑的 Melodrama 的场面，这两者之间的调和与统一，无疑地将赋予导演者一个严重的课题"[②]。《屈原》这种诗意与情节剧的双重性，就要求陈鲤庭不能像石凌鹤那样，"尽可能地把诗的风格强调起来"，而是要寻求某种调和。

实际上当时的文坛对《屈原》有两种读 / 看法：一种以徐迟、李长之为代表，他们侧重戏剧性的角度。李长之认为该剧第二幕，即屈原遭遇南后陷害一场，"应该是全剧的最高点，以后数幕中即慢慢由这高峰平铺下去"[③]，因而，他也觉得歌舞是冗余，"礼魂唱得太多（一共四次！）"。这是从情节的角度出发的。而徐迟则是从屈原性格发展的角度，开篇就提出："《屈原》第五幕第二景风雷电的 Soliloqu [Soliloquy] 我不赞成"，因为他觉得屈原发展到后来应是哲学的，而不会有这种热度。与此相对的，则是从诗剧的角度否定该剧的情节性，如赵铭彝和白苧就认为"《屈原》的剧作形式原是一出大悲剧，可是作者却几乎是有意的渗入了几个 Melodrama 的场面，这也是全剧最大的缺憾"[④]。白苧是潘孑农的笔名，曾参与该剧的排演，他在另一篇文章中，详细介绍了他们如何处理情节与诗意共存的问题："当陈鲤庭先生接受导演此剧之时，曾和我反复商讨这一层，我们同样认定《屈原》是诗情横溢的话剧，应该充分配合着音乐，以近似半歌剧的形式处理之。这意见先得到沫若先生的同意，后来请了刘雪庵先生来谱曲，他也深以此议为然。"[⑤] 这表明，

---

① 潘孑农：《〈屈原〉读后》，《时事新报》1942 年 4 月 3 日，第四版。

② 同上。

③ 长之：《屈原》，《大公报》1942 年 5 月 25 日。

④ 赵铭彝、白苧：《重庆抗战剧运第五年演出总批判》，《戏剧月报》第 1 卷第 1 期（1943 年 1 月）。

⑤ 同①。

演出版较为强调该剧诗化的一面。

评坛对《屈原》的双重解读，让我们回到了之前的问题，即郭沫若试图从情感的层面赋予《屈原》某种整体视野，这个尝试是否成功的问题。从上述两种读法的分歧来看，整体性无疑是要大打折扣的。这表明《屈原》内在的分裂，不仅未因它的诗化而得到弥补，相反，诗化正是破碎感的来源，因为无论是诗化的语言、诗意的情境，还是人物的独白，都逸出了戏剧的情节，从而使得全剧呈现出散漫的状态。所谓诗意的氛围，正是要突破线性叙述的框架才能获得的。因此，诗化戏剧天然地具有寓言性，这里的寓言（allegory），不是指有训谕意义的故事（fable），而是一种文体修辞。按本雅明的说法，寓言"是和语言一样、和文字一样的表达"，其特点在于，较之连续的情节、完整的意义和整体的历史，它更注重历史断裂和碎片的价值，甚至认为"碎片优先于整体"[①]。如本雅明在研究巴洛克悲苦剧时，主要分析的就是其中解散的身体、图像和炼金术式的零散物件。而值得一提的是，本雅明寓言诗学的灵感来源之一，便是中国的象形文字，其出发点是甲骨文这种形式本身便蕴含意义的符号，"文字恰恰第一个显现为俗成的符号系统"[②]。而郭沫若此前也是埋首甲骨文的释读工作，之后又迷恋考古、砖拓等，二人都是从散落在历史深处的碎片里读解意义。而就《屈原》来说，无论是剧中的"橘颂"、巫术、歌舞，还是"雷电颂"，在赋予该剧以诗意氛围的同时，也因与戏剧"行动"缺乏有机联系，而散落在情节之外，成为寓言式的碎片。而从郭沫若话剧创作的整体格局来看，在其他作家纷纷追求"比"的语境中，他则把自己的历史剧创作定位为"兴"，而且多是因"物"起兴，无论该"物"指的是人如屈原、阿盖公主，还是物如虎符、筑、绝命诗等，都表明他是从历史细节和遗物的角度切入的。无论是逸出情节的诗意碎片，还是因物起兴的创作方法，都使话剧充满了寓言色彩。

不过，这里之所以引入寓言诗学，并非要将《屈原》坐实为寓言剧，而是试图引入文化诗学的方法。寓言的文体学意义在于，它赋予了

---

① 本雅明：《德意志悲苦剧的起源》，李双志、苏伟译，北京：北京师范大学出版社，2013 年，第 226 页。

② 同上书，第 192 页。

断裂、碎片以超越整体的意义，并试图通过碎片拯救历史。正如伊格尔顿所指出的："寓言的能指展现出一种辩证的结构，其中声音和文字'在尖锐的对立中相互对峙'，迫使话语内部分裂，让人凝视其深处。"[①]这对于我们理解《屈原》有两方面的意义。首先从文体学的角度，它带来了新的美学视野。也就是说，《屈原》的诗化风格，本身便是一种独特的文体实验，不必规之于传统戏剧性的绳墨。这种文体的实验性和创新性也带有文学史意义。进入第三个十年之后，新文学整体上呈现出形式创新的多元现象。如钱理群就指出40年代小说的"新质"，不仅在于对30年代写实的突破，更在于其与时代主题、历史问题及本土经验相互激发而生成的"丰富性"[②]；吴晓东等人受此启发，尤其关注40年代的诗化小说，认为这是"最有可能成为经典的作品"[③]。戏剧领域也是如此，此时蔚为壮观的历史剧，其创新性至今未受到学界的充分重视，而从郭沫若的话剧创作来看，其意义在于，它不仅展现了戏剧的多元性及文体的创新性，而且呼应了"诗化"这一时代特征。当时便已有论者将郭沫若的诗化戏剧视为文学转向的标志。如李长之在看过《棠棣之花》后就写道："也许，中国的文艺是要有一个大转变了，说不定会不久就从写实的清浅的理智色彩中解放而出，渡到热情的理想境界中去。——那算是我们馨香祷祝的！假若真是这样，郭先生这创作，便可以代表一个消息，而这消息是太值得的了！"[④]可见，钱理群从文学史的视角所勾勒的趋势，在当时已有论者敏锐地感觉到了，而在当时的论者看来，郭沫若无疑是这种可能性的开创者之一。而我们用"诗化戏剧"的概念来解读郭沫若的剧作，并非简单地用话剧来印证"诗化"这一文学现象，而是说《屈原》这样的剧作，丰富了"诗化"本身的意涵，即除挽歌意绪、牧歌情调的"诗化"风格外，可能还有浪漫与崇高的诗化，而这与战时精

---

① 伊格尔顿：《沃尔特·本雅明或走向革命批评》，郭国良、陆汉臻译，南京：译林出版社，2005年，第6页。

② 钱理群：《漫话四十年代小说思潮》，《对话与漫游》，上海：上海文艺出版社，1999年。

③ 吴晓东：《现代小说的诗学视域》，《记忆的神话》，北京：新世界出版社，2001年，第73页。

④ 李长之：《棠棣之花》，《文艺先锋》第1卷第4期（1942年11月25日）。

神状态，尤其与战时的英雄主义及战争浪漫主义更是直接相关。因而，诗化戏剧丰富了40年代文学的整体图景。

寓言诗学方法论启示还在于，在我们将诗化戏剧视为一种具有审美自足性的形式创新时，也要看到其历史的开放性，即从文体学、文学史转向文化诗学，进一步读解“断裂”的历史意义。具体来说，对于历史现场对《屈原》的两种读法，我们在分析其各自的得失之前，需要进一步探讨这种“分歧”的社会文化成因；而除了读者接受中的分裂，我们也要深入剧本内部，从“雷电颂”等逸出情节的“片段”，考察诗化戏剧本身的思想、社会征候性。评坛的两种读法，固然是基于不同的美学标准所做出的不同形式分析和美学判断；然而，其根源除了评论者的美学意识形态外，也在于作品本身的内在裂隙。也就是说，读者的分歧的原因，不仅是形式层面情节与诗意的共存，也是主题学层面的。从剧本来看，如果以情节为线索，按照李长之的分析，全剧的高潮是南后对屈原的陷害，屈原是一个“忠而被谤”的人物形象，全剧的矛盾冲突是正邪之争，剧作者所强调的是忠奸之辨。如果以诗意为线索，戏剧高潮则是“雷电颂”，这个视域中的屈原，虽延续了此前受冤屈的形象，更多的却是一个跨越时空的控诉者，着眼点便不仅在个人得失、民族大义，更在于革命者对正义与平等的诉求。因而，不同的读法，其背后是不同的政治观念，指向的是郭沫若在仕途、救亡与革命等不同利益诉求间的隐形冲突。

主题的多元共存，折射的是剧作者历史处境的内在矛盾性。《屈原》创作于1942年年初，这是不同寻常的一年，对于郭沫若尤其如此。随着政治部的改组，郭沫若已被国民党高层疏远；中共则在积极建构自己的政治文化，适时地准备在国统区开展新的文化运动，并于1941年年底，策划组织了规模盛大的“寿郭”运动。这个活动对郭沫若的政治道路影响深远，成为郭沫若后来彻底左转的重要因由。基于这个历史语境，也有论者认为，郭沫若此时创作的体裁，已从“五四”时期的诗，“变为严格意义上的话剧”。并将体裁的转变与作家心态作了具体的对接：“由神话诗到历史剧这种创作形态变化体现了郭沫若人生状态的变换”，即“总的看来”，“其人其文的精神都已经个别化、具体化，乃至于政治化、党派化了，一切如前所述：郭沫若已成为一个政治战士”[①]。而从《屈原》的诗化戏剧着眼，其体裁固然难称“严格意义上的话剧”，更为重要的是，该剧的形式分裂及主题的内在冲突也表明，较之将剧作家读解为“党派化”“一个政治战士”，毋宁说，此时郭沫若退回到了文学之内，他的情感控诉是内在于话剧的形式结构的。而话剧主题的分裂，诗化戏剧所带来的抒情与情节之间的出入，也表明剧作家此时尚不是战斗的勇士，而是站在历史十字路口的徘徊者，不仅未完成历史抉择，而且内心充满了矛盾，这是时代的“丰富的痛苦”。而这种矛盾，在郭沫若同时期的其他文类如政论中是看不到的，这正是文学视野对于我们理解历史人物，以及研究历史所提供的独特视角，它本身也像寓言一样，从历史叙述的整一性之中，赋予碎片以独特的价值和意义。

寓言带来的政治文化视野，丰富了诗化戏剧的历史内涵。然而，《屈原》作为现代史上一个标志性文本，它所承载的意义诉求远远超过了“兴”的诗学视野，而往往被视为“比”的典范，这当然不是对话剧的误读，因为郭沫若从来就不掩饰他的影射用意。但如果以此质疑“兴”的有效性，则可能是对“兴”的误读。对此，我们可从概念史的角度，对“兴”的具体内涵再略作讨论。还是从寓言说起，现代寓言的意义，奠基于本雅明，经保罗·德曼的阐释而广为人知。然而，无论是本雅明还是保罗·德曼，二人所强调的寓言的断裂与碎片化，都是针对象征（symbol，而非象征主义）的深度模式而言[②]。在本雅明看

---

① 李书磊：《1942：走向民间》，济南：山东教育出版社，1998年，第37—38页。

② 参考保罗·德曼（Paul de Man）：《解构之图》，李自修译，北京：中国社会科学出版社，1998年。按，寓言与浪漫主义之间的关系，是一个与本论题相关且极为复杂的问题，有论者认为德曼的寓言是对浪漫主义的解构（参考张旭春：《“时间性的修辞”——英国浪漫主义的解构阅读》，《四川外语学院学报》2003年第1期），但与其说是对浪漫主义的解构，倒不如说是与象征争夺浪漫主义，至少在本雅明看来，“一部浪漫主义表达方式的真正历史正是通过他最好地证明了即使断片与反讽也都是对寄寓（即寓言——引者按）的转换。不再赘述了，浪漫主义的手法从某些方面来看就是通向寓意画与寄寓的领地的”（本雅明：《德意志悲苦剧的起源》，李双志、苏伟译，北京：北京师范大学出版社，2013年，第228页）。

来，象征是一种被扭曲的“显像与本质之间的关系”[①]，在这种部分与整体、形式与内容的深度模式中，文字符号、历史细节和碎片要么被排斥在外，要么被作为“表达”意义的奴仆；而寓言则是反其道而行之。这个背景之所以与《屈原》相关，是因为其诗化的方式——“兴”，在现代往往与“象征”联系在一起，第一个这样说的是周作人。他在《扬鞭集·序》中说：“我只认抒情是诗的本分，而写法则觉得所谓‘兴’最有意思，用新名词来讲或可说是象征”，而“兴”“并不是陪衬，乃是也在发表正意，不过用别一说法罢了”[②]，后来梁宗岱等人也持此说。如果在象征与“兴”之间建立一种本质化的关联，那么，郭沫若以“兴”的方式创作的史剧，其呈现出来的内在分裂感便成为一种悖论性存在。要解决这个问题，我们需要重新回到“兴”的本土视野，发掘“兴”这个概念的具体内涵。对此，朱自清的研究有一定的启发。经他考证，《毛传》这部对诗教具有源头性意义的著作，其中所说的“兴”本来有两重含义：“一是发端，一是譬喻；这两个意义合在一块儿才是‘兴’”[③]。譬喻属修辞范畴，周作人所强调的“别一种说法”正是譬喻，是一种形式与意义的“再现”模式；而“发端”则指提供“表现”的由头，郭沫若所说的兴，正是此“兴，起也”的范畴，是因物起兴。当然，正如朱自清所说，发端与譬喻合在一起才是兴，郭沫若与周作人之间的差异，也并非截然对立，而只是侧重点不同罢了。尤其是郭沫若，他的历史剧从来就没有放弃“象征”的一面，如教育和诉求“正义”的历史视野。因此，救亡与革命的隐形出入，诗与剧的分途，也可看作寓言与象征之间的矛盾，而唯其有这重矛盾，才能还原“兴”的复杂，以及《屈原》的政治征候性和诗化的美学价值。

---

① 本雅明：《德意志悲苦剧的起源》，第188页。

② 周作人：《扬鞭集序》，《语丝》第82期（1926年6月7日）。

③ 朱自清：《比兴》，《诗言志辨》，上海：开明书店，1947年，第53—54页。

屈原形象的变与不变

诗人之死

儒家革命诗人

人民诗人

话剧《屈原》让郭沫若以文学形式回应了文学与政治的问题，并显示了他作为诗人的独创性；但他未充分回应的，是诗人节所显示的时代对新诗人的询唤。他对这一问题实际上有大量的思考，这主要保留在他所写的30余篇论说屈原的文章中。这些文章或与诗人节相关，或与《屈原》构成互文性，在抗战时期的文化政治语境中，适时地参与到了屈原形象的塑造过程之中，同时，它们也是郭沫若思考并回应时代问题的方式。或许是鉴于他屈原话语的密集度，他自身也往往被称为当代的屈原[①]，或褒或贬，这都表明他与屈原形象的某种重叠关系。郭沫若与屈原形象之间的这重关系，以及这些文章的连续性，为我们考察郭沫若的诗人心态、他如何参与新诗人的塑造，及对新诗人身份的回应与思考提供了可能。由这些文章可见，随着时代问题的转变，郭沫若不断地修改着屈原的诗人形象，但同时，也内含着他对诗人出路问题的思考。

一、诗人之死

在第一届诗人节的庆祝晚会上，于右任被推举为主席，他在演说中强调："诗人乃民族之灵魂，屈子守正不阿，洁人忧国，堪为今人之效。"据报云："词甚激昂，勉国人勿趋沉沦。"[②]而深谙演说之道、善于宣传的郭沫若，却在这种场面当起了学究，详细考论屈原的生卒年月，

① 《诗人节中谈今日屈原》,《中立》1946年第1期。

② 《首届诗人节　文化界昨开庆祝会》,《新华日报》1941年5月31日。

这颇让人意外，为何是屈原的生死问题，而非他的精神，成了郭沫若首要关注的对象。

《新华日报》记录了郭沫若对屈原死亡日期的推论："郭沫若先生讲述屈原确死于二二一九年以前，即楚襄王二十一年。投汨罗江的那一年洽［恰］六十岁。屈原之投江，实由于当时不甘忍受楚国之沉沦现象，并非如一般批评屈原是工愁，牢骚而自杀。他确是一个有民族气节的诗人。"[①] 从郭沫若的屈原研究来看，这重复的是他六年前的观点。1935 年他蛰居日本期间，曾应刊物《中学生》之邀写屈原研究方面的文章，后成书《屈原研究》。在该书中，他详细考证了屈原的生卒年。

对于这一考论的意义，需放在屈原研究的谱系中来考察。生卒年一直是屈原研究者首先要面对的问题。对于他的生年，学者多从王逸《楚辞章句》的相关论说，将《离骚》中"摄提贞之孟陬兮，惟庚寅吾以降"解为他自叙身世之说，因此，月日确定为 5 月 5 日，即旧历端午节，具体年代则有差异，从现代研究者来看，陆侃如认为屈原生于楚宣王 27 年（公元前 343 年）[②]，游国恩也持此看法[③]，郭沫若则认为是楚宣王 29 年（公元前 341 年）[④]，与之相差两年，这主要是天文算法上的出入问题，很难获得确切答案。

其卒年则不然，因为屈原传记资料的缺乏，学者往往要根据屈原的诗文，尤其是《九章》来参证他的经历。因此，对《九章》中作品创作时间的不同排列，所得出的结论往往差别极大，而卒年时间的不同，其死亡的意义也不同。陆侃如从《史记》说，将《怀沙》作为屈原最后的作品，认为屈原死于再度被放的途中，具体为顷襄王九年（公元前 290 年），因此，他对屈原自沉的分析，便是根据《怀沙》中的诗句，如"夫惟党人之鄙固兮，羌不知余之所臧"，"世溷（浊）莫吾知，人心不可谓兮"等作为依据，认为屈原之死的原因为："因别人不知道他的才

---

① 《首届诗人节　文化界昨开庆祝会》。

② 陆侃如：《屈原》，上海：亚东图书馆，1923 年，第 4—5 页。

③ 游国恩：《楚辞概论》，北京：述学社，1926 年，第 113 页。

④ 郭沫若：《屈原》，上海：开明书店，1935 年，第 16 页。

德，故要排斥他，故既排斥了也不想召回他。到了这时，屈原认为没法想了，故终于自沉了。”[①] 同时，陆侃如认为《惜往日》也是他将自沉时的作品，但主要还是从遇与不遇的主题分析屈原的心态，这继承的其实是自贾谊《吊屈原赋》以来的传统，强调的是屈原“逢时不祥”“被谗放逐”[②] 的遭遇，屈原是一个忠而被谤的逐臣形象。

游国恩也将《怀沙》与《惜往日》作为屈原自沉前的作品，但却认为他死于顷襄王 15 年（公元前 284 年）[③]，此处从清人蒋骥之说，其《山带阁注楚辞》引述李陈玉的观点，认为《怀沙》非“怀石自沉”，而是“寓怀长沙”[④]，并从历史地理学的角度证实古有长沙之称；《惜往日》则是屈原绝笔之作，蒋骥将其解读为：“夫欲生悟其君不得，卒以死悟之，此世所谓孤注也。默默而死，不如其已；故大声疾呼，直指谗臣蔽君之罪，深著背法败亡之祸，危辞以撼之，庶几无弗悟也。苟可以悟其主者，死轻于鸿毛；故略子推之死，而详文君之寤，不胜死后徐望焉。”游国恩认为“这真能名屈子的心与此篇的旨了”[⑤]，这就将屈原投江解释为了“死谏”的士人传统。

从《九章》的写作顺序来看，郭沫若与陆侃如、游国恩并无太大分歧，但对写作时间的判断却有极大的不同。陆侃如认为《哀郢》作于顷襄王 6 年（公元前 293 年），是屈原再度被谗离开郢都时所作，郭沫若则认为作于顷襄王 21 年，这是从王船山说，王船山在《楚辞通释》中，认为《哀郢》的主旨为“哀故都之弃捐。宗社之丘墟。人民之离散。顷襄之不能效死以拒秦。而亡可待也。原之被谗。盖以不欲迁都而见憎益甚。然且不自哀。而为楚之社稷人民哀”[⑥]。认为哀郢为哀郢都之失陷，郭沫若进一步将其坐实为顷襄王二十一年，秦将白起攻占郢都之时，并描述了屈原逃亡的经历：“我们请想，屈原是被放逐在汉北的。当秦兵

---

① 陆侃如:《屈原》,第 79 页。

② 贾谊:《吊屈原文一首并序》,《文选》,北京:中华书局,1977 年,第 831—832 页。

③ 游国恩:《楚辞概论》,第 121、212 页。

④ 蒋骥:《山带阁注楚辞·楚辞余论卷(下)》,第 11 页。

⑤ 游国恩:《楚辞概论》,第 215 页。

⑥ 王船山:《楚辞通释》,北京:中华书局,1975 年,第 77 页。

深入时，他一定是先受压迫，逃亡到了郢都，到郢都被拔，又被赶到了江南。到了江南也不能安住，所以接连着做了《涉江》《怀沙》《惜往日》诸篇便终于自沉了。”[①] 屈原卒年也是郢都失陷的同一年，即顷襄王21年（公元前278年），这样，屈原自沉的意义也就不仅仅是忧思或自伤不遇，而是有着明显的政治意义：

> 屈原被放逐了，是忍耐了多年而没有自杀的人。《哀郢》说“忽若不信兮至今九年而不复”，这九年还不仅只是九个年头：因为九在古是视为极数，他的被放自襄王六年至廿一年是应该有十一个年头的。他忍耐了这样久而没自杀，可见得单单的被放逐与不得志，不能成为他的自杀的原因。他的所以年老了而终于自杀的，是有那项国破家亡的惨剧存在的！[②]

可见，死生的时间亦大矣。死于郢都陷落前或后，意义便有自伤与国殇的不同。这种观点，郭沫若在战时也曾反复强调，如1941年年底他在中华职教社演讲时，就再次强调“他的死，不是和一般才子的怀子不遇，因而自杀”，“他是一位民族诗人，他看不过国破家亡，百姓流离颠沛的苦况，才悲愤自杀的”[③]，该系列演讲后来都整理成文，发表于《中央日报》。当然，学界对郭沫若此说也并非毫无异议，如缪钺就曾撰文辩驳，证明屈原自沉“仍自伤放逐，非伤国亡”，并对王船山的考论以及郭沫若为何独从船山之说，有一个较为中肯的解释：“王船山乃明末遗民，目击建州夷猾夏之祸，郭君初撰《论屈原身世及其作品》一文，亦在九一八沈变之后，盖皆痛伤国难，因自己之所感受，而寄怀古人，以为屈原曾见秦兵入郢，而屈原自沉，非徒自伤身世，兼有殉国之意义，其作品中亦含有民族之义愤，如此论述屈原，虽更见精彩，然不

---

① 郭沫若：《屈原》，上海：开明书店，1935年，第41页。

② 同上书，第42页。

③ 郭沫若讲，余湛邦记：《屈原考》，《中央日报》1941年12月6日。

知其稍违于事实矣。"[1] 如果借用形象学的研究方法，缪钺此说提醒我们的是，形象的意义并不在于它与被塑造者的关系，而在于塑造者的"文化的基础、组成部分、运作机制和社会功能"[2]，也就是说，较之探讨郭沫若笔下的屈原是否符合历史原型，探讨他笔下屈原的独特处，以及这种形象与政治、社会的动态联系也同样重要。

在郭沫若看来，屈原是因故国灭亡而死，他就是一个爱国诗人，他的死便体现了诗人在危急时刻的意义。而郭沫若所说的爱国诗人，可能还别有怀抱。即这不仅在于气节问题，还在于这种为国而死所具有的情感力量，这是郭沫若情感政治学在屈原问题上的投射。抗战时期既然要复活或再造屈原的这种爱国情怀，首要的工作或许还不是阐释屈原的诗文，而是先要为屈原之死"证明 / 正名"，这也是为何郭沫若在首届诗人节的晚会上，首先要厘清屈原死期问题的原因所在。

而郭沫若与其他学者间的分歧，其本质不在于学问，而在对学术与政治之间关系的不同理解。对于郭沫若，无论是蛰居日本期间，还是抗战时期，做学问对他来说，都不仅仅是"道学问"的方式，也是其"经世"的方式，而郭沫若对王阳明的推崇，也印证了这种可能性；但与儒家传统不同的是，作为现代诗人的郭沫若，学术研究除了"经世致用"的意义外，还在于述学本身的表达功能，这也就是缪钺书评中所提及的"精彩"，诗人郭沫若笔下的屈原所具有的审美色彩，是其他学者所不具备的。

梁宗岱可能要除外，他对学界用科学方法研究屈原极为不满，认为这过于侧重屈原的生平，结果导致屈原形象的支离破碎，因此，在第一届诗人节期间，他写了一篇论述屈原的长文。据他自陈，他从作品出发抵达的却是某种"一贯而完整"[3]，是一个抒情的诗的世界。但梁宗岱主

---

① 缪钺：《评郭沫若著〈屈原研究〉》，《思想与时代》第 29 期（1943 年 12 月 1 日）。

② 达尼埃尔－亨利·巴柔著，孟华译：《从文化形象到集体想象物》，见《比较文学形象学》，北京：北京大学出版社，2001 年，第 123 页。按，形象学本为比较文学的方法，尤其是关于异国形象的研究，重在探讨想象生成的文化差异和意识形态作用，对于屈原来说，这个方法的有效性在于，现代文人对屈原的形象塑造也是出于想象，而且与他们所处时代的社会、政治与历史问题密切相关，因此，只是将空间差异转化为了历史差异。

③ 梁宗岱：《屈原（为第一届诗人节作）》，华胥出版社，1941 年，第 44 页。

要是借助“纯诗”的概念，来分析屈原作品的文本，看重的是屈原如何将个人的经历、思想和感受“凝结和集中在一个精心结构的前后连贯的和谐的整体里”[①]，因而屈原在他笔下是一个纯粹的抒情诗人的形象。

同为诗人眼光，郭沫若与梁宗岱也有不同。梁宗岱强调的是作为诗人的屈原，经由诗歌的肌理，将被逐、流亡、迁徙等人生经历升华为诗歌的形式，从激越最终抵达内心的平静，审美风格则从壮美而达于优美。郭沫若处理的方式，则更看重屈原的遭遇，将他的生死都赋予了家国层面的政治意义，不仅如此，他后来还进一步将屈原放在春秋战国的时代背景中，引入奴隶社会转向封建社会的宏大历史叙事。屈原的作品，不仅不是寻求内心平静的渠道，反是吁求变革的表达方式[②]，因而其文学形象，要么是研究视域中的殉国者，要么发展为话剧《屈原》中的控诉者，这都是崇高的美学形象，对此，郭沫若自己也曾明确指出过。在论述诗人节的意义时，他曾将端午节与中秋节作了美学上的比较：

> 端午节这个日期的确是富有诗意，觉得比中秋节更是可爱。前人有把诗与文分为阳刚和阴柔两类的，象征地说来，大概端午是阳刚的诗，中秋是阴柔的诗吧。拿楚国的两个诗人来说，屈原便合乎阳刚，宋玉便近乎阴柔。把端午定为屈原的死日，说不定会是民族的诗的直觉，对于他的一个正确的批判。[③]

在朱光潜看来，中国传统所谓的阳刚，便是西方文艺理论中所称的崇高（sublime），而且“sublime 是最上品的刚性美”[④]。屈原阳刚或崇高形象的生成，很大程度上是由郭沫若对屈原之死的解读完成的，而这至少改变了屈原的两重传统形象，一是自贾谊以来的“不遇”与自怜形象，

---

① 梁宗岱：《屈原（为第一届诗人节作）》，第 44 页。

② 郭沫若：《屈原思想》，《新华日报》1942 年 3 月 10 日。

③ 郭沫若：《蒲剑・龙船・鲤帜》，《新华日报》1941 年 5 月 30 日，第四版。

④ 朱光潜：《刚性美与柔性美》，《文学季刊》第 3 期（1934 年 7 月 1 日）。后收入《文艺心理学》。

次为由魏晋风流所建构的名士传统，如《世说新语》就有“名士不必须奇才，但使常得无事，痛饮酒，熟读《离骚》，便可称名士”[①]的说法。崇高化的屈原，便将这种游离于社会历史之外的力量转化为了积极的社会动能，崇高美学及其相关的情感动员、组织和社会动员功能，为非常时期文学与学术介入政治历史开启了新的可能，而这也是诗人郭沫若在战时所能扮演的历史角色，即通过美学的中介作用，才能真正发挥自己的能量。

二、儒家革命诗人

缪钺指出郭沫若为何独采王船山说，是因为二人境遇的相似，但忽略的是郭沫若内在的思想逻辑。郭沫若几乎是自觉地将屈原与儒家进行了关联，从而塑造了一个儒士形象。在郭沫若看来，“屈原在他的伦理思想上却很是受了儒家的影响。他的实践上的行为却很是一位现实的人物，他持身极端推重修洁，自己的化名是正则和灵均，又返返复复地屡以诚信自戒。而对于君国则以忠贞自许”[②]，并进一步“揣想”他是陈良的弟子。

屈原的儒家化，本来是历代解读屈原的主流：这包括从源流上将《楚辞》作为《诗经》的发展，如刘勰在《通变》篇中就认为“楚之骚文，矩式周人”，而《辨骚》篇也是以《诗经》为标准来辨析楚辞；而更为普遍的方式是以解经的方式解楚辞，从而将楚辞经学化，晚近蜀中经学大师廖季平仍主此说。郭沫若的做法，也是认为屈原的思想具有儒学色彩，“屈原的思想，简单地说，可以分而为：一，唯美的艺术，二，儒家的精神”[③]。但这种说法却遭到了新文化人的普遍批评，如宋云彬就撰文指出，屈原“偏狭”的性格与儒家的中庸之道相矛盾，屈原的“不肯趋时”与儒家的“圣之时”也截然不同，从而提出“今天我们对于儒家的

---

① 刘义庆:《世说新语・任诞》,北京:中华书局,2011 年,第 660 页。

② 郭沫若:《屈原》,上海:开明书店,1935 年,第 71 页。

③ 郭沫若讲,萧仲权记:《屈原的艺术与思想》,《中央日报》1942 年 1 月 8 日。

道德和思想，应该有一种客观的批评，不应像以前那样无条件接受，所以也无须再把屈原装塑成圣人之徒”[①]。

新文化人对郭沫若的批判，是从新文化运动的传统出发的。从新文化运动的诸子学来看，孔子无疑是反传统的主要批判对象，当时最流行的呼声便是“打孔家店”，孟子、韩非、老庄等，也几乎无一幸免，但同处战国时期的屈原则未受波及，相反，屈原及南方的楚辞往往被新文化作为资源而利用。较有代表性的说法，除了钱玄同在《尝试集·序》中将《楚辞》列为“以白话做韵文”[②]的先驱以外，便是游国恩。他比较了苏曼殊与胡适分别用五言古诗和楚辞体翻译的拜伦诗《哀希腊》（*The Isles of Greece*）之后，得出的结论是，胡适的翻译更准确。因此他认为“所以我们如果要主张废旧诗，只有楚辞这种体裁可以不废，因为他相当的适用”[③]。而游国恩写《楚辞概论》时，正是他在新文化运动中心北京大学就读期间，而胡适选择骚体来译诗也是颇有意味的。鲁迅在《汉文学史纲要》中也认为楚辞“较之于《诗》，则其言甚长，其思甚幻，其文甚丽，其旨甚明，凭心而言，不遵距度。故后儒之服膺诗教者，或訾而绌之，然其影响于后来之文章，乃甚或在三百篇以上”[④]。可见，鲁迅对楚辞价值的肯定，也是在与儒家传统的对比中进行的。正是新文化运动对传统的内在甄别，使新文化人在批判传统时不仅对屈原网开一面，而且还主动为他辩护。如茅盾便极力撇清《楚辞》与《诗经》的关系，在他看来，刘勰、顾炎武等人认为楚辞“出于诗”，都是“中了‘尊孔’的毒”，结果是“抹煞了楚辞的真面目”[⑤]，其真面目是源自神话；因为北方民族过于质实，因而神话多保留于南方文学之中[⑥]。除新文化人外，早期革命党人谢无量也认为北学是守旧党，南学是革命党[⑦]，而“楚词本是代

① 云彬：《屈原与儒家精神》，《青年文艺》第1卷第1期（1942年10月10日）。

② 钱玄同：《〈尝试集〉序》，《新青年》第4卷第2号（1918年2月15日）。

③ 游国恩：《楚辞概论》，北京：述学社，1926年，第113页。

④ 鲁迅：《汉文学史纲要》，《鲁迅全集》第9卷，北京：人民文学出版社，2005年，第382页。

⑤ 玄珠（茅盾）：《楚辞与中国神话》，《文学周报》第6卷第8期（1928年3月）。

⑥ 玄珠（茅盾）：《中国神话的保存》，《文学周报》第6卷第15、16期合刊（1928年5月）。

⑦ 谢无量：《楚词新论》，上海：商务印书馆，1923年，第4页。

表南方文学的，屈原的思想，与北方学派的思想，是不同的，从前已经说过。但是楚词这部书，自汉以来就被那一般‘北方化’的学者，任意的批评注解，把他的原意都失了”[①]。从地缘政治的角度看，这大有利用南方传统（边缘）消解中原文化（中心）的趋势。

因此，当郭沫若重新将屈原儒家化的时候，质疑便首先来自新文化圈，除了上述宋云彬的批判外，还有李长之的质疑，在李长之看来，“屈原的根本精神不在爱国，虽然爱国也是他的精神的一部分。屈原的根本精神在和愚妄战，他是和群愚大战中的牺牲者”[②]，这是从国民性批判的角度来质疑其儒家情怀。但从郭沫若的角度来看，他不仅没有背叛新文化传统，反而也要倚靠新文化的知识结构，才能建构出他的屈原形象。

在分析屈原形象与新文化传统的关联之前，需先揭示王国维对郭沫若的启发。王国维曾将先秦政治道德思想分为两派，一为北方的帝王派，该派称道尧、舜、禹、汤、文、武等圣王，是入世派；一为南方的非帝王派，称道上古之隐君子，是遁世的一派。文学也不出这二派，但屈原则是“南人而学北方之学者”，其瑰丽的想象属于南方，而思想则属于北方[③]；除王国维的作品外，郭沫若对谢无量的《楚词新论》也很熟悉：正是在这种观念的启发下，他对屈原的文学与思想也做了二分，将美学问题归于南方，思想问题归于北方。

对于屈原作品的美学问题，郭沫若也是在新文化的南北观中来处理的，但他更为激进，非但不认北方为正统，反而认为南方才是真正的正统。这是他所反复强调的观点：华夏文明的源头在殷，在殷纣王经略东南的时候，周人趁机入侵，殷民南下将文化传播到徐、楚等地，因此，从文化源流上来说，楚文化才是华夏正统。从某种程度上说，这为战时寓居西南的政府提供了最佳的民族神话，但郭沫若并不止于此，而是认为南方不仅为屈原的奇幻想象提供了根据，它本身的超现实性也具有乌

---

① 谢无量：《楚词新论》，第 69 页。

② 李长之：《评〈屈原〉》，《益世报》1935 年 5 月 29 日。

③ 王国维：《屈子文学之精神》，《王国维文集》(一)，北京：中国文史出版社，1997 年，第 32 页。郭沫若与王国维的这重关联，首先由宋云彬指出。

托邦的内涵[1]，美学风格由此转化为了政治图景。正是通过将南北的地理文化差异，转变为殷商的历时性更替，屈原创作风格的历史意义才得以显现，这便是楚辞突破《诗经》格式的长句，以及多用"兮"字的风格，在郭沫若看来这就是当时的白话文，而屈原也因此是一个革命诗人[2]。对于将屈原当作"革命诗人"的说法，学界往往作社会革命解，实际上郭沫若是将其限定在文学革命的层面，背后也是新文化运动的历史思维。

儒家屈原的形象，主要是从思想的角度建立的，这需要将郭的屈原研究置于他的先秦社会史和诸子学的视野中。抗战时期，郭沫若修正了他的上古史观，20年代末他主张殷为原始社会，而西周与东周之际才转向奴隶社会[3]。但在30年代甲骨、卜辞和金文研究的基础上，抗战时期他转而认为殷已是奴隶社会，而春秋战国时期则是由奴隶社会转向封建社会的过程[4]。修正的结论是，春秋战国时期的社会变革引起了意识形态的变化，尤其是生产奴隶——在郭看来他们就是古代的人民——地位的上升，使人民受到越来越多的关注，诸子学的兴起与这个时代精神密切相关：

> 因为人民的价值提高了，故而伦理思想也发生了变革，人道主义的思潮便彭湃了起来。儒家倡导仁，道家倡导慈，墨家倡导兼爱。这都是叫人要相互尊重彼此的人格，特别是在上者要尊重下者的人格。……把人当成人，便是所谓仁。这个仁字是春秋战国时代的新名词，在卜辞及金文中没有见过，就是在春秋以前的真正的古籍中也没有见过。□（这）个字的出现，是当时的一个革命的成果，我们是应该把它特别看重的。[5]

---

① 参考本书第二章"唱和传统的现代嬗变"。

② 郭沫若：《革命诗人屈原》，《新华日报》1940年6月10日。

③ 郭沫若：《中国古代社会研究》，上海：现代书局，1929年。

④ 郭沫若：《屈原思想》，《新华日报》1942年3月9日，第四版。

⑤ 同上。按，□字报刊看不清，疑为"这"。

而屈原的思想之所以是儒家的，除了他所向往的“圣王”多与儒家一致外，更重要的就是“屈原是注重民生的”，证据是屈原诗中出现的“民”，如“长太息以掩涕兮，哀民生之多艰”等，在郭看来，“像这样太息掩涕时念念不忘民生的思想，和他念念不忘国君的思想实在是分不开的，他之所以要念念不忘国君，就是想使得民生怎样可以减少艰苦，怎样可以免掉离散”[①]。且不说以马克思的历史分期来研究中国古史的凿枘问题，且说“人道主义”“民生”等概念也难免以今律古的嫁接之嫌，但这也恰恰凸显出他律古的“今”实际上是新文化的传统，是朴素的人道主义和民粹主义的混合，这表明了抗战时期知识分子思考现实问题时方法和思想资源的驳杂性，也显示了他们转向人民话语的历史复杂性。

三、人民诗人

因为1945年诗人节期间郭沫若身在苏联，他直到1946年的诗人节才明确将屈原命名为人民诗人；此时屈原作为人民诗人的形象实际上已由左翼作家和自由主义左派如闻一多等人建构完成。但一个常被忽略的基本问题是“何为人民诗人”，屈原如何能被称为人民诗人，人民话语与知识分子的时代处境之间究竟有何内在关联？之所以对“人民诗人”这个概念提出再历史化的要求，是因为郭沫若1950年写了一篇与闻一多同题的文章——《人民诗人屈原》。但他对闻一多关键的论据，即把屈原划归“家内奴隶”（本身也是郭沫若的概念）的做法提出了异议，认为据《史记》载屈原曾为左徒，而左徒的地位很高，因而要把屈原“解释为奴隶是很困难的”[②]。郭沫若的质疑从阶级身份的角度否定了屈原成为人民诗人的可能，这既清算了历史话语的泡沫，也再次提出了知识分子与人民之间的关系问题，那么郭沫若又是如何将屈原命名为人民诗人的呢？

---

① 郭沫若：《屈原思想》，《新华日报》1942年3月10日，第三版。

② 郭沫若：《人民诗人屈原》，《人物杂志》第5、6期合刊（1950年）。

郭沫若是从诗歌的形式和思想两个角度来论证屈原是人民诗人的。在《由诗人节说到屈原是否弄臣》（1946）一文中，郭沫若指出，就形式而言，“那完全采取的是民歌歌谣的体裁，而把它扩大了，更加组织化了”[①]。“民歌”观念的现代演变是一个饶有兴味的话题，它受到知识界的重视也是新文化运动的成果，尤其是北京大学周作人、顾颉刚等人的提倡和收集；抗战时期西南联大也有学生沿途收集民歌，闻一多还曾为之作序[②]；但它同时也是左翼文学提倡大众化的资源和方法，因此，“民歌”这个概念本身便经历了一个历时的旅行过程，内涵除了文学革命之外，也增加了社会革命的维度。

至于屈原诗歌的思想层面，郭沫若再次引述了《离骚》中的诗句如“长太息以掩涕兮，哀民生之多艰”“怨灵修之浩荡兮，终不察夫民心”等，作为屈原“尊重人民”“爱护人民”的证据，需要提及的是，直到1942年他才将这两句诗中的“民”改译为“人民”，在此前《离骚今译》中，这两句诗分别译为：

> 我哀怜我生在这世上多受艰苦，
> 长太息地禁不住要洒雪眼泪。[③]
>
> 我怨恨你做君王的终是荒唐，
> 你始终是不肯揣察出我的私心。[④]

在新版中则改为：

> 我哀怜那人民的生涯多么艰苦，
> 我长太息地禁不住要洒雪眼泪。[⑤]

---

① 郭沫若：《由诗人节说到屈原是否弄臣》，《新华日报》1946年6月7日。

② 闻一多：《西南采风录》闻序，刘兆吉编：《西南采风录》，上海：商务印书馆，1946年。

③ 郭沫若：《屈原》，上海：开明书店，1935年，第87页。

④ 同上书，第88页。

⑤ 郭沫若：《屈原研究》，重庆：群益出版社，1943年，第157页。

> 我怨恨你王长者的真是荒唐，
> 你始终是不肯体贴人民的忧心。[①]

对于人民话语来说，已有论者指出40年代初期“人民”这个概念的开放性，郭沫若将这个现代词汇应用到春秋战国时期的社会史研究，以及屈原研究中，是“不仅将人民看作生产力，而且当作社会变革的代言者”[②]。因此，郭沫若40年代的人民话语实践，在政党政治之外，探索了人民生成为新的历史主体的可能性[③]。但从“人民诗人”的视角，我们需要进一步探讨的，是诗人与人民之间的关系问题，这不仅指来自政党的压力——如延安文艺政策与知识分子改造问题，同时，它也指向诗人自身的要求，问题因而转化为“人民诗人”为知识分子自身的出路提供了哪种历史可能。这可以从郭沫若、闻一多等人参与的一场有关屈原的论争来分析。

1944年诗人节期间，金陵女子大学教授孙次舟抛出屈原是“文学弄臣”的说法。此言一出，很多人都撰文反驳，孙次舟最终写了长文回应，文中却提及闻一多也持此说。闻一多不得已而应战，他确实不否认屈原是弄臣，但却将弄臣定性为“家内奴隶”。这个身份促成了他们的文学成就，由于家内奴隶可以分享贵族的文化教育资源，“于是奴隶制度的粪土中，便培养出文学艺术的花朵来了”，因而闻一多认为“没有弄臣的屈原，那有文学家的屈原”[④]；另一方面，屈原对统治者的不满又被闻一多赋予了反抗的意义，“一个文化奴隶（孙先生叫他作‘文学弄臣’）要变作一个政治家，到头虽然失败，毕竟也算翻了一次身，这是文化发展的迂回性的另一面”[⑤]。将弄臣定性为奴隶，屈原的不满因而具有了社会意义，而正如论者所指出的，闻一多的屈原实际上体现的不仅

---

① 郭沫若：《屈原研究》，重庆：群益出版社，1943年，第158页。

② Pu Wang: The Phenomenology of “Zeitgeist”: Guo Moruo and the Chinese Revolution, a dissertation of New York University, 2012年，第328页。

③ 同上书，第326页。

④ 闻一多：《屈原问题》，《中原》第2卷第2期（1945年10月）。

⑤ 同上。

是社会革新意识，也是一种世界史结构的普遍图景[①]。而闻一多正是在“奴隶变成主人”的“人的解放”视野下，才进一步将屈原命名为人民诗人的，与郭沫若从历史社会研究的角度提出的看法一致。

郭沫若也两度撰文回应孙次舟和闻一多的相关说法，但对他来说，这不仅是屈原是否为弄臣的问题，或许也关乎他自己的身份意识。“弄臣”的说法其来源之一就是司马迁在《报任少卿书》中所说的：“文史星历，近乎卜祝之间，固主上所戏弄，倡优所蓄，流俗之所轻也。”郭沫若也认为司马相如、东方朔、淳于髡等确为弄臣，但对屈原还是持保留意见。即便如此，“倡优”的说法还是经常见于他的其他文章，如他1941年就在感叹：“历代的文人实在是被养成为一大群的倡优，所以一说到文人差不多就有点鄙屑。所谓‘一为文人便无足观’，文人差不多就等于不是人了。”[②]这显然是对民国时期“重武轻文”风气不满，而他早年所写的《请看今日之蒋介石》的檄文中，对蒋介石不满的原因之一，也是他以“倡优”待他；因此，当他在为民权呼吁时，文人身份的突破也内涵于其中：

> 在上者对于文人当“倡优所蓄”，如不甘此待遇者便是叛逆分子。然而文艺恰是具有这叛逆性的，它是人民要求的录音。因而历代以来也尽有些不安分的文人，不愿意做倡优，而甘于成为叛逆。[③]

文人的叛逆性使他们天生地具有革命性，这与闻一多从奴隶的视角赋予屈原以反叛性的方式是一致的，二人都将人民诗人作为突破弄臣身份的历史契机。但对于何为人民诗人，以及如何做一个人民诗人，二人的意见还是有些分歧。对于闻一多来说，他将屈原命名为“家内奴隶”，其实是指儒家的士大夫阶层，他认为儒士（家内奴隶）是贵族与生产奴

---

① 王冬冬：《1940年代的诗歌与民主》，北京大学博士论文，2014年，第159页。

② 郭沫若：《告鞭尸者》，《新蜀报·七天文艺》1941年9月17日。

③ 郭沫若：《为革命的民权而呼吁》，《沸羹集》，上海：大孚出版公司，1947年，第196页。

隶之间的“缓冲阶层”，所谓的“中庸之道”，其实是“站在中间，两边玩弄，两边镇压，两边劝谕，做人又做鬼的人”，而“中庸”之“庸”其实是“附庸”之“庸”[①]。对知识分子的不满，还使他拟议写《八教授颂》来讥刺联大的教授们。闻一多的激烈言辞，虽具社会煽动性而为当局不容，但实际上并不能解决他自身的问题，虽然他否定了儒士，最终还是加入了民主同盟这个知识精英的组织。

与闻一多一样激烈否定知识分子立场的，是以毛泽东为代表的政党政治及其文艺政策，正如毛泽东所指出的，“我们知识分子出身的文艺工作者，要使自己的作品为群众所欢迎，就得把自己的思想感情来一个变化，来一番改造”[②]。正如前文分析诗人节所显示的，对知识分子改造的政治要求，是国统区左翼作家呼唤人民诗人的话语来源，因而对于政党文艺来说，人民诗人召唤的是知识分子的人民化。如左翼作家周钢鸣在《诗人与人民之间》一文中就指出，要成为人民诗人，就是要“投身在人民之中，成为人民中的一员”，思想层面是“要真真能把人民的憎恨和热爱，成为诗人自己的憎恨和热爱”，而语言上则要学习人民的语言，因而他对艾青所写的《吴满有》有所不满，原因便是艾青的诗虽然写的是人民，但还带着自然主义的笔调，缺乏与人民连接的有机性[③]。

无疑，郭沫若是在与闻一多及其他左翼作家的对话关系中运用“人民诗人”这个概念的，但就屈原问题来说，郭沫若将屈原塑造为人民诗人的文章《由诗人节说到屈原是否弄臣》，与他将其塑造为儒家诗人的文章《屈原思想》，无论是材料还是论证方式，二者之间并无实质差异，但结论却由儒家诗人转变为了人民诗人。这表明，在郭沫若这里，儒家诗人与人民诗人有着内在的一致性，如屈原的人民意识首先表现在他“是尊重人民的”，“为多灾多难的人民而痛哭流涕”，“不作逃避现实的隐遁”，而他的政治性在于“替人民除去灾难，对内是摒弃压迫人民的

---

① 闻一多：《什么是儒家——中国士大夫研究之一》，《民主周刊》第1卷第5期（1945年1月13日）。

② 毛泽东：《延安文艺座谈会上的讲话》，《毛泽东选集》第3卷，北京：人民出版社，1991年，第851页。

③ 周钢鸣：《诗人与人民之间》，《中国诗坛》1946年第1期。

吸血佞倖，对外是反抗侵略成性的强权国家，要依人民的意见来处理国政，团结善邻，对于强权拒绝屈膝”[①]，这与他之前所强调的儒家的“人道主义”是一致的。

从这里也可以看出，虽然郭沫若所塑造的屈原形象经历了爱国诗人、革命诗人、儒家诗人到人民诗人的变化，但其内核实在没变，都有着强烈的儒家色彩，回应的是诗人如何面对时代和自身的问题。将这一形象置于40年代的语境中，其特殊性在于，儒家传统重新成为了连接知识分子与人民的中介，这较之自由主义及自由主义左派，它凸显出的是实践性与现实性；较之于延安的政治文化，它保留了知识分子的主体位置，这包括两个方面，一是知识分子本身也是人民，而人民本位观以及文人的反抗性，则为他们摆脱弄臣或倡优的尴尬身份提供了历史可能，这是文化人寻求更有效的政治身份的表征；其次，它重新接续了为新文化所切断的知识分子与人民大众之间的联系，人民诗人意味着一种传统的兼属身份的复归。因此，郭沫若笔下的屈原形象，只是以变容的方式，对这一问题的不同回应。

---

① 郭沫若:《由诗人节说到屈原是否弄臣》,《新华日报》1946年6月7日。

第四章　学术研究的历史想象力

抗战后期，知识分子所面对的问题，已经逐渐从抗战转变为建国。较之抗战的被动，建国这一面向未来的问题，无疑调动起了知识分子的积极性和创造性，因而也使历史呈现出空前的开放性，抗战初期的战争乌托邦从而转化为对建国蓝图的设计。这除了毛泽东的“新民主主义”[①]与蒋介石的“中国之命运”[②]外，知识分子和各政党也开启各自的历史想象，提出各自的建国构想。处身这个开放的历史空间，郭沫若也以他的方式对建国问题做出了回应。除了直接写作政论文章之外，他更是撰述了大量的历史研究论文，试图从历史的角度解决这一问题。

① 毛泽东:《新民主主义的政治与新民主主义的文化》,《中国文化》创刊号(1940年2月15日)。

② 蒋中正:《中国之命运》,重庆:正中书局,1943年。

历史想象的分歧：郭沫若与墨学论争

墨学复兴的文化政治
“犯了众怒”
左翼内部的分歧
一次夭折的批判
学术与政党政治

一、墨学复兴的文化政治

郭沫若重新回到学术研究，带有一点偶然性，缘起是乔冠华约请郭沫若为其主编的杂志《群众》写文章。但郭沫若在写就《墨子的思想》一文之后，便一发不可收拾，随之又写了《述吴起》《秦汉之际的儒者》《公孙尼子及其音乐理论》等，在不到两年的时间内共写了近20篇学术文章。郭沫若的墨学研究之所以值得关注，不仅在于这是他回到学术的起点，更重要的是他随后的学术文章如《述吴起》等都是由相同的历史问题生发出来的，而要考察郭沫若为何选择墨子作为批判对象，以及他的论述所涉及的对话对象，有必要先回顾现代墨学兴起的文化政治背景。

墨学在近现代的复兴是文化政治转向的产物。墨学为先秦显学，孟子有“不归杨则归墨”的说法，韩非子则儒墨并称：“世之显学，儒墨也。”[①] 杨子学派很快归于消亡，然儒墨在战国时期却互相攻伐，孟子因墨学提倡兼爱而称其为“禽兽”，墨子也有“非儒篇”。儒墨的这种对立，是郭沫若非墨的一大关纽。汉以降，墨学衰，直到有清一代朴学兴，经毕沅作注、苏时学校勘，墨学始重受关注，后有高邮王氏父子、俞樾等人编修，到孙诒让的《墨子间诂》，墨学已具规模。孙诒让集众家之长，仍以汉儒治经的方式理墨学，因此，他虽强调墨家“用心笃厚，勇于振

① 韩非子：《显学篇》，王先慎：《韩非子集解》，北京：中华书局，1998年，第456页。

世救弊”的现实意义，但繁琐的注疏难免让墨学流于艰深，因而他的著述流传不广，按他自己所说，定稿后曾以聚珍版印成300部，“质之通学”，虽无诟病，但“多苦其奥衍，浏览率不能终卷”[①]。通人尚且如此，就更不必说普通读者了。

乾嘉诸人为墨学奠定了坚实的基础，但墨学再次成为显学，却系于维新派与革命党人，尤其是梁启超与章太炎等人，后又有新文化运动主将胡适的参与，墨学替代儒学，遂成一代之盛，这可以从现代墨学大家方授楚的阅读经历看出：

> 予自弱冠读章太炎梁任公谭复生（嗣同）诸人著作，见其时时称道墨义，窃私心好之，而未暇钻研也。后得曹镜初《墨子笺》，于其评论墨家学说，虽所心折，而《墨子》原文，诠释甚略，颇难索解。迨读孙仲容《墨子间诂》，见其于奥晦讹夺之文，详为校释，昭若发蒙，最为快适。其时胡适之《中国哲学史》及梁氏《墨子学案》《墨经校释》诸书，先后刊布。一时风会所趋，讨论墨学，笺释墨书之作，时见于出版界。倘汇而集之，则其所有，不难充栋梁，汗牛马也。[②]

方授楚的阅读经历，不仅涵盖了近代以来主要的墨学著述，更为重要的是，也显示了不同著述的不同功能。曹镜初和孙诒让等人的著作适于解读文句经义，而章太炎、梁启超等人的著述则更侧重宣传的社会鼓动效应，是其革命理念与政治想象的载体。如梁启超就认为孙诒让等人虽在校勘方面用力甚多，而其不足之处是“所阐仍寡”，他更欣赏的是在“西学东注”潮流下，章太炎和胡适之等人“凭借新知以商量旧学”的方法[③]。梁自己就不仅从科学的视野阐释《墨子》，而且还用西方政治学和伦理学概念重新阐释墨子。如他从公德的角度强调“墨经之根本

---

① 孙诒让:《墨子间诂》,北京:中华书局,2001年,第5页。
② 方授楚:《墨学源流·自序》,上海:中华书局,1937年,第1页。
③ 梁启超:《墨经校释》,《饮冰室专集》之三十八,上海:中华书局,1936年,第2页。

义”，“在肯牺牲自己”；从西方民主政治的角度，将《尚同篇》中相关的语句——“是故选择天下贤良圣知辩慧之人，立以为天子，使从事乎一同天下之义”，与欧洲“民约论”相提并论，认为“墨子的见解，正和他们一样”①。胡适则从逻辑学和实用主义（他称为“应用主义”）解墨子，除这些不同的角度外，墨子清教徒式的节俭、实践与热情则是他们共同强调的。

可见，墨学的复兴除了晚清朴学的积累外，更为重要的是西学东渐视野下的重新发现。如果说胡适从方法论的角度对先秦诸子所做的解释，还只是知识范式的转换的话②，梁启超、章太炎等对墨子的重新发明，则带有更多的政治功能，其对民众行动能力的强调，与传统儒家的文化政治构想并不一致。这表明现代墨学的复兴是与现代政治文化的转向相联系的，墨学的理论为新的文化政治提供了资源，而新的政治文化则是发现这种资源的知识结构。

方授楚所说的“一时风会所趋”的墨学复兴，郭沫若不仅得以与闻，而且也是一个参与者。早在创造社时期，他就撰文反驳梁启超以“民约论”解墨子，他认为墨子的主张是“天生民而立之君”的“神权起源说”，与西方“民约论”并不相干，而且墨子崇鬼神，如果“以希伯来的眼光批评”，可以肯定墨子在宗教革命方面的影响，说他是“中国的马丁路德，乃至耶稣”，但“如以希腊的眼光来批评他”，“他不过是一位顽梗的守旧派，反抗时代精神的复辟派罢了”③。同时，他也从训诂学的角度对梁启超的《墨经校释》提出怀疑，尤其是对“君，臣萌通约也”与“君，以若民者也”两句，梁启超训“萌”为“氓”，“训”若为“约”，作为墨子“民约论”的注脚，而郭沫若则训“通”为“统”，“若”为“顺”，意义便与“民约论”完全相反。

郭沫若对希腊精神的强调，表明他正是从启蒙理性的角度来读《墨

① 梁启超：《墨经校释》，《饮冰室专集》之三十九，上海：中华书局，1936 年，第 28 页。

② 参考余英时：《中国近代思想史上的胡适》，《重寻胡适历程：胡适生平与思想再认识》，桂林：广西师范大学出版社，2004 年，第 172 页。

③ 郭沫若：《读梁任公〈墨子新社会之组织法〉》，《创造周报》1923 年第 7 号。

子》，虽然他与梁启超、胡适等人在《墨子》释义方面见解不同，但他是从训诂准确与否的角度，而不是针对以西学解墨子的方法本身与梁启超辩论，这正说明他也分享了梁启超的文化政治思维，即从启蒙理性和民主政治的角度来重新阐释先秦诸子，目的都是尝试从文化的角度，推动中国的现代化进程，他们的区别仅仅在于对象选择的不同，方法、视野和目的在本质上是一致的。

二、“犯了众怒”

在梁启超等人以民本、民约等思想解释墨子的前提下，左翼学者重视墨学研究是顺理成章的事。到40年代初，左翼墨学已有一定规模，如杜国庠、陈伯达、杨荣国、胡绳、侯外庐、翦伯赞等，还有周恩来的秘书陈家康，他也深谙墨学，还可以包括舒芜和被批为“托派”的叶青。左派学者不仅引入了唯物史观的方法，也将墨子逐渐塑造为一个革命家形象，尤其是在胡适、钱穆等破除诸子为王官之学的成见的前提下，左派根据墨子的出身，更容易从阶级视野将他确立为本土无产者的理论代表。

总体来看，左派墨学主要注重两个方面，一是从哲学角度出发，强调墨子认识论与方法论的唯物色彩；二是从社会学和政治的角度，分析墨子的阶级属性及其历史意义。如陈伯达就既综述钱穆之说，认为墨子起于“刑徒”“贱民”，并进一步具体化为“当时下层的被奴役的庶民”[①]，因陈伯达主张周代封建说，后来他在《墨子新论》一书中，进一步将墨子定性为“封建社会战国时代‘农与公肆之人’的代表”[②]，从而确立了墨子工农革命代表的身份；同时，他也从名实、知行等概念出发，强调墨学的认识论和方法论为：“名为实的反映”，“行是知的基础”，并进而将之归于经验主义[③]。

---

① 陈伯达：《墨子的哲学思想》，《解放》周刊第82期，延安：延安解放社，1939年8月。

② 陈伯达：《墨子新论（一个伟大的原始唯物论者和原始辨证家）》，出版地未标注：作者出版社，1943年，第4页。

③ 同①。

左派对墨子方法论和认识论意义的强调，也是基于思想斗争的现实需要。这主要是针对牟宗三、冯友兰、贺麟等人的因明学（即逻辑学）、新理学等。缘起则是30年代中期张东荪主编了一本《唯物辩证法论战》的册子，收入了张君劢、牟宗三、李长之、罗素及杜威等人的文章，他们对辩证唯物论作了系统的批判[①]。对此，陈伯达写了长文《腐败哲学的没落》予以回应，但他批驳的主要对象是牟宗三[②]；抗战之后，贺麟有《近代唯心论简释》，冯友兰则写出了包括《新理学》在内的“贞元三书”，这进一步被左翼视为“唯心主义”而加以批判。如胡绳就批评贺麟的唯心论是“超历史的范畴”，是脱离历史规定性而“任意搬弄一切文化历史的现象”[③]；针对冯友兰的就更多，在冯友兰写出《新理学》之后，陈家康曾连续撰写《真际与实际——冯友兰先生〈新理学〉商兑之一》[④]《物与理——冯友兰先生〈新理学〉商兑之二》[⑤]《物与气——冯友兰先生〈新理学〉商兑之三》[⑥]等三篇文章与之商榷。事实上，当时重庆的左翼学者还曾成立读书小组，成员包括杜国庠、翦伯赞、胡绳、侯外庐、王寅生、许涤新等人。据侯外庐回忆，他们大都“把唯心主义哲学家冯友兰、贺麟视为对立面”，“每次聚会，一碰头就谈冯友兰、贺麟，分析他们的政治动向，研究他们的每一篇新文章”[⑦]。可见当时学术研究的左右分野。

冯友兰虽在西南联大任教，但经常去重庆为蒋介石的“中央训练团”授课，因此自1943年之后每年有半年时间在重庆[⑧]，这期间除了授

① 张东荪主编：《唯物辩证法论战》（上），北平：民友书局，1934年。

② 陈伯达：《腐败哲学的没落》，《读书生活》第4卷第1期（1936年5月10日）。

③ 沈友谷：《一个唯心论者的文化观》，《新华日报》1942年9月21日，第4版。

④ 陈家康：《真际与实际——冯友兰先生〈新理学〉商兑之一》，《群众》第8卷第3期（1943年2月1日）。

⑤ 陈家康：《物与理——冯友兰先生〈新理学〉商兑之二》，《群众》第8卷第5期（1943年3月1日）。

⑥ 陈家康：《物与气——冯友兰先生〈新理学〉商兑之三》，《群众》第8卷第6、7期（1943年4月16日）。

⑦ 侯外庐：《韧的追求》，北京：生活·读书·新知三联书店，1985年，第122页。按，后来在周恩来的统战指导下，这些左派学者又成立了“新史学会”，并吸纳了顾颉刚、张志让、周谷城等学者。

⑧ 冯友兰：《三松堂自序》，北京：人民出版社，2008年，第95页。

课，也做演讲。《新华日报》就曾发表多篇文章对冯友兰的演讲提出讨论，如对于其“命运论”的演讲，《新华日报》上前后就有四五篇文章讨论，首先是何炬对冯友兰“命运是人生的一种遭遇，这种遭遇是不能用人力改变或避免的”这一说法提出异议，他认为当人了解了社会发展的法则后便可改变命运①；同期还有夏迪蒙对冯友兰《新原人》中《论才命》②的批评，他既批判了冯友兰的才为“天资”说，同时又以主观能动性反驳其“命运”说③。从何矩与夏迪蒙对冯友兰宿命论的批判来看，他们主要是以主观能动性为支援的，这与陈家康、胡风等强调的生命力和主观战斗精神有相通处。

郭沫若也在一周后发表了一篇题为“才·命·力”的短文，该文写得极为委婉，而且以一种调和的态度出现，但从讨论话题和发表情况来看，都容易辨识出他是针对冯友兰的。郭沫若首先承认天才现象是存在的，同时他也强调“天才靠人力而完成”，但对于人力的作用，他并不像前两位批评者那样直接抬出唯物论的观点，而只提及了科学的成就，从医学和优生学的角度表明人有能力左右才智④。虽然郭沫若态度暧昧，但在左右分野的情况下，也算是作了表态，正是在这种政治立场与学术分歧看似较为明显的情况下，乔冠华向郭沫若约稿，也算是进一步壮大左翼学术的声势。但出乎乔冠华意料的是，郭沫若所写的《论墨子的思想》一文，开篇却是对左翼墨学的激烈批判：

> 像他［墨子——引者按］那样满嘴的王公大人，一脑袋的鬼神上帝，极端专制，极端保守的宗教思想家，我真不知道何以竟能成为了“工农革命的代表”！⑤

---

① 何矩：《听“命运论”讲演后》，《新华日报》1943年5月3日，第4版。

② 《论才命》一章先后发表于《思想与时代》第14期（1942年9月1日）、《改进》6卷第11期（1943年1月1日），夏迪蒙所本为《改进》杂志。

③ 夏迪蒙：《努力·天才·命运》，《新华日报》1943年5月3日，第4版。

④ 郭沫若：《命·才·力》，《新华日报》1943年5月13日，第4版。

⑤ 郭沫若：《墨子的思想》，《群众》第8卷第15期（1943年9月16日）。

否定墨子的阶级立场还只是与延安的陈伯达不同，陈伯达在上海时期就强调哲学研究的“党性”[1]，并将墨子树立为“工农革命的代表”。但陈伯达的这个观点其实早已受到国统区左翼学者的批评，如侯外庐、杨荣国等人都曾提出异议，因此，郭沫若开篇提出这个问题，只是让左翼内部的分歧浮出水面而已，他真正引起学界不满的是他对墨子的具体阐释。

在郭沫若看来，“墨子始终是一位宗教家，他的思想充分的带有反动性——不科学，不民主，反进化，反人性，名虽兼爱而实偏爱，名虽非攻而实美攻，名虽非命而实皈命”[2]。如果联系近现代以来的墨学研究，郭沫若的这种判断几乎将墨学复兴以来的成就一笔勾销，因此，他不仅受到左翼学者的批判，也引起了其他阵营学者的不满，让郭沫若感觉颇似犯了众怒，正如他自己所说：“当我的《墨子思想》一文发表了之后，差不多普遍地受着非难，颇类于我是犯了众怒。”[3]

从郭沫若研究墨学的学术概念来看，他所提及的科学、民主与进化是“五四”启蒙时期的核心话题，人性问题则是40年代初讨论较多，后期被左翼否定的话题。但郭沫若显然给这些概念增加了新意：与“五四”一代从墨子的机械用具中寻找科学萌芽的方式相反，郭沫若将科学作为否定墨子宗教性的资源；对于民主，他除继续反对“民约论”的解释外，也增加了阶级论的视野，认为墨子的立场是“王公大人”；进化论也增加了扩大社会生产的意义；对于人性问题，郭沫若则泛指墨子“不近人情”，认为墨子鼓励早婚是纯粹将人当生产工具对待[4]，这与左翼反对谈论抽象的人性、强调人性的阶级性也有差异。而科学、民主等概念在郭沫若这里既带有启蒙的意味，也带有40年代的时代性，显示了郭沫若思想形态的驳杂性，这也是为什么左右两派对他的墨学都不满的原因，而这种驳杂性本身，显示了郭沫若作为一个个体，其思想上的内在延续性。

---

① 陈伯达：《腐败哲学的没落》(下)，《读书生活》第4卷第2期(1936年5月25日)。

② 郭沫若：《墨子的思想》，《群众》第8卷第15期(1943年9月16日)。

③ 郭沫若：《我怎样写〈青铜时代〉与〈十批判书〉》，《民主与科学》第1卷第5、6期(1945年)。

④ 同②。

当前学界在从学术与政治的角度分析40年代郭沫若的学术时，往往将政治直接坐实为具体政党，而忽略了学术与政治之间的空隙。郭沫若的墨子研究的征候性在于，他让原本似乎很容易辨识的政治立场与学术观点之间的界线变得更加模糊。而这种模糊性其实为我们探讨国统区的学术与政治提供了新的空间，这就是在强调学术的党性之外，可以从文化政治的角度，看到学界的某些共通性；而如果我们进一步引入政治文化内部的分歧，政治立场的模糊性和文化政治的一致性都会显得更为突出。

三、左翼内部的分歧

郭沫若的墨子研究，引起了各个阵营知识分子的不满。如《大公报》上就有书评称“墨子思想之全系统，尚须从新检讨”[①]，而持中的齐思和对其学术价值的评价也不高[②]。学界甚至有不少与他截然相左的观点，如贺麟从民族精神的角度强调墨子的宗教与道德意义，并且认为墨子的思想是随着“西洋的宗教思想、人道主义以及社会主义思想的输入而复兴”[③],从而肯定了墨子的宗教色彩。郭沫若的墨学与自由主义知识分子固然不同，但更大的分歧则是左翼知识分子内部的差异，而这也是对郭沫若刺激最深的：“假如是不同道的人，我要受他的攻击，都是很平常的事；在同道的人中得不到谅解，甚至遭受敌视，那却是很令我不安。”[④]

对于左翼知识分子来说，墨学主节俭、重实践，且与“小人儒”密切相连，这些因素本来就是阶级革命所具有的要素。所以，要将墨学阶级革命化并不难，但他们要面对的一些难题，也是墨学本身难以回避的，如墨子的宗教性和政权形式的问题，这就为郭沫若批判墨学提供了

---

① 《评〈十批判书〉》,《大公报》1947年4月5日。

② 齐思和:《评〈十批判书〉》,《燕京学报》第30期(1946年6月)。

③ 贺麟:《杨墨的新评价》,《建国导报》第1卷第14期(1944年12月)。

④ 郭沫若:《我怎样写〈青铜时代〉与〈十批判书〉》,《民主与科学》第1卷第5、6期(1945年)。

根据。对于墨子的宗教性，梁启超早就指出墨子的“天”是“人格神”，与孔老的“自然法”不同，在西方理性思潮的压力下，梁任公也不得不将墨子的宗教信仰进行工具化的理解，认为墨子强调“天志”是为他的兼爱主义寻找后援，是其思想走向实践的方式，“是劝人实行兼爱的一种手段罢了”[①]。而章太炎、鲁迅一脉则从佛教看到了宗教的积极性，墨子的宗教思想反而成为“撄人心”的有效方式。

左翼学者在这方面也是大做文章，如侯外庐就将墨子的“明鬼”解释为倡导平等的方式，因为先秦时期鬼神以姓氏为基础，为君子贵族所专有，而墨子所提倡的鬼神则是抽象的，从而消除了阶级差别。因此，侯外庐认为：“他的明鬼论与其说为迷信，不如说为迷信的‘古典平等’。”[②]这些都在承认墨子宗教性的同时，又对宗教做了意识形态的处理，从而将其转化为社会实践，尤其是阶级斗争的动力。而在郭沫若看来，侯外庐所谓的“鬼神平等说”是“自我作故”，因为“古者人死为鬼，是自有文字以来的通例”[③]；同时郭沫若还辩驳了翦伯赞的观点，翦伯赞认为鬼神说是知识分子用以制约诸侯的力量，郭沫若则从春秋战国时代的社会性质着手，认为诸侯的动乱反而是时代的需要。

左翼墨学的内部分歧，很大程度上源自历史分期的不同。郭沫若此时主张西周奴隶制，春秋战国是转向封建制的过渡时代；而陈伯达、侯外庐与翦伯赞等史学家则主西周封建说，正是历史分期的不同，导致了他们对诸子历史作用的看法不同。郭沫若的历史分期，突显了春秋战国的转折意义，转折的历史意义不仅指向历史深处，也是指向现时代的，是现时代的寓言，在“五四”时他就将春秋战国时代称为中国的文艺复兴，从而将诸子的时代与自己的时代对应起来。而郭沫若的历史分期标准，也确实不仅仅是马克思主义式的，也受到了文艺复兴历史观的影响。中国现代提倡历史分期的史学家，并非始于马克思主义学者，而是

---

① 梁启超:《墨子学案》,《饮冰室专集》之三十九,上海:中华书局,1936年,第22页。梁启超其实也倡导佛教,但他的墨学研究受到了胡适的影响。

② 侯外庐:《中国古典社会史论》,重庆:五十年代出版社,1943年,第167页。

③ 郭沫若:《墨子的思想》,《群众》第8卷第15期(1943年9月16日)。

始于梁启超，后来由傅斯年等人进一步倡导。梁启超在1901年发表于《清议报》上的《中国史叙论》一文中批判了传统史学以朝代划分的弊端："只见君主，不见有国民也"，因而效法西方以时代为序，将中国史重新划分为上世、中世和近世三部分[①]；傅斯年在1918年再次提倡历史分期研究，并对日本学者桑原骘藏对中国史的分期作了修正[②]。历史分期是启蒙运动以来的历史研究方法，带有明显的历史目的论色彩，马克思历史学本来就是对这种历史分期的改造，而对于郭沫若来说，他虽然从马克思理论做出了历史阶段划分，但他对于历史的评判又羼杂着启蒙史观的影响，这也是为何他研究墨学时所用的民主、科学等概念，带有启蒙与阶级论的双重意义。这种双重性，使他不同于自由主义学者，同时也与强调党性与阶级性的左翼学者存在分歧。

然而，翦伯赞与侯外庐算不上一味强调党性的学者。侯外庐当时在中苏文化协会工作，属于孙科的智囊团，翦伯赞也是公开活动的左翼学者，与中共南方局并无隶属关系，而且他们二人对陈伯达的某些历史研究结论也有所批驳。因此，郭沫若与侯外庐、翦伯赞之间的争论还只涉及学术，而且在墨学研究之前，侯外庐就曾与郭沫若就屈原问题展开过争论。值得一提的是，最初二人的论争是在《新华日报》上展开，后来乔冠华提醒侯外庐，这会让国民党看笑话[③]，因而侯外庐的文章《屈原思想渊源底先决问题》一文在《新华日报》只刊载了一半便中断了。侯外庐却未因乔冠华的干预而放弃与郭沫若的讨论，而是将论争转移到他所编辑的《中苏文化》上，还把之前的论争文章加以重新刊布。这也可以看出，在抗战时期的多元政治格局中，国统区左翼学术与学人所具有的相对独立性。乔冠华意识到了屈原论争是对左翼内部力量的耗损，但他又将如何对待郭沫若的墨学研究呢？而且这还是他约来的稿件。

---

① 梁启超：《中国历史研究法》，北京：中华书局，2009年，第173—174页。

② 傅斯年：《中国历史分期研究》，《新潮》第1卷第2号（1919年2月1日）。

③ 侯外庐：《韧的追求》，北京：生活·读书·新知三联书店，1985年，第133页。

四、一次夭折的批判

郭沫若《墨子的思想》发表于《群众》周刊，这是中共南方局的党刊，在国统区发行，以理论研究和宣传为主，由潘梓年任社长，许涤新任主编，乔冠华为副主编。乔冠华30年代留学德国，获哲学博士学位，后任周恩来外文秘书，有人称其与陈家康、胡绳等为“才子集团”[①]。40年代他们有感于左翼马克思主义的教条化，曾试图借整风运动的契机，酝酿新启蒙运动，这包括对把马克思主义教条化的批判，强调主观能动性，注重生活的态度[②]，强调生命和生命力，反对唯“唯物的思想”论等[③]，这与胡风等人所说的主观战斗精神有相通处，而他们也确实经常来往，引为同调[④]。

左派的新启蒙运动，早在1936年就由陈伯达提出，他在《哲学的国防动员——新哲学者的自己批判和关于新启蒙运动的建议》一文中，针对唯物论有脱离实际流于教条化的弊端，提倡与中国实际相结合的新启蒙运动，他对新启蒙运动的设想是“继续并扩大戊戌、辛亥和‘五四’的启蒙运动，反对异民族的奴役，反对礼教，反对独断，反对盲从，破除迷信，唤起广大人民之抗敌和民主的觉醒”[⑤]。虽然没有直接的证据表明陈家康等人提倡的新启蒙运动与此有关，但他们的问题意识有相通处，而同为“才子集团”的胡绳，在上海期间与陈伯达同为左翼青年，而且都是《读书生活》的主要作者，如他批判朱光潜的《给青年的十二封信》的文章就发表于此。

新一代左翼青年大多是科班出身，与后期创造社成员相似，他们对马克思主义有更为深入的研究；同时，陈家康等人又将延安的整风运动

---

① 舒芜：《舒芜口述自传》，北京：中国社会科学出版社，2002年，第125页。

② 于潮：《论生活态度与现实主义》，《中原》创刊号（1943年）。

③ 陈家康：《唯物论与唯“唯物的思想”论》，《群众》第8卷第16期（1943年9月30日）。

④ 参考胡风、舒芜的回忆录，对“才子集团”即胡风等人新启蒙运动的研究可参考黄晓武：《马克思主义与主体性：抗战时期胡风的“主观论”研究》，北京：中央编译出版社，2012年。

⑤ 陈伯达：《哲学的国防动员——新哲学者的自己批判和关于新启蒙运动的建议》，《读书生活》第4卷第9期（1946年9月10日）。

看作左翼自我批判的机会，因而才大展手脚，提倡新启蒙运动。郭沫若的文章恰好此时刊出，青年一代本来就对郭沫若有所不满[①]，但往往鉴于党的统战政策而无可奈何，这次正好以学术的名义对他加以批判。因此，《群众》的编者在刊出郭沫若的《墨子的思想》时，附加了编者按，提议读者就墨子思想问题进行讨论：

> 这是郭先生最近写成的一篇研究墨子思想的文章，目的在使大家就此来“平心静气的研究研究”。关于中国古代社会的一些基本问题目前还没有达到做最后结论的时候，因此对于中国古代学术思想上的一些问题，也就很难得出一个最后的定论：特别是对于墨子的思想问题，诸家不同的意见很多。郭先生这篇文章提出一个观点，我们希望今后在我们篇幅许可的范围之内，能够继续发表一些对于这一个问题抱有不同见解的文章，因为我们相信只有在实事求是的讨论中，真理才能显现出来。[②]

话虽说得含蓄，但鼓励读者参与讨论的意味却很明显。果然，不久之后，《群众》就发表了两篇反驳郭沫若的文章：杨天锡的《〈墨子思想〉商兑》、筱芷的《关于墨子的思想的讨论——就正于郭沫若先生》。杨天锡之前也曾为《群众》供稿，发表过长文《王船山思想述评》，肯定了王船山论道器的进步性，但对他依旧身处儒家传统又颇为失望[③]。对郭沫若的研究，杨天锡针锋相对地强调了墨子的科学性和民主性[④]。筱芷名殷筱芷，他认同郭沫若对墨子阶级身份的判定，也同意郭沫若对于侠并非起于墨子之徒的判断，但却否认郭沫若关于墨子是宗教家和反进化论

---

① 胡风等人七月派同仁尤其如此，聂绀弩所写《胡风的水准》一文，对郭沫若就不无讽刺。

② 编者：《〈墨子的思想〉编者按》，《群众》第8卷第15期（1943年9月16日）。

③ 杨天锡：《王船山思想书评（下）》，《群众》第7卷第17期（1942年9月15日）。

④ 杨天锡：《〈墨子思想〉商兑》，《群众》第8卷第20、21期（1943年12月1日）。

者的论断[①]。杨天锡、殷筱芷二人与郭沫若的分歧大多源于对文义的不同理解，而难以对郭沫若构成真正的威胁，更何况，殷筱芷在1941年的一篇文章中也曾对陈伯达将墨子作为工农代表提出异议[②]。因此，编者对此显然并不满足，还想将问题进一步深化，为此，编者再次加了按语：

> 郭先生的文章发表后，我们就陆续收到了一些商兑的文章。现在，我们发表了杨天锡先生与筱芷先生的二文，一则就［正］于郭先生，二则把这一个问题向读者诸君提出公开讨论。天锡先生和筱芷先生的论点虽不同于郭先生，但在求真理的基本立场上三位先生是一致的。凡严格的遵守这一基本立场，有真知灼见，论点不重覆；言之有物，立论有根据的，本刊无不乐予发表。在这里我们唯一要提出大家注意的是：一、为了把问题的讨论深刻化，势不得不涉及春秋战国时代中国社会性质的问题，就思想论思想，就墨子论墨子，是得不出科学的结论来的；因此我们希望参与讨论诸君能把问题向这一方面发展。[③]

将哲学问题的讨论引向社会问题的讨论，这本就是郭沫若20年代末研究先秦社会的方法，而郭沫若与其他左翼学者的最大分歧就是他主张西周奴隶说，编者或希望就此彻底解决左翼内部在该问题上的分歧。然而这次批判却到此为止，再也没有了下文。联系到共产党在国统区的统战政策，批判的夭折可能是出于中共南方局领导的阻止，但也可能是其他原因，或与当时的整风运动有关。

如果没有其他原因，陈家康、乔冠华和胡风等人是不会这样草草收

① 筱芷：《关于墨子的思想的讨论——就正于郭沫若先生》，《群众》第8卷第20、21期（1943年12月1日）。

② 殷筱芷：《中国哲学史研究中实验主义的歪曲》，《理论与现实》第2卷第3期（1941年1月15日），第69页。

③ 《编者的话》，《群众》第8卷第20、21期（1943年12月1日）。

场的，这从他们支持舒芜写批郭的文章可以发现。舒芜也是一个左翼青年，因路翎的介绍而认识胡风，第一次见面时，舒芜便带了几篇文章给胡风看，其中有一篇研究《墨子》的文章《释无久》。他们第一次见面时恰好路遇郭沫若，舒芜的观感是："那时我们对郭沫若印象不太好，都不喜欢他。为什么不喜欢他呢？在路翎来说，大概因为胡风与郭沫若之间一向意见不合；而我，对郭沫若那套浪漫主义的东西始终不感兴趣，又忘不了他攻击鲁迅的事。"[①] 舒芜在胡风的介绍下，了解了郭沫若的墨学研究情况[②]，并写出了反驳郭沫若的长文。对此学界已有论者从左翼内部宗派斗争的视角，详细考论了胡风在舒芜写"反郭文"的过程中，起着关键的引导作用[③]。这表明郭沫若的墨学研究，确实引起了较多左翼知识分子的不满。而还需补充的是，舒芜之所以写出批郭的文章，除了胡风的鼓动外，也与陈家康和乔冠华等党内文化人的支持密切相关。

舒芜曾回忆胡风带他去见陈家康等人的情形，当时因为胡绳临时有事缺席，故只有胡风、舒芜、陈家康与乔冠华四人在乔冠华的住所纯阳洞见面。陈家康本来就喜欢墨子，而胡风对郭沫若的相关言论早有批评，因此，他们四人的立场较为一致："都对郭沫若崇儒贬墨的文章非常不满"，因此，他们交谈之后的结论便是"要反驳郭沫若"，并决定由舒芜写一篇"与郭沫若论墨子的文章"，"在乔冠华主编的《群众》杂志上发表"[④]。可见，真正促成舒芜写批判郭沫若文章的，不仅是来自胡风的引导，也来自陈家康和乔冠华等党内人士的支持。而将落脚点具体到墨学研究，则是以学术的名义对郭沫若进行批评。

然而，舒芜的文章并未面世，从胡风写给舒芜的信来看，应该是高层的干预。胡风在信中写道："那一篇，他们决定不发表。前几天见到陈君，他听说自己方面已经'通过'了，所以我没有急于打听，而又

---

① 舒芜：《舒芜口述自传》，北京：中国社会科学出版社，2002 年，第 123 页。

② 胡风：《致舒芜：1943 年 9 月 11 日自重庆》，《胡风全集》第 9 卷，武汉：湖北人民出版社，1999 年，第 473 页。

③ 蒙雨：《胡风与舒芜的"反郭文"考论》，《中国现代文学研究丛刊》2013 年第 8 期。

④ 舒芜：《舒芜口述自传》，第 127 页。

无时间，但今天见到乔君，原来又翻了案（？）。他们当然又说了理由，但不必问，因为那是不成其为理由的。”[①] 既然是“翻案”，肯定就是自己方面出了问题，而非国民政府审查的原因。周恩来本来是南方局的主持者，且经常指导新闻工作，考虑到统战的需要，压下舒芜的稿子在情理之中，但周恩来1943年6月底即返回延安参加整风运动，直到1944年11月才与赫尔利一道返渝[②]。在此期间内南方局的负责人为董必武，这就很可能是出于董必武的干预，《群众》才终止发表批判郭沫若论墨学的文章。然而，胡风并没有放弃，他曾多次向别的杂志推荐，甚至想到出单行本，这也可见他是不遗余力地想利用舒芜批判郭沫若，后来终于有《文风》杂志愿发表批郭文，最终却被国民党图书杂志审查打了回去[③]，这确实不能不说是国民政府的“失职”。

五、学术与政党政治

对于批郭的文章，中共南方局先是“通过”然后又“翻案”，这也并非负责人的一时好恶，而是与高层的意见有关，不过这不是针对郭沫若，而是针对南方局。南方局及其前身长江局，因负责人多为中共高层人物，如王明、周恩来与董必武等，素有“第二中央”之称，又因王明秉承莫斯科旨意，极力主张与国民党合作，所以南方局的统战工作相对灵活。但延安经过整风运动之后，基本确立了以毛泽东为中心的权力格局，并及时地开展对新闻出版的整顿工作。陈家康、乔冠华与胡绳等南方局的文化工作者，本来将整风运动认为是批判党内的教条主义，因而开始提倡知识分子的自主性，积极提倡“生命力”“生活的三度”“主观性”等，对郭沫若这位元老的批判，也是题中之意。

然而，在延安完成对解放区的《解放日报》等报刊的整顿后，便开

---

① 胡风：《致舒芜：1944年1月4日自重庆》，《胡风全集》第7卷，武汉：湖北人民出版社，1999年，第474页。

② 参见中共中央文献研究室编：《周恩来年谱》，北京：中央文献出版社，1998年，第571、601页。

③ 舒芜：《舒芜口述自传》，第127页。

始整顿南方局下辖的《新华日报》和《群众》等报刊。在 1943 年 11 月中宣部致董必武的电文中就说，《新华日报》《群众》等对蒋介石以及国民党等人事“经常头条大题”，失去了立场，并对陈家康、乔冠华等人提出批评。认为：“现在《新华》《群众》未认真研究宣传毛泽东同志思想，而发表许多自作聪明错误百出的东西，如 ×× 论民族形式、××× 论生命力、××× 论深刻等，是应该纠正的。”[①] 针对延安要求整顿新闻出版，统一宣传毛泽东思想的指示，董必武马上做出反应，不仅对当事人进行批评教育，而且召开编辑工作会议，完善编辑的组织，尤其是加强《新华日报》第四版和《群众》稿件的党内审查工作。董必武在回电中提到：“编辑上的组织不周密，阅稿与检查皆有漏洞，如四版之稿，事前没有经汉夫过目，《群众》之稿亦只由乔木注意审阅决定。”[②]

此乔木是“南乔木”，指乔冠华，从董必武的回电中可看出此时由他全权审理《群众》稿件，那么，该刊所组织的批判郭沫若墨学的文章，以及两次出现的“编者按”，也应是乔冠华负责期间的产物。而联系到董必武发电文的时间（1943 年 12 月 16 日）与胡风写信给舒芜提及“翻案”的时间（1944 年 1 月 4 日）之间的前后关系，也就不难得出，这次批判的夭折，其根源是延安统一舆论口径的政策。这虽然看起来于郭沫若有利，实际上却让左翼知识分子失去了一次自我检验与理论论争的机会，而胡风所坚持的主观战斗精神，则成为左翼知识分子文化实践的艰难延续，后来周恩来对胡风《论主观》的批评，也正是从延安的整风标准出发的[③]。

同时，对这次整风运动，郭沫若似乎也未能完全置身事外，董必武的电文中所提到的《中原》就是郭沫若主办的刊物，此时才仅出两期，

---

① 中央宣传部:《中宣部关于〈新华日报〉、〈群众〉杂志的工作问题致董必武电(一九四三年十一月二十二日)》,中国社会科学院新闻研究所编:《中国共产党新闻工作文件汇编》(上),北京:新华出版社,1980 年,第 138 页。

② 董:《董必武关于检查〈新华日报〉、〈群众〉、〈中原〉刊物错误的问题致周恩来和中宣部电(一九四三年十二月十六日)》,同上书,第 140 页。

③ 胡风:《再返重庆(之四)——抗战回忆录之十八》,《新文学史料》1989 年第 3 期。

因创刊号上刊登了乔冠华的《论生活态度与现实主义》、项黎的《感性生活与理性生活》也遭到批评；延安甚至有人主张将整风运动扩展到大后方的党外文化人，但周恩来从统战的角度表示反对[①]。南方局凭借其国统区的地理位置，加上王明、周恩来等人的主张，使南方局的文化政策与延安有颇多差异，这种相对宽松的文化政策，在统战策略下将众多文化人吸引到了中共一边，同时也为左翼知识分子的文化实践提供了相对自由的环境。

不过，整风运动针对的主要是党内人员，郭沫若的无党派身份还具有一定的免疫作用。因此，虽然郭沫若“崇儒贬墨”的观点与政党文化口径不一，他以人性为标准研究墨子，也未受到进一步的批判，陈家康等人的批判看起来有组织，从“编者按”来看还是将批判限制在学术范围内。但无论是陈家康等“才子”和胡风等“七月派”对郭沫若的批判，还是延安整风运动对陈家康、乔冠华等人的批判，以及后来的胡风案，都表明郭沫若及大后方的文化人，尤其是学者，与政党文化之间存在着较大的出入；这也表明，作为学者的郭沫若与延安政治之间的隔膜。而郭沫若重返学术的动因，也并不完全要以学术的方式实现政治理想，而是为了捍卫他的学术观点。

作为中国马克思主义史学的开创者，他的历史分期和西周奴隶说对中国古史研究影响甚深。但到了40年代，他发现自己的学术观点正被日渐抛弃：“在这个期间之内有好几部新史学阵营里面的关于古代史的著作出现，而见解却和我的不尽相同。主张周代是封建制的朋友，依然照旧主张，而对于我的见解采取着一种类似抹杀的态度。这使我有些不平。”[②]他的研究成就逐渐被限制到对先秦材料的发掘，尤其是他对甲骨卜辞和金文的释读上，左翼学者往往利用他的材料，却得出了与他相反的观点。侯外庐就是其中的代表，他既承认郭沫若研究金文、甲骨文成果的重要：“进入四十年代，运用甲骨文、金文资料而不读郭沫若的著

① 周恩来：《关于大后方文化人整风问题的意见》，《南方局党史资料：文化工作》，南方局党史资料编辑小组编，重庆：重庆出版社，1990年，第25页。

② 郭沫若：《我怎样写〈青铜时代〉与〈十批判书〉》，《民主与科学》第1卷第5、6期（1945年）。

作，简直是不能想象的事情。”[①] 但同时，他又拿郭沫若的材料作为反对郭沫若历史观点的证据，他曾提到他向郭沫若借《卜辞通纂》和《两周金辞大系图录考释》时的情形：“郭老完全了解，我对中国古代生产方式的认识和他很不相同，因此对一些共同注意的材料的理解和处理，和他也很不一样。可以说，他明知我会用了他提供的材料来佐证我自己的观点，对他提出异议，他却还是把他亲手搜集的丰富材料全盘端给了我。”[②] 除了侯外庐，翦伯赞和杜守素等人在古史分期方面与他都不一致，如翦伯赞就直接批评郭沫若以马克思主义历史形态为标准的分期，“陷入公式主义的泥淖”[③]。然而，郭沫若又始终认为他的观点是正确的[④]。因此，面对影响的焦虑，他才起而申述，也正是在这次申述中，他重新定义了封建，将封建的意义从传统的“分封建国”的政治制度，转向生产和生产关系等社会层面，这对新中国成立后的史学研究影响更为深远。

郭沫若治学的文化政治，不仅表现在他与左翼墨学的分歧，也表现在对国民党意识形态的批判上。郭沫若论文中所充斥的政治词汇，如他除了从反科学、反民主等角度批判墨子，还以美攻、独裁等责难墨子，这也是对国民政府政治政策的隐射和批判，这在他后来写的答辩文章《儒墨的批判》中表现得更为突出。抗战时期不仅左翼学人好谈政治，在国难危机中以学术干预国事，也是一种较为普遍的现象，甚至可以说，学术的独立性和尊严在国难中得到了重建和凸显。可见 40 年代的学术与政治，并不像韦伯所说的那样，因专业化而导致政治与学术截然二分，而依旧是一种相互倚借的姿态。其意义在于学术保持了对政治的批评和回应能力，这与学术的独立性并不矛盾。

学术的相对独立性，以及学术救国的时代要求，使重塑学统，进而

---

① 侯外庐：《韧的追求》，北京：生活・读书・新知三联书店，1985 年，第 129 页。

② 同上。

③ 翦伯赞：《历史哲学教程》，出版地未标注：生活书店，1938 年，第 294 页。

④ 在 1950 年的《十批判书》修改版《改版书后》中，郭沫若认为：“在今天看来，殷周是奴隶社会的说法，就我所已曾接触过的资料看来，的确是铁案难易。因此，我对于本书的内容，整个地说来，依然感觉着是正确的。”（郭沫若：《十批判书》，上海：群艺出版社，1950 年，第 507 页）这种说法未免武断，也表明郭沫若对自己学术观点的坚持。

重塑道统成为可能。但追求何种道统，不同知识分子则往往有不同的选择。这种差别不仅见于郭沫若与冯友兰、钱穆等人之间，也见于他与左翼知识分子之间。郭沫若的墨学研究，其呈现出来的与左翼墨学的分歧，是他们在40年代的语境中从传统为现实革命寻找资源，并进而为革命形塑道统的不同尝试。郭沫若的诸子学研究，与他对中国现代革命道路的思考有何内在的关联，是我们接下来要进一步讨论的问题。

革命士大夫的学、政与道

在现代“崇墨贬儒”的时代思潮中，郭沫若“崇儒贬墨”的做法显得较为特殊。无论是从他个人的精神史，还是抗战时期他思考问题的视野来看，这种立场都是渊源有自。本部分所要探讨的问题是，作为新文化的代表人物郭沫若，他是如何坚守并改造儒家思想的，他对传统资源的取舍在当时有何独特性？这有助于我们了解在郭沫若这里新文化与传统的辩证关系，以及儒家思想在现代思想文化史上的复杂命运。在我们看来，较之新文化人对儒家的批判，郭沫若从一开始就在为儒家辩护，而在40年代“抗战建国”的历史语境中，他更是积极地从儒家寻找资源，并试图从革命的视野，将儒家思想再造为具有人的解放意涵的儒家人道主义，以作为建构现代民主国家的思想资源。

一、为"儒"一辩

作为传统社会"道统"的主要塑造者和承担者，儒家思想在20世纪遭遇了前所未有的戏剧性变化。袁世凯的祭孔让孔子与复辟联系到一起，继而成为新文化运动批判的主要对象，在之后的革命者看来，儒家思想也是属于封建思想。但抗战时期儒家思想的地位有所回升，因为随着民族危机的加剧，人们积极回到传统寻找历史资源，统治者更是将传统作为凝聚国人的精神文化纽带。如在陈立夫等人的提倡下，不仅成立了孔教会，儒家思想也被再度纳入课本。而抗战前就兴起的"新生活运动"，本来就是以儒家思想为纲，此时也得到进一步的贯彻实践。学术界也是如此，保守主义者钱穆固然如此，贺麟、冯友兰等早期治西学的，也转向对传统尤其是对儒家思想的发扬。正是因为儒家与主流意识形态之间的这种合拍，使得中共文化工作者如陈伯达、陈家康等，以及左翼学者或新文化人如侯外庐、翦伯赞、吕振羽及胡风等对此都极为不满。但在大众视野中思想和政治倾向都较为激进的郭沫若，在他40年代所写的一系列文章中，却都在为孔子及其门徒辩护，这个现象看起来似乎颇为反常。

关于儒家的评价，郭沫若引起最大争议的文章是《孔墨底批判》。在该文中，他一反左翼学界批判儒家的做法，起而为孔子翻案。在郭沫若看来，"孔子的立场是顺乎时代的潮流，同情人民解放的，而墨子则和他相反"[①]。虽然他一再强调要用历史的眼光去评价诸子，并且认为自己是论从史出，且持之有据，但他"崇儒贬墨"的做法，还是遭到了部分左翼学者的非难。这种状况不难理解，经1941年年底的"寿郭"运动，郭沫若已被中共确立为鲁迅之后的文化旗帜，与革命文化建设有着更为直接的关联。此时左右阵营对诸子学的不同选择已较为明晰，面对冯友兰等人的儒学研究，左翼文人学者陈伯达、陈家康、侯外庐等人，一方面撰文批判冯友兰，一方面则另立墨学传统，并将墨子塑造为

---

① 郭沫若：《孔墨底批判》，《群众》第10卷第3、4期合刊附册，第13页。

工农的代表。而为共产党及左翼知识分子寄予厚望的郭沫若，却选择了儒家思想这一国民党用来建构其意识形态的传统。从共产党和左翼知识分子的角度来看，这几乎有帮倒忙的嫌疑。他与其他左翼学者的这种分歧，当时虽受部分青年的质疑，但在统战政策下并未受到批判，不过"文革"期间的"评儒批法"运动，却被作为历史问题再度提出。毛泽东早就敏锐地发现，"对于孔子"，郭沫若与冯友兰"是一派"[①]，"文革"期间，毛泽东更是直接指出"十批不是好文章"[②]，针对的就是郭沫若抗战时期所写的《十批判书》。毛泽东的这一首《读〈封建论〉呈郭老》也成为江青等人批判郭沫若、剑指周恩来的政治依据和有力武器。

回到《十批判书》产生的历史语境，我们首先需要回答的问题是，郭沫若为何要为孔子辩护，并以其作为重建道统的资源？他与儒学又有何内在渊源？就郭沫若的诸子学视野着眼，可以发现他40年代的言论有其自身的逻辑，因此，需要先从个人精神史的视角，回溯他与儒家思想的历史关系。

其实，郭沫若为孔子的辩护并不始于抗战时期，早在"五四"期间，他就在为孔子辩护。新文化运动期间，留学日本的郭沫若，通过《时事新报》赶上了这场运动的末班车。但他的姿态从一开始就与新文化运动的主流不太一致，在与《时事新报·学灯》编辑宗白华的通信中，他对当时"打孔家店"的做法便颇有微辞。在他看来，孔子是与歌德一样的天才，而新文化人"定要说孔子是个'宗教家'，'大教祖'，定要说孔子是个'中国底罪魁'，'盗丘'，那就未免太厚诬古人而欺示来者"[③]。后来他甚至反驳宗白华以"静观"与"进取"分别形容东西方精神的做

---

① 冯友兰在《三松堂自序》中曾回忆道，1962年政协全国委员会开大会时，他做了一个有关他写作中国哲学史新编及将来写作计划的发言，会后毛泽东对他说："对于孔子，你和郭沫若是一派。"见冯友兰：《三松堂自序》，北京：人民出版社，2008年，第138—139页。

② 毛泽东：《七律·读〈封建论〉呈郭老》，《建国以来毛泽东文稿》第13卷，北京：中共文献出版社，1998年，第361页。原诗为："劝君少骂秦始皇，焚坑事业要商量。祖龙魂死秦犹在，孔学名高实秕糠。百代都行秦政法，十批不是好文章。熟读唐人封建论，莫从子厚返文王。""根据中央档案馆保存的铅印件刊印"。

③ 田寿昌、宗白华、郭沫若：《三叶集》，上海：亚东图书馆，1920年，第14页。

法，认为中国传统思想也是进取的，是“注重现实、注重实践”的[①]。

郭沫若凭《女神》成为新文化人的重要代表之后，对孔子的热忱却有增无减。在《我国思想史上之澎湃城》一文中，郭沫若将先秦比喻为古罗马的庞贝古城，而“嬴秦焚书等于维苏勿喷火，汉以后学者之一切训诂伪托等于灰质熔岩”[②]。相对于思想界的反传统口号，郭沫若将传统作了原典与后人注疏的细分，他反对的是秦汉以来统治者对儒家思想的阐释和盗用，而不是儒家思想本身。同时，他通过将春秋战国时代指认为我国历史上的“再生时代”（Renaissance）[③]，也就是文艺复兴时代，从而将先秦诸子的思想从反传统的潮流中拯救了出来。因《我国思想史上之澎湃城》并未完稿，这个说法也未得到充分展开。但紧接着，在1923年日本大阪《朝日新闻》的“新年特号”上刊载的《两片子叶》[④]一文中，郭沫若进一步将老子和孔子作为我国文艺复兴发轫的标志。在“文艺复兴”这一知识装置的作用下，他认为孔子是“兼有康德与歌德那样的伟大的天才，圆满的人格，永远有生命的巨人”，孔子的人生哲学则是“精神之独立自主与人格之自律”，其“克己复礼”等个人修养的主张，在郭沫若这里不仅与“五四”时期的个人主义合拍，而且也是一种人道主义，“真的个人主义者才能是真的人道主义者。不以精神的努力生活为根底之一切的人道的行为，若非愚动，便是带着假面的野兽之舞蹈”[⑤]。这是郭沫若首次从人道主义的视角来阐释儒家思想。

面对新文化人对儒家的重重质疑，郭沫若采取折中的“考古学”方法，即撇清儒学原典与历代儒家思想之间的关系。在他看来，后学的注疏也如掩埋庞贝城的火山灰一样，遮蔽了城池的本来面目，要窥得儒学原貌，需要直接阅读原典：

---

① 郭沫若:《论中德文化书——致宗白华兄》,《创造周报》第5号(1923年6月)。

② 郭沫若:《我国思想史上之澎湃城》,《学艺》第3卷第1号(1921年5月30日)。

③ 同上文。

④ 郭沫若:《芽生の二葉》,后经成仿吾翻译以“中国文化之传统精神”为题发表于《创造周报》1923年第2号。有译为“两片嫩叶”者,蔡震先生认为应译为“两片子叶”,参考蔡震《关于郭沫若的〈芽生の二葉〉一文》,《郭沫若学刊》2008年第3期。

⑤ 郭沫若:《中国文化之传统精神》,成仿吾译,《创造周报》1923年第2号。

> 吾人苟力屏去一切因袭之见，以我自由之精神直接与古人相印证时，犹能得其真相之一部而无疑虑。余即本此精神，从事发掘。所有据论典籍，非信其为决非伪托者，决不滥竽。后人笺注，非经附以批评的条件，亦决不妄事征引。在宿儒耆老视之，或不免有“自我作故”之讥；而在我个人，却是深深本诸良心之作。[①]

对儒家思想的这种文艺复兴式的再解读，使郭沫若对孔子的评价与其他人不同，这也延续到了他抗战时期的《青铜时代》《十批判书》等著作中。因此可以说，他的诸子学研究，是综合了新文化资源及其后的革命经验，所呈现出来的独特的历史想象。正如朱自清的评价：“十篇批判，差不多都是对于古代文化的新解释和新评价，差不多都是郭先生的独见。”[②]

二、“儒家精神之复活者王阳明”

郭沫若阅读儒家原典的方式，无论是“直接与古人相印证”，还是“本诸良心”等，都不单是因为诗人治学的缘故，也有儒家心学的影响。虽然郭沫若对孔子后学表现出了强烈的不信任，但他对儒家心学却有极大的兴趣，尤其是王阳明，甚至一度被他视为“儒家精神之复活者”，“是伟大的精神生活者”“自强不息的奋斗主义者”，因此，在他看来，“儒家的精神真能体现了的”，孔子以后恐怕只有王阳明一个人[③]。

王阳明对郭沫若影响深远，抗战结束前后，在左翼知识分子将心学作为唯心主义加以批判的时候，郭沫若不仅重新将他早年所写的《儒家精神之复活者王阳明》收入文集，而且还撰文试图“替王阳明说几句公平的话”。在他看来，“历史是采取着辩证式的发展的，在唯物论流而为

---

① 郭沫若:《我国思想史上之澎湃城》,《学艺》第3卷第1号(1921年5月30日)。

② 佩弦:《评〈十批判书〉》,《大公报》1947年1月4日。

③ 郭沫若:《儒家精神之复活者王阳明》,《文艺论集》,上海:光华书局,1929年,第59页。

琐碎，锢没灵性的时候，每每有唯心论起来加以挽救”，因而，在“变革时期”，本着“矫枉不过正”的态度，“无宁是应该赞扬唯心论的革命性的。王阳明在思想史上的地位无疑是以一个革命者的姿态出现的”，并且“坦白地承认”，他当时“依然是敬仰着王阳明的”[①]。而他 1939 年年底返乡期间，还曾特书阳明语录一则，与其长兄所选朱子格言一道“悬诸堂次”[②]。

阳明心学对于郭沫若具有方法论的意义。他开始集中阅读王阳明，是在留学日本的初期。据他回忆，民国三年（1914 年）正月他到日本，半年后便考上东京第一高等学校，由于“过于躐等躁进的缘故，在一高预科一年毕业之后”，他便得了神经衰弱症，当时情况较为严重，甚至一度想到自杀[③]。在这种情况下，郭沫若开始阅读《王文成公全集》，并开始静坐。效果居然显著：“我每天清晨起来静坐三十分，每晚临睡时也静坐三十分，每日必读《王文成公全集》十页，如此以为常，不及两礼拜功［工］夫，我的睡眠时间渐渐延长了，梦也减少了，心疾也渐渐平复，竟能骑马竞漕了。——这是在我身体上显著的功效。”[④]静坐是王阳明及其门徒修身的方式，郭沫若又参照《冈田式静坐法》修习，后来还曾将静坐心得写出来附于《儒家精神之复活者王阳明》文末。郭沫若每天阅读王阳明，带来的结果并非只是身体的恢复，他的精神和美学观念也都深受影响，照郭沫若自己所说：

> 而在我的精神上更使我澈悟了一个奇异的世界。从前在我眼前的世界只是死的平面画，到这时候才活了起来，才成了立体。我能看得它如像水晶石一样澈底玲珑。我素来喜欢读《庄子》，但我只是玩赏他的文辞，我闲却了他的意义，我也不能了解他的意义，到这时候，我看透他了。我知道“道”

---

① 郭沫若：《〈历史人物〉·序》，上海：海燕出版社，1947 年。

② 冯乐堂、谭崇明：《郭老故乡访问记》，《郭沫若研究》1982 年第 1 期。

③ 郭沫若：《儒家精神之复活者王阳明》，《文艺论集》，上海：光华书局，1929 年，第 60 页。

④ 同上。

> 是甚么，“化”是甚么了。我从此更被导引到老子，导引到孔门哲学，导引到印度哲学，导引到近世初期欧洲大陆唯心派诸哲学家，尤其是司皮诺若（Spinoza）。我就这样发现了一个八面玲珑的形而上的庄严世界。①

因阅读王阳明，而领悟道家的“道”“孔门哲学”，并及于西方形而上学，尤其是斯宾诺莎的泛神论思想。因此，阳明学对郭沫若来说不仅是一种具体的儒家思想，更具有认识论和方法论意义，连泛神论都是在阳明学的启发下，才最终进入郭沫若的思想世界的，这与文学史所率先强调的泛神论对他思想的影响不同。

阳明学难以三言两语厘清，但可根据前人的研究成果，对阳明心学出现的社会背景、思想方式和核心理念作一大致描述。研究者指出，因自明中叶起，随着士绅权力的扩大，传统的君臣上下一元化秩序出现了危机，阳明心学正是因应这一意识形态危机而出现的。其解决方式就是试图由下至上，从“民众的地平（当然，是在地主阶层的主导下）出发实现对秩序进行重建”②。而从思想史的角度，王阳明是在走朱熹格物之路不通时才转向内心，中年在贬谪之地贵州龙场大悟之后，始独创一家，开始宣讲心学。因此哲学史家往往将心学与理学对立来看，冯友兰就认为在王阳明的系统中，“心是宇宙的立法者，也是一切理的立法者”③。钱穆虽然认为心学并未背离理学，认为宋儒的共识是“天地万物与我一体”，但在如何去认识时，二者之间还是不同，相对程颐朱熹一脉“即物而格”，陆王一脉更侧重反求之于心④。此外，冯、钱二人对阳明学核心概念的把握亦无太大差别，这主要包括“致良知”“知行合一”“万物一体”等。

---

① 郭沫若:《儒家精神之复活者王阳明》,第 60—61 页。

② 沟口雄三:《李卓吾·两种阳明学》,李晓东译,北京:生活·读书·新知三联书店,2014 年,第 209 页。

③ 冯友兰:《中国哲学简史》,涂又光译,北京:北京大学出版社,2010 年,第 250 页。

④ 钱穆:《阳明学述要》,北京:九州出版社,2010 年,第 6 页。

阳明学因其对知行合一、内圣外王的强调，一度有较多的信众，尤其是阳明学左派，在知识传播与社会实践方面，都较有影响。有清一代，在经历清初士大夫对晚明空谈心性的反思，及乾嘉朴学期间的沉寂之后，阳明学在清季又再度受到士大夫的欢迎。新文化运动期间，虽然儒家遭到新文化人的严厉批判，但批判对象也有细微的区别，在“个性解放”的诉求下，思想文化界更多针对的是程朱理学，心学传统反被革新者部分接纳。尤其是在社会转型之际，阳明学从社会下层展开秩序重建的设想，得到了较多士大夫的认同。而阳明学对“内圣”与“外王”的兼顾，尤其受到晚清以来政治家的眷顾。如蒋介石以阳明格言为修身的准则[①]，毛泽东的实践论也深受阳明“知行合一”的影响[②]。郭沫若正是在清季以来阳明学复兴的背景下接受其观点的，而他对阳明学的体悟，也较为切中阳明学要旨。他之所以转向阳明学，并非是为了治学，而是心理需求。正如他所说：“我对于他的探讨与哲学史家的状态不同，我是以澈底的同情去求身心的受用，普通的哲学史家是以客观的分析去求智欲的满足的。”[③]这种阅读和阐释方式难免个人偏见，但这正符合阳明学的精义，即强调“尊德性”而非“道学问”。钱穆对此也持肯定态度，如他在分析王阳明对《大学》的解释时，便认为与其纠缠于王阳明的解释是否符合原意，倒不如把眼光就放在他如何解释上。因此，他治阳明学的心得是：“读者须脱弃训诂和条理的眼光，直透大义，反向自心，则自无不豁然解悟。”[④]可见，郭沫若回避经义注解，直接阅读王阳明的做法，恰恰贴合阳明心学从人心出发的要义，这正是“五四”时期郭沫若为孔子辩护的方式，也是郭沫若40年代治诸子学的方法。

阳明学对郭沫若的影响，除了新文化运动时期他为孔子辩护之外，

---

① 参考杨天石：《做“圣贤”还是做“禽兽”——蒋介石早年修身中的“天理”、“人欲”之战》，载氏著《寻找真实的蒋介石》，太原：山西人民出版社，2008年，第37页。

② 参考魏斐德：《历史与意志：毛泽东思想的哲学透视》第四部分，李君如等译，北京：中国人民大学出版社，2005年。实际上，毛泽东《实践论》的副标题便是“论认识和实践的关系——知和行的关系”，参考《毛泽东选集》第1卷，北京：人民出版社，1991年，第282页。

③ 郭沫若：《儒家精神之复活者王阳明》，《文艺论集》，上海：光华书局，1929年，第61页。

④ 钱穆：《阳明学述要》，北京：九州出版社，2010年，第1页。

还体现在紧接其后的国故整理中。“五四”过后，作为新文化运动旗手的胡适，却转而提倡国故之学，无论他用心如何良苦，都难免激进派的讨伐。郭沫若对胡适的做法倒不无同情处，在他看来，“大凡一种提倡，成为了群众意识之后，每每有玉石杂糅，珠目混淆的倾向”[①]。当整理国故成为一种风气，不仅其本来的诉求被掩盖，也难免招来批判的声音，吴稚晖与成仿吾的批评就是如此。郭沫若对整理国故不仅不反对，而且认为成仿吾对胡适的批评失之偏激。在他看来，无论是提倡还是反对整理国故都没错，前提是要本着自己的“良心”，不要把自己的意见强加于他人，只要都从良心出发，那么无论从事什么工作都是殊途同归的：“只要先求人有自我的觉醒，同是在良心的命令下作为，则百川殊途而同归于海，于不同之中正可以见出大同，不必兢兢焉强人以同；亦不必兢兢焉斥人以异。”[②]整理国学正需如此，“只要研究者先有真实的内在的要求，那他的研究至少在他自己便是至善”[③]。在面对国学研究这一社会问题时，良心——阳明心学的核心范畴——在郭沫若作出价值判断时依旧起着轴心的作用，而良心这一传统士大夫的认知与道德范畴，对郭沫若 40 年代的政治选择也不无影响。

三、士大夫的人格与功业

如果说阳明学提供的是认识方法的话，那么，抗战时期他的儒学研究才真正开始关注切身的问题。抗战爆发前夕，因不满苏雪林与胡适通信中对鲁迅的谩骂之辞，郭沫若写下了《借问胡适——由当前的文化动态说到儒家》一文，该文前两节为鲁迅辩护，后半部分则是驳斥胡适的《说儒》[④]。该文发表后，因战争的影响未受到学界注意，抗战期间，郭沫若又将该文后半部分直接冠以“驳《说儒》”的题目，重新刊布，收入《蒲剑

---

① 沫若：《整理国故的评价》，《创造周报》第 36 号（1924 年 1 月 23 日）。

② 同上文。

③ 同上文。

④ 关于郭沫若写作此文的历史语境和对话对象，可参考何刚：《郭沫若〈驳《说儒》〉撰写缘起初论》，《新文学史料》2014 年第 4 期。

集》《青铜时代》等文集中，可见其重视程度。与“整理国故”期间他从方法的角度声援胡适不同，这篇文章是基于儒家精神内涵的学理考辨。

在这篇文章中，除了就一些具体的史料加以考校外，他主要驳斥了胡适《说儒》一文对“儒”的起源的解释。胡适是从宗教的角度来解释的，在他看来，“‘儒’本来是亡国遗民的宗教，所以富有亡国遗民柔顺以取容的人生观，所以‘儒’的古训为柔懦”[①]；孔子也并不是儒教的创始人，而是儒教中兴的人物，其地位是由“五百年后必有圣者兴”这种民间思想神化形成的。在郭沫若看来，这种将儒家与犹太教的比附在学理上根本靠不住，儒也并非是殷人的奴性宗教。他结合殷周制度变革与青铜铭文的材料，证明儒的发生是“春秋时代的历史的产物”，是“西周的奴隶制崩溃了之后所产生出来的成果”[②]；他认为儒的来源主要有两个方面：“有由贵族阶级没落下来的儒，也有由庶民阶级腾达上去的暴发户。”[③] 虽然郭沫若并不肯定儒这一阶级身份，但却对儒的社会作用作了历史评价，认为它对学问从官府到民间的转化有历史贡献。

郭沫若与胡适的真正分歧在于他们对儒的角色定位。胡适据许慎《说文》解“儒”为“柔”，这有值得商榷处。后来钱穆也写有《驳胡适之〈说儒〉》，在他看来，胡适之将《说文》“儒者柔也术士之称”解释为儒家尚柔是不懂断句的结果。即“柔”只是注音，而非释义。钱穆认为：“柔者儒字通训，术士则儒之别解。胡文不辨许书句读，遂疑儒术尚柔，桥矣。即谓儒道尚柔，亦未必与亡国遗民相涉。”[④] 郭沫若并未考察这个

---

① 胡适：《说儒》，《历史语言研究集刊》第四本第三分，1934年，第269页。按，胡适的学术贡献在于打破了诸子为王官之学的成说。

② 郭沫若：《借问胡适——由当前的文化动态说到儒家》，《中华公论》创刊号（1937年7月20日）。

③ 同上文。

④ 钱穆：《驳胡适之〈说儒〉》，《学思杂志》1942年第1卷第1期。钱穆以术士解释儒的来源，后有其学生余英时扬其波，在余英时看来，士的兴起是由封建社会解体所带来，其来源是“上层贵族的下降和下层庶民的上升”（余英时：《士与中国文化》，上海：上海人民出版社，2003年，第10页），可见，其与郭沫若的分歧仅仅在于社会性质的判定不同，其背后有意识形态的因素，但也有史学观念之别。郭沫若自认为他的一大贡献便是证明周是奴隶社会，而春秋战国时代的制度变化，则是从奴隶到封建社会的变化。而余英时所说的封建社会，与郭沫若所说则完全不是一码事，他是从历史的内部来观看历史，因此，他所说的封建是中国传统的“分封建国”之意，而郭沫若则是从传统之外重新定义了封建这一概念。

问题，因而承认儒有柔弱之意，并与胡适一样对“柔”作了社会学解释，不过郭沫若的判断与胡适恰好相反，他认为：“儒之本义诚然是柔，但不是由于他们本是奴隶而习于服从的精神的柔，而是由于本是贵族而不事生产的筋骨的柔。”[①] 他又从金文中寻得材料，证明儒从周代起就是积极进取的仁道。而从郭沫若与钱穆论学的方式也可看出二人的差别，郭沫若对儒非柔的解释，是主观意志先行，用他自己的话说就是“研究者先有真实的内在的要求”，是“六经注我”的方式。

郭沫若将“儒”的原始义强解为积极用世，是为强调孔子的事功张本。在他看来，先秦诸子本来就不是纯粹的思想家，而是道德家兼伦理家，“严格地说来，先秦诸子可以说都是一些政治思想家”[②]。对“内圣”与“外王”的兼顾，是儒家别于其他诸子的一个特点。孔子虽欲为圣，但也积极追求用世，他周游六国正是为了寻求建功的机会。儒家事功的承担者和实践者为“士”。在郭沫若看来，先秦诸子的思想都兼有道德与伦理二重色彩，这种共通性的根源是诸子都同属“士”的阶层，而在他的研究中，士的来源与儒一样，也是经由庶民的上升和贵族下降所造成的，士最初是文武兼备的，只是后来职业化了，成了候补的官吏[③]。他追摹的是士大夫，而非职业化的士。正如孔子视欲“学稼穑”的樊迟为小人一样，郭沫若认可的是“球形天才”。所谓“球形天才”，是相对“直线天才”而言的：

> 直线形的发展是以他一种特殊的天才为原点，深益求深，精益求精，向着一个方向渐渐展延，展到他可以展及的地方为止：如像纯粹的哲学家，纯粹的科学家，纯粹的教育家，艺术家，文学家……都归此类。球形的发展是将他所具有的一切的天才，同时向四方八面，立体地发展了去。这类的人我只找到

---

① 郭沫若：《借问胡适——由当前的文化动态说到儒家》。

② 郭沫若：《孔墨底批判》，《群众》第10卷第3、4期合刊附册，第21页。

③ 郭沫若：《我怎样写〈青铜时代〉和〈十批判书〉》，《民主与科学》第1卷第5、6期（1945年5月）。

两个：一个便是我国底孔子，一个便是德国底哥德。[1]

郭沫若大学期间接受的虽然是标准的专业医学训练，但他的人格理想并不是现代的专业型人才，而是传统的士大夫。据史家分析，士大夫的身份特征就是身兼“学士”与“官僚”的二重身份，“不仅涉身于纯粹行政事务和纯粹文化活动，还承担了儒家正统意识形态”[2]；这也就是学者所指出的“道学政”一体：“一个人就是诗的人、政治的人、社会的人、历史的人、形而上的人。”[3]

值得留意的是，抗战时期，中国思想文化界对传统士大夫一度有着极高的呼声。如“战国策”派的林同济，就多次撰文批判现代士大夫的官僚化，呼唤先秦身兼“六艺”的士，这与郭沫若的观点有极大的相似性。在林同济看来，先秦的士与现代不同，“那时代（西周至春秋前期）的士，（一）是爵禄世袭的；（二）是有战斗训练的；（三）是有专司的职业的。也就是说，封建的士是贵族的、武德的、技术的”[4]。为此他特撰“大夫士”一词来形容先秦文武兼备的贵族士，以区别于后来的文官。无论是郭沫若所说的“球形天才”，还是林同济所说的“大夫士”，都来自儒家“君子不器”的人格理想。按朱熹的解释：“器者，各适其用而不能相通。成德之士，体无不具，故用无不周，非特为一才一艺而已。”[5]郭沫若后来在诗词中，也以“不器民滔”来形容毛泽东；而他之所以视王阳明为孔子之后真正体现儒家精神的第一人，也正是鉴于王阳明多方面的成就。王阳明少年沉溺辞章，后进入官场，中年立志为圣，且独创心学，传下弟子无数；不仅如此，他也是一个文武兼备者，不仅高中进士，仕宦途中还两度立下军功。这正是郭沫若所形容的球形天才，是士大夫理想的人格类型，可以说，王阳明是真正体现了儒家“立言、立

---

① 田寿昌、宗白华、郭沫若：《三叶集》，上海：亚东图书馆，1920年，第12页。

② 阎布克：《士大夫政治演生史稿》，北京：北京大学出版社，1995年，第9页。

③ 杜维明：《道学政：论儒家知识分子》，上海：上海人民出版社，2000年，第9页。

④ 林同济：《士的蜕变——由技术到宦术》，《大公报·战国副刊》1941年12月24日。

⑤ 朱熹：《四书章句集注》，北京：中华书局，1983年，第57页。

功、立德”三不朽的人。

士大夫的人格理想，很大程度上是由其政治理想决定的。儒家“王者师”的理想，需要借助君王的“势”才能达到治国的目的。为了顺利借势而不屈于势，便需要在尊王的前提下另建一个象征系统，也就是道统，以对抗现实的政统。这意味着，士大夫在权力体系上要遵守君王号令，但要掌握意识形态话语权，以制衡君王的绝对权力。从而使君王施行儒家的治国方略，以达到“平天下”的“立功”理想。士大夫与君王的这一结构关系，随着清王朝的覆灭与民国政府的建立，发生了历史性的转变，这就是君主制被现代的政党政治所替代，政党而不是君王成为国家权力的主体。正如葛兰西所指出的，现代的君主“就是政党”[①]。而从现实来看，无论是国民党还是共产党，都是以革命自居的政党，因而都可能成为革命者郭沫若的选择。抗战初期，他虽与国民党再度合作，但他们的分歧也逐渐显露，很大程度上便是因为郭沫若的革命理念在国民党内难以实现。这种分歧导致郭沫若与当时的执政党越来越疏远，转而从文化政治的途径，发挥传统士大夫“清议”的批判传统。但随着郭沫若对马克思与列宁主义的引入，也使他陷入了言议与行动间的矛盾。

四、革命士大夫的困境与出路

郭沫若在现代革命史上的功绩，或许在于他对本土革命道统的建设。如20年代末他以唯物史观对上古史所做的研究，将马克思主义从社会领域引入到了历史与思想研究领域。尤其是他抗战前夕所写的《先秦天道观之进展》一文，更是借助进化论、启蒙理性、马克思唯物论等思想和革命理论，对殷商至战国的意识形态作了系统批判。他的研究不仅为用马克思主义研究中国问题提供了方法借鉴，也贡献了较为重要的研究成果。

就他对先秦天道观的研究而言，在他看来，殷人的至上神是有意志

① 葛兰西：《葛兰西文选》，李鹏程编，北京：人民出版社，2008年，第115页。

的人格神[①]，是一种准宗教，周人则发展出了重人事的“德”，这一观念是对殷人人格神的突破，这表明周的统治者原可放弃宗教，但周人却继承了殷人的天道观，目的是出于统治的需要：“周人之继承殷人的天的思想只是政策上的继承，他们是把宗教思想视为了愚民的政策。自己尽管知道那是不可信的东西，但拿来统治素来信仰它的民族，那是很大的一个方便。自然发生的原始宗教成为了有目的意识的一个骗局。”[②]这种历史研究实际上是对先秦诸子的重新洗牌，以革命精神重新调整诸子学说的秩序。但郭沫若与其他左翼知识分子的不同处在于，他依旧选择了孔子而非墨子，作为革命道统的象征。但也正因为此，他也要面对二者内在的矛盾。从表面来看，郭沫若的主要标准为是否具有宗教思想。孔子从周，拒谈鬼神和死亡，因而被他作为唯物论者予以表彰。然而孔子却肯定祭祀，注重礼与德。内在分歧还在于，孔子对秩序的重视，强调安于其位，这与革命的实践诉求也内在冲突。

郭沫若之所以陷入这个困境，与他的问题视野有关。无论是《先秦天道观之进展》还是《十批判书》，都是在马克思唯物主义理论的指导下完成的。这些理论直接来源于他30年代对马克思和恩格斯相关著作的翻译。学界对他20年代翻译河上肇《社会组织与社会革命》一事关注较多，但对他30年代的翻译却殊少涉猎[③]。郭沫若蛰居日本期间，先后翻译了三部马、恩的著作，包括《德意志意识形态》（郭译为“德意志观念体系论”）、《政治经济学批判》和《艺术作品之真实性》。这是马克思主义意识形态批判的主要理论，对郭沫若的先秦思想史研究影响深远，如他借助马克思对宗教的批判考察先秦的“天道观”便是如此，而《十批判书》中的“批判”一语及其方法都直接源于马克思。

在《德意志意识形态》一书中，马克思批判了费尔巴哈“宗教的自我乖离”，“即是世界分为一个宗教的与一个现世的之双重化”的认识论

---

① 郭鼎堂：《先秦天道观之进展》，上海：商务印书馆，1936年，第11页。该文后收入《青铜时代》。

② 同上书，第24页。

③ 黄晓武对这一问题有过探究，参见黄晓武：《马克思主义与主体性》，北京：中央编译出版社，2012年，第56—57页。

起点，他进而指出"'宗教情操'本身是一个社会的产物"[1]。马克思对宗教的批判，是郭沫若批评先秦天道观的理论来源。但革命儒家的困境，还不在于孔子对祭祀的重视有愚民的嫌疑，乃在于马克思对意识形态批判这种方式的质疑。马克思在《德意志意识形态》一书中，对新黑格尔主义提倡精神领域的革命进行了严厉批判，即认为他们"只是在和'言辞'战斗"，而且，"他们对于这些言辞也不外徒弄言辞，他们假如只是和这个世界之言辞斗争，他们从不曾斗争着这现实的既成的世界"[2]。也正是在这个提纲中，马克思指出"哲学者只曾把世界作种种解释，目前是归结到，要改革世界"[3]。对于革命者来说，这意味着要放弃"词语"的力量，从批判的武器转向武器的批判。虽然郭沫若在20年代中期的小说《马克斯进文庙》中，就让马克斯（思）与孔子当面谈论主义的问题，并取得了一致[4]。但他们的一致主要是基于"共产主义"与"大同世界"的乌托邦层面，而不是具体的实践方法。二者在方法和道路上的差别，是革命士大夫所要面对的矛盾。

郭沫若解决这个问题的途径是对儒家思想进行再阐释，强化儒家的实践色彩。他的改造是从儒家的核心概念德与礼开始的。既然德与礼的内在超越之路无法真正切入历史现实，那么，郭沫若就将德的义项进行细分。因在甲骨文和铭文中只发现了"德"字而未发现"礼"字，他由此推论礼是后起的概念，从而将德与礼这两个并列的范畴阐释为具有历史性的承接概念。同时，他又根据地下史料赋予了德以新的义项：

---

① 马克斯、恩格斯：《德意志意识形态》，郭沫若译，出版地未标注：言行出版社，1938年，第31、33页。后译为："'宗教情感'本身是社会的产物。"（马克思、恩格斯：《马克思恩格斯选集》第1卷，北京：人民出版社，1972年，第18页。）

② 同上书，第48页。《马克思恩格斯选集》译为"他们仅仅是为反对'词句'而斗争"，"他们只是用词句来反对这些词句，既然他们仅仅反对现存世界的词句，那末他们就绝不是反对现实的、现存的世界。"（马克思、恩格斯：《马克思恩格斯选集》第1卷，第23页。）

③ 同上书，第34页。现译为："哲学家们只是用不同的方式解释世界，而问题在于改变世界。"（马克思、恩格斯：《马克思恩格斯选集》第1卷，第19页。）

④ 郭沫若：《马克斯进文庙》，《洪水》1926年第1卷第7期。

> 德字照字面上看来是从直（古直字）从心，意思是把心思放端正，便是《大学》上所说的“欲修其身者先正其心”。但从《周书》和“周彝”看来，德字不仅包括着主观方面的修养，同时连客观方面的规范——后人所谓的“礼”——都是包含着的。礼字是后起的字，周初的彝铭中不见有这个字。礼是由德的客观方面的节文所蜕化下来的，古代有德者的一切正当的行为的方式汇集下来便成为后代的礼。德的客观上的节文，《周书》中说得很少，但德的精神上的推动，是明白地注重在一个“敬”字上的。敬者警也，本意是要人时当［常］努力不要有丝毫的放松。那在消极一方面的说法便是“无逸”。还有《周书》和周彝大都是立在帝王的立场上所说出的，故尔那儿的德不仅包含着正心修身的工夫，并且是有治国平天下的作用包含在里面的。便是王者要努力于人事不使丧乱有缝隙的可乘，天下不生乱子，天命也就算是时常保存着的。[①]

这就将“德”的范畴分为了客观的礼（制）与主观的敬（行）两个方面，孔子所继承的德也具有制度和实践的双重含义。同时，郭沫若将“礼”解释为社会制度，将“天命”解释为自然规律，在将孔子塑造为朴素唯物论者的同时，也强调了他重实践的一面。既然德本身就是一种实践方式，“内圣”与“外王”也就有了沟通的途径。

除了儒家思想体系所内含的实践性外，郭沫若还从历史的角度，阐明儒者对社会革命的热情。他根据《墨子·非儒篇》对儒家阳货、漆雕开等人的非难，进而认为“孔子是袒护乱党”[②]，而乱党“在当时都要算是比较能够代表民意的新兴势力”，符合历史发展的潮流。这包括“子贡、季路辅孔悝乱乎卫”“阳货乱乎齐”等，都被他从传统历史叙述中的“乱党”，翻案为进步的“新兴势力”[③]。而“漆雕开形残”，在他看来也

① 郭鼎堂：《先秦天道观之进展》，上海：商务印书馆，1936年，第26页。

② 郭沫若：《孔墨底批判》，《群众》第10卷第3、4期合刊附册，第6页。

③ 同上。

是因参与叛乱所致，并认为这是儒家里面“一个近乎任侠的别派”，从而对学界“侠出于墨”的观点提出质疑[①]。

从“道学政”一体的角度，郭沫若找到的理想人物还是宋儒，如王阳明的“知行合一”“事上磨炼”等，以及阳明左派的乡村实践，都是儒家沟通内外、走向社会实践的范例。此外，郭沫若还找到了王安石，这位被研究者视为对南宋士大夫影响极深，“附在许多士大夫的身上作祟”的“幽灵”[②]。在郭沫若看来，王安石也是一位“球形天才”，“不仅是一个政治家、文学家，而且是一个经学家、文字学家”。他在治学的同时，“对国家政事并未荒疏”，这使他不同于一般的学者，他们往往难以兼顾学问与政事，王安石不同，他有着“百科全书那样的渊博”，“不仅在书本上用功夫，对于活社会并未忘怀，因此就形成了他是中国历史上一个伟大的政治家，有目的，有政见，有办法，有胆量”[③]，其政治理念也最终转化为变法的实际政策。从王安石、王阳明等兼顾立德、立言与立功的宋儒这里，郭沫若找到了儒家精神的内在实践性，从而为革命儒家沟通道统与政统提供了可能。

五、儒家人道主义

值得进一步追问的是，儒家思想本身并不缺乏实践性，孔子本来就注重人伦日用，强调实践，如“君子欲讷于言，而敏于行”，“听其言而观其行”，“古者言之不出，耻躬之不逮也”等，李泽厚甚至据此总结出一种“实践理性”或“实用理性”的态度，认为“它构成儒学甚至中国整个文化心理的一个重要的民族特征”[④]。李泽厚固然是认为中国思想缺乏超越的价值关怀，但40年代的冯友兰却早将超越性纳入了进来，认为

① 郭沫若：《孔墨底批判》，《群众》第10卷第3、4期合刊附册，第12页。

② 余英时：《宋代士大夫政治文化概论——〈朱子文集〉序》，《士与中国文化》，上海：上海人民出版社，2003年，第519页。

③ 郭沫若讲，高原记：《王安石》，《青年知识》第1卷第3期（1945年）。

④ 李泽厚：《中国古代思想史论》，北京：人民出版社，1985年，第29页。

中国哲学的最高境界是“超越人伦日用而又即在人伦日用之中”[①]。也就是说，儒家本来就兼具个人修身和社会实践等内容。但对于郭沫若，他的问题显然并不仅仅是以革命理念重新阐释儒家，或者以儒家思想来印证革命观念。而是如何综合儒家思想与马列主义理论，为国民革命之后的“继续革命”提供理论与方法上的借鉴，及意识形态上的支持。这不仅要求重新阐释儒家思想，也要重新定位士大夫的社会角色，尤其是与革命的关系问题。

对于士大夫与革命的关系，郭沫若通过研究秦楚之际儒者的历史，发现儒者不仅“袒护乱党”，而且是直接“参加了革命”。在他看来，陈涉、吴广起义期间，儒者“有的在事前就有秘密活动，有的在事发时便立即参加了”[②]，如孔甲、陈余、陆贾、叔孙通等，他们都是革命儒家的代表。此外，郭沫若还赋予吴起以革命儒家的身份。在他看来，“吴起尽管是兵家、政治家，但他本质是儒”，“是把孔子的‘衣食足兵’，‘世而后仁’，‘教民即戎’，反对世卿的主张，切实地做到了的”，因此，他“才算得是一位真正的儒家的代表”[③]，尤其肯定他在楚变法期间所主张的抑制贵族权势等政策，“充分地表示出了一位革命政治家的姿态”[④]。

但法家的霸道毕竟只是手段，郭沫若更为注重的是目的。他对儒家的“仁”也作了再阐释，将孔子的思想从整体上定位为人道主义，孔子因而也成为一个人道主义者。在他看来，作为孔子“思想体系的核心”的“仁”，是春秋时代出现的新名词，“含义是克己而为人的一种利他的行为”。而儒家人道主义思想的出发点，是“仁者爱人”，“‘人’是人民大众，‘爱人’为仁，也就是‘亲亲而仁民’的‘仁民’的意思了”，“因此我们如更具体一点说，他的‘仁道’实在是为大众的行为”，“他要人们除掉一切自私自利的心机，而养成为大众献身的牺牲精神”。如果说仁是儒家思想的内在法则，那么礼就是外在的约束，“是一个时代里面

① 冯友兰:《新原道》,重庆:商务印书馆,1945年,第2页。

② 郭沫若:《秦楚之际的儒者》,《中苏文化》月刊第15卷第2期(1944年2月)。

③ 郭沫若:《述吴起》,《东方杂志》第40卷第1号(1944年1月15日)。

④ 同上。

所有的维持社会生活的各种规律，这是每个人应该遵守的东西”。“礼”的意义在于，“各个人要在这些规律之下，要使自己不要放纵自己去侵犯众人，更进宁是牺牲自己以增进众人的幸福”。因而，“这是相当高度的人道主义”[①]。孔子所说的“吾道一以贯之”，在郭沫若看来，孔子所持的一贯之道，也就是“由内及外，由己及人的人道主义”[②]。

对于儒家人道主义的评价，郭沫若是将其置于特定的历史语境中评判的。在他看来，“这种所谓仁道，很显然的是顺应着奴隶解放的潮流的。这也就是人的发现。每一个人要把自己当成人，也要把他人当成人，无宁是先要把他人当成人，然后自己才能成为人。不管你是在上者也好，在下者也好，都是一样”[③]。这一观点，是基于其古代历史社会研究的成果。根据他对古代社会性质的分析，春秋战国时期是“由奴隶制逐渐移行于封建制”的时期，社会变革“在意识形态上便生出极大的反映”，其中最明显的就是“人民的价值生了莫大的变易”，从生产奴隶提升到人的层次了[④]。“因为人民的价值提高了，故尔伦理思想也发生了变革，人道主义的思潮便澎湃起来了”，儒家人道主义便是在这个历史背景下提出的。因而，“仁”字的出现，“是当时的一个革命的成果”[⑤]。儒家是顺应“奴隶”的解放潮流而出现的人道主义，这种历史再解读，不仅从发生学的角度赋予了儒家思想以革命内涵，还将“民”这个儒家中的核心概念，转化为现代革命语境中的动力和主体。据此，郭沫若不仅从社会变革的意义上重新发现了儒家的人道主义内涵，更重要的是，郭沫若给人道主义这个现代概念也注入了新的意义，即人的解放的革命含义，因此，儒家人道主义就不仅仅是“五四”式同情弱者的人道主义，而是有着更为积极社会变革的意义。

在抗战建国的历史语境下，郭沫若所谓的儒家人道主义，不仅仅

---

① 郭沫若：《孔墨底批判》，《群众》第10卷第3、4期合刊副册，第16、17页。
② 同上文，第19页。
③ 同上文，第20页。
④ 郭沫若：《屈原思想》，《新华日报》1942年3月9日，第四版。
⑤ 同上。

是纯从思想史视野着眼的，它本身也有着强烈的社会关怀乃至现实政治诉求。无论是“乱党”还是“人民”这类词汇，都与当时的政治密切相关。“乱党”是国民政府给共产党贴的标签，郭沫若强调孔子袒护乱党，并为乱党翻案，也是在为中共寻求政治的合法性，乃至道统的支持。而“人民”则是中共所划定的革命主体，是毛泽东所提的“新民主主义”的历史主体，郭沫若将儒家思想中的“民”，不加辨析地“翻译”为人民，也是以衍生概念的方式宣传其革命主张。

不过，郭沫若虽极力从儒家思想的角度为革命提供思想支持，但儒家人道主义却并不能完全为革命所覆盖，而是带着大量的思想冗余。如他对儒家人道主义的发生学解释，无论是人民从奴隶到人的地位变化，还是“人的发现”“把他人当成人”等具体说法，都延续了“五四”的人道主义与“人的发现”等主题；同时，这本身也是儒家民本主义的内在之义。因此，儒家人道主义的内涵，是在新文化人、革命者和士大夫等综合视野下赋予的。这种综合性，从知识论的角度看，是儒家传统、新文化传统与革命理论之间的相互塑造，是如林同济所指出的，在综合的基础上为中国历史做出的全体的“文化摄相”①。这种综合的视野，在40年代具有一定的普遍性，是知识分子思考建国问题时的主要方法。因此，从历史的角度看，儒家人道主义也是郭沫若为历史走向提供的一种方案。

1943年是同盟国开始扭转战局、也是中国知识分子将探讨问题的重心从抗战转向建国的关键一年。此时郭沫若重新回到诸子学，并特意表彰儒家思想，也可视为他不安于政党为他划定的文人身份（如国民政府设立的文化工作委员会），而急于匡世的思想外观。在郭沫若看来，孔子的济世思想，就表现在他“很想积极地利用文化的力量来增进人民的幸福”，而他的方式，也正是在裁容新旧的基础上重建“一个新的体系”。正如他对于孔子思想体系成因的解释：“对于过去的文化于部分地整理接受之外，也部分地批判改造，企图建立一个新的体系来以为新来

① 林同济:《第三期学术思潮的展望》,《大公报》1940年12月15日。

的封建社会的韧带。廖季平康有为所倡道的‘托古改制’的说法确实是道破了当时的事实。”[①] 廖季平是郭沫若的经学师祖，在今文经学的传统内，郭沫若对儒家的核心观点“仁”“礼”“乐”进行再解释，其做法也无非是托古改制，重建一套象征系统。将儒家与革命进行嫁接，实际上是在重建道统，为正在进行的社会变革提供道义支援。

还需进一步辨析的是，郭沫若从革命的角度对儒家思想的重新阐释，究竟是让儒家思想现代化、革命化了，还是让革命重新回到了儒家的传统之内。这依旧是一个悬而未决的问题。就郭沫若来看，他的诸子学批判，表现出了马克思主义强大的理论穿透性、解释力，以及他自身的话语转换能力，他似乎轻而易举地就完成了从传统到革命的转化；但从他抗战之际的文化政治实践来看，无论是前揭的诗词唱和、他对儒家思想的坚守，还是他此后的政治命运，都表明他反而回到了士大夫这一传统身份，或者是类似柳亚子等南社诗人的革命士大夫角色，不过同样值得留意的是他对儒家的革命阐释，以及将人的解放视景注入人道主义的做法，从这个角度而言，革命士大夫对于郭沫若来说是政学道的统和，而且政学道均与具体的革命诉求相关。郭沫若在抗战时期对士大夫文化的回归，也提示我们对学界将中国现代的社会心态，描述为晚清的“儒家情感结构”“五四”时期的“启蒙情感结构”到国民革命后的“革命情感结构”[②]，这种线性的划分和定性需持谨慎的态度，不仅是因为抗战时期儒家思想的复归，更在于彼时革命思想对儒家思想的现代化转化所带来的传统与革命的综合视野。

---

① 郭沫若：《孔墨底批判》，《群众》第10卷第3、4期合刊附册，第16页。

② Haiyan Lee：*Revolution of the Heart: A Genealogy of Love in China, 1900—1950*，Stanford: Stanford University Press，2007年。

知识与革命:《甲申三百年祭》的比与兴

文化政治与“更现实的历史剧”

“比”与《甲申》的历史对位法

“兴寄”与“李岩，我对他有无限的同情”

知识与革命

按传统的干支纪年，1944年是甲申年，上距崇祯殉国三百年，时在陪都重庆的郭沫若写下了一篇关于甲申年的纪念文章《甲申三百年祭》(后文简称《甲申》，引文照录)，旋即引起轩然大波，不仅引发学术论争和政治争议，而且还参与到政党政治文化的确立过程之中。毛泽东在解读出李自成因骄傲而失败的经验教训后，将其定为整风文件。新中国成立后这个文本也被当作政治思想遗产而不断加以强调，以至于它本身已生成了一个强有力的传统，成了现代学术史和政治史上的一个神话。

学界对《甲申》已有大量的研究成果，早期主要是史学视野中的史料、史观考辨，不乏对郭沫若史料运用的批评。近年来，随着文化史等新方法的兴起，学界对于这样一个政治意义大于学术意义的文本[①]，更多地将其置于当时的历史语境下，从它与政治文化、社会运动等时代问题的关系中进行讨论。其中，潘光哲的《郭沫若与〈甲申三百年祭〉》可谓集大成者，他从政治与文化语境、学术史及郭沫若个人的心理等方面，对《甲申》的诞生及其回响作了全面的考论[②]。此外还有从学术史、个人心曲或历史叙述等方面展开的专门研究[③]。这些研究除了试图还原《甲

---

① 按，蔡震认为“《甲申三百年祭》的社会影响力大大超出了文章学术内容本身”，参考氏著《郭沫若著译作品版本研究》，北京：东方出版社，2015年，第202页。

② 潘光哲:《郭沫若与〈甲申三百年祭〉》，《“中央研究院”近代史研究所集刊》第30期(1998年12月)。

③ 何刚:《学术视野下的〈甲申三百年祭〉》(《郭沫若学刊》2014年第4期)、吴舒洁:《民族与阶级视野中的“甲申史论”——“明亡三百年”与1940年代的中国马克思主义史学》(《现代中文学刊》2010年第1期)、李斌:《〈甲申三百年祭〉与郭沫若的隐微心曲》(《首都师范大学学报[社会科学版]2016年第1期》)、单磊:《计六奇的李岩叙述与郭沫若的李岩想象》(《近代史学刊》第13辑)等。

申》产生的复杂历史语境外，也想拨开政治神话的外衣，讨论郭沫若写作该文的个人心曲。潘光哲认为郭沫若此文是共产党的政治文化运动的组成，尤其与当时中共针对蒋介石《中国的命运》的批判风潮相关，同时也认为在政治之外，还要考虑郭沫若对历史题材的戏剧化兴趣。不过对郭沫若来说，戏剧化兴趣与历史研究之间并不是截然二分的，戏剧化兴趣背后的深意尚待进一步探讨。近来，有论者从“祭文”传统将《甲申》当作文学作品的研究，认为郭沫若主要的目的是为了塑造李岩的文学形象，背后透露着他对知识分子命运的隐忧，这颇有见地，不过将隐忧解读为担忧延安与国民政府妥协，以至可能重演大革命后期的悲剧，这尚值得进一步商榷。

本论将《甲申》作为一个带时代征候性的文本，从文人书写的比兴传统探讨郭沫若的《甲申》写作，并探讨该文本引起争议的结构性原因，即《甲申》所引出的晚明与上世纪40年代之间独特的历史对位法，最后进一步探讨郭沫若写作该文的个人化色彩，也就是通过他对李岩浓墨重彩的书写，探讨郭沫若在40年代中期对知识分子与革命、建国等时代议题之间关系的思考。

一、文化政治与“更现实的历史剧”

不必否认，《甲申》的写作受到共产党政党文化的影响，或者说可视为皖南事变之后，共产党在国统区的活动转向以文化政治为主这个政策延长线上的产物。1944年年初，重庆文化界曾在郭沫若家讨论如何纪念明亡三百年的问题，热衷南明史研究的柳亚子，被大家一致推举为牵头人。按他回忆是：“今年一月卅一日，受到于怀兄同月十六日从渝都发出的一封信，说道：‘今年适值明亡三百年，我们打算纪念一下，沫若先生们都打算写文章。昨天在郭先生家和一些朋友闲谈，大家都一致认为你是南明史泰斗，纪念明亡，非你开炮不可。’”[1] 于怀是乔冠华

① 柳亚子：《纪念三百年前的甲申》，《群众》第9卷第7期（1944年4月15日）。

的笔名，此时任党刊《群众》的主编，并主持《新华日报》“国际专栏”。皖南事变后，共产党在国统区的斗争转向文化领域，常通过节庆、纪念日和为名人做寿等方式开展文运工作[①]。《群众》每逢节庆都会组织纪念文章，“甲申三百年”这样一个含义丰富的历史时刻自然不会错过；柳亚子既有民主人士身份，有强烈的南明情怀，又在从事南明史研究，让柳亚子打头阵在情理之中。

然而，当柳亚子收到约稿信时，恰逢“神经衰弱病还是很厉害，脑子像顽石一般，不能发生作用”，只好回信谢绝，打头阵的任务也就落到了郭沫若身上。郭文于3月10日完稿，并将文章直接交给了中共南方局负责人董必武，由董交给《新华日报》，从3月19日起分四期连载，这或许是《新华日报》有史以来刊载的最长的文章。但出乎意料的是，国民党《中央日报》两度以社论的形式批判《甲申》[②]，《商务日报》也以社论的形式点名批评《甲申》“散播战败思想”[③]。

本来，每逢节庆或名人纪念，郭沫若撰写相关的纪念文章是很常见的现象，像端午节、屈原纪念、高尔基诞辰等，郭沫若大多会写纪念文章。此次遭到如此严厉的批评，实为少见，执笔批评郭沫若的陶希圣，后来也不无得意地说“郭沫若一度大起恐慌，以为国民政府就要惩治他”[④]。这些批评带给郭沫若不少的困扰，据阳翰笙日记载，他曾数次询问郭对《中央日报》社论有何意见，郭沫若都表示只好置之不理，“即使要答复。也没有地方登载得出来”[⑤]。陶希圣等批评郭沫若宣传战败思想，从某种意义上说是声东击西，因为自太平洋战争爆发之后，中国的危机便有所缓解，1944年中后期虽然面临着日军新一轮进攻，但重庆知识

---

① 《南方局关于文化运动工作向中央的报告(1942年)》,《南方局党史资料·文化工作》,南方局党史资料编辑小组编,重庆:重庆出版社,1990年,第13页。

② 《纠正一种思想》,《中央日报》社论1944年3月24日;《论责任心》,《中央日报》社论1944年4月13日。

③ 《论赫尔的名言》,《商务日报》社论1944年4月1日。

④ 陶希圣:《潮流与点滴》,台北:传记文学出版社,1979年,第217页。

⑤ 阳翰笙1944年3月26日、4月2日日记,《阳翰笙日记选》,成都:四川文艺出版社,1985年,第254、255页。

分子主要关注的还是如何建国的问题，民主人士也较为活跃，不乏对政府政策的批评。陶希圣等以“鼓吹战败主义和亡国思想”批评郭沫若，主要是借题发挥，借民族主义批评这位被共产党树立的文坛领袖，因为1941年年底的“寿郭”运动，郭沫若便被确立为继鲁迅之后的革命文艺的接班人。

在这种格局下，延安给予《甲申》积极评价是可以理解的，但再度出乎意料的是，它被毛泽东定为整风文件。在1944年4月12日的延安高级干部会议，也是为中共七大做准备的会议上，毛泽东指出：“近日我们印了郭沫若论李自成的文章，也是叫同志们引为鉴戒，不要重犯胜利时骄傲的错误。”[①] 除了整风运动的需要外，这也来自毛泽东对时局的判断，基于当时“轴心国”的失败已成定局的国际局势，共产党积极准备抢占大城市和交通要道，并“学习好如何管理大城市的工商业和交通机关”[②]。鉴于这些因素，毛泽东将《甲申》列为整风文件是为占领城市作思想准备。

因缘际会，《甲申》刊出之后便逐渐成为一个超级文本，而郭沫若则保持沉默。后来学界或将其视为马克思主义史学的重要收获，或从史料或史观的角度对它提出异议，并持续引发讨论，这都离不开该文章发表之后的政治因素，对文章的写作语境或郭沫若的个人诉求则关注相对较少。虽然，有研究揭示他对历史题材的戏剧化兴趣[③]，不过问题在于，文学兴趣并不排斥政治性，也就是说，《甲申》即便原本是为历史剧创作所进行的准备，但郭沫若要回应的问题可能一开始也不是文学内部的问题，而是寄予文学以更高的回应历史与现实问题的能力，正如他在一年前所说，“史学家是发掘历史的精神，史剧家是发展历史的精神”[④]。发表《甲申》之后他再度强调：

---

① 毛泽东：《学习与时局》，《毛泽东选集》第3卷，北京：人民出版社，1991年，第948页。

② 同上书，第945—946页。

③ 潘光哲：《郭沫若与〈甲申三百年祭〉》第三部分“郭沫若写作《甲申》的心路旅程”。

④ 郭沫若：《历史·史剧·现实》，《戏剧月报》1943年第1卷第4期。

> 历史家把事实现实的记录下来，戏剧家就在认识了这历史的真实以后，用象征的比喻的手法，写出更现实的历史剧来。自然，过去的历史也有许多相似的，大同小异的；不过，人类总是前进的，在进展的阶层上虽有不同，而其前进的意义总是相同的。[①]

在郭沫若看来，较之历史学家的历史“记录”，戏剧家可以写出“更现实”的历史。这看似有些违背常识，但自有逻辑在其中，这包括两个方面：一是文学家可根据现实需求出发，写出更符合时代真实的历史故事；二是史官记载的只是史实，而文学家则依据某种史观从零散的历史事件找到历史的规律，从而揭示历史发展的真相。因而对他来说，用文学的方式写《甲申》远比历史研究有意义。

不过他并未将历史剧限制在为历史寻找规律上，而是有着更为宽泛的界定，于他而言，“写历史剧可用诗经的赋、比、兴来代表。准确的历史剧是赋的体裁，用古代的历史来反映今天的事实是比的体裁，并不完全根据事实，而是我们在对某一段历史的事迹或某一个历史的人物，感到可惜可爱而加以同情，便随兴之所至而写成的戏剧，就是兴”[②]。这恰恰显示了文学者郭沫若在面对历史时的感性一面。从他的界定来看，《甲申》这类以古鉴今的作品，如果从文学的角度当属于“比”的范畴，实际上不仅仅文学创作要用到“比”的诗教传统，历史研究也往往是“比”，像宋神宗为司马光的历史巨著赐名时便是根据《诗经》的“殷鉴不远，在夏后之世”的诗教传统，故赐名“资治通鉴”。而从1944年其他人关于甲申的文史之作，也可发现“比”是他们的共同出发点。

---

① 郭沫若讲，周惜吾记：《郭沫若讲历史剧——在上海市立戏剧学校演讲》，《文汇报》1946年6月28日。

② 同上。

二、“比”与《甲申》的历史对位法

文人本就好发思古之幽情，更何况是甲申这样一个士大夫凭吊历史已成传统的时刻。实际上，1944 年写纪念甲申文章的不在少数，而较早者是沦陷区北平和上海的一些文人，如文载道（金性尧）、樊仲云、柯尊西等，或许因为他们身在沦陷区，所以对甲申感受尤深。

其中，周作人是关注甲申较多的，文载道《甲申志感》提及周 1943 年年底便有纪念甲申的拟议，“至去岁十二月之末，据傅芸子先生所说，周先生还曾经有过提议，想在今年思宗殉国日作一纪念”[①]，该年周作人还写有《甲申怀古》和《灯下读书论》两文谈论甲申。《甲申怀古》起始就写道：“甲申年又来到了……说到甲申，大家仿佛很是关心，这是什么缘故呢？崇祯十七年甲申是崇祯皇帝殉国明亡的那一年，至今恰是三百年了。这个意义之重大是不必说的。”[②] 周此时身在沦陷区，故而对甲申这类关于时代变局、关乎家国伦理的事件极为敏感。值得一提的是，抗战开始不久，郭沫若便写有《国难声中怀知堂》，劝他及时南下，以免为敌所趁。在周附逆之后，国统区不少作家撰文批判其行径，更有数篇文章题为“悼知堂”。《甲申志感》主要谈甲申年政治腐败和士人堕落的问题，问题意识却极现实：“历史的用处是在警告我们不要再如此。明朝甲申之变至少也该给我们一个大的教训。民不聊生，为盗为乱，又受外诱，全体崩溃，是其一。士人堕落，唯知做官，无恶不作，民不聊生，是其二。这两件事断送了明朝，至今已是三百年，引起现在人的追悼，继以嗟叹，末了却须得让我们来希望，如巴古宁所说，以后再没有这些毛病了。”[③] 这是将甲申作为历史反思和社会批判的历史对照。类似思路，文载道《甲申志感》表达得更为清楚。

---

① 文载道：《甲申志感》，《风雨谈》1944 年第 13 期。

② 知堂：《甲申怀古》，《古今》“两周年纪念号”（1944 年 4 月 1 日）。

③ 同上。

对于士大夫的甲申情结，文载道追问在那么多的亡国之君中，“何以大家对于明代和崇祯之结局这样的念兹在兹，特别感到惊心触目呢”？除了明亡导致汉人被满人统治的民族情绪外，他还强调了两点：“天启万历等之政治的社会的局面，有可与我们部分对照者”；“有人在事变前说中国现状与明末相类，换言之，明末最恶劣的条件，在当时几乎一一具备。例如内乱，是一个国家动乱的根，而明末及今日政治社会之未曾少安，即系于此，亦二者互通之处也”[①]。类似的说法也见于樊仲云笔下：“自甲申之变到今日已三百年矣，不可谓不久，但是明末的事势，如朝廷政治的紊乱，内忧外患的急迫，我们把前后两个甲申来作一番比较，觉得殊相去无几，今之视昔，亦犹后之视今，所以当此岁次甲申之年，实在令人不胜恐惧。”[②]

对照郭沫若的《甲申》，他与这些文史家分享着类似的历史意识和时空结构。他的开篇与周作人、文载道一样，将相差三百年的1644年与1944年并置，“甲申轮到它的第五个周期，今年是明朝灭亡的第三百周年纪念了”[③]。对照文载道“今年照中国的干枝（支）法说来，是太岁甲申。距朱明之亡适三百年，盖崇祯以甲申三月十九日殉国，即清世祖顺治元年，西历一千六百四十四年”[④]。干支纪年提供了一种独特的历史感，这种纪年方式带着历史循环的光晕，是一种独特的历史对位法[⑤]，即在甲申年常勾起对过往甲申年的回看，昔年的历史情境也容易与现实取得勾连。而1644年的特殊性在于它不仅是牵动文化人的历史节点，而且与时局过于相似，正如樊仲云所说的“相去无几”，这主要包括三个

① 文载道:《甲申志感》。

② 樊仲云:《甲申之变》,《申报月刊》1944年第2卷第5号。

③ 郭沫若:《甲申三百年祭1》,《新华日报》1944年3月19日。

④ 同①。

⑤ 按,对位法是复调音乐术语,萨义德曾提出“对位阅读法”,指在解读经典文本时,除了显明的内容外,还要把“这些著作中沉默无声的、在意识形态中被作为边缘的东西挖掘出来,加以伸张、强调,使它发出声音”,而且不仅要挖掘文本的潜在意识形态色彩,而且要关注对该意识形态的反抗。(参考萨义德:《文化与帝国主义》,李琨译,北京:生活·读书·新知三联书店,2003年,第89—90页。)本书首先从对位的原初意义使用该概念,指历史之间或历史构成之间的结构性对照,同时也借鉴萨义德的视角,注重对文本内多重信息的挖掘。

方面：一是朝廷政治紊乱，二是外患，三是内忧。这里的内忧是指农民起义，而更为巧合的是，李自成起义在陕西，解放区也在陕西。郭沫若也是从朝廷政治腐败、外患、内忧三方面谈明朝灭亡的问题，不过他将问题主要归之于朝廷自身的问题。

有意思的现象是，在甲申年，各方似乎是自觉地对号入座。除了外患是不言自明的外敌以外，明朝廷自然对应国民政府，李自成的队伍便对应延安。李自成在正史中，往往被视为流寇和匪目，如钱穆在《国史大纲》中依旧以"流寇"称李自成[①]，郭沫若正面肯定李自成，在国民党看来自然是"为匪张目"。但共产党不仅不排斥这种比附，毛泽东甚至将李自成的命运作为共产党自我警示的资源。而且共产党早就开始赋予农民运动新的历史形象和历史意义，以此作为革命合法性的历史来源，早在1941年著名史学家范文澜便在延安完成了《中国通史简编》，用唯物史观解释历史，对历史上的农民起义均给予积极评价，李自成被视为"明末农民大起义"的代表，功绩是"推翻明朝"[②]。毛泽东在致郭沫若的书信中，也委托他写关于太平天国的历史[③]。

在这种对位结构中，郭沫若对崇祯政权的激烈批评，对李自成等农民起义的积极肯定，与直接批评国民政府、肯定延安革命运动无异，因而，《甲申》才会遭到国民党系文人的激烈批判。在这种对位结构中，如何评价历史还涉及历史责任，也就是国家危机的根源到底是内忧还是外患的问题。这个话题并不是第一次引起文化人的兴趣，早在《屈原》上演时便有类似讨论。历史责任问题关联的是历史功过，它影响着人们对如何建国这一问题的不同回答，以及文化人在新中国想象中的立场选择和自我定位。

---

① 钱穆:《国史大纲》(下册),上海:国立编译馆,1947年,第590页。

② 范文澜:《中国通史简编》,新中国书局,1949年,第598—610页。

③ 中共中央文献研究室编:《毛泽东书信选集》,北京:中央文献出版社,2003年,第217页。

三、“兴寄”与“李岩，我对他有无限的同情”

国、共关于《甲申》的争议都是从时代格局出发的，因此，他们关注的是甲申与当下的权力对位结构，而不是历史人物[①]。正如叶青所说：“而且我底意思还不注重在人物方面，因为那是很明白的。我以为应注重故事方面，我们要从这方面来考察他对于现实的认识和主张。”[②]实际上郭沫若在这个历史对位结构中，给自己留下了位置，较之同时期其他关于甲申的纪念文章，郭沫若《甲申》最为独特的地方在两个方面，一是他为李自成的造反翻了案，这当时便引起评论者的肯定，认为“对于农民运动领袖的李自成及其同志，还给他们本来面目。从纯历史的观点说，他的价值是远在专门从事于为少数英雄作传记的有明史料以上的”[③]；二是《甲申》本应集中讨论崇祯、李自成或清朝等各方的问题，但他却花费了极大的篇幅讨论一个尚存争议的人物李岩，并寄托了极强的感情色彩，以至于当时很多批评他的文章，都称他以李岩自居[④]。

当时评论界的观察不无道理，实际上郭沫若对甲申之变的兴趣，一开始就集中在李岩身上，他是从历史剧创作素材的角度关注甲申的：“在这前后（1944 年 1 月——引者按），我以偶然的机会得以读到清初的禁书《剿闯小史》的古抄本。明末农民革命的史实以莫大的力量引起了我们的注意。恰逢这一年又是甲申年，是明朝灭亡的三百周年纪念。我的史剧创作欲又有些蠢动了。我想把李岩与红娘子搬上舞台。”[⑤]他为

---

① 如叶青在《郭沫若〈甲申三百年祭〉平议》一文结尾处就指出：“日寇大兵压境，政府竭力抗战已将满七年，陕北自称‘农民运动领袖’的人必须□□悬崖勒马，以促成真正的意志集中，力量集中，切勿口是心非，致蹈明末陕北农民运动领袖之覆辙，害国家，害自己，徒作民族的罪人！”（叶青：《郭沫若〈甲申三百年祭〉平议》，《关于〈甲申三百年祭〉及其他》，重庆：独立出版社，1944 年 8 月，第 22 页。）

② 叶青：《郭沫若〈甲申三百年祭〉平议》，《关于〈甲申三百年祭〉及其他》，第 2 页。

③ 施志刚：《〈甲申三百年祭〉即〈明末亡国史实〉》，《世界文化》1946 年复刊号。

④ 一士：《关于〈甲申三百年祭〉》，《尖兵》1944 年第 7 卷第 11、12 期合刊；张铁侠：《甲申三百年祓》，《时代精神》1944 年第 10 卷第 6 期；较为正面的如陈监：《读〈甲申三百年祭〉》，《新文学》1946 年第 1 卷第 2 期。

⑤ 郭沫若：《我怎样写〈青铜时代〉与〈十批判书〉》，《民主与科学》第 1 卷第 5、6 期（1945 年）。

此还曾向翦伯赞求教关于李岩的材料。至于有关红娘子的传说，郭沫若对红娘子故事的流传版本曾有所稽考，认为是“极好的小说材料”①。

从《甲申》的结构也可看出他对李岩的兴趣，这不仅在于他将李岩与红娘子的佚事杂入论说文，而且仅就篇幅而言，李岩也是《甲申》的主角。如潘光哲所指出的，《甲申》关于李岩的部分占了70.37%，“对李岩史迹之论述实为《甲申》之主体；亦且，他还高度评价其人，对其悲剧命运的深致感叹，更可见李岩在《甲申》的‘主角’地位”②；谢保成指出，“整篇文章差不多有一半是论述李岩其人、其事，并兼而对照牛金星、宋献策，征引史籍也最多。《明史》相关传记、《明亡述略》《烈皇小识》《明季北略》以及《剿闯小史》《甲申传信录》《芝龛记》等，反复比勘、对照”③；李斌也认为“从文学角度出发，李岩正是作者雄心勃勃想要塑造的文学形象”④。郭沫若的兴趣在李岩身上这一点，得到越来越多人的认同。但正如前文所揭，问题不仅在于郭沫若看待甲申的眼光是文学的还是历史的，还在于他是如何看待的，也就是说，无论是历史研究还是历史剧，背后都有历史观的作用，而向来遵循“失事求似”⑤史剧观的郭沫若，历史事实并不必然比历史想象更有效。

对李岩这个人物的兴趣，也可得到该时段郭沫若历史研究模式的支撑。作为学者的郭沫若，其研究对象在抗战时期发生了一些较为显著的变化，这就是从早期的社会史和蛰居日本时期的文字研究，转向了历史人物研究。这除了《十批判书》中对先秦诸子的研究，及与话剧《屈原》《筑》等相关的人物研究以外，还包括对秦汉以来诸多历史人物——如诗人曹植、音乐家万宝常、政治家王安石等人的研究。创作于1944年的《甲申三百年祭》，也与《论曹植》《隋代大音乐家——万宝常》等一

① 郭沫若：《甲申三百年祭》，《新华日报》1944年3月20日，第四版。

② 潘光哲：《郭沫若与〈甲申三百年祭〉》，《“中央研究院”近代史研究所集刊》第30期，第309页，脚注81。

③ 谢保成：《还其本来面目——重读〈甲申三百年祭〉》，《郭沫若研究》第12辑，北京：文化艺术出版社，1998年。

④ 李斌：《〈甲申三百年祭〉与郭沫若的隐微心曲》。

⑤ 郭沫若：《历史·史剧·现实》，《戏剧月报》1943年第1卷第4期。

起收入《历史人物》研究一书，可见，对于郭沫若来说，他研究的虽然是三百年前的明亡故实，但兴趣的着眼点很可能是历史人物。郭沫若对历史人物的关注，或许与另一位左翼史学家翦伯赞对他的批评有关。抗战初期，翦伯赞曾从“客观条件与主观创造”的双重视角，对中国早期的唯物史观和社会经济学的研究方法有所批评，认为“郭沫若吕振羽都闭口不谈个人，这至少是过于偏重了历史之经济的动因，而忽视了历史之主观的创造的动因”[①]。重庆时期翦伯赞与郭沫若过从甚密，虽然这可能不是影响郭沫若的决定性因素，但抗战时期郭沫若的研究对象确实较为侧重历史人物。

郭沫若的人物研究往往有自己的精神或情感寄托，如屈原的爱国而不见用、曹丕的文武之才、王安石的经世治国（尤其是他的变法），以及隋代音乐家万宝常的艺术抱负与尊严等，都是郭沫若一再强调的内容。为此他还将《屈原》《孔雀胆》等历史人事搬上舞台，其中很多情节都是根据想象，是因对人物“感到可惜可爱而加以同情”而写成的。李岩与红娘子之间的故事本来也是小说家言，郭沫若试图将有限的材料写成戏剧，也不免是“兴之所至”。即便是《甲申》这样的论说文，他的行文也不无臆测成分，如对于《剿闯小史》中李岩和宋献策反对制科的时候，郭沫若便强调“这些议论是不是稗官小说的作者所假托的，不得而知，但即使作为假托，而作者托之于献策与李岩，至少在两人的行事和主张上应该多少有些根据”[②]。一定程度上可以说，郭沫若是在综合已有材料和自己设想的基础上，完成李岩的故事和形象的。从这个角度而言，《甲申》除了“比”之外，还有“兴”。郭沫若后来曾说他的《屈原》和《孔雀胆》是“兴”的产物，不过在写完《孔雀胆》之后，周恩来曾对郭沫若有委婉的批评，认为当时上演《孔雀胆》的政治性无法与《屈原》相媲美[③]，郭沫若对此并不否认，因为他创作《孔雀胆》的初衷，是出于对阿盖公主这个人物的同情，他也坦诚“对某些历史人物时常有偏见偏

① 翦伯赞：《历史哲学教程》，出版地未标注：生活书店，1938年，第119页。

② 郭沫若：《甲申三百年祭4》，《新华日报》1944年3月22日。

③ 张颖：《领导·战友·知音》，《光明日报》1980年1月27日。

爱，这是很难改的毛病”[①]。从《甲申》中他对李岩的同情来看，他对历史题材的选择也不无个人的偏见偏爱。

郭沫若对李岩的同情在两个方面，一是情感上的，二是政治上的。情感方面，郭沫若认为李岩是个悲剧性人物，他后来在看到别人根据《甲申》改编的戏剧时，对李岩形象的处理便有所不满："不过我还有一种希望，我们应该把注意力的焦点，多放在李岩的悲剧。这个人我们不要看他只是一位公子哥儿的读书人，而是应该把他看成为人民思想的体验者、实践者。虽然关于他的资料已经湮灭，在思想史上也应该有他的卓越的地位的。"[②] 1946 年他还专门写下《关于李岩》一文，不仅补充了李岩与红娘子的材料，还坦承"特别关于李岩，我对于他有无限的同情"[③]。郭沫若为何对李岩充满了无限的同情，是可以将之放在屈原、王安石、万宝常等人物谱系中来考察的，在郭沫若笔下这些人物或有匡时济世之志，或有安邦治国之才，但都因各种原因而不被重用，李岩一度扭转了李自成所领导的农民军的命运，但最终也是含恨而逝。这种遭际与郭沫若此时有相似处，郭沫若自北伐时期参加革命，抗战时期更是抛妻弃子归国参加抗战，但经历抗战初期的短暂风光之后，很快便被边缘化，从实务部门第三厅转到文化研究机构文化工作委员会，这对不甘于做"公子哥儿的读书人"的郭沫若是比较大的挫折。因而，他对李岩浓墨重彩的书写，不无借此讽喻当局不重视人才的意味。

当然，郭沫若的兴寄也不完全是怀才不遇的兴叹，他还有更为深切的寄托或思考，这主要是对于知识与革命、对革命前景等问题的思考。

四、知识与革命

郭沫若对李岩的同情，主要是在政治上。在郭沫若看来，李岩的意义在于以知识改变了革命的走向。《甲申》中，郭沫若重点介绍了李

---

① 张颖:《领导·战友·知音》。

② 郭沫若:《我的历史研究——序〈历史人物〉》,《大学》第 6 卷第 3、4 期合刊(1947 年 8 月 20 日)。

③ 郭沫若:《关于李岩》,《清明》创刊号(1946 年)。

岩加入李自成队伍之后，对农民运动进程所起的作用。在他看来，李岩参与政治实践的有效性在于，他将农民运动由单纯的造反引入了制度建设:“有了他的入伙，明末的农民运动才走上了正轨。”[①] 对知识分子革命作用的这种积极评价，在新中国成立后曾遭到批评，如60年代姚雪垠就认为：“且不说不应该把一代波澜壮阔的阶级斗争和农民战争的发展归功于一个大地主大官僚家庭出身的知识分子的作用，更不用说从现存许多文献资料的综合分析中得不出这个结论，我们只谈一个较简单的问题,过分强调个人的作用就没法说通。”[②] 新中国成立后学界的这些责难，正表明郭沫若40年代对知识分子如何参与历史的想象较为独特。在郭沫若的叙述中，李自成从失败转向成功主要源于两个因素：一是天灾所促成的大批灾民，流离失所的难民为他提供了人力基础；另一方面则是他作风上“也来了一个划时期的改变”，这个改变正是因为有了知识分子的加入，“势头的转变固由于多数饥民的参加，而作风的转变在各种史籍上是认为由于一位‘杞县举人李信’的参加”[③]。李信入伙后改名李岩。李岩的加入之所以能改变李自成的作风，既在于他为李自成出谋划策，并作文字宣传，更为重要的是因为李岩的触发，有更多的知识分子加入李自成的队伍，这样才能“设官分治，守土不流”，从流寇转而建设政权，“气象便迥然不同了”[④]。

郭沫若为知识分子参与革命提供一个极为大胆的设想，这较之20年代中后期革命文学论争中所讨论的知识分子为革命的“同路人”模式，李岩的意义在于，他试图以知识改变革命的性质和走向。将这种想法放在40年代，与蒋介石所规划的“中国之命运”固然不同，与延安的政策也有些微差异，或者说，从知识分子与革命关系的角度而言，他可能并不是针对两党合作所可能导致的革命精神的旁落，而是有更为直接的对

① 郭沫若:《甲申三百年祭2》,《新华日报》1944年3月20日。

② 姚雪垠:《给〈羊城晚报〉编辑同志》,《关于长篇历史小说〈李自成〉》,上海：上海文艺出版社，1979年,第137页。

③ 同①。

④ 同①。

话对象，这就是延安正在展开的整风运动。整风运动处理的是知识分子与革命的关系问题，延安的举措是以革命思想改造知识分子，郭沫若对此应早有了解，与他相熟的周恩来便曾专程回延安参加运动，而对他影响更直接的是，延安的乔冠华、陈家康等曾试图借整风运动的契机批判郭沫若，后虽中途作罢，但对他不无压力；同时，王实味、丁玲和萧军等人在延安遭到批判的消息，在重庆知识界也有流传，因重庆知识界所能接收到的延安消息有限，加上国民党有意识地推动这一传闻，使得知识分子在延安，乃至在未来革命政权下的角色这一问题显得尤为关键和敏感。郭沫若通过介绍李岩对李自成队伍的实际贡献，强调了知识分子在革命进程中所起的作用。在历史对位法中，李岩既然是投奔的农民起义军，那么李岩的悲剧是对延安的讽谏这一可能性也不能排除。

就在郭沫若该文发表后不久，延安便派何其芳和刘白羽前往重庆传达《讲话》精神，一大用意便是向大后方文化人解释王实味、丁玲、萧军等人的遭遇，实际上重庆文化人最为关心的也正是这些问题。正如刘白羽所言，他们在重庆开座谈会传达《讲话》精神时，“与会者十分关心他们的熟人的情形，纷纷问道：‘丁玲怎样’‘肖（萧）军怎样’‘艾青怎样’——我想这是因为《三八节有感》而必然引起的传说纷纭，使人悬念”。“有人说：‘重庆这里传说她已经被处决了呢！’”[①]刘白羽所接触到的大多是左翼知识分子，他们接受的信息尚且如此，可见当时重庆知识界对延安整风运动的印象。

对于知识分子与革命者之间的关系，郭沫若通过李岩与李自成的经验，勾勒出一种理想模式。首先是知识分子对革命者和革命队伍的认同和选择，李岩当时选择了李自成而不是张献忠等其他起义军，在郭沫若看来这不仅是地理的因素，而是有点“云龙风虎”的作用。也就是说，李自成与李岩在理想上有一致性，而且能相互为用，“两人都有知人之明，在岩要算是明珠并非暗投，在自成却真乃如鱼得水”[②]。在郭沫若看来，李

---

① 刘白羽：《心路的历程》（中），《刘白羽文集》第9卷，北京：华艺出版社，1995年，第423页。

② 郭沫若：《甲申三百年祭2》，《新华日报》1944年3月20日。

岩既担任了儒家“王者师”的角色，为李自成进行制度设计，并提供道统上的支援，同时，他也通过政治而实现了“平天下”的功业抱负。还需注意的是，李岩与李自成之间又具有相对的独立性，保持着各自的尊严。这表明，此时郭沫若对知识分子参与革命的方式的想象，羼杂了他的儒家事功与社会实践的意识，也有传统士大夫的际遇思想，更有现代知识分子所强调的独立性。在重庆时期，周恩来的礼贤下士确实让很多知识分子有知遇之感[①]，在政治部工作期间，郭沫若与周恩来虽为上下级，但实为友朋关系；《甲申》发表之后，毛泽东将其列为整风文件，并于该年11月21日集中给郭沫若、柳亚子和茅盾这三位重要文化人去信，表达延安对他们的关心和欢迎的态度，这种姿态既是整风运动后延安对文化人的示好，同时也让大后方的郭沫若等难免有风云际会之感。

延安对郭沫若的积极回应，让他与李岩一样有成为王者师的可能，不过从政党对李自成的戒骄戒躁阐释与郭沫若对李岩命运的关注，二者之间还是有错位。当郭沫若还在思考知识分子如何改造革命的问题时，政治却正在着手改造知识分子，而且将《甲申》作为整风文件，反而成为知识分子自我改造的文本。但即便是面对这个充满争议的文本，受众对它的理解也几乎一致，都以李自成的骄傲自戒，而它内含的传奇美学、知识分子的革命情怀、知识分子对于农民起义者的优越感，以及要通过知识和制度改造革命的理想，都相对被遮蔽了。这不仅是学术与政治之间的差异、郭沫若的诗人气质与革命者之间的不同，更为重要的是，大后方知识分子此时所面对的问题与解放区并不相同，这种差异是新中国成立后知识分子问题进一步凸显的原因。

除了将《甲申》置于40年代中期的历史语境来考察外，该文本自身的研究方法和诉求实际上也有值得关注的地方。《甲申》多用小说或野史作为史料，这往往被学人诟病，对郭沫若来说，这除了材料本身的局限外，也不无自觉考虑，他一开始就比较明确地有与“正史”对话

---

① 许涤新:《对南方局统战工作的回忆》,《重庆文史资料》第18辑,中国人民政治协商会议四川省重庆市委员会文史资料研究委员会编,1983年。

的意图，如对于《剿闯小史》中所载李岩入京后的几件佚事，如派兵护卫刘理顺、拷打为富不仁的周某，但这些佚文在《明史》中没有，对此郭沫若写道，“这样的事是不会上正史的，然毫无疑问决不会是虚构”，“这正是所谓的‘史笔’，假使让‘盗’或‘贼’附骥尾而名益显的时候，岂不糟糕！”[①] 可以说这背后有大用意，它让我们想到梁启超所说的廿四史是帝王将相的家谱，“皆为朝廷上之君臣而作，无有一书为国民而作”，“民间之事”“可纪者”多，但正史却从不涉及[②]；后来的鲁迅也更爱野史和杂说，认为正史涂饰太厚，看野史和杂记“更容易了然”[③]。郭沫若继承的正是梁启超所开创的“新史学”传统[④]，沿用稗官野史入论说文并不觉得不妥，原因便在于他本身就有与正史对话的诉求。

从《甲申》的历史对位法而言，这种与正史对话的需求具有鲜明的时代色彩。前文已提及，共产党方面并不讳言自己的农民属性，而且正积极地从唯物史观赋予历史上农民运动以进步意义，无论是李自成还是太平天国运动，都从正史中的流寇或造反转化为起义。这既是寻求历史合法性的过程，同时也是与正史争夺解释权和话语权的过程，正如毛泽东 1944 年年初致杨绍萱、齐燕铭的信中所说：“历史是人民创造的，但在旧戏的舞台上（在一切离开人民的旧文学旧艺术上）人民却成了渣滓，由老爷太太少爷小姐们统治着舞台，这种历史的颠倒，现在由你们再颠倒过来，恢复了历史的面目。”[⑤] 郭沫若对李自成的积极评价，以及他从稗官野史出发对正史地位的质疑和修正，都呼应了共产革命的历史需要。这是知识与革命的另一重意义。

---

① 郭沫若:《甲申三百年祭 4》,《新华日报》1944 年 3 月 22 日。

② 梁启超:《新史学》,《饮冰室文集之九》,上海：中华书局 1936 年,第 3、4 页。

③ 鲁迅:《忽然想到(一至四)》,《鲁迅全集》第 3 卷,北京：人民文学出版社,2005 年,第 17 页。

④ 王家康曾从新史学的角度解读《甲申》,参见氏著《抗战时期农民战争历史剧写作与现代中国政治》,《中国现代文学研究丛刊》2004 年第 1 期。

⑤ 中共中央文献研究室编:《毛泽东书信选集》,第 199 页。

结 语

虽然30年代郭沫若就翻译了马克思的名言："哲学家们只曾把世界作种种解释，目前是归结到，要改革世界。"[①] 但他仍然试图从文字符号的途径介入历史，这固然是他被国民政府疏远后不得已的选择，而从他历史研究所表达出来的政治能量来看，概念的力量也并非如马克思所说的那么一无是处，这表明知识分子是可以通过研究和写作影响历史，郭沫若所选择的新史学尤其如此。

史学家钱穆在40年代对新史学有个评价。钱穆先是将中国近世史学分为传统、革新与科学三派，传统派也就是"记诵派"，偏材料，重博洽；科学派则承胡适所提倡的"以科学方法整理国故"的潮流而起，大多为现代的学院派专家，该派与传统派一样重材料，但也重新方法。钱穆二者皆不取，他认为："二派之治史，同于缺乏系统，无意义，乃纯为一种书本文字之学，与当身现实无预。"[②]

而由"急于功业、有志革新"之士倡于清季的革新派则不同，"其治史为有意义，能具系统，能努力使史学与当身现实相绾合，能求把握全史，能时时注意及于自己民族国家已往文化成绩之评价"[③]。因此，革新派史学往往能"不胫而走，风靡全国"，产生巨大的社会能量。不过，他对革新派史学在材料方面的不足感到遗憾，又对革新派史学对传统的破坏有所顾忌。因此，钱穆选择了折中的方式，即"以记诵、考订派之工夫，而达宣传革新派之目的"[④]。这表明，钱穆也认可并继承了新史学在社会参与方面的功能。

---

① 马克斯、恩格斯著：《德意志意识形态》，郭沫若译，出版地未标注：言行出版社，1938年，第34页。后译为："哲学家们只是用不同的方式解释世界，而问题在于改变世界。"（马克思、恩格斯：《马克思恩格斯选集》第1卷，北京：人民出版社，1972年，第19页。）

② 钱穆：《国史大纲·引论》，上海：国立编译馆，1947年，前言页第3页。

③ 同上。

④ 同上书，前言页第7页。

郭沫若在钱穆的描述中，属于革新派的第三期，也就是从文化革新转向社会经济革新，带有马克思主义视野的新史学。在郭沫若的初期研究中，马克思主义作为一种方法，确实是具有历史"解释力"的。而从他抗战时期的历史研究来说，虽然他从社会研究转向了人物思想研究，他的方法依旧挟带着"革新派"的余威，在论学的同时，发挥着巨大的社会能量。他的先秦诸子学研究激发了左右派的不满，《甲申》更是越出学术范围影响到政治。虽然郭沫若的学术研究成果一度为政党征用，但它们也发挥了各自的历史效能。如《甲申》所指摘的明王朝的腐败，对当时国民政府的贪腐现状形成了有力批判，同时也有效声援了当时的民主化运动，是知识分子发挥其社会批判性的重要成果。而《甲申》被共产党作为戒除骄傲的文件，虽不免误读，但从共产党革命史的角度，这个文本也在革命工作由农村转入城市的历史转折点，及时提供了历史和理论的支援。而郭沫若通过李岩对知识分子如何介入革命这一问题的探讨，也丰富了中国现代知识分子参与革命的可能图景。

第五章　文学、制度与国家

抗战甫一结束，郭沫若便发表了《天地玄黄》一文，表达了他对时局的看法。他以诗人的敏感这样说："有什么办法呢！我实在有这样的感觉——天玄而地黄，要玩点训诂字义老套的话，'玄黄，病也'，天地的病情还没有彻底消除"；"我们无疑地是胜利了，但这胜利好像是疟疾初愈，还没有断根，有点保不定什么时候再发寒热的形势"。而"有着这种感觉的，我相信不会只有我这么一个人，就给迷雾笼罩着了山城的一样，这种感觉的雾笼罩着了大众的心。而且不仅重庆，不仅中国，似乎全世界都是这样"[①]。"天地玄黄"既表明时局尚不明朗，及知识分子的惶惑，同时，也表明这是建国的历史契机。

事实也是如此。抗战后期，"建国"成为主要的时代问题，且变得日益紧迫。知识分子或入幕，或组党，或发表宣言，以不同的方式想象、设计、建设"新中国"[②]。郭沫若与身其间，也以各种方式介入了这一历史进程。前章从他学术研究的视角，探讨他如何回应历史和现实问题，但主要关注的是作为中间势力的郭沫若，他"建国"主张较之政党的独特性。本章则从郭沫若左翼作家的身份出发，进一步探讨郭沫若是

① 郭沫若:《天地玄黄》,《周报》第8期(1945年10月27日)。

② "新中国"字样于抗战后期的舆论界已多见,而不是1949年之后才出现。如1946年国民政府教育部就出版了一本名为"战后新中国"的书,并以之"纪念蒋主席六十寿诞"(教育部编:《战后新中国》,上海:中华书局,1946年)。

如何参与“建国”这一历史进程的；而且与前章从他的历史研究考察其历史想象力不同，本章从他的作家身份，考察文学写作如何作为一种有效的政治实践参与到40年代的历史进程。这不是一个反映论的问题，而是文学与政治在社会实践层面的相互沟通问题，即文学如何回应政治、政治又是如何通过文学而发挥效用，产生社会影响的。

具体来说，问题首先是作为左翼作家，共产主义的文化、政治实践与革命路线——不仅指延安的中共，也包括苏联社会主义建设的经验和成就，以及它作为影响中国历史走向的国际势力——对郭沫若的政治想象产生了哪些影响，这些因素如何具体地介入到他的文学想象和生产环节。如他怎样回应毛泽东所提出的“民族形式”问题；苏联的建设成就，在强化他对共产主义信仰的同时，又如何内化为他文学叙述的乌托邦视景乃至历史远景。问题的另一面，是文学如何回应这些政治要求。在40年代“前冷战”的历史语境中，文学对共产主义的政治前途，进行了哪些积极的探索和宣传，在政治目的的实现过程中，文学又如何发挥作用？作为左翼文坛祭酒的郭沫若，他的问题是，如何回应并参与毛泽东文艺思想体系和制度的建构，以及如何以文学的方式，展示苏联的政治、经济和文化成就，以作为社会民众了解苏联，并最终转化为对内问题的解决。这些问题先是和平与内战，之后则是在国共、台海之间的抉择问题。可见，文学尤其是郭沫若的文学，在40年代中后期已较为深入地参与到了社会历史的变革内部，成为影响社会心理乃至历史政治走向的微妙因素。

制度的风景

进言与出走

制度的风景

“主义”的远景及其形象

“中国应效法苏联”

抗战进入尾声时，郭沫若在苏联，他是在异国听到日本投降的消息的。1945 年 5 月 28 日，郭沫若收到苏联科学院的邀请信，邀请他参加苏联科学院 220 周年纪念大会，同被邀请的还有物理科学家丁西林。会后，苏联“对外文化协会”为他安排一个多月的文化参访计划，因而郭沫若在苏联一直滞留到抗战结束，8 月 16 日才动身归国。郭沫若这次旅苏经历，对于我们理解他 40 年代后期的历史选择具有非同寻常的意义。

作为国统区左翼知识分子的文化“班头”，郭沫若的革命理论和实践资源既来自于日本的转译及马克思的原典，但也部分地来自苏联，这不仅包括列宁主义理论，也包括苏联的革命斗争和现实成就。尤其是苏联的社会主义建设，它以实际存在的方式，为中国的左翼知识分子提供了历史的前景，为他们的历史想象和宏大叙事提供动力。而 40 年代中期的历史语境，又为郭沫若等左翼知识分子的这种想象和叙事提供了现实化的契机。

同时，苏联的积极输出革命，也使苏联作为一种现实力量，参与到了中国历史转折的进程之中。尤其是在 40 年代中期“前冷战”的格局下，美、苏作为两个超级大国的世界政治格局已初步形成，中国作为东方最后一个等待打扫的战场，也成为二者势力角逐的场所。而中国内部的国共之争，也为美、苏间的意识形态分歧，提供了理想的接口。因此，我们在考察 40 年代知识分子的建国设想及其政治抉择时，便不仅要结合国共政争的格局，还要考虑“前冷战”时代，美、苏的地缘政治博弈。

当然，苏联与中国现代的历史走向，或与知识分子的历史选择，都是较大的话题。本部分仅从1945年郭沫若的苏联之行这件小事出发，考察苏联对他的文化和政治诱惑和诱导，及郭沫若此行对他历史抉择的影响。具体来说，问题包括郭沫若在旅苏期间，是带着哪些时代问题、以何种眼光观看苏联的，这些在他之后的一系列社会行为，如旅苏日记《苏联纪行》的发表、关于苏联的演说等过程中，又如何参与塑造苏联形象，这对于转折时代知识分子道路的抉择有何影响等。

一、进言与出走

1945年2月22日，《新华日报》发表了《文化界对时局进言》，该进言由郭沫若起草，得到312位知名文化人的签名支持。“进言”从“目前全世界战略接近胜利的阶段”的时局出发，历陈国内不团结、政治腐败、“文化教育受着重重扼制”等弊端，提出了六项具体主张，包括废除“审查检阅制度”，“取消一切党化教育之设施”，“停止特务活动”，“采取对英、美、苏平行外交”等[①]。此时周恩来应美国赫尔利之邀，前往重庆谈判，商讨组织联合政府。郭沫若所组织的进言，可以看作是文化界对成立联合政府议案的声援。

进言的背景除了组织联合政府外，还有当时的民主运动。太平洋战争爆发以后，知识分子关注问题的重心便从“抗战”逐渐转移到了“建国”问题上来。各民主人士开始组党，纷纷发表对时局的主张或宣言。至1945年，民主化潮流更是高涨，如郭沫若所说，“三十四年是民主运动公开化的一年”[②]，该年1月，民主同盟发表了对时局的进言，不久海外团体如北美十家华侨报纸通电全国，呼吁建立联合政府。

不过，郭沫若等人即便不用“宣言”，而用“进言”，还是引起当局的不满。据阳翰笙1945年2月25日日记所载：“自《文化界对时局进

---

① 《文化界发表对时局进言　要求召开临时紧急会议》,《新华日报》1945年2月22日,第二版。

② 郭沫若:《民主运动中的二三事》,《天地玄黄》,大连:大众书店,1948年,第188页。

言》发表后，连日来，弄得满城风雨。有许多朋友都受到警告，大有大祸即将临头的样子。"[①] 国民党宣传人员曾动员签名者自行登报否认，还发起了另一个《文化界宣言》，都未能奏效。不久，郭沫若所主持的"文工委"被"裁撤"。

"文工委"被解散后，重庆文化人及时予以反击。《新华日报》发表消息，对文工委的工作给予高度评价，"该会在郭先生领导下，对于抗战文化，贡献宏伟，驰誉友邦朝野，这次突被解散，闻者颇感惊异"[②]。除此之外，文工委被裁撤的事件，也受到社会各界的关注。除"文协"等文化组织的声援外，重庆各党派及文化界人士还集体宴请郭沫若及"文工委"成员，以示慰问。青年党领袖左舜生表示，"郭先生过去的自由天地太狭，现在我们欢迎文化界的斗士回到更大的自由天地中来"[③]；侯外庐在申述郭沫若的学术成就之后，提倡另外设立民间研究所，这项提议得到了陶行知的支持，他希望郭沫若筹备一个"民主的研究院，或办一个新世界研究院"[④]。邓初民、马寅初、柳亚子等人也都纷纷谴责当局"裁撤""文工委"的举措，邓初民认为这"是要统制文化"[⑤]，柳亚子认为此举是"黄钟毁弃，瓦釜雷鸣"，马寅初则说："那解散文工委的是真空管！"[⑥] 而与郭沫若多有诗词来往的黄炎培虽然缺席，却托人朗诵了他写给郭沫若的文化诗三章，其一为："天地不灭，文化不灭，人类不绝，文化不绝。或箝之口，或夺之笔，人削其名，我胜其实。"[⑦]

除民主党派和文化名人之外，共产党也借此谴责国民政府迫害文化人。中共南方局的负责人王若飞在致辞中，先是建议国民政府派郭沫若出任旧金山联合国会议中国代表团顾问，如果这难以实现，则欢迎郭沫

---

① 阳翰笙:《阳翰笙日记选》,成都:四川文艺出版社,1985年,第353页。

② 《文化工作委员会昨日奉令解散》,《新华日报》1945年3月31日,第二版。

③ 《在不自由的狭小天地中欢宴文化战士郭沫若》,《新华日报》1945年4月9日,第二版。

④ 《陶行知希望郭先生筹办民主研究院》,《新华日报》1945年4月9日,第二版。

⑤ 《安慰是不够的　要争取民主自由　邓初民先生致辞》,《新华日报》1945年4月9日,第二版。

⑥ 《柳亚子愤慨的说:黄钟毁弃瓦釜雷鸣　马寅初的一句话　那解散文工会的是真空管!》,《新华日报》1945年4月9日,第二版。

⑦ 同③。

若到解放区。王若飞尤其强调这一提议的重要性，因为“中共领导的解放区现已有一万万人口，九十万军队，二百五十万民兵，一百二十万党员，这样大的地区和人民希望郭先生当我国出席联合国会议代表团的顾问，政府应该能接受”[①]。可见，在1945年的民主运动中，共产党并不掩饰自己的实力，表明具有主导中国走向的资格，以争取文化人，并向当局施压以在民主运动中占据主动。

“文工委”被裁撤后，除重庆地区文化人和民主人士的慰问之外，还得到了昆明文化界的关注，闻一多、吴晗、李广田、罗隆基、李公朴乃至沈从文等五十余人，联名致信郭沫若以表慰问。在信中，他们认为“文工委”被解散，“是中国反民主势力又一政治罪恶的表演”，“它使这荒淫无耻的大后方仅有的几个庄严工作据点，又受到严重打击而停止”，但在当时民主之声高涨的热潮中，他们看到的是新的希望：“‘雾重庆’时代已经过去，光明与黑暗的阵营渐渐分明了。请你和你的朋友坚持着我们文化界严肃工作的堡垒，紧拥着我们文化界庄严的大纛，来争取我们国家民族的生命线——民主政权。”[②]“文工委”被裁撤这一政府行为，从而演变为各党派借以争取民主的社会运动。

郭沫若并未如王若飞所建议的去解放区，而是继续留在重庆，其主要身份是中苏文化协会研究委员会主任委员，不久便前往苏联，直到抗战胜利之后才回来。他前往苏联的名义是应邀参加苏联科学院220周年纪念大会，同被邀请的还有物理学家丁西林。

二、制度的风景

旅苏期间，郭沫若记有详细的日记，以“苏联纪行”为题结集发表。据日记载，郭沫若与苏联驻华大使馆工作人员邵鲁诺夫同行，他们经昆明，取道印度、巴基斯坦、伊朗转莫斯科，因邵氏行李超重，每一次转

---

① 《王若飞同志致辞：中国人民需要郭先生》，《新华日报》1945年4月9日，第二版。

② 《昆明文化界慰问郭沫若先生的信》，《新华日报》1945年5月14日，第二版。

机都要停留甚久，因而当郭沫若抵达苏联时，只赶上了纪念大会的闭幕式。在苏联的前十天，他作为科学院的客人，参加了科学院安排的文化考察活动，这包括参观列宁格勒郊区的战场、普希金宫，观赏歌舞和芭蕾舞剧《胡桃夹子》等。还参加了斯大林在克里姆林宫为各国学者举办的招待宴会。因科学院的活动倾向自然科学方面，郭沫若的领域属社会科学，于是，自 7 月 4 日起，郭沫若便转由苏联对外文化协会（V.O.K.S.）招待。对外文化协会特为他和其他几位学者，如著名的“红色主教”英国坎特伯雷主教约翰孙博士（Dr. H. Johnson, Dean of Canterbury）等，制定了一个月的参观计划，除莫斯科市区的博物馆以外，主要是到斯大林格勒（即现在的伏尔加格勒）和中亚的塔什干，参观苏联的工厂和集体农庄。那么，苏联在郭沫若的观感中，呈现出的是何种形象呢？

因战争刚刚结束，此次参观的很大部分便是苏联的战场，如列宁格勒（即现在的圣彼得堡）郊外的战场、斯大林保卫战战场等等。看着旧战场的焦土，听着导游的介绍，郭沫若除了赞叹红军的英勇外，感受到的还有一重焦虑，如在列宁格勒郊外的普尔珂夫山，郭沫若想到的却是中国的江南：“山川草木和我的故国很相仿佛，尤其是仿佛江南的风光。我到了这儿，也就仿佛到了江南。像这样战斗激烈的地方，在江南也有不少，但到今八年了，我们还没有把日寇赶走，我们的同胞还在过着牛马不如的生活。因此在我钦佩苏联的人民和红军的另一面，我深深感觉着惭愧。”[1] 这种心态，表明郭沫若在观看苏联时，问题意识却是本国的出路问题，但无论是他的心态还是立场都有些失衡，这对他此后观感起着潜在的制约作用。

观光初期，郭沫若主要在列宁格勒和莫斯科市区，参观名胜古迹或观赏戏剧。但他对普希金宫，也就是俄皇亚历山大一世的夏宫，这类古迹并未表现出多大的兴趣，反而对一些小事印象较深。如 7 月 3 日晚，他应邀去艺术剧院观剧，当他们到达戏院附近，发现“院外簇拥着不少的人”，而“一位中年妇人”看见他们手中的票，以为他们是倒票的，因

① 郭沫若：《苏联纪行》，《新华日报》1945 年 10 月 31 日，第四版。

而便向他们买票；而他们进门时，“又有工人模样的人也要抢买”；后来他们因走错路而误入一家食品店，那里的“一位红军军官”也要买票。陪同他游览的苏太太后来告诉他：“我们苏联人是极喜欢看戏的，莫斯科的剧场尽管多，但依然不够分配。”这对郭沫若触动很大，在他看来，苏联国民的生活简直达到了理想化的状态：

> 我真是很爱慕这样的国民，他们真正了解对于人生必要的愉乐。这自然也是物质条件使他们这样的，他们的生活有保障，工作有保障，做了好多工便有好多报酬，医疗助产是官费，用不着有了今天愁明天，得到甘肃望西蜀，他们所得到的报酬自然便会求正当的享受了。乐天氏之民欤？无怀氏之民欤？这是古人的乌托邦式的想象，而在苏联只是现实。[①]

苏联一开始呈现给他的是一个富裕、自由的乌托邦景观，这种形象在此后的行程中变得更为完满，以更为细致的方式体现出来。而苏联最重要的“物质条件”无疑是它的工业成就和集体农庄，这也是郭沫若重点记述的部分。这表明郭沫若的眼光不是观光性的，而是政治性、社会性的，或者说是带着家国焦虑观看苏联。

参观苏联的工业成就，是整个旅程的中心。他们的第一站便是工业重镇斯大林格勒，首先参观的景点是拖拉机工厂和红色十月工厂，前者在战时改为了坦克修理厂，后者是炼钢厂。郭沫若记录最为详细的，则是斯大林纺织工场。他不仅记述了该厂的规模，各附属工场的结构和功能，工人的工作时间和流程，还记下了纺织机的新功能，如“纱线如断，电机即自行停止，有小红电球发光指示断处，结上，电机又自动运转”[②]，对苏联的技术创新给予了很高的评价。在观赏了生产车间之后，他们还去参观了“工人村落”，郭沫若的观感是“工人的福利是照顾得

---

① 郭沫若:《苏联纪行》,《新华日报》1945年11月15日,第四版。

② 同上文,《新华日报》1945年11月30日,第四版。

很周到的”，“工厂之外有花园设备，树木繁茂，浑如公园”。同行的约翰孙博士也说：“工场内的设备，英美人可能办到，或许有的还要更加完善；工人村的设备便为英美人所无法企及。”[①] 或许是意犹未尽，在离开苏联前夕，郭沫若还曾去参观莫斯科郊外的斯大林汽车工场。这可能是郭沫若所见规模最大的工厂，该厂共有32个部门，各自独立生产汽车零件，然后统一组装；而这里的工人村落设备也“甚为完善”，“有医院、戏院、电影院、音乐堂、浴池等”[②]，各类设备无不自成一体。正因规模太大，郭沫若只参观了其中的三个部门，最后由该厂自产的小汽车送回，郭沫若也不忘描述他的乘车体验：“车颇结实，且亦十分新颖，比起美国汽车来并无逊色。”[③]

工业是苏联的立国之基，而集体农庄则是苏联独有的景观。郭沫若一行参观的是乌兹别克斯坦首都塔什干附近的一处集体农场，名为“第十八届共产党代表集体农场”。据引导参观的领导介绍，“该农场系一九三一年成立。共有一千二百人”，而“战时生产均超过了战前生产”，“今年计划已经完成了百分之三百（即仅仅半年，已超过了一年计划的三倍)”[④]。这里的物产较为丰盛,农民也很好客。他们在“棉田旁一小亭中休息”时，“农主们从田中摘取了无数的黄瓜和番茄送来，请客人食用解渴”，而当他们回到农场管理中心时，工作人员还送来家酿的葡萄酒，“用着大碗当茶喝”[⑤]。在郭沫若看来，这无不显示出苏联的富足，以及集体农庄的优越性。这也激发了他的诗兴。在约翰孙发言之后，他朗诵了一首即兴诗：

> 党代表的集体农场，
> 真个是人间的天堂！

---

① 郭沫若:《苏联纪行》,《新华日报》1945年11月30日,第四版。

② 同上文,《新华日报》1946年1月21日,第四版。

③ 同上。

④ 同上文,《新华日报》1945年12月4日,第四版。

⑤ 同上。

亲爱的人们
一个个和天神一样。
世界上再没有
这样好的地方！
……
乌拉，苏维埃人民！
乌拉，斯大林！[①]

口号式的颂辞，大大激起了农人的好感。“大家都狂热起来了，同声高喊着‘乌拉，斯大林！’”大家把郭沫若簇拥着，一位大汉还将郭沫若举到了空中。他们因此受到前所未有的礼遇，农人甚至邀请他们在那儿过夜。当他们分乘三辆汽车离开时，人们多涌到郭沫若处，“依然翘举起大拇指”[②]。故事的尾声是，他们当晚在国立剧场听音乐演奏时，发现他们刚在集体农场见到过的一些主人，“差不多都在场欣赏”[③]，这再度印证了郭沫若最初“乐天氏之民”的观感。

郭沫若从工业和农业看到的是经济的发达，这是马克思主义视域中的经济基础；同时也看到了平等，尤其是工人农民所享受的平等，这是苏联的“主义”。这些政治理念都以制度和物质形态，进一步体现在他随后参观的医疗和教育机构领域。郭沫若参观了多所医院，除工厂的附属医院外，还有斯大林格勒的市立医院。在这里，郭沫若看到了苏联对女性的尊重，不仅因为这里的医生多为女性，还在于女性所享的优良医疗福利：“苏联的医药治疗本来一律都是公费，而产妇入院尤其有优先权，这是母性保护的绝好的善政。”[④]除医疗外，郭沫若对苏联的教育印象更深。教育是劳动力再生产的主要工具，郭沫若在苏联看到了社会主义新人培育的全过程。首先是幼儿园。8月3日他由莫斯科市教育局人

① 郭沫若:《苏联纪行》,《新华日报》1945年12月4日,第四版。
② 同上文,《新华日报》1945年12月5日,第四版。
③ 同上。
④ 同上文,《新华日报》1945年11月22日,第四版。

员陪同，前往电车工人幼稚园参观。这是战争期间新建的一所幼儿园，"园舍甚为整洁，一切设备也很周到"，学费低廉，"军人及儿女多者取费少"，"有病时全由公家疗养"，先生则教小孩劳动、游戏，秩序井然[①]。郭沫若对苏联的小孩有着极好的印象，他在街头曾遇到一群小孩，发现这些孩子都非常天真，"对于外来的人并不感觉生疏"，郭沫若也将这种现象与苏联的社会环境做了勾连，将他们看做真正的"新人"："他们真好像是生在乐园里的天使一样。我爱他们。像这样在自由的天地中所陶养出来的第二代，应该可以说是真正的人类的开始吧。"[②]此外，他还参观了女子中学和莫斯科大学，但彼时正值暑假，所以他记载的多为学校规模和设备概况，相关信息也多得自校长等陪同人员的介绍。如他参观莫斯科大学时，便详细记载了他们的课程设置及奖学金等情况，无不展现出苏联对教育的重视。

郭沫若在苏联的参观时间并不算长，工厂、农场、医院和学校等机构基本上占据了大半时间，成了他整个行程的中心。如果从"纪行"的文体谱系来看，无论是行程安排，还是郭沫若对这些制度机构的详细记述，都显得有些"破格"。较之传统的游记多为自然风景，他对社会机构的记录难免枯燥；较之现代旅欧行记多侧重人文景观，他对现代工业的兴趣，更是缺乏"诗意"。但无论是主办方，还是观察者郭沫若，却都将这些视为必然要观赏的对象，对他们来说这才是真正值得观赏的风景。将工厂、农场和学校等社会机构视为风景，并不是指观赏者将其风景化，正如威廉斯所批判的田园观光者对乡村的风景化一样[③]，而是说，在苏联这些制度本身就是风景。无论是工厂还是学校，这都是苏维埃制度的具体承载者和体现者，它们既构成了展示的场地，同时自身也成为观赏的对象。使之成为风景的，不仅在于设备、操作流程的美，更在于其背后的意识形态，以及它们所召唤出来的乌托邦视景，这都无不赋予机械设备以"灵韵"，只是这不是本雅明所怀念的带有手工痕迹的"灵

---

① 郭沫若：《苏联纪行》，《新华日报》1945年12月29日，第四版。

② 同上文，《新华日报》1945年11月7日，第四版。

③ 参考威廉斯：《乡村与城市》，韩子满等译，北京：商务印书馆，2013年，第27页。

韵”[①]，而是共产主义的“幽灵”。这在其他风景如博物馆和集体仪式中体现得更为隐晦，也更为到位。

博物馆展示的是民族的历史记忆，但在苏联，博物馆不是悼亡的场所，而是展示制度和主义，甚至是教育和传播主义的地方，因此，苏联在莫斯科等地区新设了各类博物馆。据邹韬奋记载，在30年代初，仅莫斯科这一处“已有一百七十七个博物馆了”。他还指出了博物馆与苏联体制的关联：

> 博物馆在苏联也是游历者所必、必须看的一类重要的东西——比其他各国的更重要，这是因为其他各国的博物馆多为古文化的坟墓，而在苏联的博物馆却多和他们的现代生活——和现代生活有关系的历史的、经济的和政治的种种意义——联络起来。[②]

在对外文化协会的安排下，郭沫若参观了各类博物馆，这包括列宁博物馆、历史博物馆、革命博物馆；还有莱蒙托夫、托尔斯泰等作家的博物馆和故居。在列宁博物馆等场所，郭沫若直观地感受到了俄国革命的历程；而对于这类历史博物馆的教育意义，他更是心领神会：“这是绝好的历史教育。只须在半天之内，谈笑之间，便可以温习一遍国史或甚至人类史，苏联新爱国主义之蓬勃发展，不是偶然的。”[③]革命历史博物馆所展示的革命过程，为郭沫若等人展示了苏联模式可模仿的可能性。

较之革命博物馆对制度的展示，作家纪念馆则涉及新世界中文化人自身的命运和处境。他先后参观了莱蒙托夫和奥斯特洛夫斯基博物馆，前者在他看来，“是专制魔鬼们，摧残文化的一个标本”[④]，后者则是“一

---

① 本雅明：《论波德莱尔的几个母题》，《启迪》，张旭东、王斑译，北京：生活·读书·新知三联书店，2008年，第205页。

② 韬奋：《萍踪寄语　三集》，出版地不详：生活书店，1935年，第121页。

③ 郭沫若：《苏联纪行》，《新华日报》1945年12月11日，第四版。

④ 同上文，《新华日报》1945年12月24日，第四版。

切苦难的征服者”，凭着诗人的敏锐和泛政治的阅读，他将这两位分别处于俄国时代与苏联时代的作家，作了历史对照：

> 接连两天，看了两位作家的博物馆，真是绝好的对照。尤其是两种政治对于文艺家的态度，一种是唯恐文艺家不早死，一种是用尽各种方法，要使他多活一天。“不怕不识货，只怕货比货”，尽管有些沙皇的亚流，还昧着良心，倒黑为白。[1]

与参观工厂、农场等地不同，作家纪念馆与郭沫若自身的问题联系更为密切，它直接关系到制度选择与文人的出路问题，而奥斯特洛夫斯基的际会，苏联对文化人的尊重，让他看到了潜在的希望。苏联对文化人的尊重，还体现在他所参加的克里姆林宫的招待宴会上。在这次苏共高层参加的晚宴上，郭沫若详细观察并描述了斯大林、莫洛托夫和加里宁等人的言行。在宴会开始不久，与郭沫若同席的尼德罕便预言，斯大林“恐怕坐不了好一会就要退席的”，但结果是“斯大林和其他的领袖们，一直陪坐到了席散”，而此时已是深夜十二点过后；此外，莫洛托夫的致辞极为简短，“绝无长篇大套的‘训辞’”，“斯大林却一句话也没有说”，在郭沫若看来，“这是很愉快的事。一位大领袖倒不在乎每宴一次客，一定要来一套大演说的。诚信已孚，思想已移诸实践，不说话比说话还要伟大”；而斯大林虽然保持沉默，但对艺术表演却“似乎特别感觉兴趣”[2]。除宴会的仪式以外，他还参观了 8 月 12 日在莫斯科红场举行的体育节，这次“苏联人民的大检阅”。这类盛大的群众场面，郭沫若在抗战初期曾亲自组织过，因此也格外有好感。在他的描述中，这完全是一首未来派的诗作，“一切都在流动”[3]，他再度赋诗一首，风格与他此前参观集体农庄的即兴诗一样。在节庆式的狂欢中，制度具有了美学外观。在红场盛大的群众游行中，诗人郭沫若发现了与他气质最贴合的风景。

---

① 郭沫若:《苏联纪行》,《新华日报》1945 年 12 月 26 日,第四版。

② 同上文,《新华日报》1945 年 11 月 11 日,第四版。

③ 同上文,《新华日报》1946 年 1 月 20 日,第四版。

三、“主义”的远景及其形象

在郭沫若的记述中，苏联呈现的是一个富强、平等、尊重文化、热爱艺术的形象。但这并不是俄罗斯的民族形象，而是制度和主义的形象，即苏联的苏维埃制度。这种新制度不仅对于中国知识分子来说是一种历史远景，从世界范围来看也是如此。自苏联建国之后，全世界范围的知识分子便纷纷前往参观。30 年代之后尤其如此，正如蒋廷黻所说的，“现在的旅行者谁不想到苏联去看个究竟？”[①] 他在《欧游随笔》中还转述了一位美国教授的话：“现在只有苏俄值得一看。别国，连美国在内，都是束手无策。唯独苏俄一往直前。”[②] 这种现象是有具体的历史背景的。上世纪 20 年代末 30 年代初资本主义世界的经济危机，让不少知识分子将注意力转向了苏联，这也是“红色三十年代”的社会成因。中国文化界 30 年代重点介绍的国际旅苏人物，便有纪德、巴比塞、藏原惟人和秋田雨雀等人。而中国前往苏联参观者，更是络绎不绝。20 年代影响较著者有瞿秋白、俞颂华、李仲武、抱朴、胡适、徐志摩等人，30 年代的社会名流就更多，如胡愈之、邹韬奋、曹谷冰、丁文江、蒋廷黻、林克多、戈公振等人都有旅苏游记，抗战之后则有邵力子、郭沫若及其后的茅盾等。因此，郭沫若的旅苏游记，需要置于这个谱系之内考察。也就是说，在考察郭沫若游记的特殊性之前，需要先考察他所述形象的文化来源。正如法国形象学理论家巴柔所指出的：“异国形象应被作为一个广泛且复杂的总体——想象物的一部分来研究。更确切地说，它是社会集体想象物（这是从史学家们那里借用来的词）的一种特殊表现形态：对他者的描述（représentation）。”[③] 通过集体想象这个文化坐标，我们才能最终看清郭沫若所描述的苏联形象，在中国现代所呈现出的新特征，以及它的历史意义。

---

① 蒋廷黻：《欧游随笔（一）》，《独立评论》第 123 号（1934 年 10 月 21 日）。

② 同上。

③ 达尼埃尔－亨利·巴柔著，孟华译：《从文化形象到集体想象物》，孟华编：《比较文学形象学》，北京：北京大学出版社，2001 年，第 121 页。

苏维埃政权作为一种新制度，其形象难免与描述者的立场相关，因而一开始就呈现出截然相反的形象。对此，鲁迅在给林克多《苏联闻见录》作序时，便已指出："看了几个西洋人的旅行记，有的说是怎样好，有的又说是怎样坏，这才莫名其妙起来。"[①]《苏联闻见录》从一个五金工人的视角[②]，讲述了他在经济危机之后，从法国前往苏联，及其在苏联的工作经历，较为正面地展现了五年计划之后苏联的建设成就。在鲁迅看来，较之欧美的讽刺漫画，这毋宁是更为真实的，"为什么呢？因为不但共妻，杀父，裸体游行等类的'不平常的事'，确然没有而已，倒是有了许多极平常的事实"[③]。鲁迅从这些平常的事实中，看到的是一个新生的社会图景：

> 一个簇新的，真正空前的社会制度从地狱底里涌现而出，几万万的群众自己做了支配自己命运的人。[④]

鲁迅在祛除欧美讽刺漫画的谜魅之后，看到的是另一种历史魅力，这是苏联的共产主义图景：它是"簇新的"，也是尚未完成的乌托邦。十年之后，郭沫若笔下的苏联，则变成一个已经完成的此岸乌托邦。他所描述的工业设备、机器生产、教育机构、革命博物馆的陈列等，只有在乌托邦的投射下，才具有观赏价值。乌托邦形象，正是中国知识分子对苏联的集体想象。不过，中国文化语境中的苏联形象，也经历了一个历史的演化过程[⑤]。在20年代的中国，苏俄呈现的基本上是反乌托邦形

---

① 鲁迅：《苏联闻见录序》，林克多：《苏联闻见录》，上海：大光书局，1936年，第1页。

② 林克多在文中自称为一个五金工人，但这只是叙述视角，是虚拟的叙述者。作者本人实际上是一个革命者。鲁迅的观感，部分地来自于他将林克多的描述当作了"不搽粉墨的真相"，因而"不必用心戒备"就看完了。此处感谢李今老师的提醒，对林克多身份的相关考论可参考伍忠莲：《1920—1932年旅苏游记中的"苏俄"话语建构》第五部分（中国人民大学硕士毕业论文，李今指导，2009年）。革命者旅行游记中的真实与虚构，无疑增添了旅苏游记的复杂性。

③ 鲁迅：《苏联闻见录序》，林克多：《苏联闻见录》，上海大光书局，1936年，第4页。

④ 同上书，第4—5页。

⑤ 参考陈晓兰：《20世纪20—30年代中国旅苏游记中苏联形象》，陈晓兰编：《想象异国：现代中国海外旅行与写作研究》，合肥：安徽人民出版社，2012年，第52—80页。

象，如徐志摩、胡适等人笔下的苏俄，基本特征是贫穷与专制，即便是瞿秋白的《饿乡纪程》，描述的也都是苏联的匮乏，只是他赋予“饿乡”以积极的道德和精神价值而已[①]；更值得注意的是，一位名为抱朴的共产主义信徒，在前往莫斯科、留学苏联之后，反而极度失望，因而转向了无政府主义。他在《赤俄游记》中，对苏共的专制，以及留苏的中国学生作了较多的批评[②]。

30 年代，中国的苏联形象，便全面转向积极一面，这既与苏联第一个五年计划的建设成就有关，也离不开“红色三十年代”的全球语境。30 年代中国第一部影响较大的旅俄游记，是胡愈之的《莫斯科印象记》。胡愈之于 1930 年取道苏联归国时，经莫斯科几位世界语同志的帮助，得到停留一周的许可。因苏联世界语同盟的总书记，也是对外文化协会的委员，胡愈之的行程也基本上由该协会安排，参观对象包括工人住宅、国立医院、纺织工厂、汽车工厂、各类学校等。应该说，胡愈之对苏联的描述还是较为客观的，他除了记录这些官方展示的成就外，还就他经验所及，描述了莫斯科的住宅荒，以及日用物资的匮乏。如他在街头就经常看到“每家店铺门内都挤满了人”，“有几家门外排成很长的‘尾巴’”[③]。但他参观时的整体视野，是将苏维埃作为新制度的试验场而给予理解的，因而也不乏乌托邦想象的成分。如在序言中，他便先引用日本左翼作家秋田雨雀《青年苏维埃俄罗斯》中的话——“知道苏俄的将来的，便知道了全人类的将来”，从而奠定了该游记的基调。而他自己的参观也印证了秋田雨雀的观点，在胡愈之看来，“苏维埃联邦正在改造的途程中，它的将来，还没有人能知道。但是单就目前说，十月革命却已产生了许多奇迹”[④]。他笔下的苏联，呈现出了平等、民主的正面形象，成为此后中国知识分子描摹苏联成就的先河。

此后有天津《大公报》特派记者曹谷冰，他是与中国外事人员一道

---

① 瞿秋白：《瞿秋白游记》，北京：东方出版社，2007 年。

② 抱朴：《赤俄游记》，上海：北新书局，1926 年。

③ 胡愈之：《莫斯科印象记》，上海：新生命书局，1931 年，第 45 页。

④ 同上书，前言页第 5 页。

前往，不仅参观了苏联的工业建设，而且还前往波罗的海等地游历，考察的范围较广。他的《苏俄视察记》先发表于《大公报》，后结集出版，由于右任题签，吴鼎昌、张季鸾等人作序，发行后一月之内便再版，影响较大。与胡愈之一样，曹对苏联的工业建设、工人福利等都赞不绝口，但他对计划经济这种方式却颇有微词，对集体化的态度也有所保留，认为是“政治的强制之故”[①]。因此，他自认为“记述完全是客观的、忠实的”[②]。但他忽略的是，他虽然看到了苏联的不足，但他所看到的“风景”，整体上仍是苏联对外文化协会的有意安排。胡愈之是如此，其后的戈公振、郭沫若与茅盾，以及罗曼·罗兰和纪德都是如此，他们的行程均由该协会安排。苏联对外文化协会是专门负责对外文化交流的机构，胡愈之对此有所介绍：

> V.O.K.S. 是“苏联对外文化联络会”这几个字的缩写，这会的目的是谋苏联和外国学术文化界的联络合作。主要的工作是向国外交换学术书籍杂志，并已用英法德世界语发行一种介绍苏维埃文化生活的月刊杂志。此外是招待来游苏俄的一切外国文化工作者。[③]

张季鸾在为《苏俄视察记》所撰序言中，特意提及于右任的告诫：

> 谷冰视察记，须详加考虑。少年人总有不能割爱处，陆一不删吾诗，即其一例。俄人招待游客与新闻记者，皆其党中经专门训练之能者任之。得材料于此辈手中口中，自己引为得意，而不知彼亦得意，或更过我也。[④]

在张季鸾看来，“此诚阅历有得之言”，因为他从其他途径得到的印

---

① 曹谷冰：《苏俄视察记》，天津大公报馆出版社，1931 年，第 59 页。
② 同上书，第 258 页。
③ 胡愈之：《莫斯科印象记》，第 60 页。
④ 张季鸾：《苏俄视察记》，天津大公报馆出版社，1931 年，(序四) 第 3 页。

象与“视察记”所载相差甚远。这增加了苏联形象的复杂性。异国形象往往是观察者对他国的误读，这且不说西方视野中的东方形象[①]，就连本国形象也往往受到意识形态的干扰[②]，因而有论者认为，“形象是神话和海市蜃楼”[③]，此说不无道理。因而比较文学形象学的研究，近来已从形象是否真实的问题，转向了观察者的主体和文化语境问题，因为“形象是加入了文化的和情感的、客观的和主观的因素的个人的或集体的表现。任何一个外国人对一个国家永远也看不到像当地人希望他看到的那样。这就是说情感因素胜过客观因素”[④]。这对我们考察现代中国知识分子笔下的苏联形象是不无启发的，旅行者的情感因素，如为中国寻找出路的焦虑，往往干预他们的观看对象，从而导致他们对描述对象的选择性介绍或变形处理。但苏联形象的特殊性还在于，它不是一处静止的风景，被动地等待游客观览，相反，它本身便积极地参与到了自我形象的设计、规划与宣传之中，这是 V.O.K.S. 以及苏联国际旅行社的主要功能，都是要向外界输出一个理想国形象。因此，胡愈之、曹谷冰、邹韬奋、郭沫若和茅盾等人，所参观的“景点”几乎差不多，都是工厂、农场、医院和学校等，而且连具体地点也往往一样。而从对方的接待来看，也确实如于右任所说，是“经专门训练之能者”。胡愈之、郭沫若等人，在走马观花之余，便对这些成就大加表彰，只能说他们是最为理想的观众。而观者与被观者的这种高度契合性，主要原因在于他们有着一致的诉求，这就是将苏联的制度，视为解决中国贫弱问题的一个备选方案。这种心态不仅见于左翼知识分子，蒋廷黻和丁文江的旅苏观感也同样如此。蒋廷黻对苏联的整体观感，是“人民都是足衣足食的”，“这个普罗的世界是朴实，平等的。其空气是十分奋发的”[⑤]；丁文江所考察的多是苏联的地质与科研机构，记述较为朴实，但当他在剧院看到工人

---

① 可参考萨义德：《东方学》，王宇根译，北京：生活·读书·新知三联书店，2007 年。

② W. J. T. 米切尔：《帝国的风景》，米切尔编：《风景与权力》，南京：译林出版社，2014 年，第 19 页。

③ 布吕奈尔等著，张联奎译：《形象与人民心理学》，孟华主编：《比较文学形象学》，北京：北京大学出版社，2001 年，第 114 页。

④ 同上书，第 113 页。

⑤ 蒋廷黻：《欧游随笔（三）》，《独立评论》第 125 号（1934 年 11 月 4 日）。

时，也较为惊异[1]；同时，他对苏联艺术也有批判，不过，他的批判并非针对艺术的意识形态化，相反，他批判的是苏联的艺术还不够革命。如他在看过《欧根·奥涅金》之后，便认为这是一出封建的旧剧，而这让他“觉得苏俄美术和文学的革命距成功还远，要不然何以还须靠这种一百年前的剧本来做普罗群众的娱乐？”[2]

乌托邦视景对于我们理解中国知识分子的苏联印象尤为必要。与郭沫若在列宁格勒郊外的战场想到的却是中国的贫弱一样，胡愈之、邹韬奋等人思考的，也都是中国的历史前途问题。邹韬奋在他的游记《萍踪寄语》的前言中，便坦诚他游历西方是想解决两个问题，“第一个是世界的大势怎样？第二个是中华民族的出路怎样？”[3]尚深陷抗战泥淖的郭沫若，更有着民族前景的焦虑，因而去苏联也是一个寻求民族出路、为国内的民主建国运动寻找资源的过程，正如他所说，“自己是抱着唐僧取经到西天去的精神到苏联去的”[4]，这种态度让他选择从正面去观看苏联的成就，将注意力集中于苏联的经验与成就，却相对忽略了真实性问题。如邹韬奋在参观莫斯科郊外一处幼儿园时，便记下了这样一个场景：

> 有一处用粗的竹竿在草地上造成一种叠罗汉式的架子，地下的一层特广，向上渐少渐尖上去，数十儿童可爬上这个架子，在各层上分开立着或坐着，成为叠罗汉的式子，……我们来时，这个架子正空着，有三四十个儿童看见我们来了，临时自动地聚拢来，很迅速灵敏地爬上架子上面去，好像一群猴子爬树似的，刹那间造成一个叠罗汉的形式，在顶上中央的一个还拿着一面小红旗挥着，全体笑着挥手向我们欢呼。[5]

从这个场景来看，这群幼儿园的孩子，并不是在做游戏，而是在

---

① 丁文江:《苏俄旅行记(十)》,《独立评论》第122号(1934年10月14日)。
② 丁文江:《苏俄旅行记(十二)》,《独立评论》第134号(1935年1月6日)。
③ 韬奋:《萍踪寄语　三集·弁言》,出版地未标注:生活书店,1935年,前言页第2—3页。
④ 郭沫若:《苏联纪行·前记》,《苏联纪行》,上海:中外出版社,1946年,第2页。
⑤ 韬奋:《萍踪寄语　三集》,第133—134页。

为游客表演，而且极为熟练，在顶上还挥着小红旗。邹韬奋在之前就看出了幼儿园对孩子的培养是基于“技术心理”，但面对这些孩子的表演，他并未揭露表演的事实，反而被深深打动了：“当时这一大群小弟弟小妹妹们的那样起劲的样子，热烈的神情，活泼泼的举动，都深深地永远镌印在我们脑袋里。”[①] 他们在观看风景时的乌托邦冲动，让他们自动屏蔽了展演背后的政治意图。郭沫若亦是如此，他归国前曾想买一个皮箱，四处寻找而不得，他自然了解这是物资匮乏所致，但他却主动为之辩解：“这些现象并不表示着苏联物资的彻底缺乏，而是表示着生产计划和管制的彻底严密。这是值得注意的。”[②] 将匮乏转变成计划和管制的严密性，其策略正与瞿秋白从匮乏看到的希望一致。只是，郭沫若将“生产计划和管制的彻底严密”也当作制度优势，则难免透露出他对苏联政治的隐患缺乏警惕和批判。如果与前不久前往苏联的罗曼·罗兰和纪德等人的观感对照，郭沫若等人的乌托邦热情便表现得更为明显。

罗曼·罗兰是中国三四十年代介绍较多的作家，他于 1936 年 6 月前往苏联。此行的目的，一是《法苏互助条约》的签订，让西方左翼知识分子陷入了迷惘，因为这意味着苏联也和资本主义法国结盟了；二是苏联在基罗夫被刺杀之后的大清洗运动，受到了西方知识分子的广泛质疑和批判[③]。罗曼·罗兰自认为是“苏联的老朋友和同路人”，“又是西方的见证人、观察家”[④]，有义务向苏联反映西方知识界的情况，并希望苏联对此作出解答。面对这位世界级的文学大师，苏联给予了极高的接待规格，对外文化协会会长阿洛塞夫亲自到华沙迎接，斯大林接见并回答了他的提问。虽然罗曼·罗兰被苏联高层包围，但他对苏联的观感并不见佳。如对于莫斯科，他认为它“正成为欧洲平庸的大都市”，并对“那些平庸的建筑感到震惊”[⑤]；当看到军政高层拥有的特权时，他不得不

---

① 韬奋：《萍踪寄语　三集》，出版地未标注：生活书店，1935 年，第 134 页。

② 郭沫若：《苏联纪行》，《新华日报》1946 年 1 月 22 日。

③ 参考闻一：《封存日记五十年的神话》，《读书》1999 年第 4 期。

④ 罗曼·罗兰著，袁俊生译：《莫斯科日记》，桂林：广西师范大学出版社，2003 年，第 32 页。

⑤ 同上书，第 24 页。

怀疑“现在是否又在形成一个无产阶级贵族呢”[①]？他尤其对体育盛会不满，因为斯大林在主席台上公开接受群众的崇拜，“装饰着各种边饰的巨幅斯大林画像，人们一幅幅地将其扛在肩膀上，行进在游行队伍中”，罗兰因此认为斯大林就像个“罗马皇帝”[②]。时隔九年，郭沫若参观的正是同样的体育盛会，他却是兴奋地赋诗。但罗曼·罗兰毕竟还对苏联抱着希望，同时他发表日记的要求也未得到斯大林的同意，因此，他便决定将日记封存50年。

随后前往苏联考察的有纪德。相对而言，他的做法更为直接。他回到法国后，便写下《访苏联归来》，对苏联进行了有力的批判，其态度转变让西方知识界震惊，连中国文化界也以“卷起狂涛的《从苏联归来》”为题报道该事件[③]。纪德毫不讳言他此前对苏联的公开支持，但他认为有好些事比他自己，比苏联更为重要，“那便是人类，便是他的命运，便是他的文化”[④]。他主要披露的是苏联的专制、集权、个人崇拜以及物资匮乏等现象。他在街上看到排队购物的人多达一千左右，而店内的物品则仅有四五百件，在他看来，“需要是那么地大而购客又那么地多”，“即在将来长久，求也还会超过供，而且超过得很远”[⑤]。此类经历，旅苏的中国知识分子大都经历过，如胡愈之、邹韬奋等找不到住处，郭沫若买不到皮箱等，但他们都未将其当作一回事。其次是集体农庄，这是郭沫若所极力颂扬的，但纪德看到的却是非个人化：“在每一个室内，有着同样的恶劣的家具，同样的史太林（即斯大林——引者按）的肖像，此外就绝对什么东西也没有；一点器物也没有，一点个人的纪念品也没有”，“大家的幸福是只在把每个人非个人化的时候才获得的。大家的幸福是只在损害了每个人的时候才获得的”[⑥]。与非个人化一致的，是毫无言论和思想自由，“《真理报》把宜于知道，思想，相信的事指教

---

① 罗曼·罗兰著，袁俊生译：《莫斯科日记》，第110页。

② 同上书，第57页。

③ 《卷起狂涛的〈从苏联归来〉》，《文摘》1937年第1卷第4期。

④ 纪德著，戴望舒译：《从苏联回来》，《宇宙风》第39期（1937年4月16日）。

⑤ 同上，《宇宙风》第41期（1937年5月16日）。

⑥ 同上。

他们”[①]；而最为左翼知识分子看重的平等也是假象，纪德看到的是新的“劳工资产阶级”[②]，这与罗曼·罗兰所观察到的“无产阶级贵族”一致；此外就是人民对斯大林的个人崇拜，除了到处可见的斯大林头像外，纪德还体验到一件“怪事”，他在给斯大林发电报时，业务员居然因他不愿在斯大林的名字前加上“领袖”和“导师”字样而拒绝发报，对纪德来说，这简直是“笑话”[③]。因此，他对苏联的总体印象是：“人们答应我们‘无产阶级独裁’。我们还差得很远呢。是的；独裁，不用说；但却是一个人的独裁，不复是联合起来的无产者底，苏维埃底独裁。”[④]即便如此，纪德批判的初衷还是“为了治愈他”，因为苏联对他来说依旧意味着希望：

> 谁会说苏联对于我们曾是什么呢？不仅是一个理想的国家而已：一个例范，一个引导。我们所梦想的，我们所不大敢希望但我们的意志我们的力量却倾向过去的事，在那边是已经有了。一个地方已经存在了，在那里，乌托邦正要变成现实。许多巨大的成就已经使我们的心充满了要求了。最困难的事似乎也已经做成，于是我们便欣然敢于参加这种凭着一切受苦痛的民众的名义和他一起接受的约束。[⑤]

对于左翼知识分子来说，苏联是一个地上的天堂，它孕育了新的世界史图景。纪德顾虑的是失败的代价，因而他要加以批判。或许是出

---

① 纪德著，戴望舒译：《从苏联回来》，《宇宙风》第42期（1937年6月1日）。

② 同上。

③ 同上文，《宇宙风》第43期（1937年6月16日）。

④ 同上。

⑤ 同上文，《宇宙风》第39期（1937年4月16日）。按，《纪德文集》译为：“谁来说明苏联对我们究竟意味着什么？它不仅仅是一个人们选择的国家：它是一个榜样，一个向导。我们所梦想的，我们几乎不敢希望的，为之我们努力追求的在那里发生了。乌托邦的理想在它的土地上即将变成现实。它所取得的辉煌成就使我们内心充满向往。最困难的事情似乎已经做了。我们以所有受苦难的人民的名义高高兴兴地冒险支持它并介入这场革命。”见《纪德文集·游记卷》，由权、朱静译，广州：花城出版社，2001年，第5页。

于同样的乌托邦憧憬，罗曼·罗兰看到纪德的文字后，还曾撰文予以反驳[①]。值得留意的是，纪德的《访苏联归来》非常及时地被译介到了中国，就笔者所见便有三个译本，一为戴望舒的译本，连载于《宇宙风》，后收入陶亢德编的《苏联见闻》一书中[②]；其次郑超麟（即林伊文）也译介了此书，由亚东图书馆发行[③]；另一个是袁承斌的节译本，载于《新北辰》[④]。虽然译本较多，但在战后苏联形象的塑造中，纪德的批判并未受到中国知识界的足够重视。

四、“中国应效法苏联”

无论是从苏联形象的塑造，还是旅俄游记的谱系出发，郭沫若的《苏联纪行》似乎都并无新意。如果说有的话，就是他以更为夸张的方式，传达了30年代以来苏联在中国知识界的乌托邦形象。那么，郭沫若的《苏联纪行》又有何独特之处呢？这或许在于这个文本生产与流通的历史语境，以及它所具体回应和参与的时代问题。从乌托邦的视角出发，郭沫若与30年代胡愈之、蒋廷黻、邹韬奋及戈公振等人，所面对问题的不同处在于，此时谈论苏联的道路，不再是纯粹理论的探讨，而是极为现实的路线选择。

1944年至1946年是一个前所未有的开放时代。此时第三方面势力正成长为一种政治力量，与国共两党一同参与到了未来国家的设计之中。正如史家所指出的，这是“自国民党推行一党训政以来，中国政局呈现出少见的多元化的政治现象”，“是一个任何一方都缺乏足够的稳定力量的时代”，因此，“是一段少见的历史的活跃时期”[⑤]。本章开篇也指出，这是一个民主党派和各文化团体纷纷发表“进言”或“宣言”的时

---

① 《罗曼·罗兰论纪德的苏联观》，《华美晚报》1937年3月17日。

② 陶亢德编：《苏联见闻》，上海：宇宙风社，1938年。

③ 安德烈·纪德：《从苏联归来》，林伊文译，上海：亚东图书馆，1937年。

④ Andre Gide著，袁承斌节译：《从苏俄归来》，《新北辰》1937年第3卷第3期（1937年3月15日）。

⑤ 邓野：《联合政府与一党训政：1944—1946年间国共政争》（修订本），北京：社会科学文献出版社，2011年，第6—7页。

代，建国问题呈现出前所未有的开放性。而此时的国际环境，其实是一个“前冷战”时代，苏联模式还是美国模式，联合政府又该如何联合等，都成了知识分子必须面对的现实问题。因此，苏联在中国的形象如何，便不再如30年代那样，只是局限于文化界的想象，或是一种文化政治策略，只是遥不可及的乌托邦，此时，它本身已转化为一个现实方案，是中共和左翼知识分子建国蓝图的历史远景，其形象如何，便直接决定了这个方案的可行性，及其对知识圈或整个社会的吸引力。因此，作为文化名人的郭沫若，他适时抛出的苏联形象，其历史影响不言而喻。

正因如此，郭沫若此时访苏，虽然仅仅是一次诗人外交[①]，却受到了社会各界的关注。在出发之前，便有各类团体为他饯行[②]，“开会欢送，设宴饯别，整整繁忙了十天”[③]。郭沫若旅苏的时机，实际上也不同寻常，此时苏联已打算出兵东北，蒋介石正与之就主权问题及中共问题进行谈判。郭沫若抵达苏联不久，宋子文一行也抵达莫斯科，郭沫若等人还前往机场迎接，而他归国更是与中国外交使团同机，当时由王世杰等人前去进行第二轮谈判，并签订《中苏友好同盟条约》。蒋介石政府之所以让带“左”倾色彩的郭沫若赴苏，本身就是对苏联示好的表示。

郭沫若8月20日回到重庆，但因毛泽东于同月28日抵达重庆参加和谈，这相对削弱了郭沫若归国的新闻价值和社会影响力。即便如此，他还是出席了一系列的欢迎会，做了多次报告。如他归国三月之内，参加活动与苏联相关者，便有以下诸项：

> 1945年8月20日，《新华日报》记者的专访。首谈苏联的科学成就，除介绍苏联医学等方面的创新外，尤其强调“苏联当局非常重视科学家和文化工作者”；次谈他的旅程和观感；[④]

---

① 郭沫若在《苏联纪行》中曾引马雅可夫斯基的说法“诗人大使”。另外，在郭沫若出发赴苏当天，《新华日报》也发表“时评”《欢送郭沫若先生赴苏联》，文中将郭沫若称为“人民的使者”“文化的使者”（《欢送郭沫若先生赴苏联》，《新华日报》1945年6月9日，第二版）。

② 郭沫若：《苏联纪行·前记》，中外出版社，1946年，第1页。

③ 同上。

④ 《郭沫若先生返渝　畅谈旅苏印象》，《新华日报》1945年8月21日，第三版。

8月21日，在自家客厅与大家谈旅苏观感；[①]

8月29日，出席中苏文化协会为他和丁西林举行的茶会，作报告。介绍苏联妇女的地位，“妇女在社会上服务，超过了男子”；并介绍苏联的建设成就和科学上“惊人”的发明；[②]

8月30日，出席“文协”与“剧协”的茶会，作报告。郭沫若指出文艺工作者在苏联反法西斯战争中的作用，强调了“苏联政府对于文化工作者的爱护，重视”“是不遗余力”的；[③]

9月5日，出席中国民主同盟的庆祝会，发表讲话。举例说明“苏联的民主与自由及复原工作的切实”；[④]

9月14日，在星五聚餐会上发表演说，题为“苏联工业现状及其成功之关键”。星五聚餐会是中国实业界的定期聚会，多邀请商界、学界名人或社会名流演讲。郭沫若在演讲中重点介绍了苏联的工业成就，对于取得这些成就的原因，在他看来主要应归功于苏联的社会主义制度、“农业生产的工业化”以及“学术研究与生产配合”三大因素。[⑤]

1945年10月10日—1946年1月22日，《苏联纪行》连载于《新华日报》；1946年3月发行单行本；

1945年10月21日，应中苏文化协会妇委会之邀演讲，题为“苏联妇女漫谈”。指出苏联“没有妇女问题”，“苏联妇女确与男子站在平等的地位，无论社会工作、文化建设等都是与男子一样的创造，甚至有时超过男子”；[⑥]

10月29日，作《应有的结论》，评价《中苏友好同盟条约》的签订。他认为“条约的内容”，“无须乎多事咀嚼”，关键在于信守；对于舆论界指责苏俄唆使外蒙独立，他认为这

---

① 阳翰笙：《阳翰笙日记选》，成都：四川文艺出版社，1985年，第413页。

② 《中苏文协昨举行茶会　欢迎郭沫若丁燮林》，《新华日报》1945年8月30日，第二版。

③ 《迎郭沫若丁燮林　文协剧协昨举行茶会》，《新华日报》1945年8月31日，第三版。

④ 《中国民主同盟开会庆祝胜利　并欢迎郭沫若先生访苏归来》，《新华日报》1945年9月6日。

⑤ 郭沫若先生讲：《苏联工业现状及其成功之关键》，《西南实业通讯》第12卷第1—2期。

⑥ 郭沫若先生讲：《苏联妇女漫谈》，《中苏文化》月刊第16卷第11期（1945年11月7日）。

> 是“最不长进的一种想法”；[①]
>
> 11月4日，应中央大学学生自治会之邀，演讲《苏联观感》。尤其强调苏联的复员工作“是有计划，有组织，有管理的在作，所以很快地把战时生产改为和平时期的建设”[②]；同日，作《苏联问题二三事》；
>
> 11月7日，出席苏联大使馆为庆祝十月革命二十八周年酒会；同日，出席中苏文协举行的十月革命节纪念大会，发表演讲。指出“苏联的成功”，是“由于和平建设及各民族在民主基础上铁一般地团结”，并再度强调苏联对科学文化的重视，认为“中国应效法苏联”[③]。

作为大后方的文坛祭酒，郭沫若的影响力不小。就上述材料可见，听他介绍苏联情况的人就远远超出文化界，而是跨越不同的团体和阶层，包括民主党派、实业界、工商界、妇女团体、大学师生及受报刊影响的读者大众等。虽然这些人究竟受到多大程度的影响无法量化，但仅就范围的广度来看无疑为苏联道路作了有效的宣传。郭沫若如此频繁地介绍苏联，也可以看出当时社会渴望了解苏联的心态。按照郭沫若的说法，他归来后很多人都希望他介绍旅苏情况：“朋友们很关切，在种种场合要我作报告。我作过了，而且翻来覆去地作过了。朋友们不能满足——事实上是我不能使他们满足，还望我写些东西出来。”[④]这便是他整理发表旅苏日记的原因之一。这也是此后不久茅盾的遭际，茅盾在他的《苏联见闻录》的序言中，曾描述了他归国后的一件小事。他昔日的一位同学，极为严肃地说要向他请教一个关于苏联的问题，踌躇半天之后，提出的问题却是：“苏联有没有我这样的人？”[⑤]可见，人们此时关注

---

① 郭沫若:《应有的结论》,《中苏文化》月刊第16卷第11期。

② W. 予:《“苏联观感”郭沫若先生昨在中大演讲》,《新华日报》1945年11月5日,第三版。

③ 本报特写:《庆祝十月革命节廿八周年　苏大使馆举行盛大酒会　中苏文化协会举办庆祝大会》,《新华日报》1945年11月8日,第二版。

④ 郭沫若:《苏联纪行·前记》,中外出版社,1946年,第3页。

⑤ 茅盾:《苏联见闻录》,上海:开明书店,1948年,(序)第3页。

苏联，关注的其实是切身利益问题。文化语境中的苏联形象，也成为人们政治选择的重要参考，而到40年代末期，则关系到人们的去留问题。

归国之后，郭沫若除在各种活动中介绍旅苏观感以外，还主动承担起了介绍苏联、为苏联辩护的义务。如他所写的《苏联问题二三事》，便直接回答了当时知识界最为关心的两个问题，一是“苏联是不是民主”，其次为“苏联究竟有没有领土野心”①。对于前者，郭沫若先重新定义了民主的意义：“假使说一个国度里面一切的人民都得到经济上的平等，因而也保障着政治上的平等，要这样才算是‘民主’，那吗苏联正好是民主国家，像英美便还不够民主。”②通过将自由置换为平等，并将平等作为自由的前提，从而肯定了苏联是一个民主国家；而实际上，自由与平等并不必然相关。对于苏联是否有领土野心的问题，因为苏联出兵东北，当时也是中国知识分子普遍关注的问题。对此，郭沫若的回答是否定的，理由是“苏联的领土已经够大了”③。如果联系到雅尔塔会议期间，美苏以中国领土作为谈判的筹码，蒋介石与苏联谈判中的外蒙问题，苏联欲经营中东铁路、南满铁路，以及租借大连、旅顺港等史实④，便可见郭沫若的辩护不免个人臆断，只是诗人想象。此后他还写了十余篇介绍苏联政治和文化的文章，后结集为《中苏文化之交流》出版⑤。正因郭沫若对苏联的大力鼓吹，他的《苏联纪行》很快便被译为俄文，在苏联发行；而苏联也看到了中国左翼文化人旅苏的政治效果，第二年便邀请茅盾旅苏，同样由对外文化协会安排考察。茅盾也不负众望，不仅边行边寄回通讯稿，而且还整理出版了日记和通讯，这就是《苏联见闻录》，在美苏的冷战格局中为苏联辩白⑥，充分发挥了诗人外交家的职能。

---

① 郭沫若：《苏联问题二三事》，《新华日报》1945年11月7日，第四版。

② 同上。

③ 同上。

④ 参考邓野：《中苏谈判与中苏条约》，邓野：《联合政府与一党训政：1944—1946年间国共政争》（修订本），北京：社会科学文献出版社，2011年，第113—160页。

⑤ 郭沫若：《中苏文化之交流》，北京：生活·读书·新知三联书店，1949年。

⑥ 茅盾：《苏联见闻录》，上海：开明书店，1948年。

郭沫若等人的旅苏游记，生成于40年代如何建国的问题视域，在走苏联道路还是走美国道路的分歧中，它提供了一个近距离观看苏联的样本，是部分知识分子想象中国未来的方法和图景。参照国内外其他知识分子的旅苏经验，郭沫若观看郭沫若观看的苏联景象，是在苏联相关部门的安排下的选择性展示；他观看苏联的方式是被动观赏，同时他也继承了现代旅苏知识分子对苏联的乌托邦想象传统，加上他自身的左翼立场，这些因素共同导致了他对苏联的正面观感。郭沫若对苏联的乐观想象和积极宣扬，成为中国转折年代走苏联道路的重要声音，也是部分知识分子做出历史选择的依据。

有经有权（一）：郭沫若对毛泽东文艺的评介

“先去看郭老”

“有经有权”

以权为经

苏联的革命理论、斗争经验和建设成就，为郭沫若提供了社会主义的乌托邦远景，并为他的历史选择提供了参照；相对而言，本土的革命实践则以更为直接的形式决定了他的历史命运。不过郭沫若作为国统区的无党派人士，他与延安的关系也决非单方面的被影响这么简单，而是基于不同时代问题的相互倚重。这里试图从郭沫若与毛泽东文艺体系建立的关系这一历史角度，考察郭沫若与延安之间的复杂关系。问题既在进一步追问他与政党政治间的密切联系，也为探讨他与新的国家文艺体系之间互为借镜的关系。

据毛泽东的秘书胡乔木回忆，在“座谈会讲话正式发表不久”，毛泽东对他说，“郭沫若和茅盾发表意见了，郭说‘凡事有经有权’”①。胡

① 胡乔木：《胡乔木回忆毛泽东》，北京：人民出版社，1994年，第60页。

乔木强调说："这话是毛主席直接跟我讲的，他对'有经有权'的说法很欣赏，觉得得到了知音。郭沫若的意思是说文艺本身'有经有权'，当然可以引申一下，说《讲话》本身也是有经常的道理和权宜之计的。比如毛主席讲普及与提高的关系问题时，说作家艺术家要收集老百姓写的什么黑板报、什么歌谣、画得简单的画，帮助修改，音乐也是要帮，这样的事是不可能经常做的。"[①] 从经权的角度分析毛泽东的《在延安文艺座谈会上的讲话》(后文简称《讲话》，引文照录)，学界已所在多有，问题意识大多是《讲话》在当代的适用性问题，胡乔木此说实际上也是在新时期思想解放的视野下，强调《讲话》的权宜性，但对毛泽东为何如此重视郭沫若与茅盾的意见，以及郭沫若是在何种语境下谈论这个问题的，学界关注不多。因此，本部分将从郭沫若的视角出发，探讨他在毛泽东文艺的确立、传播，以及毛泽东文艺制度的建设过程中所扮演的角色，以及郭沫若"经权"论生成的语境和历史意义。

一、"先去看郭老"

毛泽东的文艺思想主要体现在《讲话》中。《讲话》是毛泽东于1942年5月在延安文艺座谈会上的两次发言稿，于翌年10月19日(鲁迅逝世七周年纪念日)，正式发表于《解放日报》。从共产党的角度看，这是毛泽东在确立其政治领导权之后，进一步确立其意识形态领导权的方式，是整风运动的一环。因此，《讲话》甫一发表，中共中央总学委就发出通知，指出《讲话》"是中国共产党在思想建设理论建设的事业上最重要的文献之一，是毛泽东同志用通俗语言所写成的马列主义中国化的教科书"，并进而提升到世界观与认识论的高度，指出："此文件决不是单纯的文艺理论问题，而是马列主义普遍真理的具体化，是每个共产党员对待任何事物应具有的阶级立场，与解决任何问题应具有的

---

① 胡乔木：《胡乔木回忆毛泽东》，第60页。

辩证唯物主义历史唯物主义思想的典型示范。”[①] 因此，“各地党收到这一文章后，必须当作整风必读的文件，找出适当的时间，在干部和党员中进行深刻的学习和研究，规定为今后干部学校与在职干部必修的一课，并尽量印成小册子发送到广大的学生群众和文化界知识界的党外人士中去”[②]。相距不到一月，中宣部也下发文件，要求党员以《讲话》精神为指导改造小资产阶级习性，“无论是在前方后方，也无论已否参加实际工作，都应该找适当和充分的时间，召集一定的会议，讨论毛泽东同志的指示，联系各地区各个人的实际，展开严格的批评与自我批评”[③]。《讲话》的传达过程，并不仅仅关乎文艺问题，而是中共此时大规模展开的整风运动的深化。那么，郭沫若这个“党外人士”在其中扮演着什么角色呢？

从郭沫若所处国统区对《讲话》的接受来看，在《解放日报》（1943年10月19日）正式发表以后，《新华日报》并未及时跟进，直到1944年1月1日才以“概述”的方式发表。据《新华日报》的工作人员回忆，他们在接到《讲话》以后，“副刊编辑室立即开会研究如何才能发表出去”，但鉴于“当时检查‘行情’”，“如果照原文把《讲话》抄送检查，不仅不能过关，而且完全可能把稿子扣押不还，作为他们核查的资料”，因此，他们“决定采用‘化整为零’的战术”，“由副刊编辑室的三位同志把全文‘化’作三篇文章，采取能摘录原文尽量摘录原文，否则就用概述的办法来‘化’”[④]。这便是以《毛泽东同志对文艺问题的意见》为总标题的三篇文章——《文艺上的为群众和如何为群众的问题》《文艺的普及和提高》与《文艺和政治》[⑤]。较为完整地传达了《讲话》的工农兵文艺、文艺的大众化、文艺从属于政治以及知识分子改造等核心问题。此外，当时重庆也有《讲话》的单行本，这是一本题为“文艺问题”的小册

① 《中央总学委通知——一九四三年十月二十日》，《解放日报》1943年10月22日，第一版。

② 同上。

③ 《中央宣传部关于执行党的文艺政策的决定》，《解放日报》1943年11月8日。

④ 郑之东：《回忆〈新华副刊〉》，《新华日报的回忆》，成都：四川人民出版社，1979年，第219—220页。

⑤ 《文艺上的为群众和如何为群众的问题》《文艺的普及和提高》《文艺和政治》，均载《新华日报》1944年1月1日，第六版。

子，实际上就是《讲话》[①]。当《讲话》在重庆传播开了之后，由郭沫若所主持的文化工作委员会曾两度组织学习。据胡风后来在《三十万言书》中所述：

> 一九四四年三月十八日十九日，郭沫若先生主持的“文化工作委员会”里的一部分同人在乡下开过两次座谈会，讨论《在延安文艺座谈会上的讲话》。冯乃超同志主持。第一次要我报告，我就当时国统区的环境作了一些分析，说明当时当地的任务要从与民主斗争相配合的文化斗争的角度去看，不能从文化建设的角度去看，我们应该从“环境与任务的区别”去体会并运用《讲话》的精神。在第二次会的讨论中，因为我提到过当时的主要任务还不是培养工农作家，但在写着《辩证唯物论的美学》的蔡仪同志不同意，说应该是培养工农作家。他举了一个例子证明：文化工作委员会有一个当勤务兵的李平同志已经被提升为少尉副官了。我觉得这样讨论起来很困难，没有再说什么。座谈会也没有续开第三次。[②]

胡风与蔡仪此时都在郭沫若主持的“文工委”工作，郭沫若虽未参加，但“文工委”的座谈会至少是经他同意的。不过这次学习并未达成一致，胡风看重的是毛泽东关于国统区与解放区的“区别”论。在《讲话》中，毛泽东不仅指出边区的工作对象与国统区不同，而且指出了“根据地的文艺工作者和大后方的文艺工作者的环境和任务的区别”[③]。胡风学习《讲话》的态度，以及他与蔡仪等人的分歧，也被他自己和部分学者解释为其“冤案”的源头之一，可见如何对待《讲话》关系重大。

与《讲话》发表相配合的，是延安对《新华日报》《群众》以及《中原》等报刊的批评。《新华日报》最初是中共长江局的党报。由王明和

---

① 徐迟：《重庆回忆》，重庆出版社编：《作家在重庆》，重庆：重庆出版社，1983年，第26页。

② 胡风：《胡风全集》第6卷，武汉：湖北人民出版社，1999年，第311页。

③ 毛泽东：《在延安文艺座谈会上的讲话》，《解放日报》1943年10月19日。

周恩来主持的长江局，在抗战初期一度扮演着非常重要的角色，《新华日报》也发挥着中共党报的功能。整风运动期间，毛泽东重新整合了延安的媒体资源，创办了《解放日报》，替代了《新华日报》的党报地位。毛在掌握了延安的媒体资源后，便开始了对国统区的整顿，不仅南方局的领导纷纷返回延安参加整风，国统区的刊物也面临被整顿的命运。在《讲话》发表前后，中央便开始了整顿《新华日报》。1943 年 11 月 22 日，中宣部下发文件，指出《新华日报》大捧蒋介石及国民政府的政策，"是失掉立场的"[①]；对乔冠华、陈家康等青年"才子"，以及胡风、舒芜等人的"主观论"都提出了批评。这次整风与郭沫若也多少有些关联，对他不利的是，乔冠华等人的文章，有的就发表在他所主编的《中原》上，因而南方局在检讨时也作了点名批评；有利的一面是，南方局的这次小整风，及时制止了陈家康与胡风等人策划的对郭沫若的批判[②]。不过这次对国统区的整风并不激烈，据时在《新华日报》的夏衍回忆，"受到批评的有章汉夫、陈家康、乔冠华"和他自己等人。章汉夫是总编，失误是国民政府主席林森去世那天，报纸不仅全文登载了中央社的消息和照片，"并围了一个很大的黑框"，因而被批判为失掉立场。在他看来，"这次小整风批评是坦率、尖锐的，但并没有什么'残酷的斗争'"[③]。作为《讲话》传播的整体背景——整风运动，其开展的状况，一定程度上决定了《讲话》在国统区的传播力度。而无论是整风，还是《讲话》的发表，虽与郭沫若多少有关，但他参与的程度并不深。这种状况，到 1944 年中期有所改观。

为了加强大后方学习《讲话》的力度，1944 年 4 月延安派何其芳、刘白羽前往重庆，专门传达《讲话》精神。选此二人的原因大概是，刘白羽率先在《解放日报》发表了学习《讲话》的长篇心得[④]，何其芳则除

---

① 《中共中央宣传部有关〈新华〉〈群众〉杂志的意见(节录)》，《南方局领导下的重庆抗战文艺运动》，重庆：重庆出版社，1989 年，第 55 页。

② 参考本书第四章"历史想象的分歧：郭沫若与墨学论争"。

③ 夏衍：《懒寻旧梦录》，北京：生活·读书·新知三联书店，1985 年，第 505 页。

④ 刘白羽：《读毛泽东同志〈在延安文艺座谈会上的讲话〉笔记》，《解放日报》1943 年 12 月 26 日，第四版。

了学习《讲话》的心得以外，在国统区还有很多旧友。在出发之前，时在延安参加整风运动的周恩来，曾专门召见二人传达工作指示："你们两个人去了，先做的，就是介绍延安文艺座谈会讲话，介绍延安整风，同时也要听取多方意见，这也是一次调查研究。"[①] 至于如何展开工作，周恩来也有具体的安排，他建议刘白羽、何其芳到重庆后，要先去找郭沫若。据刘白羽回忆：

> 周副主席分配任务，从来不是简单决定，而是仔细叮咛，他告诉我："你们去了，先去看郭老（郭沫若），先把你们的任务向他汇报，然后听从他的安排，进行工作，接触的人面要广些、要多些……要善于同不同意见的人交谈，思想工作是十分细致的事情，你们不能急于求成……"[②]

"先去看郭老"，这既由郭沫若在国统区的地位决定，同时，也与郭沫若当时在延安的影响力有关。1944 年是延安频频向郭沫若示好的一年：该年 1 月 9 日，毛泽东发去电报，感谢郭沫若所赠剧本《虎符》，对他所做的"许多十分有益的革命的文化工作""表示庆贺"[③]；同一天，毛泽东在致杨绍萱、齐燕铭的信中，再次提及"郭沫若在历史话剧方面做了很好的工作"[④]；3 月郭沫若发表了《甲申三百年祭》，继而受到国民党《中央日报》社论的批判，毛泽东却在《学习与时局》一文中对郭文予以高度肯定，《解放日报》全文转载了《甲申三百年祭》，党中央随即将其确定为整风文件；7 月 27 日，郭沫若归国六周年纪念，林伯渠、王若飞和徐冰三位中共元老亲往道贺；8 月郭沫若收到延安印行的《屈原》和《甲申三百年祭》单行本，致信毛泽东等人表示感谢；11 月 21 日毛泽

---

① 刘白羽：《心路的历程》（中），《刘白羽文集》第 9 卷，北京：华艺出版社，1995 年，第 403 页。

② 同上。

③ 龚继民、方仁念：《郭沫若年谱》（中），天津：天津人民出版社，1992 年，第 565 页。

④ 毛泽东：《给杨绍萱、齐燕铭的信（一九四四年一月九日）》，《毛泽东文集》第 3 卷，北京：人民出版社，1996 年，第 88 页。

东复信，不仅再次肯定了他的研究和创作，而且回忆了二人共同经历的国民大革命，结语是“我们大家都想和你见面，不知有此机会否”[①]，尊重中透着亲切。此时，周恩来在延安参加整风运动，毛泽东开始亲自与国统区的文化人建立联系。在这种统战局面下，周恩来指示刘白羽等先拜访郭沫若，首先看重的是郭沫若的这种特殊的地位：他既是延安甚至是毛泽东信任的人物，同时，郭的“党外人士”身份，也一定程度上缓和了《讲话》的政治色彩。

刘白羽到重庆后，确实如周恩来所示，先去拜访郭沫若，用了“整个下午”向郭沫若介绍延安的整风情况。根据阳翰笙日记，可大致还原刘白羽、何其芳在重庆的活动与郭沫若交叉的轨迹：

> 1944年5月27日　文化界的友人们今日欢迎何、刘两兄于郭老家。何、刘对大家畅谈西北文运至久，大家也都听得很兴奋。[②]
>
> 7月11日　何、刘两兄来乡，至欣慰。[③]
>
> 7月12日　与成湘兄请何、刘两兄晚餐。陪客仅郭老、乃超、泽民，谈至夜十时许客人始去。[④]
>
> 7月13日　晨，会中同人开一座谈会迎何、刘两兄。由刘、何先后报告他们那儿文化活动状况后，大家提了许多问题来问他们。彼此都谈得很热烈。[⑤]

所谓的“乡”，指“文工委”在重庆郊区赖家桥的办公地，郭沫若每年暑期都搬到此处避暑。何、刘二人除抵达重庆之初，郭沫若与文工委同仁尚在市内天官府，但不久他们便移到乡下办公，何、刘在市区拜会

---

① 毛泽东：《给郭沫若的信（一九四四年十一月二十一日）》，《毛泽东文集》第3卷，第227页。

② 阳翰笙：《阳翰笙日记选》，成都：四川文艺出版社，1985年，第270页。

③ 同上书，第283页。

④ 同上。

⑤ 同上书，第283—284页。

文化名流之后，又特到赖家桥，可见他们对郭沫若的倚重。同时，郭沫若所主持的“文工委”也为他们传达《讲话》提供了便利，如专门召开座谈会等。

此外，时在文工委的胡风，又以全国文艺界抗敌协会的名义为他们召开了座谈会。在“文协”组织的座谈会上，《讲话》受到了更多的质疑。据胡风回忆，何其芳以“现身说法”的方式报告了整风运动的情况，但“由于何其芳同志的自信的态度和简单的理解”，以致“会后印象很不好”，“会后就有人说：好快，他已经改造好了，就跑来改造我们”，“连冯雪峰同志后来都气愤地说：他妈的！我们革命的时候他在哪里？”[①]

但何其芳与刘白羽的任务，并不仅仅是“传达”《讲话》精神，他们还有两个任务：一是澄清国统区关于整风运动的“传说”和“谣言”，这是何其芳要起到的作用。事实上“文工委”诸人的问题，并不是关于《讲话》，而是关于丁玲、萧军、艾青等人在整风中的处境问题[②]。另一个任务就是收集大后方文化人对《讲话》的意见，这由何其芳整理，并带回延安向毛泽东汇报。胡乔木所说的，郭沫若“有经有权”的意见，可能就是此时所作、由何其芳转达的。但大后方整体上对《讲话》的抵制，也给何其芳留下了负面印象，据说，他回去后便建议应在大后方进一步开展整风运动，但周恩来则以时机尚不成熟而劝止[③]；而新中国成立后批判胡风的主将就是何其芳，看来也并非偶然。不过，毛泽东此时收集大后方文化人对《讲话》的意见，倒并非是深谋远虑，刚开始构建自己文艺话语的他，这样做更多的是为了检验自己理论的可行性，此时郭沫若、茅盾等作家尚掌握着现代文艺的美学批判标准，这是为何毛泽东如此看重郭沫若、茅盾等名家意见的原因所在。

---

① 胡风：《胡风全集》第6卷，武汉：湖北人民出版社，1999年，第312页。

② 刘白羽：《心路的历程》(中)，《刘白羽文集》第9卷，北京：华艺出版社，1995年，第423页。

③ 周恩来：《关于大后方文化人整风问题的意见》，见《周恩来选集》(上卷)，北京：人民出版社，1980年，第188—189页。

二、“有经有权”

郭沫若的意见既然被毛泽东引为“知音”，那么，郭沫若所谓的“有经有权”又该如何理解，他为何要从经权的角度来评价毛泽东的文艺思想？因何其芳的报告尚不可考，有关郭沫若的资料中也无此记载，仅从胡乔木的回忆来看，要探讨这个问题无疑有一定的难度。不过，胡乔木的说法也不是孤证，郭沫若早在1940年就曾以经权思想论述文艺、评价毛泽东的文艺观。

目前学界对毛泽东文艺思想的研究，着眼点主要在《讲话》的生成过程，及其对解放区文艺的影响，相对忽略了毛泽东此前对国统区文艺界的影响。从国统区来看，抗战时期毛泽东对国统区文艺影响最大的，并不是《讲话》，而是他1938年所提出的“民族形式”问题。1938年10月12日至14日，在中共六届六中全会扩大会议上，毛泽东作了以“论新阶段”为主题的报告，全面阐释了国共合作、建立统一战线的路线方针，并且分析了“中国共产党在民族战争中的地位”。而对共产党如何学习马克思主义理论的方法问题，他批评了马克思理论的教条化，提出要将理论与中国的现实问题结合起来，除了学习“洋理论”以外，还要“学习我们的历史遗产”，“用马克思主义的方法给以批判的总结”，并且认为“继承遗产，转过来就变为方法，对于指导当前的伟大运动，是有着重要的帮助的”。其方法论含义是：

> 共产党员是国际主义的马克思主义者，但马克思主义必须通过民族形式才能实现。没有抽象的马克思主义，只有具体的马克思主义。所谓具体的马克思主义，就是通过民族形式的马克思主义，就是把马克思主义应用到中国具体环境的具体斗争中去，而不是抽象地应用它。[①]

---

① 毛泽东：《论新阶段》，《解放》周刊第57期（1938年11月25日）。

在马克思主义中国化、民族化的问题视野下，毛泽东进而提出了“中国作风与中国气派”的“民族形式”：

> 洋八股必须废止，空洞抽象的调头必须少唱，教条主义必须休息，而代替之以新鲜活泼的、为中国老百姓所喜闻乐见的中国作风与中国气派。把国际主义的内容与民族形式分离起来，是一点也不懂国际主义的人们的干法，我们则要把二者紧密地结合起来。[①]

“马克思主义的中国化”这一提法对于中共党史的意义在于，它使此前唯共产国际马首是瞻的中共，开始确立其民族独立性和主体性。同时，这一说法又超出了政党领域，而广泛地辐射到了文艺领域，引起了民族形式讨论及民族形式中心源泉问题的论争，几乎可以说，在接下来的两年间，大多数重要作家和批评家都对此问题发表了意见。这首先是延安的文艺工作者，如柯仲平的《谈“中国气派”》、陈伯达的《关于文艺的民族形式问题杂记》、艾思奇的《旧形式运用的基本原则》、萧三的《论诗歌的民族形式》、何其芳的《论文学上的民族形式》、周扬的《对旧形式利用在文学上的一个看法》等是其中的代表，他们将“民族形式”作为此前文坛所探讨的问题——利用旧形式、接受民族遗产与文艺大众化等关联起来，并将其发挥为此后的文艺方针。如陈伯达就将民族形式具体化为“抗战的内容与民族的形式”，认为这是“今日文艺运动的主流”[②]。

“民族形式”的提法，呼应了抗战初期的民族主义思潮，因而很快得到了大后方作家的响应。如巴人就撰文指出，“在文艺领域里，我以为同样需要提出中国的气派与中国作风”[③]，并认为鲁迅的《阿Q正传》就是民族形式的典型；此外，巴人还以此作为提倡新启蒙运动的契

---

① 毛泽东：《论新阶段》，《解放》周刊第57期（1938年11月25日）。

② 陈伯达：《关于文艺的民族形式问题杂记》，《文艺战线》第3期（1939年4月16日）。

③ 巴人：《中国气派与中国作风》，《文艺阵地》第3卷第10期（1939年9月1日）。

机。新启蒙运动是1936年兴起的一种思潮，主要提倡者是张申府和陈伯达[①]，但从巴人的说法来看，新启蒙的范围可能要更广一些。此后，沙汀、黄药眠、黄绳、冯雪峰、潘梓年、葛一虹、力扬等国统区的作家和批评家都相继发表文章，阐释“民族形式”问题，其出发点都是毛泽东所提出的中国化问题，“中国作风与中国气派”之类的说法也常见于这些讨论文章中。使知识分子对这一问题的争论，变得更为激烈的是向林冰所提出的民族形式的“中心源泉”问题。

1940年3月，通俗读物编刊社的向林冰，在《大公报》发表了《论“民族形式”的中心源泉》。在他看来，“民族形式的提出，是中国社会变革动力的发现在文艺上的反映。由于肯定了变革动力在人民大众，所以赋予民族形式以‘中国老百姓所喜闻乐见的中国作风与中国气派’的界说。从这更进一步的分析下来，便知民族形式的中心源泉，实在于中国老百姓所习见常闻的自己作风与自己气派的民间形式之中”[②]，而“五四”新文学传统，则只是小布尔乔亚的形式，故在创造民族形式中只能处于次要地位。向林冰对新文学传统的否定，遭到了后方大多数新文学家的反对，如葛一虹、胡风、黄芝岗、光未然等都撰文予以批判，而向林冰又连续发表了五篇文章，以进一步澄清自己的观点。这就将民族形式问题，从左翼知识分子对毛泽东话语的理论演绎，转化为了具有创新性的理论探讨和论争。

正是在这种论争局面下，郭沫若撰写了长文《“民族形式”商兑》，发表了他对民族形式问题的意见。他先追溯了“民族形式”的理论来源，认为是“由苏联方面得到的示唆”，尤其是斯大林“社会主义的内容，民族的形式”这一说法的影响。在郭沫若看来，民族形式问题“不外是‘中国化’或‘大众化’的同义语，目的是要反映民族的特殊性以推进内容的普遍性”，毛泽东所提倡的马克思主义的中国化便是出于这个目的，所谓“中国作风与中国气派”，便为“民族形式”“加了很详细的

① 参考施瓦支（舒衡哲）：《中国的启蒙运动——知识分子与五四运动》第五章“走向新启蒙”，李国英等译，太原：山西人民出版社，1989年，第275—283页。

② 向林冰：《论“民族形式”的中心源泉》，《大公报》1940年3月24日。

注脚”[1]。和毛泽东一样，他也将“民族形式”作为一种方法来对待：“无论是思想，学术，文艺，或其他，在中国目前固须充分吸收外来的营养，但必须经过自己的良好的消化，使它成为自己的血、肉、生命，而从新创造出一种新的事物来，就如吃了桑柘的蚕所吐出的丝，虽然同是纤维，而是经过一道创化过程的。”[2] 郭沫若与毛泽东的一致处在于，他们所看到的问题的核心，都在接受者的主体性及其对外来理论的转化能力，而非接受对象的选择问题，这是郭沫若与其他理论家的不同处。

通过对外来影响的肯定，郭沫若批判了向林冰的“民间形式”源泉论，捍卫了新文化的传统。在他看来，“封建的社会经济产生了各种的民间形式，同时也就注定了各种的民间形式必随封建制度之消逝而消逝”[3]，从而否定了向林冰以民间形式为民族形式中心源泉的论点。但为了抗战的需要，他认为民间形式的通俗化是可以借鉴的。但仅限于教育问题：“民间形式的利用，始终是教育问题，宣传问题，那和文艺创造的本身是另外一回事。”[4] 这就将教育、宣传和动员，与文艺创作之间的关系作了二元的处理。他认为“文艺的本道”“只应该朝着前进的一条路上走”，而“通俗课本、民众读物之类，本来是教育家或政治工作人员的业务，不过我们的文艺作家在本格的文艺创作之外，要来从事教育宣传，我们是极端欢迎的”。对这种审美与教育的二元论，郭沫若也并不否认：“有些人嫌这样的看法是二元，但他们本来是二元，何劳你定要去把它们搓成一个！”[5] 从政治宣传与文学创作的二元论，回望他对“文艺如何动员民众”这一问题的思考，就不难理解他从政治工作者角度出发，其观点所具有的时代权变性了。这种审美与教育（政治）的二元论，是理解他评价《讲话》“有经有权”的关键；也就是说，文学在郭沫若这里本来就有二途，一为严肃的文学创作，一为服务于政治的宣

---

① 郭沫若：《“民族形式”商兑》，《大公报》1940 年 6 月 9 日，第二版。

② 同上。

③ 同上文，《大公报》1940 年 6 月 9 日，第三版。

④ 同上。

⑤ 同上。

传。也正是在这篇文章中，郭沫若开始从经与权的角度解释文学的价值与功能，并回应了毛泽东所提的民族形式问题：

> 凡事有经有权，我们不好杂糅起来，使自己的思路混乱。譬如我们要建军，经常的大道自然要整备我们的陆海空的立体国防，在陆上，尤其要多多建立些精锐的机械化部队，但这是有种种物质条件限制着的，这样的理想一时不易达到。尤其在目前我们在和强敌作殊死战，争国族的生死存亡的关头，我们不能说要等待理想的国防军建好了，然后才能抗战。我们在这时就必须通权达变，凡是可以杀敌的武器，无论是旧式的蛇矛，牛角叉，青龙偃月刀，乃至是镰刀，菜刀，剪刀，都可使用。前年台儿庄之役，菜刀剪刀是发挥过相当的威力的。而且在必要的时候，就是我们的牙齿，手爪，拳头，脚头，都是必要的武器。以量来讲，这些原始的，旧式的武器，在目前比我们精锐的武器更多，但我们不能够说将来的新武器形式是以这些旧武器形式为中心源泉。
>
> 一切生产事业我们在理想上是需要机械化、电力化的，但在目前这样的理想还不能达到……只要多少能够供给国民的需要，任何原始的作业都可以搬出来。例如在抗战前差不多绝迹了的手摇纺线机，自抗战以来在四处复活了。这也就是权。这种一时的现象，在抗战胜利以后，是注定仍归消灭的。我们当然不能说，将来的新纺织工业形式会从这手摇纺织机再出发。
>
> 文艺又何尝不是这样。中国的新文艺，因为历史尚短，又因为中国的教育根本不普及，更加以国家的文艺政策有时还对于新文艺发挥掣动机的力量，一时未能尽夺旧文艺之席而代之，以贡献其应有的教育机能。这是事实。在目前我们要动员大众，教育大众，为方便计，我们当然是任何旧有形式都可以利用之。不仅民间形式当利用，就是非民间的士大

> 夫形式也当利用。用鼓词、弹词、民歌、章回体小说来写抗日的内容固好，用五言、七言、长短句、四六体来写抗日的内容，亦未尝不可。例如张一麐老先生的许多关于抗战的绝诗，卢骥野先生的《中兴鼓吹集》里面的好些抗战词，我们读了同样的发生钦佩而受鼓舞。但为鼓舞大多数人起见，我们不得不把更多的使用价值，放在民间形式上面。这也是一时的权变，并不是把新文艺的历史和价值完全抹煞了，也并不是认定民族形式应由民间形式再出发，而以之为中心源泉——这是不必要，而且也不可能。[①]

按郭沫若的说法，经就是“经常的大道”，权则是“一时的权变”。经与权这两个概念，主要来自儒家，孔子有“可与立，未可与权”的说法；孟子的说法更为形象：

> 淳于髡曰：“男女授受不亲，礼欤？”
>
> 孟子曰：“礼也。”
>
> 曰：“嫂溺，则援之以手乎？”
>
> 曰：“嫂溺不援，是豺狼也。男女授受不亲，礼也；嫂溺，授之以手者，权也。”[②]

宋儒对经权有两种看法，程颐认为权即是经，但朱熹认为经与权不同，他对孔孟经权的解释为：

> 经自经，权自权。但经有不可行处，而至于用权，此权所以合经也，如汤、武事，伊、周事，嫂溺则援事。常如风和日暖，固好，变如迅雷烈风。若无迅雷烈风，则都旱了，

---

① 郭沫若：《“民族形式”商兑》，《大公报》1940年6月9日，第二版。

② 孟子：《孟子·离娄上》，《四书章句集注》，北京：中华书局，1983年，第284页。

不可以为常。①

经者，道之常也；权者，道之变也。②

朱熹的经权不同论，是从本体上而言，从伦理的角度看，二者还是一致的，即权须不悖于道，“权而不离乎经”③：

经，是常行道理。权，则是那常理行不得处，不得已而有所通变底道理。权得其中，固是与经不异，毕竟权则可暂而不可常。④

郭沫若独好儒家，他很大程度上就是从“经常道理”与“权变通达”的角度来用这对概念的，他把权看作“一时的现象”，“是注定仍归消灭的”。从文艺的角度来看，为了抗战宣传和动员需要，文艺要通俗化、大众化，这都是“一时的权变”，创造新文艺和文学经典才是经。抗战时期对文艺价值与功能作这种二元处理的现象并不鲜见，除郭沫若的经权思想外，还有闻一多的价值与效率说。闻一多在《诗与批评》一文中指出，诗歌的“价值论者”，是对侧重诗歌的“宣传效果”，重视诗歌的社会价值的人而言；而“诗的效率论者”，则“只吟味于词句的安排，惊喜于韵律的美妙:完全折服于文字与技巧中”⑤。在闻一多看来，“诗是与时代同其呼息的，所以，我们时代不单要用效率论来批评诗，而更重要的是以价值论诗了”,诗歌“要对社会负责”⑥。郭沫若与闻一多都是从战时的时代精神出发，强调文学的社会功能。从这个逻辑来看，郭沫若对《讲话》有经有权的评价，也是将毛泽东的文艺观看作一种价值论，属于他所说的文学的“教育机能”，是为了战争的宣传、动员、组织等现

---

① 黎靖德编:《朱子语类》第3卷,北京:中华书局,1986年,第987页。
② 同上书,第989页。
③ 同上书,第994页。
④ 同上书,第990页。
⑤ 闻一多:《诗与批评》,《火之源》文艺丛刊第2、3辑合刊(1944年9月1日)。
⑥ 同上。

实需要。但与闻一多注重价值论者不同，郭沫若视之为一种权宜之计，新文学的历史价值及文学自身的规律，才是经常的道理。

或许是鉴于“民族形式”问题也引起了左翼知识分子内部的论争，如黄芝岗与潘梓年之间也就语言问题产生了争论。因此，在郭沫若的文章出来以后，潘梓年等人有借此弥合左派内部分歧的意思。后来，《“民族形式”商兑》又被延安的《中国文化》全文转载，郭沫若“有经有权”的观点，基本上便被作为民族形式论争的结论确定下来。

三、以权为经

尽管郭沫若的观点得到了延安的关注乃至认可，但他“有经有权”的说法还是遭到了向林冰的批判，并再度引起批评家的连锁反应。回溯这个问题有助于我们进一步探讨郭沫若经权论的理论特点，及其文艺观与政治思想之间的关系。在看到郭沫若的文章后，向林冰撰长文“敬质郭沫若先生”，尤其批评了他的经与权的思想。在他看来，郭沫若将民间形式直接与封建主义作对接的处理方式，否认了形式本身转化的可能，是“不理解‘经’与‘权’的辩证法关系”，“以致将运用民间形式的通俗文艺运用排斥在文艺领域以外”[①]。在他看来，郭沫若的经权论完全是一种实用主义：“他在‘权’的概念之下所许可乃至欢迎的事物，都和‘经’是‘另外一回事’而且无关联。例如用青龙偃月刀杀敌和建立立体国防的无关，用手摇纺织机生产和建立新纺织工业的‘经常大道’无关，运用民间形式和文艺创造的‘经常大道’无关等等。然而这些和‘经常大道’无关的‘权’，却在应急利用的观点上取得了郭先生的‘合理的存在’的权力。在这里，便意味着无原则的顺应屈服的实用主义思想。”[②]他还以苏联为例，指出苏联的新经济政策是权，但它并未脱离社会主义革命的经，也就是说，权这种应急方式，应该是在革命的总体原则之内

---

① 向林冰:《关于民族形式问题敬质郭沫若先生(六)》,《大公报》1940年8月20日,第四版。

② 向林冰:《关于民族形式问题敬质郭沫若先生(三)》,《大公报》1940年8月9日,第四版。

的权变，是“把理想放在了现实的地基上，根据具体的革命环境，在主客观统一的发展形势下面以争取理想的实现”[①]。向林冰的批判不无道理，他所针对的正是郭沫若的二元论，这种二元论使郭沫若将“经”与“权”作了分离的处理。而在向林冰看来，经与权在本质上是相关的，“权”应该是“经”的权：“所谓‘经’即是必然，而所谓‘权’则是偶然；由于必然通过了偶然而实现，所以‘经’常常通过了‘权’而完成自身的发展。”[②]也就是说，革命的手段不能完全背离革命目的，这正是宋儒所强调的，权而不悖乎道的题中之意。

郭沫若并未直接回应向林冰的批评，但延安的林默涵则率先发文，表示认同郭沫若的观点[③]，此外，胡风、王实味和陈伯达等人对这一问题的回应，也都涉及郭沫若。胡风不仅要捍卫“五四”传统，同时，他也将“民族形式”理解为重提“民族革命战争的大众文学”这一口号的时机，因为“民族形式”既强调“民族”，又与大众化和战争相关。因此，他几乎对所有参与这一论争的人都有所批评。如他认为，郭沫若的民族形式是传统士大夫形式与民间形式统一这一说法，是“阉割了它底革命的见解”[④]。这与向林冰的指责一样，都是批评郭沫若的权变，割裂了民族形式与革命理想的内在关联。但胡风主要针对的，还是向林冰的形式辩证法。他引用卢卡契《叙事与描写》的相关理论，证实新风格、新方法的发生除与旧形式相关以外，更为重要的是“有社会的历史的必然性”,“是从生活里面出来的”[⑤]。以此作为反驳向林冰纯粹着眼新旧形式演变的观点。这种社会历史或生活决定论，其实是唯物辩证法的文学翻版，这也正是郭沫若的理论依据，他在否定了向林冰以民

① 向林冰:《关于民族形式问题敬质郭沫若先生(四)》,《大公报》1940 年 8 月 16 日,第四版。

② 同上。

③ 默涵:《“习见常闻”与“喜闻乐见”》,《中国文化》第 2 卷第 3 期(1940 年 10 月 25 日)。

④ 胡风:《论民族形式问题底提出和争点——对于若干反现实主义倾向的批判提要,并以纪念鲁迅先生逝世底四周年》,《中苏文化》月刊第 7 卷第 5 期(1940 年 10 月 25 日)。

⑤ 卢卡契:《叙事与描写》,此引文见胡风:《论民族形式问题底提出和争点——对于若干反现实主义倾向的批判提要,并以纪念鲁迅先生逝世底四周年》,《中苏文化》第 7 卷第 5 期(1940 年 10 月 25 日)。

间形式为“民族形式”的中心源泉之后，提出的观点，正是以“现实生活”为民族形式的中心源泉，他呼吁的也是“深入现实吧，从这儿吸取出创作的源泉来”[①]。

胡风从唯物辩证法的立场对向林冰的形式辩证法的批评，恰与郭沫若殊途同归。胡风也认为旧形式正是旧的社会结构在意识形态领域的“惰性和延长”，而“新的文艺要求和先它存在的形式截然异质的突起的‘飞跃’，这并不‘完全是纯主观性的腾云驾雾的文艺发展中的空想主义路线’；也要求从社会基础相类似的其他民族移入形式（以及方法）”[②]。胡风与郭沫若的一致处，表明郭沫若并非如向林冰所说的，不懂经与权的辩证法，而是说他与向林冰有着根本不同的辩证法。如果说向林冰的辩证法，是着眼于文学新旧形式的演变与传承，郭沫若则跳出了文学的范围，着眼于文学与现实、文学与时代的辩证关系。

可以说郭沫若“有经有权”的特殊处，即在于经与权是二元的，与形式之“权”对应的并不是文学之“经”，而是现实需要与时代精神。由于时代精神处于的不断变化之中，郭沫若实际上是以权为经，因应时代精神而变才是经。反观他对“民族形式”的意见，也正是如此。他之所以反对民间形式，其理由是：“万类是进化的，历史是不重复的。一个时代有一个时代的形式，凡是过去时代的形式即使是永不磨灭的典型也无法再兴。因为产生它的那个时代的一切条件是消失了。”[③]“一个时代有一个时代的形式”，可以看到晚清以来文学史观的影响，这里也表明文学没有固定的或者说本质化意义上的经，只有顺应时代变化的经，只有因应时代而变、显现为不同形态的具体的文学形式，也就是说，不同时代的具体的文学形式，既是权，也是经，或者说永远只有权，而没有本质化的经，具有普遍性意义的经也内涵在各时代的权变之中。从认识论或方法论的角度而言，这与毛泽东所思考的马克思主义的中国化是内

① 郭沫若：《“民族形式”商兑》，《大公报》1940年6月10日，第三版。

② 胡风：《论民族形式问题底提出和争点——对于若干反现实主义倾向的批判提要，并以纪念鲁迅先生逝世底四周年》，《中苏文化》月刊第7卷第5期（1940年10月25日）。

③ 郭沫若：《“民族形式”商兑》，《大公报》1940年6月9日，第二版。

在一致的，即经典的马克思主义要具体化为中国现实语境中的马克思主义，针对中国的时代问题和现实问题不断丰富自身的理论内涵，这样才具有历史的有效性，否则就是洋八股。以权为经，或者说是经与权的辩证，这才是毛泽东引郭沫若为知音的根源。而《讲话》的生成，本身也是基于中国现代作家的实践，包括国统区左翼知识分子的创作经验和理论成果，是在这个基础上生成的[①]，因而，即便《讲话》是经，它也是从不同的权变中发展出来的，可见郭与毛的内在契合也并非无源之水。

不过，胡风与郭沫若的不同在于，他虽然批评了向林冰的形式辩证法，但他的经与权还是一元的。这个一元是革命精神，因此他才会批判郭沫若对革命理想的阉割。胡风对革命的坚持，又被延安的王实味引为知音。王实味在看到胡风的文章后，发现自己的两篇未刊稿竟然"有不少地方意外地与他巧合"，以至于"如照原样发表，即令不是掠美，也颇有附骥之嫌"，"因此把两文合并删节，另加对胡先生新偏向的批评"，写成新文《文艺民族形式问题上的旧错误与新偏向》[②]。所谓"旧错误"是指陈伯达、艾思奇二人对民族形式问题的意见。在王实味看来，陈伯达的错误在于"脱离社会革命运动孤立地看文艺革命运动"，他所提倡的"旧形式新内容"也"不合科学法则"；艾思奇的错误，则是走向了郭沫若的反面，郭沫若的二元论"固不甚正确"，但艾思奇将旧形式作为民族形式的必经之路"也断然是错误的"；新偏向则是指胡风在实践意义部分有过"左"的偏向[③]。王实味与胡风一样，是将"民族形式"的创造置于无产阶级的革命事业这个大的框架来论述的。因此，在他们看来，民族形式是革命事业的具体化，是形式之权与革命之经的辩证。

陈伯达再次对民族形式问题发言，是1942年7月发表的《写在实味同志〈文艺的民族形式短论〉之后》。该文起着一石二鸟的作用，一

---

① 参考李杨：《"经"与"权"：〈讲话〉的辩证法与"幽灵政治学"》，《中国现代文学研究丛刊》2013年第1期。

② 王实味：《文艺民族形式问题上的旧错误与新偏向》，《中国文化》第2卷第6期（1941年5月20日）。

③ 同上。

是向林冰在批评郭沫若时，曾经引用他抗战前对郭沫若的批评文字作为支援，陈伯达借此予以撇清；二是中共此时已开始批判王实味，陈氏此文正好借民族形式问题，对王实味展开批评。因而该文先反驳向林冰，将“民族形式”的目的重新确定为“创造新艺术”，从而与郭沫若等人的观念保持一致；其次是将“唤起民众”作为民族形式的出发点，并借此批判王实味。在陈伯达看来，“利用旧形式”和“文艺的民族形式”这个问题的提出，是基于抗战“唤起民众”的现实需要，如果忽略抗战的前提，“那就容易歪曲了提出问题的意义，至少使得问题提出变成没有多大意义”[1]。而“在唤起民众这个问题上”，他与王实味则有着本质的差别：

> 实味同志说：“无产阶级革命，依靠的，是有阶级觉悟并接受马克思主义的无产阶级，如果依靠未觉悟的自在的无产阶级，那就作了群众的尾巴。文化之更高度更迅速的发展进步，无疑的也得依靠民众，但要依靠掌握了文化以后的民众，不是今天被统治者所压迫奴役的民众。统治者如果重视民众，首先应该给民众以自由，给民众以文化。”第一，要注意，今天的革命，并不是什么“无产阶级革命”，而是民族抗日战争！第二，任何革命，即使是“无产阶级革命”，也决不能只是依靠“有阶级觉悟并接受马克思主义的无产阶级”。……第三，所谓“文化更高度更迅速的发展进步，也得依靠民众，但要依靠掌握了文化以后的民众，不是今天被统治者所压迫奴役的民众”，这也不对。应该把话倒转过来，这样说：文化之更高度更迅速的普遍发展进步，要依靠革命民众掌握了权力以后；而且，今天被统治者所压迫奴役的民众，依靠自己的实际斗争，必然会不断创造出自己的文化。[2]

---

① 陈伯达：《写在实味同志〈文艺的民族形式短论〉之后》，《解放日报》1942年7月4日。
② 同上。

陈伯达的逐条批驳，正好展示了二人之间的分歧。这不仅是关于民族形式的，更是关于革命理想与道路的经权问题。在王实味看来，革命的前提，是先要无产阶级具有阶级觉悟，而非“依靠未觉悟的自在的无产阶级”，这与卢卡奇所强调的“阶级意识”是一脉相承的，卢卡奇认为：“革命的命运（以及与此相关联的是人类的命运）要取决于无产阶级在意识形态上的成熟程度，即取决于它的阶级意识”[①]，因为无产阶级能从总体上把握社会的结构，“自己就构成了推动力量的本质”[②]，而所谓的阶级意识，便是该阶级对自己所处阶级地位与历史角色的自觉，成为一个“自为”的阶级[③]。这种革命道路在20年代末期的革命文学论争中，曾经由日本的福本主义，为创造社的李初梨等人所接受，但在与郭沫若等人的本土经验交锋时逐渐被放弃[④]；王实味抗战时期曾任职于延安中央研究院，翻译了大量的马克思主义理论，他很可能是由此直接接触到了卢卡奇的理论，因为此时卢卡奇在莫斯科的马恩研究院。正是基于这种理论，在王实味看来，是否具有阶级意识，成了革命的前提；但从陈伯达对此的逐条反驳，可以发现他更倾向于依靠革命政党，通过政党对民众的动员，让民众以自发的方式参与，这也就是他所说的“起义”的路线，这是一种列宁式的、视无产阶级为“革命先锋队”的道路。这种分歧，让我们看到了王实味事件的另一面，也让我们看到了郭沫若的革命道路与延安的内在契合处，他的情感政治学正是一种动员式的革命方式；而他的《甲申三百年祭》对农民起义的表彰，也确实是“为匪张目”，因而得到延安接纳，成为整风文件。

陈伯达与王实味的论争，显示了经与权的复杂性。陈伯达一再强调“民族形式”问题的提出是基于“抗战的现实”，在批判王实味时也主

---

① 卢卡奇：《历史与阶级意识》，杜章智等译，北京：商务印书馆，1999年，第134页。

② 同上书，第132页。

③ 同上书，第141—142页。

④ 参考艾晓明：《中国左翼文学思潮探源》，北京：北京大学出版社，2007年，第73—93页；程凯：《当还是不当“留声机”？——后期创造社“意识斗争”的多重指向与革命路径之再反思》，《中国现代文学研究丛刊》2006年第2期。

要依据于此，而在抗战现实的需求下，革命问题可以暂时搁置，正如他所说的“今天的革命，并不是什么‘无产阶级革命’，而是民族抗日战争！”这正是经、权二元的方法，基于抗战的权，“无产阶级革命”的经可以暂时搁置一边。这也正是向林冰和胡风所批判的郭沫若的经权论。也就是说，郭沫若与胡风等人实际上是在不同层面谈论革命文艺的经权辩证法的，向林冰、胡风、王实味等强调的是革命之权不离革命之经，即革命的手段要与革命的目的有内在的一致性，郭沫若则不然，他的权变的范围要更广，符合革命目的的有效手段都可以考虑利用，革命之经也需要具体化为各时代的具体形式，而更值得留意的是，革命之经在郭沫若这里，并不是抽象的、先验的，或是恒定的理论设计，而是与时代密切相关的真实需要，也就是说，经反而是生成于权之中，从这个角度而言，当他人还在纠结于权变是否背离经的时候，他同时在思考经是否符合时代的形式。

有经有权（二）：郭沫若与毛泽东文艺体系的建立

四、以思想改造情感

虽然郭沫若从通权达变的角度，视《讲话》为权宜之计；《讲话》在大后方的传播也遇到了一些可以预想的困难，但这并不意味着它对郭沫若没有影响。郭沫若除了让文化工作委员会组织座谈会以外，自己也作了表态，作了“自我批判”。但他不是从文学的角度，而是从学术研究的角度展开的，这就是《古代研究的自我批判》一文。该文写于1944年7月3日，完成于7月18日。如果参照前文阳翰笙日记所载，这正是何其芳、刘白羽在重庆传播《讲话》精神的时间。5月27日郭沫若在家设宴欢迎何、刘，听他们作解放区整风运动的汇报。5月30日郭沫若下乡，据他自己说：“下乡之后酝酿了一个月，到七月三日才‘开始写古代研究的自我批判’。”[①] 这是慎重考虑的结果。对于写作初衷，郭沫若起笔便说：“关于秦以前的古代社会的研究，我前后费了将近十五年的功夫，现在是达到了能够作自我批判的时候，也就是说能够作出比较可以安心的序说的时候。”[②] 接着他便对自己的历史研究作了“清算”：

> 我首先要谴责自己。我在一九三〇年发表了《中国古代社会研究》那一本书，虽然博得了很多的读者，实在是太草率，太性急了。其中有好些未成熟的或甚至错误的判断，一直到现在还留下相当深刻的影响。有的朋友还沿用着我的错误，有的则沿用着我错误的征引而又引到另一个错误的判断，因此关于古代的面貌引起了许多新的混乱。这个责任，现在由我自己来清算，我想是最适当的，也是颇合时宜的。[③]

该文的“颇合时宜”处，是它被延安当作了大后方“自我批判”的代表，不久便被《解放日报》全文转载，并配合刊发了尹达的文章《郭沫若先生与中国古代社会研究》。不过，郭文虽然名曰“自我批判”，实际上仍是一篇严肃的学术文章，郭沫若只是借“自我批判”之名，展示自己学术观点的变化。在文中，郭沫若修正了《中国古代社会研究》中的西周封建说，改而将西周断为奴隶社会，肯定了井田制的存在，并重新考订了铁出现的时代。除了结尾对“士”的批判以外，与《讲话》并无直接

---

① 郭沫若：《我怎样写〈青铜时代〉和〈十批判书〉》，《民主与科学》第1卷第5、6期（1945年5月）。

② 郭沫若：《古代研究的自我批判》，《群众》第9卷第20期（1944年10月31日）。

③ 同上。

关联，因此，该文只是以题名作了表面的应景文章，说不上真正的“自我批判”，更不必说知识分子的自我改造。自我批判是响应整风的方式，对于延安以《讲话》为代表的文艺政策，郭沫若文艺观又有何变化呢？虽然毛泽东语录当时已频频出现于《新华日报》，但郭沫若一直未作文学方面的表态。鉴于此，有论者将他1945年所写的文章——《向人民大众学习》和《人民的文艺》作为他接受《讲话》的证据。从当时“诗人节”时期左翼作家的发言可以发现，他们从这一年开始询唤、塑造“人民诗人”，但如果回到郭沫若这两篇文章的内容及其发表的语境，则很难说这是对《讲话》的回应。

郭沫若之所以提倡“向人民大众学习”，是基于“在目前民主运动的大潮流当中，‘人民的世纪’把它自己的面貌更加显豁起来了”，“人民大众是一切的主体，一切都要享于人民，属于人民，作于人民。文艺断不能成为例外”[①]。而之所以提倡“人民的文艺”，也是因为“今天是人民的世纪，我们所需要的文艺也当然是人民的文艺”[②]。这其中有两个关键词，一是“民主运动”，二是“人民的世纪”。民主运动是1944年由民主人士掀起，旨在推动中国民主化的宪政运动；而“人民的世纪”是当时常出现于报刊的标题，但它并非共产党所常用，而是美国副总统华莱士（H. Wallace）的说法。“人民的世纪”（The Century of the Common Man）是华莱士于1942年3月所作的一次演讲。“珍珠港事件”之后，美国正式参战。作为副总统的华莱士，作了题为“人民的世纪”的演说。在演讲中，他认为，与20世纪是“美国的世纪”这一说法相比，“人民的世纪”更为恰当，他将人民的范围从欧美扩展到苏联和中国等地，肯定了苏联与中国在20世纪为自由所做的努力。并且提出，在去除军事和经济帝国主义的前提下，发达国家应为后发展民族提供工业化的帮助[③]。华莱士的这种言论在1944年他访华期间，受到左翼知识分子的关注。华莱士到达重庆的时间是6月，与何其芳、刘白羽在重庆传达《讲

---

① 郭沫若：《向人民大众学习》，《文哨》创刊号（1945年5月）。

② 郭沫若：《人民的文艺》，《大公报》1945年4月29日。

③ 参见 Henry Wallace：*The Century of the Common Man*, New York: Reynal & Hitchcock, 1943年。

话》的时间几乎相同。据当时的《中央日报》报道，他在机场发表的书面讲话中，就提到“余并相信将有许多沟通文化商务之巨大潜在力，藉谋亚洲及北太平洋盆地人民之一般福利”[①]。蒋介石在欢迎辞中也称，“我们渴望增进我们人民的社会福利和经济福利”，因为华莱士主管农业领域，故蒋介石还强调“我们政府将特别注重于增进农民的生活”[②]。可见当时“人民”这个概念还是比较中性化的，国共两方面都在争取这个概念的解释权，如共产党在华莱士强调“人民的世纪”、民主秩序时，也进行了宣传和进一步的阐释，如《新华日报》的社论就称华莱士的言论为“伟论”：“这是‘人民的世纪’，这是人民的战争，看到并信任人民的人们，都会得出同一的结论。”[③] 此后，华莱士的相关说法——“二十世纪是人民的世纪”或“人民的世纪”，一时成为知识分子的常用语，郭沫若、张申府、闻一多等民主人士更是如此。此外报纸上也出现了“人民的世纪”专栏，以及题为“人民世纪”的刊物。抗战结束后，一度较为温和的叶圣陶还将“人民的世纪”写入了《开明新编国文读本》[④]。“人民的世纪”为1944年开始的民主运动提供了话语支持，它不仅被用来反对蒋介石的独裁，也被知识分子用来责难《沁园春·雪》。因此，左翼知识分子在使用“人民的世纪”一语时，虽夹带了不少“私货”——如将中性的“common man”置换为有政治倾向的“people”，但总体上是服务于当时的民主运动大潮的，郭沫若所说的“人民的文艺”，也先要置于民主运动的语境之中。如他所说：“人民的文艺是以人民为本位的文艺，是人民所喜闻乐见的文艺，因而它必须是大众化的，现实主义的，民族的，同时又是国际主义的文艺”[⑤]，从这种无所不包的描述可以发现，“人民的文艺”对于郭沫若来说，仅仅是一种话语的转换，具体内容是

---

① 《华莱士副总统发表书面谈话》，《中央日报》1944年6月21日，第二版。

② 《蒋主席暨夫人欢宴华莱士副总统　主席致辞表示衷诚欢迎　说明中美国民共同任务》，《中央日报》1944年6月22日，第二版。

③ 《华莱士先生的伟论》，《新华日报》社论1944年6月24日，第二版。

④ 编者：《人民的世纪》，《开明少年》1945年第5期；后收入叶圣陶、郭绍虞等编：《开明新编国文读本》，甲种本（上）。

⑤ 郭沫若：《人民的文艺》，《大公报》1945年4月29日。

极为驳杂的，与毛泽东具体所指的“工农兵”有很大的差异，而更像之前“民族形式”问题的重复。

从“影响—接受”的角度，郭沫若对毛泽东文艺的直接回应似乎较为有限，但如果调整视角，从郭沫若抗战时期文艺观的历时对比中，我们便可发现他此时的文艺思想确有内在的转变。1944年年底，《文学》杂志发表了郭沫若的一篇旧演讲稿。在这次演讲中，与之前多强调情感不同，他转而强调思想的重要：“思想是生活的舵轮，没有思想的生活是盲目的，由那种生活所发泄出来的感情每每会流而为狂妄。我们要有正确的感情，必须有正确的生活，要有正确的生活，必须有正确的思想。”[①] 他所谓的正确的思想，是“顺应人类进化的潮流”的集体主义思想：“以人民大众的生活为生活，人民大众的感情为感情。”[②] 这种观念，与他一直坚持的“诗—诗人”的一元论，以及动员文艺观内在一致，但“正确的感情”这种说法是第一次出现。感情的正确与否，是《讲话》对改造知识分子的要求和标准，即知识分子不仅要从思想上认同无产阶级革命，还要从感情上与小资情调决裂。按毛泽东的说法就是：“我们知识分子出身的文艺工作者，要使自己的作品为群众所欢迎，就得把自己的思想感情来一个变化，来一番改造。”[③] 郭沫若对“正确的思想”与“正确的感情”的强调，也见于该年他发表于《新华日报》上的《如何研究诗歌与文艺》：“思想应该指导一切，这利他的集体的思想应该指导一切，要做一个诗人或文艺工作者必须澈底地活在这种思想里面。以这种思想为信念，为自己的灵魂，发而为文章，然后才能够成为真正的诗歌与文艺。在一个时代里面，对于最大多数的人有最大益处的东西，才能是最善的东西，最真的东西，最美的东西。无正确的思想便无正确的生活，无正确的感情，无正确的方法，因而也就无正确的诗歌与文艺了。”[④] 其文艺观念的变化在于，感情本身从自发转化为了具备伦理内涵的情感，

---

① 郭沫若：《诗歌的创作（续）》，《文学》（重庆）第2卷第4期（1944年11月）。
② 同上。
③ 毛泽东：《在延安文艺座谈会上的讲话》，《解放日报》1943年10月19日。
④ 郭沫若：《如何研究诗歌与文艺》，《新华日报》1944年4月16日。

经由思想的作用，情感本身便应该是正确的。这种思路不能不说是《讲话》的影响。

五、重庆的秧歌

对《讲话》的诠释，不仅在于如何阅读、解释《讲话》这个理论文本，更在于如何对待《讲话》的衍生品，或者说边区实践《讲话》精神的成果——文艺作品。《讲话》发表之后，延安文艺工作者开始在文艺创作中实践该文艺方针，较有代表性的成果是秧歌和小说。秧歌本来就是陕北的民间文艺，是较有地方色彩的文化形态。郭沫若对此早有了解，如抗战初期，于立群曾打算去陕北，郭沫若便写了一组《陕北谣》给她，其中有这样的句子："陕北陕北朋友多，请君代问近如何？华南也想扭秧歌。"[①]《讲话》发表之后，以"鲁艺"为中心的文艺工作者，一改此前"演大戏"的传统，开始改造民间的秧歌剧。在周扬等人的努力下，延安文艺工作者组织了1944年新年秧歌舞大汇演。正如周扬所说，经由改造，"新的秧歌从形式上看是旧的秧歌的继续和发展，但在实质上已是和旧的秧歌完全不同的东西了"，它是一种"斗争秧歌"，"取消了丑角的脸谱，除去了调情的舞姿，全场化为一群工农兵，打伞改用为镰刀斧头，创造了五角星的舞形"，表现的是"群众的时代"，是"集体力量"[②]。从而将秧歌从民间文化转化为了政治文化，是"实践了毛主席文艺方针的初步成果"[③]。

这个成果被及时输送到了重庆。在刘白羽、何其芳完成《讲话》的初步传达之后，延安随后派林默涵、周而复、陈波儿、韦明、汪琦等前往重庆[④]，他们将秧歌带到了重庆。据《新华日报》的工作人员熊瑾玎回忆，他们曾多次在重庆组织秧歌演出：

① 郭沫若：《陕北谣》，《潮汐集》，北京：作家出版社，1959年，第462页。
② 周扬：《表现新的群众的时代——看了春节秧歌以后》，《解放日报》1944年3月21日。
③ 同上。
④ 周而复：《往事回首录》（上部），北京：文化艺术出版社，2004年，第161页。

> 《新华日报》每逢创刊纪念日，便邀集延安出来的工作同志，组织秧歌队伍，在报馆演唱起来，当然邀请各党各派、各民主进步人士和读者来此观看。因为报社游艺场狭小，不能容纳多的观众，每每把会场挤得满满的。有许多人不能进入会场时，则站在对面山坡上翘首远望。演出的秧歌剧，有《兄妹开荒》《一朵红花》《牛永贵受伤》等节目。最后则全体演员按次出场，分为两列向左右转，跳回旋式的大秧歌舞。观众也可以自由参加，共同舞蹈，真是兴致淋漓，皆大欢喜！[①]

“每逢创刊纪念日”演秧歌剧的说法还有待确证，现有据可查的是1945年春节期间（2月18日），《新华日报》曾组织演出《兄妹开荒》《一朵红花》等三个秧歌剧，此次演出邀请了各方友好前往观赏，之后还有不少人写了诗文。如许幸之的《秧歌舞与广场演剧》、凡僧的《化龙新村听秧歌六绝》及赵铁松的《秧歌舞观后》，这都集中发表于《新华日报》上[②]。就观者的反应来看，连曹禺、阳翰笙和黄芝岗这三位专业的戏剧家“都觉得非常新鲜有力”[③]。

作为实践《讲话》的重要文艺形式，秧歌剧较为典型地反映了延安的政治文化。国统区的知识分子，在观看秧歌之后，从形式到政治，也都体会到了秧歌剧的独特性。在观看此次表演之后，许幸之较为深入地体味到秧歌舞的文化政治功能。与曹禺等人一样，他看完表演之后，“从心的深处激起了一种新鲜，活泼，而又亲切的共鸣”，这种共鸣不仅来自秧歌剧的歌舞，更来自其“广场演剧”的形式：“坐在广场上，使我想起了希腊时代的民主精神，以及那些开展在‘人类底黄金时代’的灿烂的文化。残酷的战争与宗教的黑暗，使人类底文化倒退了几千年，直

---

① 熊瑾玎：《惊人的生产展览和秧歌演出》，《〈新华日报〉的回忆》，成都：四川人民出版社，1979年，第79页。

② 许幸之：《秧歌舞与广场演剧》；凡僧：《化龙新村听秧歌六绝》；赵铁松：《秧歌舞观后》，均载《新华日报》1945年2月26日，第四版。

③ 阳翰笙1945年2月18日日记，《阳翰笙日记选》，成都：四川文艺出版社，1985年，第315页。

到现在，我们还在默默地追求并希望着希腊时代的远景。”[①]

戏剧从剧场向广场的转变，在抗战时期具有一定的普遍性。在抗战动员的需求下，戏剧工作者进行了大胆的形式创新。正如论者所指出的：“强调戏剧及时反映现实与现场鼓动、煽动的作用与功能；在戏剧形式上也进行了大胆改革与实验，独幕剧得到普遍的发展，还创造了活报剧、街头剧、茶馆剧、朗诵剧、化装游行、傀儡戏等新形式。”[②] 秧歌剧的形式首先也应置于这个总体背景下加以考量。作为广场戏剧的秧歌，所具有的戏剧学意义在于，它突破了剧场的空间和布景的限制，“它拆卸了演员和观众相隔离的面幕，它突破了被固定舞台所限制的可恨的空间，它拆除了在舞台上永远构置着三垛墙的布景”[③]，从而扩展了演员的演技和表演范围，创造了一种“立体的表演”，类似布莱希特的史诗剧。

虽然如此，秧歌剧还是不同于国统区的广场戏剧，这在于它与民间、生产劳动之间的直接关系，它虽然经知识分子改造过，但其形态与国统区纯粹由知识分子创作的广场剧还是有所不同。正如许幸之所指出的：“我确信这种‘秧歌舞’是真正来自民间的艺术。而且从《兄妹开荒》那出戏里，他们举起锄头垦荒的动作上，我发现了‘秧歌舞’的基本舞法，是直接来自‘生活’与‘生产方式’的东西，是真正从所谓‘劳动过程’中产生出来的舞姿。”[④] 形式的生产性不仅在于戏剧形式，更在于社会实践和政治斗争之中：“它可以组织人民的情感，训练人民的集体劳动与集体生活，并且破除封建思想和礼教的束缚，而促进男女之间正当友爱的最好的愉乐。”不仅如此，它还可促进劳动力的再生产，“当人们在‘剩余劳动’的余暇，来举行这种跳舞时，不但不妨害生产，并且可以作为‘再生产’的一种集体训练”[⑤]。这为知识分子开创了一种集

---

① 许幸之：《秧歌舞与广场演剧》，《新华日报》1945 年 2 月 26 日，第四版。

② 钱理群：《大小舞台之间——曹禺戏剧新论》，北京：北京大学出版社，2007 年，第 115—116 页。

③ 许幸之：《秧歌舞与广场演剧》，《新华日报》1945 年 2 月 26 日，第四版。

④ 同上。

⑤ 同上。

社会生产与文学生产于一体的文学形式。

秧歌舞作为一种政治文化，也就具有识别文化政治身份的功能。因此，抗战后期左翼青年在去延安之前，一般都有在重庆中共办事处学习扭秧歌的经历，而曾家岩八路军办事处的工作人员也都要学跳舞，“跳交谊舞，还要学扭秧歌”[1]；徐迟也“曾在化龙桥的《新华日报》社里，学习扭秧歌”[2]。扭不扭秧歌、会不会扭秧歌不再仅仅是娱乐问题，也是一种政治态度。

较之其他人对秧歌的欣赏，郭沫若倒是充分地发挥了秧歌广场剧的功能，他早就在自己家里跳秧歌舞。1944 年 11 月 11 日，郭沫若设宴为从桂林来渝的柳亚子洗尘，沈钧儒、黄齐生、王若飞等人作陪。这天恰好周恩来从延安返回重庆，也参加了宴会。沈钧儒事后有诗记其事：

> 经年不放酒杯宽，雾压江城夜正寒。
> 有客喜从天上至，感时惊向域中看。
> 新阳共举葡萄盏，触角长惭獬豸冠。
> 痛哭狂欢俱未足，河山杂遝试凭栏。[3]

郭沫若曾为此诗作详细的注解：

> 这诗的头二句把当年的时局和大家的心境含蕴得非常稳切，大家愁眉不展甚至焦头烂额地熬了多年，谁还有心情举酒呢？何况冷酷的环境还那么重压着！但那晚上大家实在是尽了兴，又“痛哭”，又“狂欢”，而且还跳了秧歌舞。秧歌舞之到重庆，就是随着恩来飞来的。这诗在年青的朋友读起来，或许不大能够领会，有些句子是须得加注解的。像“感时惊向域中看”那是由骆宾王《讨武则天檄》的最后一句“请看今日

① 杨洁：《杨洁自述：我的九九八十一难》，北京：中国人民大学出版社，2014 年，第 36 页。
② 徐迟：《重庆回忆》，《作家在重庆》，重庆：重庆出版社，1983 年，第 27 页。
③ 郭沫若：《民主运动中的二三事》，《天地玄黄》，大连：大众书店，1948 年，第 185 页。

> 之域中毕竟谁家之天下”脱化出来的，当时的“域中”自然还是敌伪的“天下”呵。“新阳”衡老说是指我，因为我的《女神之再生》里面有迎接新鲜的太阳那么的句子，“獬豸冠”是衡老自己说他在做律师。[①]

柳亚子、黄齐生、郭沫若等都有和诗。郭沫若的和诗为：

> 顿觉蜗庐海样宽，松苍柏翠傲冬寒。
> 诗盟南社珠盘在，澜挽横流砥柱看。
> 秉炬人归从北地，投簪我欲溺儒冠。
> 光明今夕天官府，听罢秧歌醉拍栏。[②]

抗战后期，位于天官府的郭沫若寓所，是中共邀约民主人士商讨时局的主要场所。不过，抗战结束前后的时局，倒并不一定是如郭沫若所追述的那么压抑，当时大家对联合政府还是抱着极大的期待。从指点“域中”的情怀，也可见知识分子跃跃欲试的姿态。沈钧儒、柳亚子都是中间偏左而同情于中共，在郭沫若家与周恩来一起跳秧歌舞也不足为奇。不过，这事发生在重庆，还是多少具有象征意味，这除了人心向背以外，也可见秧歌这种集体舞所发挥的统战作用。

不过对于秧歌这种文艺形式，郭沫若初期并未着太多笔墨，似乎只是将其当作一种政治文化来接受，他看重的是秧歌背后的意识形态，以及广场剧的娱乐、交际功能。因而他未对《兄妹开荒》《一朵红花》这些作品的艺术形式做出品评。虽然如此，“秧歌”后来还是一再受到郭沫若的关注，尤其是抗战结束之后，他就曾多次撰文介绍《白毛女》；而秧歌也一再见于郭沫若的诗文中，如《北上纪行》中便有“凯唱争全面，秧歌扭满堂”句[③]。

---

① 郭沫若：《民主运动中的二三事》，《天地玄黄》，第185—186页。
② 同上书，第186页。
③ 郭沫若：《北上纪行》，《华北文艺》第4期（1949年5月1日）。

六、“新的通俗文体”

虽然郭沫若对秧歌的艺术形式未置可否，但对解放区的小说，他给予了较高的评价。郭沫若较多地阅读解放区文学是在抗战结束后的1946年，这包括《白毛女》《吕梁英雄传》《李有才板话》《解放区短篇创作选》《李家庄的变迁》等。《白毛女》和《吕梁英雄传》是陆定一参加完国共和谈回到延安后，寄给郭沫若的。赵树理的小说和《解放区短篇创作选》则可能是周扬带给他的，1946年周扬、丁玲等华北联合大学四位作家、学者应马歇尔之邀赴美进修，周扬在上海办理护照时，曾与郭沫若等人有密切的交往。而《解放区短篇创作选》正是周扬所编，赵树理的小说也是他极为推崇的。因赴美未果，周扬在北归时还曾让郭沫若写下他对解放区小说的意见。而郭沫若和茅盾撰写介绍赵树理的文章也都是在周扬北上后不久。

郭沫若几乎在同一时间得到这些小说，但他的评介是有选择的。在回陆定一的信中，郭沫若对陆定一极为肯定的《白毛女》评价并不高，对《吕梁英雄传》则称“还没有开始读”，但他却表示，对赵树理的《李有才板话》和《解放区短篇创作选》“非常满意”[①]。实际上郭沫若并不是没读《吕梁英雄传》，而是对这类章回体的革命传奇并不感兴趣。他在此后不久所写的《读了〈李家庄的变迁〉》一文中，对此有委婉的批评：“好些写通俗故事的朋友，爱袭用章回体的形式，这是值得考虑的。‘却说’一起和‘且听下回分解’一收，那种平话式的口调已经完全失掉意义固不用说，章回的节目要用两句对仗的文句，更完全是旧式文人的搔首弄姿，那和老百姓的嗜好是白不相干的。我自己小时候读章回小说，根本就不看节目，一遇着正文里面有什么‘有诗为证’式四六体的文赞之类，便把它跳过了。今天还要来袭用这种体裁，我感觉着等于再在我们头上拖一条辫子或再叫女同胞们来缠脚。”[②] 他对章回体的批评是较为

① 郭沫若:《谈解放区文艺创作·致陆定一信》,《群众》第12卷第4、5期(1946年8月24日)。

② 郭沫若:《读了〈李家庄的变迁〉》,《文萃》第49期(1946年9月26日)。又载《北方杂志》第2卷第1、2期合刊(1947年3月1日)。

激烈的，而从前文也可以发现，章回小说、民歌等都被他划归在“权”的行列[①]。如果对照陆定一来信中对《吕梁英雄传》的推崇，可以发现二人美学趣味的差异；也可见郭沫若所持审美尺度与毛泽东文艺思想尚有较大的出入。

陆定一的来信学界较少提及，实际上这封信当时以“L”为名发表在《文汇报》上。陆定一在信中，先说《白毛女》与《吕梁英雄传》是整风之后的“产品”，对于《吕梁英雄传》，陆定一说：“小说方面，一直没有什么大作品。这次看了吕梁英雄传（只有上册），你就会改变这个结论的。”[②]郭沫若确实改变了这个结论，不过不是因为《吕梁英雄传》，而是因为赵树理的小说。赵树理在文学史上的地位，与周扬、郭沫若与茅盾三人1946年的积极评价分不开。周扬在《论赵树理的创作》中，将赵树理树立为《讲话》以来的“新人”，是“一位具有新颖独创的大众风格的人民艺术家”，这不仅在于他作品的语言、人物形象等方面，更在于他在处理人物关系时，“没有站在斗争之外，而是站在斗争之中，站在斗争的一方面，农民的方面，他是他们中间的一个”，因而，赵树理的作品“是毛泽东文艺思想在创作上实践的一个胜利”[③]。茅盾基本上也是从政治的人民性与形式的大众化，这两个角度来评价的[④]。相对而言，郭沫若的评价较为个人化。他先描述了他的阅读感受：“我是完全被陶醉了，被那新颖、健康、朴素的内容与手法。这儿有新的天地，新的人物，新的感情，新的作风，新的文化，谁读了，我相信都会感着兴趣的。”[⑤]而且郭沫若从形式上看到了“板话”的创格意义：“‘板话’两个字已经就够有趣了。原来民间形式的顺口调，北方叫着快板，李有才是出口成章的快板诗人。准诗有‘诗话’之例，于是作者赵树理便创造了‘板话’这一个新名词。今天我们有了这个先例，似乎也可以写出‘马凡

---

① 郭沫若：《“民族形式”商兑》，《大公报》1940年6月9日，第二版。

② L：《远塞来鸿》，《文汇报》1946年8月16日，第七版。

③ 周扬：《论赵树理的创作》，《解放日报》1946年8月26日。

④ 茅盾：《关于〈李有才板话〉》，《群众》第12卷第10期（1946年9月）。

⑤ 郭沫若：《〈板话〉及其他》，《文汇报》1946年8月16日，第七版。

陀板话’‘陶行知板话’‘冯玉祥板话’了。马陶冯诸位，是当今顶出色的伟大板人。”[①] 郭沫若对“板话”体裁和“板人”身份的强调，一定程度上贴合了赵树理“不想上文坛”，“只想上‘文摊’”，做“一个文摊文学家”的旨趣[②]。

郭沫若对赵树理确实兴趣甚浓，不久他又写文章介绍《李家庄的变迁》。在这篇文章中，郭沫若将赵树理的小说作为一种新环境中产生的新美学形式来对待，认为它“是一株在原野里成长起来的大树子”：“大，也还并不敢说就怎样伟大，而这树子也并不是豪华高贵的珍奇种属，而是很常见的杉树桧树乃至可以劈来当柴烧的青杠树之类，但它不受拘束地成长了起来，确是一点也不矜持，一点也不衒异，大大方方地，十足地，表现了‘实事求是’的精神”[③]。“原野里的大树子”这个形象的说法，与“文摊文学家”有相通处，都试图在既有的美学范式之外，探索别样美学形式存在的可能。在郭沫若看来，赵树理作品的意义在于，首先它是通俗的，“写的是老百姓自己翻身的事，人物呢连名字也就不雅驯”，但却并不俗气：既脱尽了欧化的新文言腔，与《吕梁英雄传》重拾章回体俗套又不同，脱却旧式文人的矫揉造作，通俗中反而呈现了新象。这是郭沫若在赵树理身上看到的形式创新，而且“这不单纯是文艺的问题，也不单纯是意识的问题，这要关涉到民族解放斗争的整个发展”[④]。也就是说赵树理的意义，不单是美学的问题，形式背后是新的群体力量和历史主体的创生。

郭沫若对赵树理的积极肯定，可以看作是他对毛泽东文艺思想的评价。然而，值得留意的是，这种评价并不是单向的影响。从毛泽东对郭沫若“有经有权”的评价中，得到的是“知音”之感。陆定一、周扬与赵树理等人，对郭沫若的反应也极为重视。如周扬北归时，就要求郭

---

① 郭沫若:《〈板话〉及其他》。

② 赵树理语,参见李普:《赵树理印象记》,黄修己编:《赵树理研究资料》,太原:北岳文艺出版社,1985年,第19页。

③ 郭沫若:《读了〈李家庄的变迁〉》。

④ 同上。

沫若写下他对解放区小说的印象，郭沫若虽给予较高评价，但也认为这离经典尚远，因而他鼓励解放区作家“尽力把它们记录下来”，“即使是素材，已经就是杰作。将来集结成钜制时，便是划时（代）的伟大作品”[①]。郭沫若的函件，很快被晋冀鲁豫地区发行的《人民日报》刊载。而同时期他在上海发表的关于赵树理和解放区文学的批评文章，《解放日报》也及时地予以报道或转述。《李有才板话》在东北出版时，也附载了郭沫若的评论[②]，认为这“可以帮助读者了解这本小说在今天中国文学上应得的地位”[③]。

赵树理等人在读到周扬带回的郭沫若“致北方朋友”函时，也“异常兴奋”，“特复电郭沫若先生表示感谢”。电文称：“谬承鼓励，信心倍增”，虽然“解放区数年来可歌可泣的事迹随处都有”，但他们因“缺乏写作素养”，“难以写出完整的作品”，即便“记录素材”也难免挂一漏万，故希望郭沫若动员大后方作家去解放区云云[④]。从解放区对郭沫若等人评价的重视，可见无论是毛泽东，还是延安的文艺工作者，虽然有别创新格的抱负，但他们还是需要郭沫若、茅盾等这些“现代作家”的品鉴，以获得某种现代美学的“合法性”。这也表明，解放区文艺或者说毛泽东文艺体系，在建构的过程之中，也需要郭沫若等国统区作家的理论支援；在将解放区经验推广到全国的过程中，更是需要他们的有效介入，或者借用文学社会学理论，延安文艺在最初的确立与传播中，借助了郭沫若、茅盾等在新文学领域的象征资源。最起码在新中国成立前还是如此。而无论是郭沫若，还是赵树理自己，他们也都是从“通俗”这一现代审美格局出发赋予其作品意义的。二人不同处在于，赵树理视“通俗”为经，而郭沫若则视之为权。

---

① 郭沫若：《谈解放区文艺创作·向北方的朋友们致人民的敬礼》，《群众》第12卷第4、5期（1946年8月24日），又载《人民日报》（晋冀鲁豫版）1946年8月27日。

② 《郭沫若论解放区创作》，赵树理：《李有才板话》，东北画报社，1947年，第1页。

③ 《东北日报》1946年12月3日，转引自张志强辑《郭沫若在沪期间的一组史料》，《郭沫若学刊》1991年第2期。

④ 《人民日报》（晋冀鲁豫版）1946年9月8日，转引自张志强辑《郭沫若在沪期间的一组史料》。

七、从“素材”到“悲剧的解放”

如果说战前郭沫若尚未认识到秧歌剧的形式意义，而只将其当作一种政治符码或娱乐方式的话，这种情况在战后则有所改观。他开始积极关注、评价解放区的秧歌剧，尤其是歌剧《白毛女》。从1946年到1948年，郭沫若几乎每年都发表一篇关于《白毛女》的文章。这些材料有助于我们进一步考察战后他对毛泽东文艺的态度，以及他在毛泽东文艺体系确立过程中所发挥的作用。《白毛女》是陆定一作为毛泽东文艺的成果寄给郭沫若的，他信中对该作品的介绍也成为郭沫若的“前理解”：

> “整风”以来，解放区艺术方面，第一个表现有成绩的是戏剧，戏剧中先是比较简单的形式——秧歌，然后是京剧(逼上梁山，三打祝家庄等)。这本白毛女，用的全是民歌调子，演的是抗战中极其动人的故事，写的是人民的大翻身，与翻译了搬上舞台的外国歌剧，及“毛毛雨”式的歌剧一比，你就会看见，这门艺术在面向群众之后猛晋到了怎样一个新阶级。这是真正的中国人民的歌剧了，尽管它有很多的缺点。你说过：流泪是最大的快乐，看白毛女歌剧，延安没有人不流泪的，仅仅杨白劳买回几寸红绒绳，做女儿过年的唯一装饰品，这件事就够叫我流泪，虽然我看见过战场上那末多死尸。这本歌剧现在在各解放区风行一时，在上海的大概会变成禁书的。①

在陆定一看来，《白毛女》虽然采取了秧歌的形式，但却是“整风”的高级产品——歌剧。郭沫若在回信中坦诚了自己的感受，《白毛女》“故事是很动人的”，“但作为一个读物来读，却并没如所期待的那么大

---

① L:《塞外来鸿》,《文汇报》1946年8月16日,第七版。

的力量”[①]。他进而发挥了他对解放区作品的“素材”观，认为“这固然是目前不可多得的新型作品，单是故事被记录下来已经是很有价值的，解放区里面所产生的许多可歌可泣的新故事、新人物实在是应该奖励使用笔杆的人用各种各式的形式把它们记录下来，这是民族的至宝，新世纪的新神话，一时或许还不会便能产生出永垂百代的伟大的著作，但把材料储蓄在那儿，在若干年后一定会有那样的作品出现的”[②]。较之陆定一视其为“真正的中国人民的歌剧”，郭沫若仅从“材料蓄积”的角度予以肯定，可见二人的评价有较大的差异，郭沫若理想中的作品还是“永垂百代”的经典，因此，他也不自觉地流露出了一种居高临下的点评姿态。无论是解放区赵树理、孔厥等人的小说，还是歌剧《白毛女》，都是以备“将来结成巨制”的“素材”，是尚难纳入“经”典序列的“权”。

次年郭沫若为《白毛女》写了序言，在序言中他再次感慨因无现场观赏经验，故无法领略其歌舞魅力的遗憾，不过，仅从剧本的角度，它“已经就是一件富于教育意义的力作了”[③]。他再次回到“民族形式”的视野，认为“这是在戏剧方面的新的民族形式的尝试，尝试得确是相当成功”[④]。与之前参与民族形式论争时，为新文学传统的辩护不同，郭沫若此时看重的，正是《白毛女》对新文学传统的突破，“把‘五四’以来的那种智识分子的孤芳自赏的作风完全洗刷干净了”，并将其与“民间形式”作了区分。与他对赵树理小说的评价一样，强调的都是作品本身的形式创新：“虽然和旧有的民间形式更有血肉的关系，但也没有固步自封，而是从新的种子——人民情绪——中自由地迸发出来的新的成长。”[⑤]对《白毛女》的形式创新与政治寓意有了“了解之同情”。

当郭沫若离开上海到达香港后，他无法观看《白毛女》演出的缺憾终于得到弥补。香港 1948 年曾一度掀起解放区文学热，该年 5 月，《白

---

① 郭沫若:《谈解放区文艺创作·致陆定一信》,《群众》第 12 卷第 4、5 期(1946 年 8 月 24 日)。

② 同上。

③ 郭沫若:《序白毛女》,《文萃》周刊第 2 年第 21 期(1947 年 2 月)。

④ 同上。

⑤ 同上。

毛女》在九龙普庆戏院演出，引起了当时文化人观看、评述《白毛女》的热潮。郭沫若也为此写了《悲剧的解放——为〈白毛女〉演出而作》。在郭沫若看来，该剧从形式上是一出“典型悲剧”，但它的意义在于，这出“封建社会里的典型悲剧”，结局转化为了喜剧，但它的转化并不是如旧剧中的孟丽君，或“女扮男妆中状元名扬天下，得到一个虚构的满足”，“而是封建社会本身遭了扬弃”，由这种社会制度产生的悲剧也就得到了解放[①]。也就是说，《白毛女》从悲剧转化为喜剧，不仅仅是文学形式，而是说形式上的变化与社会形态的变革，二者有着内在的关联甚至是同构性。这里我们可以回到郭沫若对战国时代的基本判断，在他看来，战国时代是一个“悲剧时代”，因为战国处于变革时代，但它是从奴隶社会变为封建社会，是从一个枷锁转到了另一个枷锁。郭沫若也将他所处的时代，视为一个“过渡”时代[②]。但40年代的“过渡”与战国不同，它不再是悲剧性的，而是面向社会主义历史远景的“悲剧的解放”。正是从“解放”的形式入手，郭沫若发掘了《白毛女》的意义，从而真正理解了陆定一“人民的大翻身”这一说法。

郭沫若对《白毛女》的评价，是一个逐渐拔高的过程。如果对照这个时段的政治事件，可以发现，夹杂在这些不同评价之间的，是中共军事逐渐往南推进的过程。当“天地玄黄”逐渐转化为纯粹的红色，郭沫若原有的美学观念，也逐渐让位于毛泽东文艺体系。而他对《白毛女》的评价，又可看作他40年代对毛泽东文艺态度的历史缩影。他早期的经权观，是文学与时代之间的经与权，文学的经典要具体化为各个时代的权变，而40年代后期的经权观，则转变为文学内部美学观念的经与权，生成于40年代的《讲话》文艺体系，逐渐成为衡量其他时代的文艺标准，并成为此后文艺发展的指导思想，文学与时代之间的经权辩证法，倒转为了以权为经，这是以《讲话》为核心的毛泽东文艺观最终得以建立的前提。毛泽东文艺体系此后也是随着时代而不断发展，但《讲

---

① 郭沫若:《悲剧的解放——为〈白毛女〉演出而作》,《华商报》1948年5月23日,第三版。

② 郭沫若:《当前文艺的诸问题》,《文艺生活》(海外版)第1期(1948年2月)。此处引自《郭沫若佚文集》下,成都:四川大学出版社,1988年,第211页。

话》的核心思想贯穿始终。

而从解放区与国统区的地理格局来说，毛泽东文艺体系的建立，可说是《讲话》以中国本土经验为基础的文艺观和审美观，最终战胜了国统区新文学传统中以“经典”为标准的文艺观和美学体系，在这个过程中，郭沫若等国统区作家起着沟通双方的中介作用：从个人的角度来看，郭沫若的文艺观在面对以《讲话》为代表的毛泽东文艺体系时，处于从评点到自我改造的过程；但从毛泽东文艺体系的建构、推广的过程来看，郭沫若又发挥着极为关键的作用，这不仅在于他对延安文艺政策的品鉴，适时地赋予毛文艺体系以现代的审美品格，还在于他自觉承担了介绍、传播解放区文艺的职责，并自觉应用毛泽东文艺思想对国统区的文艺进行清算。如 1948 年他不仅给予《白毛女》以高度肯定，而且还写了《斥反动文艺》，对朱光潜、沈从文等不同色彩的文艺进行了严厉批判[①]，通过对意识形态领域的批判，有效配合了中共在军事与政治领域的推进。因而，郭沫若对于“建国”，便不仅是作为新“政协”的成员参与了这一进程，还从文艺美学体系建构和意识形态批判等方面，参与了新政权的建立。

八、国统区的“罪与罚”

1949 年的历史之变确立了文坛新的格局，虽然郭沫若、茅盾这些国统区的左翼名作家身居高位，但文艺的指导思想却是解放区的毛泽东文艺。在第一届文代会上，郭沫若将“‘五四’以来的新文艺”，根据毛泽东的“新民主主义论”，解释为“无产阶级领导的人民大众反帝反封建的新民主主义的文艺”[②]。毛泽东文艺思想最终成为全国作家创作的经，这也对国统区的作家提出了进一步调适，乃至自我批判和改造的要

---

① 郭沫若：《斥反动文艺》，《文艺的新方向》（《大众文艺丛刊》第一辑）1948 年 3 月 1 日。

② 郭沫若：《为建设新中国的人民文艺而奋斗——在中华全国文学艺术工作者代表大会上的总报告》，《人民日报》1949 年 7 月 4 日。

求。茅盾在第一届文代会上，做了“十年来国统区革命文艺运动报告”，这个经由小组讨论的报告，既是对大后方文学的全面梳理，也可说是国统区作家的一次自我检讨。他们虽然强调了国统区与解放区环境的不同，但批判标准实际上还是毛泽东文艺。在他们看来，“一九四三年公布的毛泽东的《文艺讲话》，本来也该是国统区的文艺理论思想上的指导原则”，这不仅是因为《讲话》所针对的问题，“在国民党统治区内的文学艺术界中也是一直存在着”[①]，更主要的是“国统区的进步作家们大多数是小资产阶级知识分子”，虽然“小资产阶级也属于被压迫阶级”，但“未经改造的小资产阶级知识分子在生活思想各方面和劳动人民是有距离的”[②]。而历史问题还在于国统区学习《讲话》并不深入，“尤其缺乏根据《文艺讲话》中的精神进行具体的反省与检讨”[③]。对国统区作家的偏颇，他们重点批判了文艺中的“主观”问题，这实际上针对的是提倡“主观战斗精神”的胡风，以及强调“生命力”的陈家康、乔冠华等党内青年理论家。茅盾报告中的这种批判姿态，是新中国成立后国统区知识分子所必然面对的历史困境与挑战。在以解放区的文艺路线为经的时代，他们天然地带有某种“原罪”，要在日后的运动中一次次接受批判以赎罪[④]。郭沫若也不例外，他虽不再参与具体的文艺工作，但“评儒批法”运动，所针对的正是他抗战时期所持的儒法观。

在这种大一统的文艺政策下，作家有的转向，有的停笔。还值得一提的是，郭沫若对毛泽东文艺的学习，似乎始终只得其意，而无具体实践。转变的困难，在抗战结束之际，他就已经体察到了。在《读了〈李

---

① 茅盾：《在反动派压迫下斗争和发展的革命文艺——十年来国统区革命文艺运动报告提纲》，《中华全国文学艺术工作者代表大会纪念文集》，出版地未标注（应为北京）：新华书店，1950年，第57页。

② 同上书，第54页。

③ 同上书，第57—58页。

④ 按，国统区知识分子的原罪，从整风运动就开始了，当时川籍党员是受整风影响最大的（参考韦君宜：《思痛录》，北京：北京十月文艺出版社，1998年）；另外，国统区知识分子建国后的遭遇，也不仅是地域问题这么简单，如胡风问题在很大程度上就是因为革命思想和革命道路的分歧（参考解志熙：《文学史的“诗与真”》，北京：北京大学出版社，2013年）。

家庄的变迁〉》中，他发现了自己的某种“文人习气”或“积习”：“我自己痛感着文人的习气实在不容易化除，知行确实不容易合一。”[①]抗战结束前后，人民话语逐渐成为郭沫若等左翼作家笔下的常见词汇，但他在给《老百姓》所写的一篇文章中，不仅语言晦涩，而且充满了专业词汇，编辑在委婉提示“‘老百姓’未必都看得懂”之后，不得不用三倍的篇幅予以解释[②]，这实在是件颇富讽刺意味的事。可见郭沫若对毛文艺的接受，很大程度上只是话语的转换。他对此也有自觉：“一切为了人民。这个观点虽然比较容易获得，但要使这观念形象化，使自己的认识移诸实践，实在不是一件容易的事。就拿我自己来说，虽然很知道文艺应该为人民服务，我们早就呼喊着人民文艺的创造，但积习难除，一拿起笔来，总是要忸怩作态的。”[③]虽然彼时身处上海的他，还能将原因归于环境，但新中国成立后他的文士气却只增不减。不过有一点他与毛泽东从一开始就是一致的，这就是文艺要为政治服务，也就是说，虽然从美学的角度，郭沫若还时常纠缠于文学经典与权变的矛盾中，但文学与时代之间的经权观，他与毛泽东从一开始就是同调的。

---

① 郭沫若：《读了〈李家庄的变迁〉》，《北方杂志》第1、2期（1946年9月）。

② 郭沫若：《合力作用》，《老百姓》创刊号（1946年6月）。

③ 郭沫若：《序白毛女》，《文萃》周刊第2年第21期（1947年2月）。

余　论　回到历史中的郭沫若

因为郭沫若与政党政治的密切关系，如何评价其抗战期间的作为，直到现在依旧显得有些尴尬。从共产党或左翼知识分子的视角，他隶属于国统区，这就从战略格局上决定了他斗争的对象是蒋介石政府；而从国民党或台湾的视角来看，郭沫若的“叛变”也让他的功过都不值一提，因而有很长一段时间，台湾学界对郭沫若的评价都未能摆脱冷战思维的格局[①]。不过，郭沫若任第三厅厅长期间的机要秘书孙陵，对郭沫若的评价却显得较为独特。郭沫若主持的第三厅，主任秘书阳翰笙是周恩来所安排，而机要秘书则是他自己挑选的。孙陵是东北人，曾参与反伪满活动。逃离东北之后，在上海开办北雁出版社，因沈起予的介绍曾出版过郭沫若的《北伐途次》。据孙陵回忆，当郭沫若得知孙陵等人“是从东北逃出来的‘反满’青年”时，尚在日本的他，“很激动地写信给沈起予”，要他多多帮助这些年轻人。因为这个机缘，郭沫若逃归上海后，与孙陵也有所来往。孙陵曾发起“投笔从军”运动，郭沫若便是第一个签名的，他不仅签名，还主动跟军界故旧如张发奎等人联系，协助孙陵解决实际问题，而非如一般文化人那样只是表态而已。政治部的成立使投笔从军从设想变成现实，郭沫若便邀请孙陵任他的机要秘书。

抗战后期，孙陵转向了国民党，之后去了台湾，成了一个坚定的反共主义者。因此，他对左翼作家均无好感，尤其是郭沫若“可憎与可

---

① 关于台湾的郭沫若研究详情，可参考李怡：《隔岸的观看——台湾郭沫若研究一瞥》，《中国社会科学论坛文集·郭沫若与文化中国》，北京：中国社会科学出版社，2013年，第66—76页。

耻”的“背叛”，在他看来更是无法原谅的行为。不过，即便如此，作为一个亲历者，他也不得不对郭沫若抗战初期的热情持肯定态度，“郭沫若后来固然是背叛了！但他抗战之后的这一种慷慨激昂的民族精神，无需抹煞”[①]。在他看来：

> 郭沫若这时底抗日精神确实是慷慨激昂的，这从他别妇抛雏的事实，已充分表现出来。我当时对他这种精神，真是佩服。因为我见到有些口谈抗日的先生，做起事来总是文绉绉的，不考虑好了个人底利益，他们是很少行动的。至于要他们贡献牺牲，甚至牺牲一切，那就更不要谈了。[②]
>
> 郭沫若极有才气，感性丰富，读书很多，绝不是一位生性凶恶的人物，也不是一位阴险的人物。在新文艺运动的初期，自有开创风气的功绩；抗战初期，他的慷慨激昂的战斗精神，对于抗敌情绪当然也有所鼓舞。武汉时代的第三厅，对抗战宣传做得轰轰烈烈，直到今天，还常为当时的过来人所乐道。[③]

就当事人对郭沫若的回忆来说，这种超越国共党派视野者并不多见。这也表明，如果没有后来的国共内战，对“抗战时期的郭沫若”的历史叙述可能比现有的要丰富和精彩得多。或者说，国统区左翼知识分子抗战建国的历史面貌，应该更为清晰一些。

在抗战开始之前，左翼知识分子就面临着“民族”与“世界”的矛盾，也就是抗战的民族主义与无产阶级革命的世界主义之间的选择，当时的文学论战是这一矛盾的直接体现。郭沫若选择了抗战文学，但并不是无条件的，他并没有放弃革命的信念。他在强调救亡的同时，也声称“我们也并没有放弃我们更高级的意识和更远大的目标”。“我们在强调救

---

① 孙陵：《我熟识的三十年代作家》，台北：成文出版社有限公司，1980年，第89页。

② 同上书，第99页。

③ 同上书，第121页。

亡，强调爱国的军号中，同时是要吹奏我们的意识和目标的。我们要使人知道：凡是在反帝的人才是真正爱国的人，凡是真正爱国的人只有走上反帝的路。这反帝的路是救中国的路，而同时也就是救世界的路”[①]。在他的逻辑中，民族独立与自决本来就是世界革命的题中之意，并不必如胡风等人那样要在革命与救亡之间强分轩轾。郭沫若的民族激情，也确实应了霍布斯鲍姆的话，“史实证明，以社会革命为诉求的运动，最后反而成为带领民众投入民族运动的急先锋”[②]。但联系到 20 年代中期他与国家主义者的论争，他此时的“国防文学”立场还是颇有意味的。

国家主义与民族主义，只是 nationalism 的不同翻译而已。20 年代中期，郭沫若因转向马克思主义，与信奉国家主义的青年党展开过一次论争。同时批判青年党的还有共青团，也正是因为这次论战，郭沫若才引起瞿秋白等共产党人的注意。在抗战时期的民族主义思潮下，郭沫若却转而支持“国防文学”这个带有明显国家主义或民族主义的口号。虽然他将救亡纳入到了革命的议题之内，并自觉地与国家主义作了区分，但实质上民族主义思想还是占了上风。可以说，这是其权变思想的先声，革命之经要从救亡之权。可见，郭沫若等左翼知识分子转向救亡，也有其内在的思想矛盾。而从更广阔的世界视野着眼，“二战”不仅终结了红色 30 年代的革命理想，而且改变了革命的走向。罗曼·罗兰之所以访苏，原因之一便是苏联与部分西方政权之间的结盟，引起了西方左翼知识分子的幻灭。而他在访苏归途中，还发现了一个细节，足以说明这个转变的历史过程：

> 在边界处，我看见了那座木制拱门，上面书写的标语已改过三次了。最早写的是：“苏维埃政权（或共产主义）是没有国界的。”后来改为：“全世界无产者联合起来！”现在则只写着：“向西方的工人们致敬！”这真是共产主义“辩证法”的最

---

① 郭沫若：《我的自述》，郭沫若辑《国防文学集谈》，《质文》第 2 卷第 1 期（1936 年 10 月）。
② 霍布斯鲍姆：《民族与民族主义》，李金梅译，上海：上海人民出版社，2000 年，第 147 页。

佳实例。但诚实的卡申路过这里时还会禁不住热泪盈眶，以为他看到的总是第二条标语，其实它早就不存在了。[①]

当知识分子还在为世界革命的历史前景激动不已时，苏联已给工人分了国界，革命输出也成了国家的战略。1943 年共产国际的最终解散，是革命从经到权转化的完成，而不是开始。这种转变，对于中国的革命与左翼知识分子来说，是具有历史意义的。

如果从经权的角度着眼，郭沫若战时的言行很大部分都只能归入权的行列。如旧体诗词的写作、学术研究、话剧创作等莫不如此。他将毛泽东所提出的“民族形式”归于权宜之计，旧体诗词这一民族形式也应属于权的范围；对于学术研究，他也认为“事实上是聊胜于无的事”，“假如有更多的实际工作给我做，我倒也不甘心做一个旧书本子里面的蠹鱼”[②]。然而，正是这些看似与革命无关的经历，让郭沫若有机会与其他阵营的知识分子交流，或回到传统去寻找文化、政治理论资源，这使他对中国问题的思考，开始切中现实利弊。如他对儒家所做的人道主义解读，既是为建国问题建言献策，但对于抗战时期的社会现状也不无针对性。虽然这也是试图以“文艺复兴”的方式解决现实问题，但与“五四”时期略有不同，抗战时期他谈问题的方式更切近现实，是从传统寻找解决时代问题的方法。也就是说，抗战激活了现代知识分子的民族主体性。对于左翼知识分子来说尤其如此，救亡为革命主体赋予了民族内涵。随着民族主义的兴起，使此前共产国际主导下的世界各国的革命转变为各国内部各阶层广泛参与的救亡运动，从而使知识分子思考问题的出发点落在了本土的现实基础之上。而毛泽东之所以提倡具有“中国作风与中国气派”的“民族形式”，所要处理的正是世界与民族的关系问题。正如他所强调的：“马克思主义必须通过民族形式才能实现。”[③]而左翼知识分子对“民族形式”的广泛回应，尤其是郭沫若对它的评价，

---

① 罗曼·罗兰著，袁俊生译：《莫斯科日记》，桂林：广西师范大学出版社，2003 年，第 149—150 页。

② 郭沫若：《我怎样写〈青铜时代〉和〈十批判书〉》，《民主与科学》第 1 卷第 5、6 期合刊。

③ 毛泽东：《论新阶段》，《解放》第 57 期。

态度从权到经的转变，显示了知识分子本土化的历史过程，或者是对中国化的认同。从这个角度来看，抗战时期的郭沫若，虽然一度转向民族主义，但仍不失为一个革命者。

郭沫若的革命思想，其理论支撑主要源于黑格尔、马克思的发展史观。黑格尔在《历史哲学》中，提出了“世界精神”与“世界历史”等概念，他认为较之自然界周而复始的循环变化，人类历史则是发展的精神世界，有其自身的使命和目的，是一个由理性所决定的发展过程[①]。从而赋予了历史以理性向度和目的意义。这种观念既来自于实际革命，同时又对世界革命产生了深远的影响，正如阿伦特从西方革命史的角度所指出的：“法国大革命意义最为深远的后果，就是黑格尔哲学中的现代历史概念的诞生”，其结果是“必然性取代自由成为政治和革命思想的中心范畴”[②]。阿伦特虽对此持批判态度，但她对“革命”演变的勾勒还是颇有启发性。郭沫若对黑格尔并不陌生，德国古典哲学类著作是他留学期间学习德语的读本，他在与宗白华等人通信中也多有提及。而对他影响更大的，是马克思的唯物史观。尤其是马克思基于社会性质所作的历史分期，是他历史研究的主要框架。更为关键的是，郭沫若是从浪漫主义文学转向革命的，浪漫主义的有机体观念、宇宙的目的论等，都从精神和观念的层面强化了黑格尔与马克思主义的历史精神。郭沫若自称是一个有“历史癖”的人，无论是他的历史剧、历史研究，还是考古研究等，都不脱离黑格尔－马克思式的历史精神。如他的史学与史剧观都与历史精神相关：“史学家是发掘历史的精神，史剧家是发展历史的精神。”[③]

与其他新文化人不同，除了西方的传统，郭沫若也借鉴了传统的儒家革命思想。因为郭沫若自始至终都认可孔子，他的革命思想也带有汤武革命“顺乎天应乎人”的一面。但他将马克思的革命论与孔子思想作了调和。正如《马克斯进文庙》这篇小说所显示的，他寻找到了二者间

---

① 黑格尔：《历史哲学》，王造时译，上海：上海书店出版社，2006年，第49—50页。

② 阿伦特：《论革命》，陈周旺译，南京：译林出版社，2011年，第40、41页。

③ 郭沫若：《历史·史剧·现实》，《戏剧月刊》第1卷第4期（1943年4月）。

的诸多共性，将共产主义与大同理想、无产阶级与民本思想等进行了对接，并以马克思主义的历史精神改造传统革命“易姓”循环史观。他的这种做法当时遭到了不少批评，但也显示了他革命思想的特殊性。抗战时期，随着他对诸子学的重新梳理，这种融合变得更为深化。如他将孔子的思想重新诠释为人道主义，便是基于马克思主义式的革命史观，将春秋战国时代定性为从奴隶社会到封建社会的转折时代，“仁”的概念的提出，正是因应着人民从奴隶到人地位的变化，因而是“进步”的，人道主义也因此带有人的解放的视景；但儒家人道主义的说法，也对马克思式的革命观进行了调整，毕竟“人道主义”所涵括的范围，要比阶级革命广得多，方式也温和得多。

从他的历史观来看，抗战时期郭沫若虽有着各种不同的文化或政治身份，但对革命却未曾背离。究其实际也是如此。抗战将兴，他急遽地转向国防文学，从早期马克思主义者与国家主义的论争来看，这无疑是背离革命，但对于郭沫若来说，这不仅是革命在民族形式上的具体化，而反帝本身也是革命的题中之意。“七七”事变之后，战争激发了他早期的革命浪漫情怀，不仅将战争视为民族新生的契机，而且将浪漫主义带入了具体的历史现场，作为动员民众的方法，从而使浪漫从文学场域的情感消费，转化为了社会动员的力量，成为左翼革命的主要方法之一。战争进入相持阶段，郭沫若再次转向文学创作与学术研究，但对他来说，历史研究是为革命寻找方法与经验，话剧创作也成为对历史精神的发掘与张扬。诗词唱和这种传统文人的交游方式，虽不必勉强将其与革命扭结在一起，但对于郭沫若来说，广泛参与革命耆旧的唱和、与第三势力的交往等行为，既是日常社交行为，也是他参与民主运动的方式。传统士大夫式的文化政治也为我们理解郭沫若的诗人革命家身份提供了另一重视野。实际上，自抗战进入相持阶段，随着国共之争的渐趋激化，革命问题便再度超越民族主义而浮出水面，只是在国统区以“统战”“民主运动”“文化运动”等具体形式出现而已。而较之部分知识分子的明哲保身或动摇不定，郭沫若抗战后期的杂文多直陈利弊，对当局有激烈的批评，不失知识分子的批判精神，较之革命口号，这种批判或许才是革命精神的体现。因此，无论是写诗、从政、诗词唱和、戏剧创作还是学术研究，郭沫若在充分发挥他的各项能力时，并未外在于革命之经。

这种独特的经与权，是他与其他文化人或革命者的不同处。如果借用狐狸与刺猬这两种知识分子类型来看郭沫若，我们可以说，他看起来像狐狸，但实际上却是刺猬。也就是说，他看起来在“追逐许多目的”，“而诸目的往往互无关连，甚至经常彼此矛盾，纵使有所关联，亦属于由某心理原因而做的‘事实’层面的联系，非关道德或美学原则”；但实际却并非如此，而是需要“将一切归纳于某个单一、普遍、具有统摄组织作用的原则”，“必惟本此原则”，他的人、言论和行动“才有意义”[①]。对于郭沫若来说，浪漫主义的诗化人格，是他多变的一面，而革命或历史精神则是他的统摄原则。也就是说，他身份上的改变，正是为了因应时代问题而做出的自我调整，是为了更为有效地介入现实所采取的斗争策略。如皖南事变之后，国民政府一度收缩舆论口径，郭沫若则转而从事诸子学研究，以古典新诠的方式，支持新的民主活动与革命运动。因此，诗人革命家的身份，为郭沫若提供了切入现实问题的方式，他的诗人、学者、剧作家等不同身份，均可视为诗人革命家在回应时代问题时的具体形态，从而使他能与社会、文化、政治等取得有机关联。这种个人与社会的有机性，深化了他“五四”以来的浪漫主体。正如他在《浮士德》第二部译后记中所说的：“正如像在第一部中对于当时德国的‘暴飚突击运动’得到共鸣的一样，我在第二部中又在这蜕变艰难上得到共感了。”[②]着眼点从浪漫主义的“狂飙运动”到社会变革问题，郭沫若共感的不同点，表明了他思考问题的着眼点从社会表面到深层的变化。

但这种变化对于郭沫若自身来说，并不意味着身份的断裂，而是一种完成。正如他对《浮士德》的总体评价是“一个灵魂的发展史，或一个时代精神的发展史”[③]，浮士德的各种身份，并不是分散的，而是人格发展的途径，是内在相关的。因而，在他看来，社会功业是人格发展的

---

① 以赛亚·伯林：《俄国思想家》，彭淮栋译，南京：译林出版社，2011年，第25页。
② 郭沫若：《中国的浮士德不会死——〈浮士德〉第二部译后记》，《文丛》1947年第2卷第29期。
③ 郭沫若：《〈浮士德〉简论》，《中国作家》创刊号（1947年10月1日）。

完成，而不是新增了一种形态。抗战后他曾明白指出这一点：

> 本来我的生活相当复杂，我有时是干文艺，有时是搞研究，有时也在过问政治。有些生活好像是分裂的，但也有它们的关联，它们事实上是一个有机体的各种官能。[①]

这种自我不断完善的进取精神与浮士德精神内在一致。同时也深合士大夫“修齐治平”的人格理想。而就他的经历和成就来看，也与传统士大夫并无二致。他的专业为医学，反以文学成名，转而参加革命，后对甲骨文、金石的研究又使他跻身学人之林，并于 1947 年年底入选当时中华民国中央研究院院士候选人名单，新中国成立后则步入政界。在政治与学术方面均有所成，而他抗战后期的历史研究也是为革命寻求历史支援，甚至是革命之道的建构。因而，郭沫若也可说是一个现代的革命士大夫。较之辛亥一代的革命士大夫不同，他的革命重心不是种族革命，而是有着共产主义远景的无产阶级革命，这也是他与柳亚子等人的区别。不过，士大夫的“治平”理想往往需要借助于君王之势才能实现，而现代则只能依托于政党，这也是郭沫若积极参与政党政治的原因。他与共产党之间，也是一种相互支援、相互借重的关系。40 年代，共产党要借重他的资历和人望，并进而将他塑造为革命文化的象征性人物，郭沫若既与政党有相同的信念，同时也需倚重政党之势，实现他的功业抱负与革命理想。从这个角度，或许我们可以更为清晰地认识到他与政治之间的关系。抗战时期，郭沫若等知识分子的言议，尚具有维系道统的能力，因而他与在位者的交往也处于师友之间；但现代是一个传统崩坏的时代，随着中共自身道统的确立，功业之念难泯的郭沫若，也只能“以顺为正”了。这与人格固然有关，但也是“权势转移”的结果。

虽然郭沫若在解读《浮士德》时，将重点从浪漫主义转向了社会变

---

① 郭沫若:《我怎样开始了文艺生活》,《文艺生活》海外版第 6 期。此处引自《迎接新中国——郭沫若在香港战斗时期的佚文》,复旦学报(社会科学版)编辑部出版,出版时间未标注,第 139 页。

革，而士大夫身份的复归似乎意味着他背离了早期新文化的传统。事实却并非如此，毋宁说这是抗战时期与“五四”新文化传统的对话。作为一个文化人，表达方式始终是需要关注的重点。郭沫若抗战时期身份的转变，几乎也都伴随着表达方式的变化。如他在动员民众时的演说，既与他此时主持宣传工作的公众形象有关，继承的也是新文化人启蒙、动员的传统。值得留意的是，演说所包含的启蒙姿态、训喻口吻等特性，也为政治所收编，成为现代国家统治和民众动员的方式。而对于郭沫若来说，主要问题更在于应抗战而兴的战争浪漫主义。从文学与革命的关系来看，“五四”新青年便发现了文学尤其是浪漫主义所内涵的革命性，如情感的力量、主体的自我扩张，以及生理学视角的神经质等，都为文学青年转化为政治青年提供了可能。郭沫若也正是借助于浪漫主义的这种情感和身份机制，转向了革命实践。从某种意义上说，郭沫若虽然经历了大革命失败后蛰居日本时期的沉潜，但他转向抗战实践及其后的文化政治运动，依旧是这种机制的延续。无论是对战争的浪漫想象、对“抗战建国”的乌托邦设想，还是“抗战加恋爱”的表达模式等等，都表明了浪漫主义观念的运作方式。而郭沫若所要面对的问题在于，如何将这种浪漫主义的热情，转化为具体的抗战实践。大革命后期，他在提倡革命文学时，曾一度否认早期的浪漫主义，但实际上正如他后来承认的，唯有浪漫才去革命。也就是说，浪漫主义的情感模式，不仅可以为社会动员提供支持，更为重要的是，浪漫的情感结构也是革命主体再生产的方式。但浪漫主义影响郭沫若抗战生涯的，还不止这些。浪漫主义以情感动员为主的革命方法，也内在地制约了他的革命道路。虽然革命文学论争期间，后期创造社便针对这种社会动员的不足，提出了意识形态批判的方法。郭沫若虽受其影响，但从他抗战时期的动员方式来看，他依旧坚持的是情感动员的方法。浪漫主义对他革命道路的内在影响，不仅表明他诗人与革命家的内在关联，一定程度上也决定了他在话剧创作、学术研究乃至民主运动的方法与立场。当然，情感政治学的视野并非郭沫若所特有，但在他身上无疑体现得最为明显。虽然从某种程度上说，鲁迅和毛泽东也可说是诗人革命家，但鲁迅思想上的复杂性，让他对情感的破坏作用充满疑虑；毛泽东的方式，是浪漫气质与革命实践之间的直接转化。郭沫若的政治主体来源于浪漫主义文学机制，同时仍然要经由文学机制的转化才能付诸政治实践。抗战时期他所发挥的情感政治的创造性，如“由情以达意”的动员机制，以及“情感教育剧”的情感教育机制，都是文化政治实践的成果。然而，情感政治虽是郭沫若革命道路的独特性，但也相对忽略了思想启蒙的意义；对浪漫英雄主义的积极认同，也使他对群体暴力和集权主义缺乏必要的警惕，这是值得省思的。

除了人物自身历史的内在对话以外，抗战时期郭沫若的文学创作与社会实践，也要求我们突破新文学的研究视野和问题框架。战时新文人的旧体诗词写作，已成为一种文化现象，此外，历史剧创作也是如此。这些现象除了要求具有更为开阔的文学史观外，更为重要的是让我们思考新旧文学在20世纪40年代所展开的新的对话。40年代独特的历史语境，为新旧形式的融合提供了历史契机。除了这种学术性的反思与对话外，抗战时期的郭沫若也带给我们一些现实的启示。身处消费时代，如何打开郭沫若这个革命者的历史遗产，本来就是一个问题。尤其是在缺乏新的历史远景与叙事动力的当代，在整体性视野缺失、“一切都烟消云散”的时代，郭沫若这样的人物，及其与历史的密切关系，首先带给我们的是理解上的难度，其次才是如何对话的问题。

然而，我们之所以重新回到抗战时期的郭沫若，将他彼时各种身份、表达与时代问题加以考察，并非是要为这个时代增加一个分裂的历史主体，或一堆难以拾掇的历史碎片。相反地，我们试图将郭沫若的每一种身份、每一种表达，都视为一种切入社会与时代问题的方式，或打入历史内部的一枚楔子，从整体上呈现一个与社会、历史有着密切关联的、有机的主体。这是本书的整体视野，也是我们回顾郭沫若的初衷，即为了打捞这种历史经验——尽管它往往呈现出一种未完成的状态，但它所开启的可能性，如主体与历史、文学与社会之间的互动关联，都值得我们再度回顾。这也是处于“后革命”语境中的我们，重拾郭沫若的某种不得已的途径。

参考文献

（仅列出一部分正文中直接引用者，按刊物名称或编著者姓氏拼音排序。）

中文版基础文献

《绸缪月刊》

《创造》季刊（《创造季刊》）

《创造月刊》

《创造周报》

《大公报》

《大晚报》（1937 年 4 月—7 月）

《东方杂志》

《独立评论》（第 101—175 号）

《改进》（第 6 卷第 11 期，1943 年 1 月 1 日）

《华商报》

《和平日报·和平副刊》（1945 年 12 月 4 日、5 日、10 日、13 日）

《洪水》

《解放日报》

《解放》周刊

《救亡日报》

《抗战文艺》

《民主与科学》

《民主周刊》（第 38 期，1946 年 7 月）

《民族诗坛》

《群众》

《人民日报》（1949 年 7 月 4 日）

《人民日报》（晋冀鲁豫版）（1946 年 8 月 27 日、9 月 8 日）

《扫荡报》
《申报》（沪版、汉口、重庆）
《时事新报》（1942 年 2 月 22 日）
《说文月刊》
《思想与时代》（第 14 期，1942 年 9 月 1 日）
《文汇报》（1946 年 6 月 28 日、8 月 16 日）
《戏剧春秋》
《新华日报》
《新民报》
《新蜀报》
《星洲日报》（1940 年 4 月 19 日、20 日）
《学艺》（第 2 卷第 10 号，1921 年 4 月 1 日；第 3 卷第 1 号，1921 年 5 月 30 日）
《益世报》
《宇宙风》
《杂文》（后改为《质文》）
《中国文化》
《中苏文化》
《中央日报》（此处特指新中国成立前的刊物）
《中原》

《第三厅工作报告》，《郭沫若研究》第 4 辑，1988 年。
《卷起狂涛的〈从苏联归来〉》，《文摘》1937 年第 1 卷第 4 期。
《军事委员会政治部第三厅二十七年九、十月份工作概况》，《郭沫若学刊》2011 年第 3 期。
《论赫尔的名言》，《商务日报》社论 1944 年 4 月 1 日。
《罗曼·罗兰论纪德的苏联观》，《华美晚报》1937 年 3 月 17 日。
《毛泽东诗词集》，北京：中央文献出版社，1996 年。
《全国精神总动员纲领》，世界书局，1939 年。
《人民文学》编辑部、人民文学出版社编：《怀念敬爱的周总理》，北京：人民文学出版社，1977 年。
《诗人节中谈今日屈原》，《中立》1946 年第 1 期。
《中国国民党抗战建国纲领及临时全国代表大会宣言》，上海：上海印书馆，1938 年。
《庄子集释》，北京：中华书局，1961 年。

Andre Gide：《从苏俄归来》，袁承斌节译，《新北辰》1937 年第 3 卷第 3 期。

安德烈·纪德：《从苏联归来》，林伊文译，上海：亚东图书馆，1937年。

巴人：《中国气派与中国作风》，《文艺阵地》第3卷第10期（1939年9月1日）。
抱朴：《赤俄游记》，上海：北新书局，1926年。
编者：《人民的世纪》，《开明少年》1945年第5期；收入叶圣陶、郭绍虞等编：《开明新编国文读本》，甲种本（上）。

蔡仪主编：《中国抗日战争时期大后方文学书系·第二编　理论·论争》第一集，重庆：重庆出版社，1989年。
曹谷冰：《苏俄视察记》，天津大公报馆出版社，1931年。
常任侠：《永念考古学家郭沫若先生》，《考古》1982年第6期。
陈伯达：《腐败哲学的没落》，《读书生活》第4卷第1期（1936年5月10日）。
陈伯达：《腐败哲学的没落》（下），《读书生活》第4卷第2期（1936年5月25日）。
陈伯达：《关于文艺的民族形式问题杂记》，《文艺战线》第3期（1939年4月16日）。
陈伯达：《墨子的哲学思想》，《解放》周刊第82期，延安：延安解放社，1939年。
陈伯达：《墨子新论（一个伟大的原始唯物论者和原始辨证家）》，出版地未标注：作者出版社，1943年。
陈伯达：《哲学的国防动员——新哲学者的自己批判和关于新启蒙运动的建议》，《读书生活》第4卷第9期（1946年9月10日）。
陈禅心：《抗倭集》，福州：海峡文艺出版社，1986年。
陈诚：《陈诚先生书信集——与蒋中正先生来往函电》，台北："国史馆"，2006年。
陈辞修：《第二期抗战关于政训工作之指示》，国民政府军事委员会政治部编印。
陈辞修部长：《关于政治部今后工作之讨论与决议》，《战时文化》第2卷第1期（1939年1月10日）。
陈独秀：《论戏剧》，《新小说》第2卷第2期（1905年）。
陈独秀：《文学革命论》，《新青年》第2卷第6号（1917年2月1日）。
陈寅恪作，陈美延、陈流求编：《陈寅恪诗集》，北京：清华大学出版社，1993年。
陈子谷：《中国"左联"在东京的部分活动》，《革命回忆录》第13辑，北京：人民出版社，1984年。
陈子鹄：《宇宙之歌》，东京：东流文艺社，文艺刊行社，1935年。
程千帆：《汪辟疆文集》后记，《汪辟疆文集》，上海：上海古籍出版社，1988年。
程潜：《养复园诗集》，长沙：岳麓书社，2012年。

丁三编：《抗战中的郭沫若》，广州：战时出版社，1938年。

冯友兰：《三松堂自序》，北京：人民出版社，2008 年。
傅抱石编译：《明末民族艺人传》，出版地不详：商务印书馆，1938 年。
傅斯年：《论编制剧本》，胡适编：《新文学大系·建设理论集》，上海：良友图书印刷公司，1935 年。
傅斯年：《夷夏东西说》，《国立中央研究院历史语言研究所集刊外编》，1933 年。
傅斯年：《中国历史分期研究》，《新潮》第 1 卷第 2 号（1919 年 2 月 1 日）。

高尔基：《给青年作家》，绮雨译，《译文》第 2 卷第 1 期（1935 年）。按，该文摘自《我的文学修业》。
高尔基：《论文学》，戈宝权译，北京：人民文学出版社，1978 年。
高兰：《回忆第一届诗人节》，《新文学史料》1983 年第 3 期。
郭鼎堂：《先秦天道观之进展》，上海：商务印书馆，1936 年。
郭沫若、蒲风：《郭沫若诗作谈》，《现世界》创刊号（1936 年 8 月 16 日）。
郭沫若：《"无条件反射"解》，《文学月报》第 2 卷第 1、2 期合刊（1940 年 9 月 15 日）。
郭沫若：《〈浮士德〉简论》，《中国作家》创刊号（1947 年 10 月 1 日）。
郭沫若：《北上纪行》，《华北文艺》第 4 期（1949 年 5 月 1 日）。
郭沫若：《兵不管秀才》，《民主时代》（1946 年第 1 期）。
郭沫若：《潮汐集》，北京：作家出版社，1959 年。
郭沫若：《斥反动文艺》，《文艺的新方向》（《大众文艺丛刊》第一辑）1948 年 3 月 1 日。
郭沫若：《创造十年》，上海：现代书局，1932 年
郭沫若：《当前文艺的诸问题》，《文艺生活》（海外版）第 1 期（1948 年 2 月）。
郭沫若：《反正前后》，上海：现代书局，1929 年。
郭沫若：《沸羹集》，上海：大孚出版公司，1947 年。
郭沫若：《关于李岩》，《清明》创刊号（1946 年）。
郭沫若：《归去来》，上海：北新书局，1946 年。
郭沫若：《郭沫若告四川青年书》，《四川月报》第 13 卷 1、2 期合刊（1938 年 7、8 月）。
郭沫若：《郭沫若全集·考古编》（第 10 卷），北京：科学出版社，2002 年。
郭沫若：《郭沫若全集·文学编》（第 14 卷），北京：人民文学出版社，1992 年。
郭沫若：《郭沫若书法集》，成都：四川辞书出版社，1999 年。
郭沫若：《郭沫若书简九封》，《中国现代文学研究丛刊》1986 年第 1 期。
郭沫若：《国防·污池·炼狱》，《文学界》第 1 卷第 2 号（1936 年 7 月）。
郭沫若：《合力作用》，《老百姓》创刊号（1946 年 6 月）。
郭沫若：《轰炸中来去》，上海：上海文艺研究社，1937 年。
郭沫若：《借问胡适——由当前的文化动态说到儒家》，《中华公论》创刊号（1937 年 7 月 20 日）。

郭沫若：《今天创作底道路》，《创作月刊》第1卷第1期（1942年3月）。
郭沫若：《今昔集》，重庆：东方书社，1943年。
郭沫若：《抗战与文化》，《自由中国》第1卷第3期（1938年6月20日）。
郭沫若：《孔雀胆》，上海：群益出版社，1946年。
郭沫若：《浪漫主义和现实主义》，《红旗》1958年第3期。
郭沫若：《历史·史剧·现实》，《戏剧月报》第1卷第4期（1943年4月）。
郭沫若：《历史人物》，上海：海燕出版社，1947年。
郭沫若：《论古代文学》，《学习生活》1942年第4期
郭沫若：《毛词和章·（四）郭沫若》，《客观》周刊1945年第8期（1945年12月29日）。
郭沫若：《摩登堂吉珂德的一种手法》，《周报》第46期（1946年7月）。
郭沫若：《沫若抗战文存》，上海：明明书局，1938年。
郭沫若：《沫若文集》第十一卷，北京：人民文学出版社，1959年。
郭沫若：《女神》，上海：泰东图书局，1921年。
郭沫若：《沁园春》，《新民报晚刊》1945年12月11日。
郭沫若：《屈原》，上海：开明书店，1935年。
郭沫若：《屈原研究》，重庆：群益出版社，1943年。
郭沫若：《全面抗战的再认识》，《抗战半月刊》第3期（1937年11月）。
郭沫若：《人民诗人屈原》，《人物杂志》第5、6期合刊（1950年）。
郭沫若：《人做诗与诗做人》，《半月文萃》第1卷第11、12期（1943年5月11日）。
郭沫若：《诗歌的创作（续）》，《文学》第2卷第4期（1944年11月）。
郭沫若：《十批判书》，上海：群艺出版社，1950年。
郭沫若：《豕蹄》，上海：不二书店，1936年。
郭沫若：《双簧》，《东方文艺》（创作专号）第1卷第3期（1936年6月25日）。
郭沫若：《蒐苗的检阅》，《文学界》第1卷第4号（1936年9月）。
郭沫若：《苏联纪行》，中外出版社，1946年。
郭沫若：《棠棣之花》，《时事新报·学灯增刊》1920年10月10日。
郭沫若：《天地玄黄》，大连：大众书店，1948年。
郭沫若：《文艺论集》，上海：光华书局，1929年。
郭沫若：《我的历史研究——序〈历史人物〉》，《大学》第6卷第3、4期合刊（1947年8月20日）。
郭沫若：《我的幼年》，上海：光华书局，1929年。
郭沫若：《向人民大众学习》，《文哨》创刊号（1945年5月）。
郭沫若：《序白毛女》，《文萃》周刊第2年第21期（1947年2月）。
郭沫若：《序我的诗》，《中外春秋》，1944年第3、4期。

郭沫若：《迎接新中国——郭沫若在香港战斗时期的佚文》，复旦学报（社会科学版）编辑部出版，出版时间未标注。
郭沫若：《由〈虎符〉说到悲剧精神》，《福建日报》1951年8月4日，第四版。
郭沫若：《羽书集》，香港：孟夏书店，1941年。
郭沫若：《战声集》，广州：战时出版社，1938年。
郭沫若：《战时宣传工作》，武汉：青年书店，1938年。
郭沫若：《战士如何学习与创作》，《战士月刊》创刊号（1943年3月）。
郭沫若：《中国的浮士德不会死——〈浮士德〉第二部译后记》，《文丛》1947年第2卷第29期。
郭沫若：《中国古代社会研究》，上海：现代书局，1929年。
郭沫若：《中苏文化之交流》，北京：生活·读书·新知三联书店，1949年。
郭沫若等著：《抗战将领访问记》，广州：战时出版社，出版时间不详（约为1938年）。
郭沫若讲，高原记：《王安石》，《青年知识》第1卷第3期（1945年）。
郭沫若先生讲：《苏联工业现状及其成功之关键》，《西南实业通讯》第12卷第1—2期。

何廉：《何廉回忆录》，朱佑慈等译，北京：中国文史出版社，1988年。
贺麟：《德国三大哲人处国难时之态度》，北平：大学出版社，1934年。
贺麟：《杨墨的新评价》，《建国导报》第1卷第14期（1944年12月）。
侯外庐：《韧的追求》，北京：生活·读书·新知三联书店，1985年。
侯外庐：《中国古典社会史论》，重庆：五十年代出版社，1943年。
胡风：《胡风全集》第6、7、9卷，武汉：湖北人民出版社，1999年。
胡风：《要普及也要提高》，《国民公论》第1卷第3号（1938年10月1日）。
胡风：《再返重庆（之四）——抗战回忆录之十八》，《新文学史料》1989年第3期。
胡乔木：《胡乔木回忆毛泽东》，北京：人民出版社，1994年。
胡适：《胡适文集》（第1集），北京：北京大学出版社，1998年。
胡适：《说儒》，《历史语言研究集刊》第四本第三分，1934年。
胡适：《谈新诗——八年来一件大事》，《星期评论》“双十节纪念专号”（1919年10月10日）。
胡适：《文学改良刍议》，《新青年》第2卷第5号（1917年1月1日）。
胡适：《吴虞文录》序，《吴虞文录》，上海：亚东图书馆，1921年。
胡愈之：《莫斯科印象记》，上海：新生命书局，1931年。
黄慕兰：《黄慕兰自传》，北京：中国大百科全书出版社，2012年。
黄修己编：《赵树理研究资料》，太原：北岳文艺出版社，1985年。
黄炎培：《黄炎培日记》第5、7卷，北京：华文出版社，2008年。
黄炎培：《黄炎培诗集》，北京：人民出版社，2014年。

黄炎培：《延安归来》，出版地未标注：华中新华书店印，1945年。
黄中模：《雷电的光辉》，《红岩》1979年第1期。

击檝词人（李一氓）：《九宫山》，无锡：苏南新华书店，1949年。
纪德：《纪德文集·游记卷》，由权、朱静译，广州：花城出版社，2001年。
贾谊：《吊屈原文一首并序》，《文选》，北京：中华书局，1977年。
翦伯赞：《历史哲学教程》，出版地未标注：生活书店，1938年。
江庸：《江庸诗选》，北京：中央文献出版社，2001年。
蒋光慈编：《俄罗斯文学》（上卷），上海：创造社出版部，1927年。
蒋骥：《山带阁注楚辞·楚辞余论卷（下）》。
蒋中正：《中国之命运》，重庆：正中书局，1943年。
教育部编：《战后新中国》，上海：中华书局，1946年。
金静庵：《静晤室日记》第6、8卷，沈阳：辽沈书社，1993年。

孔另镜编：《现代作家书简》，上海：生活书店，1936年。

老酸丁：《沁园春》其二，《合川日报》1945年12月6日。
黎靖德编：《朱子语类》第3卷，北京：中华书局，1986年。
黎泽济：《桑榆剩墨》，南昌：百花洲文艺出版社，1999年。
李初梨：《怎样地建设革命文学》，《文化批判》1928年2月15日。
李初梨：《自然生长性与目的意识性》，《思想》1928年第2期。
李一氓：《模糊的荧屏：李一氓回忆录》，北京：人民出版社，1992年。
梁启超：《墨子学案》，《饮冰室专集》之三十九，上海：中华书局，1936年。
梁启超：《饮冰室自由书·传播文明三利器》，《饮冰室合集》第1册，上海：中华书局，1936年。
梁启超：《中国历史研究法》，北京：中华书局，2009年。
梁实秋：《浪漫的与古典的》，上海：新月书店，1927年。
梁实秋：《文学与革命》，《新月》第1卷第4期（1928年6月10日）。
梁漱溟：《我努力的是什么——抗战以来自述》，《梁漱溟全集》第6卷，济南：山东人民出版社，1993年。
梁宗岱：《屈原（为第一届诗人节作）》，桂林：华胥出版社，1941年。
廖辅叔：《柳亚子先生言行小记》，《文史资料选辑》第69辑（1980年5月）。
林林：《文学论》，上海：光明书局，1936年。
凌鹤：《〈棠棣之花〉导演的自白》，《棠棣之花》，重庆：作家书屋，1942年。
刘白羽：《心路的历程》（中），《刘白羽文集》第9卷，北京：华艺出版社，1995年。

刘义庆：《世说新语》，北京：中华书局，2011 年。
刘毅庵著，雪生辑录：《脉望斋残稿》，《国粹学报》第 64 期。
柳亚子：《关于毛主席咏雪词的考证》，周永林编：《〈沁园春·雪〉论丛》，重庆：重庆出版社，2003 年。
柳亚子：《怀旧集》，上海：耕耘出版社，1946 年。
柳亚子：《柳亚子文集：书信辑录》，上海：上海人民出版社，1985 年。
柳亚子：《磨剑室诗词集》，上海：上海人民出版社，1985 年。
柳亚子：《磨剑室文录》，上海：上海人民出版社，1993 年。
柳亚子著，柳无忌编：《南明史纲、史料》，上海：上海人民出版社，1994 年
柳亚子：《自传·年谱·日记》，上海：上海人民出版社，1986 年。
鲁迅：《鲁迅全集》第 3、9 卷，北京：人民文学出版社，2005 年。
鲁迅：《呐喊·自序》，《晨报·文学旬刊》1928 年 8 月 21 日。
鲁迅：《苏联闻见录序》，林克多《苏联闻见录》，上海大光书局，1936 年。
鲁迅：《为了忘却的记念》，《现代》第 2 卷第 6 期（1933 年 4 月 1 日）。
陆侃如：《屈原》，上海：亚东图书馆，1923 年。
罗曼·罗兰著，袁俊生译：《莫斯科日记》，桂林：广西师范大学出版社，2003 年。
罗荪：《关于调整当前刊物的诸问题》，《战斗》旬刊第 1 卷第 12 期（1938 年）。

马克思、恩格斯：《马克思恩格斯选集》第 1 卷，北京：人民出版社，1972 年。
马克斯、恩格斯：《德意志意识形态》，郭沫若译，出版地未标注：言行出版社，1938 年。
曼昭、胡朴安：《南社诗话两种》，北京：中国人民大学出版社，1997 年。
毛泽东：《建国以来毛泽东文稿》第 13 卷，北京：中共文献出版社，1998 年。
毛泽东：《毛泽东书信选集》，北京：人民出版社，1983 年。
毛泽东：《毛泽东文集》第 3 卷，北京：人民出版社，1996 年。
茅盾：《广"差不多"说》，《战斗》旬刊第 2 卷第 4 期（1938 年 2 月 18 日）。
茅盾：《抗战与文艺》，《现代评坛》第 4 卷第 11 期（1939 年 2 月 5 日）。
茅盾：《苏联见闻录》，上海：开明书店，1948 年。
茅盾：《在反动派压迫下斗争和发展的革命文艺——十年来国统区革命文艺运动报告提纲》，《中华全国文学艺术工作者代表大会纪念文集》，出版地未标注（应为北京）：新华书店，1950 年。

南方局党史资料编辑小组编：《南方局党史资料·文化工作》，重庆：重庆出版社，1990 年。
南伊：《中国诗人节的诞生》，《物调旬刊》第 49 期（1948 年 6 月 15 日）。
聂绀弩：《胡风的水准》，《早醒记》，桂林：远方书店，1942 年。

潘孑农：《〈屈原〉的演出及其它》，《四川大学学报丛刊》1982年第13辑。
潘孑农：《〈屈原〉读后》，《时事新报》1942年4月3日，第四版。
佩忍（陈去病）：《论戏剧之有益》，《二十世纪大舞台》第1期（1904年10月）。

钱穆：《驳胡适之〈说儒〉》，《学思杂志》1942年第1卷第1期。
钱穆：《国史大纲》（上、下），上海：国立编译馆，1947年。
钱玄同：《〈尝试集〉序》，《新青年》第4卷第2号（1918年2月15日）。
瞿秋白：《多余的话》，南昌：江西教育出版社，2009年。
瞿秋白：《瞿秋白文集》（文学编）第2卷，北京：人民文学出版社，1986年。
瞿秋白：《瞿秋白游记》，北京：东方出版社，2007年。

上田进：《苏联文学的展望》，《文学杂志》第1卷第3、4期（1933年8月15日）。
上田进：《苏联文学底近况》，《国际每日文选》1933年第31期。
沈尹默：《石鼓文研究·沈序》，郭沫若著《石鼓文研究 诅楚文考释》，北京：科学出版社，1982年。
舒芜：《舒芜口述自传》，北京：中国社会科学出版社，2002年。
斯诺：《西行漫记》，王厂青等译，出版地未标注：复社印行，1938年。
宋春舫：《宋春舫论剧》第一集，上海：中华书局，1923年。
宋丛：《郭沫若题富贵砖拓墨诗》，《社会科学辑刊》1979年第3期；
孙本文：《现代中国社会问题》（第二册），重庆：商务印书馆，1943年。
孙陵：《我熟识的三十年代作家》，台北：成文出版社有限公司，1980年。

韬奋：《关于政治工作的重要决议》，《全民抗战》（五日刊）第43号（1938年12月20日）。
韬奋：《萍踪寄语　三集》，出版地未标注：生活书店，1935年。
陶亢德编：《苏联见闻》，上海：宇宙风社，1938年。
陶希圣：《潮流与点滴》，台北：传记文学出版社，1979年。
田汉：《AB对话——寿沫若先生五十之一》，《文艺生活》第1卷第3期（1941年11月15日）。
田寿昌、宗白华、郭沫若：《三叶集》，上海：亚东图书馆，1920年。
屠建业：《郭沫若的挚友柳倩》，《纵横》2007年第11期。

危涟漪：《毛泽东"红装素裹"》，《新闻天地》第10期（1946年2月20日）。
闻一多：《人民诗人屈原》，《诗与散文》"诗人节特刊"（1945年6月）。
闻一多：《什么是儒家——中国士大夫研究之一》，《民主周刊》第1卷第5期（1945

年1月13日)。
闻一多:《诗与批评》,《火之源》文艺丛刊第2、3辑合刊(1944年9月1日)。
闻一多:《闻一多全集》,开明书店,1948年。
闻一多:《西南采风录》闻序,刘兆吉编:《西南采风录》,上海:商务印书馆,1946年。
(翁)植耘:《郭沫若与陈布雷》,《战地》1980年第4期。
翁植耘:《文化堡垒——回忆郭老领导的文化工作委员会》,翁植耘、屈楚等编著:《在反动堡垒里的斗争——忆解放前重庆的文化生活》,重庆:重庆出版社,1982年。
吴宓著,吴学昭整理:《吴宓诗集·南渡集》,北京:商务印书馆,2004年。
吴奚如:《郭沫若同志与党的关系》,《新文学史料》1980年第2期。
吴耀辉、卢之章主编:《尹默二十年祭》,北京:北京燕山出版社,1991年。
吴祖光:《话说〈沁园春·雪〉》,《新文学史料》1978年第1期。

西谛:《文学与革命》,《文学旬刊》1921年第9期。
夏衍:《懒寻旧梦录》,北京:生活·读书·新知三联书店,1985年。
谢冰莹:《于立忱之死——是郭沫若害死她的》,《传记文学》(台湾)第65卷第6期,1990年。
辛人:《论浪漫主义》,《芒种》第1卷第3期(1935年4月5日)。
辛如:《新浪漫主义》,《实报半月刊》第2年第4期(1936年12月1日)。
新华月报资料室编:《悼念郭老》,北京:生活·读书·新知三联书店,1979年。
熊瑾玎:《惊人的生产展览和秧歌演出》,《〈新华日报〉的回忆》,成都:四川人民出版社,1979年。
徐迟:《重庆回忆》,《作家在重庆》,重庆:重庆出版社,1983年。
徐贡真:《建国历详解·阴历五月初五日　诗人节》,《文化先锋》第2卷第8期(1943年6月1日)。
徐中玉:《郭沫若到重庆中央大学演讲》,华道一编:《海上春秋》,上海:上海书店出版社,1992年。
许涤新:《对南方局统战工作的回忆》,《重庆文史资料》第18辑,中国人民政治协商会议四川省重庆市委员会文史资料研究委员会编,1983年。
玄珠(茅盾):《楚辞与中国神话》,《文学周报》第6卷第8期(1928年3月)。
玄珠(茅盾):《中国神话的保存》,《文学周报》第6卷第15、16期合刊(1928年5月)。

阳翰笙:《第三厅——国统区抗日民族统一战线的一个战斗堡垒[一]》,《新文学史料》1980年第4期。

阳翰笙：《第三厅——国统区抗日民族统一战线的一个战斗堡垒［二］》，《新文学史料》1981年第1期。
阳翰笙：《第三厅——国统区抗日民族统一战线的一个战斗堡垒［三］》，《新文学史料》1981年第2期。
阳翰笙：《第三厅——国统区抗日民族统一战线的一个战斗堡垒［四］》，《新文学史料》1981年第3期。
阳翰笙：《第三厅——国统区抗日民族统一战线的一个战斗堡垒［五］》，《新文学史料》1981年第4期。
阳翰笙：《阳翰笙日记选》，成都：四川文艺出版社，1985年。
阳翰笙：《战斗在雾重庆——回忆文化工作委员会的斗争》，《新文学史料》1984年第1期。
杨洁：《杨洁自述：我的九九八十一难》，北京：中国人民大学出版社，2014年。
姚雪垠：《关于长篇历史小说〈李自成〉》，上海：上海文艺出版社，1979年。
叶青：《关于〈甲申三百年祭〉及其他》，重庆：独立出版社，1944年8月。
叶圣陶：《诗人节致辞》，《华西晚报》1945年6月13日。
易嘉（瞿秋白）：《革命的浪漫谛克——〈地泉〉序》，《地泉》，上海：湖风书局，1932年。
殷尘（金同祖）：《郭沫若归国秘记》，上海：言行社，1945年；
殷筱芷：《中国哲学史研究中实验主义的歪曲》，《理论与现实》第2卷第3期（1941年1月15日）。
于右任著，杨博文辑录：《于右任诗词集》，长沙：湖南人民出版社，1984年。
俞仲文：《关于〈屈原〉及其在重庆的演出》，《重庆文史资料选辑》第6辑，中国人民政治协商会议四川省重庆市委员会文史资料研究委员会，1980年。
郁达夫：《郁达夫全集》第6、9卷，杭州：浙江文艺出版社，1992年。
袁枚：《随园诗话》，北京：人民文学出版社，1982年。
云彬：《屈原与儒家精神》，《青年文艺》第1卷第1期（1942年10月10日）。

臧克家：《新诗旧诗我都爱》，《文艺报》1962年第5—6期。
臧克家：《中国抗日战争时期大后方文学书系·第六编·诗歌》序，重庆：重庆出版社，1989年。
臧云远：《雾城诗话》，《南京艺术学院学报（美术与设计版)》1983年第4期。
张东荪主编：《唯物辩证法论战》（上），北平：民友书局，1934年。
张厚墉：《毛泽东先生的词》，《平论》1945年第9期。
张季鸾：《苏俄视察记·序四》，《苏俄视察记》，天津大公报馆出版社，1931年。
张肩重：《在郭老周围的日子里》，《四川大学学报丛刊》第8辑，1980年。

张元济：《张元济全集》第4卷，北京：商务印书馆，2008年。
张志强辑：《郭沫若在沪期间的一组史料》，《郭沫若学刊》1991年第2期。
张资平：《由自然主义至新浪漫主义转换期之德国文学》，《青年与战争》第4卷第6期“革新号”（1934年5月13日）。
章士钊：《近诗废疾》，《文史杂志》第5期（1941年6月11日）。
章士钊：《章士钊诗词集》，长沙：湖南人民出版社，2009年。
章太炎：《国故论衡》，北京：商务印书馆，2010年。
赵铭彝、白苧：《重庆抗战剧运第五年演出总批判》，《戏剧月报》第1卷第1期。
赵园：《明清之际士大夫研究》，北京：北京大学出版社，1999年。
郑超麟：《郑超麟回忆录》（上），北京：东方出版社，2004年。
郑大华：《“九·一八”事变后费希特民族主义思想的系统传入与影响》，《近代史研究》2009年第6期。
郑之东：《回忆〈新华副刊〉》，《新华日报的回忆》，成都：四川人民出版社，1979年。
知堂：《甲申怀古》，《古今》“两周年纪念号”（1944年4月1日）。
中共重庆市委党史工作委员会编：《南方局领导下的重庆抗战文艺运动》，重庆：重庆出版社，1989年。
中共中央文献研究室编：《周恩来年谱》，北京：中央文献出版社，1998年。
中国第二历史档案馆编：《中国国民党中央执行委员会常务委员会会议录》第23册，桂林：广西师范大学出版社，2000年。
中国人民政治协商会议江苏省吴江县委员会文史资料研究委员会编：《柳亚子先生诞辰一百周年纪念专辑》，1987年。
中国社会科学院新闻研究所编：《中国共产党新闻工作文件汇编》（上），北京：新华出版社，1980年。
中华书局上海编辑所编：《清诗话》，北京：中华书局，1963年。
中央档案馆编：《中共中央文件选集》第13册，北京：中共中央党校出版社，1991年。
周恩来：《周恩来书信选集》，北京：中央文献出版社，1988年。
周而复：《往事回首录》（上部），北京：文化艺术出版社，2004年。
周钢鸣：《诗人与人民之间》，《中国诗坛》1946年第1期。
周起应（扬）：《关于“社会主义的现实主义与革命的浪漫主义”》，《现代》第4卷第1期（1933年11月1日）。
周文：《周文文集》第4卷，北京：作家出版社，2010年。
周作人：《扬鞭集序》，《语丝》第82期（1926年6月7日）。
朱光潜：《刚性美与柔性美》，《文学季刊》第3期（1934年7月1日）。
朱希祖：《朱希祖日记》（中），北京：中华书局，2012年。
朱熹注：《四书章句集注》，北京：中华书局，1983年。

朱自清：《诗言志辨》，开明书店，1947年。
邹韬奋：《经历》，上海：生活书店，1937年。

中文版研究论著

W. J. T. 米切尔：《帝国的风景》，米切尔编：《风景与权力》，南京：译林出版社，2014年。

阿多诺：《美学理论》，王柯平译，成都：四川人民出版社，1998年。
阿伦特：《论革命》，陈周旺译，南京：译林出版社，2011年。
艾晓明：《中国左翼文学思潮探源》，北京：北京大学出版社，2007年。

巴赫金：《巴赫金全集》第6卷，夏忠宪译，石家庄：河北教育出版社，2009年。
保罗·德曼：《解构之图》，李自修译，北京：中国社会科学出版社，1998年。
本雅明：《德意志悲苦剧的起源》，李双志、苏伟译，北京：北京师范大学出版社，2013年。
本雅明：《发达资本主义时代的抒情诗人》，张旭东、魏文生译，北京：生活·读书·新知三联书店，2007年，第二版。
本雅明：《作为生产者的作者》，王秉钧等译，郑州：河南大学出版社，2014年。
本雅明著，阿伦特编：《启迪：本雅明文选》，张旭东、王斑译，北京：生活·读书·新知三联书店，2008年。
柏拉图：《柏拉图全集》（第二卷），王晓朝译，北京：人民出版社，2003年。
布莱希特：《布莱希特论戏剧》，丁扬忠等译，北京：中国戏剧出版社，1990年。

蔡震、高远东、刘纳、冯奇：《关于郭沫若研究的漫谈》，《中国现代文学研究丛刊》1992年第2期。
蔡震：《从文献史料看郭沫若主政三厅始末》，《新文学史料》2012年第3期。
蔡震：《郭沫若流亡日本期间若干旧体佚诗考》，《新文学史料》2011年第3期。
蔡震：《郭沫若生平文献史料考辨》，北京：社会科学文献出版社，2014年。
蔡震：《郭沫若用寺字韵诗作考》，《郭沫若学刊》2011年第3期。
蔡震：《关于郭沫若的〈芽生の二葉〉一文》，《郭沫若学刊》2008年第3期。
陈俐：《论郭沫若在四十年代民族文化建设中的话语转型——兼析“党喇叭”说》，《郭沫若学刊》2003年第2期。
陈平原：《触摸历史与进入五四》，北京：北京大学出版社，2010年。
陈平原：《有声的中国——“演说”与中国现代文章的变革》，《文学评论》2007年第

3 期。
陈晓兰编：《想象异国：现代中国海外旅行与写作研究》，合肥：安徽人民出版社，2012 年。
陈寅恪：《元白诗笺证稿》，上海：上海古籍出版社，1978 年。
程光炜：《文化的转轨——“鲁郭茅巴老曹”在中国》，北京：光明日报出版社，2004 年。
程凯：《当还是不当“留声机”?——后期创造社“意识斗争”的多重指向与革命路径之再反思》，《中国现代文学研究丛刊》2006 年第 2 期。
程凯：《国民革命与“左翼文学思潮”发生的历史考察（1925—1929)》，北京大学博士学位论文，2004 年。

邓野：《联合政府与一党训政：1944—1946 年间国共政争》（修订本），北京：社会科学文献出版社，2011 年。
丁东编：《反思郭沫若》，北京：作家出版社，1998 年。
丁茂远编著：《〈郭沫若全集〉集外散佚诗词考释》，杭州：浙江大学出版社，2014 年。
杜维明：《道学政：论儒家知识分子》，上海：上海人民出版社，2000 年。
段从学：《郭沫若史实二题》，《郭沫若学刊》2006 年第 3 期。
段从学：《“文协”与抗战时期文艺运动》，北京：北京大学出版社，2012 年。

恩斯特・卡西尔：《国家的神话》，范进等译，北京：华夏出版社，1990 年。

方授楚：《墨学源流》，上海：中华书局，1937 年。
方锡德：《老舍、吴组缃与“抗战人名诗”》，《现代中文学刊》2010 年第 2 期。
冯友兰：《新原道》，重庆：商务印书馆，1945 年。
冯友兰：《中国哲学简史》，涂又光译，北京：北京大学出版社，2010 年。
菲利普・拉库－拉巴尔特、让－吕克・南希：《文学的绝对：德国浪漫派文学理论》，张小鲁等译，南京：译林出版社，2012 年。

高华：《革命年代》，广州：广东人民出版社，2010 年。
高辛勇：《修辞学与文学阅读》，北京：北京大学出版社，1997 年。
葛兰西：《狱中札记》，葆煦译，北京：人民出版社，1983 年。
葛兰西：《葛兰西文选》，李鹏程编，北京：人民出版社，2008 年。
龚济民、方仁念：《郭沫若年谱》上、中、下三卷，天津：天津人民出版社，1992 年。
龚明德：《旧日笺》，北京：中华书局，2013 年。
沟口雄三：《李卓吾・两种阳明学》，李晓东译，北京：生活・读书・新知三联书店，

2014 年。
郭辉：《民国国家仪式研究》，华中师范大学博士学位论文，2012 年。

韩非子：《显学篇》，王先慎：《韩非子集解》，北京：中华书局，1998 年。
何刚：《郭沫若〈驳《说儒》〉撰写缘起初论》，《新文学史料》2014 年第 4 期。
黑格尔：《历史哲学》，王造时译，上海：上海书店出版社，2006 年。
黄晓武：《马克思主义与主体性：抗战时期胡风的“主观论”研究》，北京：中央编译出版社，2012 年。
黄中模编：《郭沫若历史剧〈屈原〉诗话》，成都：四川人民出版社，1981 年。
霍布斯鲍姆：《极端的年代》，马凡等译，南京：江苏人民出版社，2011 年。
霍布斯鲍姆：《民族与民族主义》，李金梅译，上海：上海人民出版社，2000 年。
霍布斯鲍姆等著：《传统的发明》，顾杭、庞冠群译，南京：译林出版社，2008 年。

贾振勇：《诗与政治的共鸣：1940 年代的郭沫若及其抗战历史剧》，《东岳论丛》2009 年第 8 期。
姜涛：《解剖室中的人格想象：对郭沫若早期诗人形象的扩展性考察（初稿）》，《新诗与浪漫主义学术研讨会论文集》，北京：2011 年。

卡尔·曼海姆：《文化社会学论集》，艾彦、郑也夫、冯克利译，沈阳：辽宁教育出版社，2003 年。
卡尔·曼海姆：《意识形态与乌托邦》，黎鸣译，北京：商务印书馆，2000 年。
卡尔·施密特：《政治的概念》，刘宗坤等译，上海：上海人民出版社，2004 年。
卡尔·施密特：《政治的浪漫派》，冯克利、刘峰译，上海：上海人民出版社，2004 年。
克劳塞维慈：《战争论》，柳若水译，上海：辛垦书店，1934 年。
旷新年：《1928：革命文学》，济南：山东教育出版社，1998 年。

蓝剑虹：《回到史坦尼斯拉夫斯基》，台北：唐山出版社，2002 年。
老舍作，张桂兴编注：《老舍旧体诗辑注》，北京：中国国际广播出版社，2000 年。
李斌：《〈静晤室日记〉中的郭沫若》，《郭沫若学刊》2014 年第 2 期。
李长之：《〈棠棣之花〉》，《文艺先锋》第 1 卷第 4 期（1942 年 11 月 25 日）。
李书磊：《1942：走向民间》，济南：山东教育出版社，1998 年。
李孝悌：《清末的下层社会启蒙运动 1901—1911》，台北：“中央研究院”近代史研究所专刊，1992 年。
李杨：《“经”与“权”：〈讲话〉的辩证法与“幽灵政治学”》，《中国现代文学研究丛刊》2013 年第 1 期。

李怡：《隔岸的观看——台湾郭沫若研究一瞥》，《中国社会科学论坛文集·郭沫若与文化中国》，北京：中国社会科学出版社，2013年。

李怡：《开拓中国“革命文学”研究的新空间——建构现代大文学史观》，《探索与争鸣》2015年第2期。

李怡：《战时复杂生态与中国现代文学的成熟——现代大文学史观之一》，《北京师范大学学报（社会科学版）》2014年第3期。

李泽厚：《中国古代思想史论》，北京：人民出版社，1985年。

力平、方铭主编：《周恩来年谱：1898—1949》（修订本），北京：中央文献出版社，1998年。

廖久明：《郭沫若归国与郁达夫所起作用考》，《新文学史料》2010年第3期；《郭沫若归国与王芃生所起作用考》，《新文学史料》2011年第3期；《郭沫若归国与共产党所起作用考》，《郭沫若与中国文化——纪念郭沫若诞辰120周年国际学术研讨会论文集》（下），乐山，2012年。

刘纳：《旧形式的诱惑——郭沫若抗战时期的旧体诗》，《中国现代文学研究丛刊》1991年第3期。

卢卡奇：《历史与阶级意识》，杜章智等译，北京：商务印书馆，1999年。

罗兰·巴特：《罗兰·巴特文集·文艺批评文集》，怀宇译，北京：中国人民大学出版社，2010年。

麦克卢汉（McLuhan）：《理解媒介：论人的延伸》，何道宽译，南京：译林出版社，2011年。

蒙雨：《胡风与舒芜的“反郭文”考论》，《中国现代文学研究丛刊》2013年第8期。

孟华主编：《比较文学形象学》，北京：北京大学出版社，2001年。

孟文博：《郭沫若前期文艺论著校勘与发现》，山东师范大学博士论文，2014年。

缪钺：《评郭沫若著〈屈原研究〉》，《思想与时代》第29期（1943年12月1日）。

木山英雄著，赵京华译：《〈沁园春·雪〉的故事——诗之毛泽东现象》，《中国现代文学研究丛刊》2003年第4期。

尼采：《古修辞学描述》，屠友祥译，上海：上海人民出版社，2001年。

潘光哲：《郭沫若与〈甲申三百年祭〉》，《“中央研究院”近代史研究所集刊》第30期（1998年12月）。

裴宜理：《重访中国革命：以情感的模式》，《中国学术》（刘东编）第8辑（2001年4月）。

普实克：《抒情与史诗》，郭建玲译，上海三联书店，2010年。

齐思和:《评〈十批判书〉》,《燕京学报》第30期(1946年6月)。

钱理群:《大小舞台之间——曹禺戏剧新论》,北京:北京大学出版社,2007年。

钱理群:《关于20世纪40年代大文学史研究的断想》,《中国现代文学研究丛刊》2005年第1期。

钱理群:《漫话四十年代小说思潮》,《对话与漫游》,上海:上海文艺出版社,1999年。

钱穆:《阳明学述要》,北京:九州出版社,2010年。

萨义德:《东方学》,王宇根译,北京:生活·读书·新知三联书店,2007年。

桑兵:《晚清学堂学生与社会变迁》,桂林:广西师范大学出版社,2007年。

施瓦支(舒衡哲):《中国的启蒙运动——知识分子与五四运动》,李国英等译,太原:山西人民出版社,1989年。

石玉昆、张树德:《诗词为媒:毛泽东与柳亚子》,北京:中共中央党校出版社,1999年。

孙党伯:《论郭沫若的浪漫主义文学主张》,《武汉大学学报(社会科学版)》1992年第6期。

孙玉石:《郭沫若浪漫主义新诗本体观探论》,《北京大学学报(哲学社会科学版)》1993年第4期。

孙诒让:《墨子间诂》,北京:中华书局,2001年。

田本相、杨景辉:《〈棠棣之花〉——走向成熟的标志》,《辽宁师院学报(社会科学版)》1982年第4期。

汪宏伦编:《战争与社会:理论、历史、主体经验》,台北:联经出版事业股份有限公司,2014年。

汪辟疆:《近代诗派与地域》,《汪辟疆文集》,上海:上海古籍出版社,1988年。

王船山:《楚辞通释》,北京:中华书局,1975年。

王德威:《国家不幸书家幸——台静农的书法与文学》,吴盛青、高嘉谦编《抒情传统与维新时代》,上海:上海文艺出版社,2012年。

王德威:《抒情传统与中国现代性:在北大的八堂课》,北京:生活·读书·新知三联书店,2010年。

王德威:《现代中国小说十讲》,上海:复旦大学出版社,2003年。

王冬冬:《1940年代的诗歌与民主》,北京大学博士论文,2014年。

王汎森:《傅斯年:中国近代历史与政治的个体生命》,北京:生活·读书·新知三联书店,2012年。

王富仁：《当前中国现代文学研究中的若干问题》，《中国现代文学研究丛刊》1996年第2期。
王国维：《屈子文学之精神》，《王国维文集》（一），北京：中国文史出版社，1997年。
王国维：《殷周制度论》，《观堂集林》，北京：中华书局，1959年。
王继权、姚国华、徐培均：《郭沫若旧体诗词系年注释》（下），哈尔滨：黑龙江人民出版社，1984年。
王家康：《〈孔雀胆〉创作过程中的民族因素》，《聚散离合的文学时代（1937—1952）》会议论文集，2013年。
王家康：《抗战时期思想文化背景中的历史剧写作》，北京大学博士论文，2003年。
王锦厚、伍加伦、肖斌如编：《郭沫若佚文集》，成都：四川大学出版社，1988年。
王锦厚：《抗战戏剧史话》，《抗战文艺研究》1987年第2期；
王奇生：《党员、党权与党争：1924—1949年中国国民党的组织形态》，上海：上海书店出版社，2009年。
王瑶：《郭沫若的浪漫主义历史剧创作理论》，《文学评论》1983年第3期。
威廉斯：《乡村与城市》，韩子满等译，北京：商务印书馆，2013年。
韦君宜：《思痛录》，北京：北京十月文艺出版社，1998年。
魏斐德：《历史与意志：毛泽东思想的哲学透视》，李君如等译，北京：中国人民大学出版社，2005年。
魏建：《郭沫若"两极评价"的再思考》，《山东师范大学学报（人文社会科学版）》2012年第6期。
温儒敏：《浅议有关郭沫若的两极阅读现象》，《中国文化研究》2001年第1期。
闻黎明：《第三种力量与抗战时期的中国政治》，上海：上海书店出版社，2004年。
闻一：《封存日记五十年的神话》，《读书》1999年第4期。
吴晓东：《建立多元化的文学史观》，《中国现代文学研究丛刊》1996年01期。
吴晓东：《文学性的命运》，广州：广东人民出版社，2014年。
吴晓东：《现代小说的诗学视域》，《记忆的神话》，北京：新世界出版社，2001年。

肖斌如、孙继林：《郭沫若与柳亚子交谊琐记》，《郭沫若学刊》1987年第1期。
小谷一郎：《东京"左联"重建后留日学生文艺活动》，王建华译，上海：上海社会科学院出版社，2012年；
小谷一郎：《论东京"左联"重建后旅日中国留学生的文艺活动》，《中国现代文学研究丛刊》2006年第2期。
谢保成：《还其本来面目——重读〈甲申三百年祭〉》，《郭沫若研究》第12辑，北京：文化艺术出版社，1998年。
谢无量：《楚词新论》，上海：商务印书馆，1923年。

解志熙：《文学史的“诗与真”》，北京：北京大学出版社，2013 年。

亚里士多德：《诗学》，陈中梅译，北京：商务印书馆，1996 年。
亚里斯多德：《诗学》，罗念生译，上海：上海人民出版社，2005 年。
亚里斯多德：《修辞学》，罗念生译，北京：生活·读书·新知三联书店，1991 年。
阎布克：《士大夫政治演生史稿》，北京：北京大学出版社，1995 年。
杨伯峻编著：《春秋左传注》第 2 册，北京：中华书局，2009 年。
杨念群：《何处是江南：清朝正统观的确立与士林精神世界的变异》，北京：生活·读书·新知三联书店，2010 年。
杨天石：《寻找真实的蒋介石》，太原：山西人民出版社，2008 年。
伊格尔顿：《沃尔特·本雅明或走向革命批判》，郭国良、陆汉臻译，南京：译林出版社，2005 年。
伊藤虎丸：《鲁迅、创造社与日本文学——中日近现代比较文学初探》，孙猛、徐江、李冬木译，北京：北京大学出版社，2005 年。
以赛亚·伯林：《俄国思想家》，彭淮栋译，南京：译林出版社，2011 年。
以赛亚·伯林：《浪漫主义的根源》，吕梁等译，南京：译林出版社，2011 年。
游国恩：《楚辞概论》，北京：述学社，1926 年。
余英时：《士与中国文化》，上海：上海人民出版社，2003 年。
余英时：《中国近代思想史上的胡适》，《重寻胡适历程：胡适生平与思想再认识》，桂林：广西师范大学出版社，2004 年。
余英时：《朱熹的历史世界：宋代士大夫政治文化的研究》，北京：生活·读书·新知三联书店，2004 年。
俞兆平：《浪漫主义在中国的四种范式》，《天津社会科学》2010 年第 6 期。
袁一丹：《北平沦陷时期读书人的伦理境遇与修辞策略》，北京大学博士论文，2013 年。
袁一丹：《诗可以群——康白情与“少年中国”的离合》，《新诗评论》2011 年第 2 辑。

曾健戎、王大明编：《〈屈原〉研究》，重庆地方史资料丛刊，1985 年。
曾健戎编：《郭沫若在重庆》，西宁：青海人民出版社，1982 年。
曾履川：《颂橘庐丛稿》第 4 册，香港：新华印刷股份公司，1961 年。
子安宣邦：《国家与祭祀》，董炳月译，北京：生活·读书·新知三联书店，2007 年。
詹姆逊：《布莱希特与方法》，陈永国译，北京：中国社会科学出版社，1998 年。
詹姆逊：《政治无意识》，王逢振、陈永国译，北京：中国社会科学出版社，1999 年。
张晖：《帝国的流亡》，北京：中国社会科学出版社，2014 年。
张恬：《张友鸾早期文学活动——兼及一些珍贵的文学史料》，《新文学史料》1990 年第 3 期。

张旭春：《“时间性的修辞”——英国浪漫主义的解构阅读》，《四川外语学院学报》2003年第1期。

张旭春：《政治的审美化与审美的政治化——现代性视野中的中英浪漫主义思潮》，北京：人民出版社，2004年。

竹内好：《近代的超克》，孙歌编，李冬木、赵京华、孙歌译，北京：生活·读书·新知三联书店，2005年。

竹内实：《毛泽东的诗与人生》，张会才译，北京：中国文艺出版社，2002年。

国外研究论著

（按照编著者英文首字母顺序排列）

Alan Radley: *Artefacts: Memory and a Sense of the Past*, Middleton & Edwards ed.: *Collective Remembering*, London: Sage, 1990.

David Der-wei Wang: *the Monster that is History: History, Violence, and Fictional Writing in Twentieth-century China*, Berkeley and Los Angeles: University of California Press, 2004.

Ernst Bloch: *Heritage of Our Times*, Translated by Neville and Stephen Plaice, Polity Press, 1991.

Frederick C. Beiser: *Enlightenment, Revolution, and Romanticism*, Cambridge: Harvard University Press, 1992.

G. H. Hartman: *Romanticism and "Anti-self-consciousness"*, Harold Blood, ed.: *Romanticism and Consciousness: Essays in Criticism*, New York: W. W. Norton & Co., 1970.

Haiyan Lee: *Revolution of the Heart: A Genealogy of Love in China, 1900—1950*, Stanford: Stanford University Press, 2007.

Henry Wallace: T*he Century of the Common Man*, see *Prefaces to Peace*.

Kristin Stapleton: *Civizing Chengdu: Chinese Urban Reform, 1895—1937*, Cambridge: Harvard University Press, 2000.

M. H. Abrams: *English Romanticism: The Spirit Of The Age*, Northrop Frye ed.: *Romanticism Reconsidered*, New York & London: Columbia University Press, 1963.

Pu Wang: The Phenomenology of "Zeitgeist": Guo Moruo and the Chinese Revolution, A dissertation of New York University, 2012.

Rose Jui Chang Chen: *Human Hero and Exiled God: Chinese Thought in Kuo Mo-jo's Chu Yuan*, A dissertation of University of Detroit, 1977.

后记

说起郭沫若，我们可说是既熟悉又陌生。熟悉的地方在于郭沫若是著名作家，也是一个公众人物，而且关于他的说法也是众说纷纭，大家多少都知道一点，说不定还能随口批判几句；至于说陌生，则是郭沫若的人生经历到底如何，他那么多作品到底写了什么，问津者不多。

现在青年接触郭沫若的作品，主要来源还是课本所收录的他早期的诗作，如《天上的街市》《静夜》，传播较广的则有诗集《女神》和话剧《屈原》等，给人的印象多是抒情的、浪漫的，之后如有机会进一步了解文学史，郭沫若的浪漫形象会得到进一步加强，并被诠释为“五四”个性解放潮流的表征。郭沫若的人生经历也带有浪漫色彩，他学医时贸然闯入文坛，居然赢得大名，后来还一度弃文从戎，有一枚“戎马书生”印，很是珍惜。

郭沫若的作品看起来似乎很简单。浪漫谁不知道呢？而且谁年轻的时候不是浪漫者呢？在很多人看来，浪漫就是情感冲动的代名词。郭沫若在从军之后，曾“自作主张”扣押贪墨的官员，便被人批评为情感家。读者对浪漫的标签化认知，郭沫若自己也有生动的描摹，在《创造十年续编》中他就说：“Romanticism 被音译成‘浪漫’，这东西似乎也就成为了一种‘吊尔郎当’。阿拉是写实派，侬是浪漫派，或则那家伙是浪漫派，接着是嗤之以鼻，哼了。”模拟的上海市井口吻，让人不难感受创造社同仁当时的文化处境。

具体到郭沫若的诗歌、话剧等作品，自20世纪80年代中期以来，在“现代主义”文学逐渐占据文学价值高位以来，郭沫若的作品相对来说似乎也变得简单了。且不说《百花齐放》这类关注者本来就不多的作品，即便是《女神》《屈原》这些曾引起文坛轰动并成为现代文学史上无法回避的重头戏，也似乎缺乏可读性，即缺乏类似现代主义作品的形式复杂性。郭沫若的作品，形式无拘束，多直陈其情，说到底还是浪漫主义的底子，看起来气势汹汹，细看却如清澈江水，让人一望见底，缺乏余韵。这在研究注重可写性文本的时代，不免要遇冷。

至于郭沫若其人，似乎就更简单。他早年弃医从文，后投笔从戎，大革命失败后转入学术，抗战军兴，再度投笔……看起来曲折，但无论从哪种身份而言似乎又都不够复杂。即便在文学领域，也因与鲁迅经历的相似，以及二人之间的恩怨，便常有以鲁律郭的现象。1949年之后，郭沫若的诸多政治表态，尤其是“文革”时期的自我否定，在新时期也成为他的一大污点。因而，现在谈论郭沫若其人，最简单又最保险的方式就是质疑与批评。

文学史叙述的标签化、其作品在现代文学视域下的均质化，以及大众谈论郭沫若时不自觉流露出的道德姿态，构成郭沫若在当代的基本处境之一。当然，这种待遇不独郭沫若为然，像20世纪90年代中期王一川推出的“重排大师座次”事件，不仅郭沫若的座次大大后移，茅盾甚至被排除在外，当时让不少人大跌眼镜。实际上这个现象不难理解，不同的文学史叙述是由不同的史观所决定，政治以及何种政治、美学及何种审美标准，其结果可能相差很大，而王一川本来就明确声明了他的标准是纯文学的，那么郭沫若、茅盾等经典革命作家的文学史位置被移后，也不必过于惊奇。说到底，郭沫若、茅盾等革命作家在90年代的冷遇，甚至是负面评价，很大程度上正是市场经济所必需的政治正确，也就是说，在那个去革命化的时代，对革命作家的检讨和批评，是为正在进行的改革提供思想和意识形态的准备。

不过问题在于，对于革命作家而言，他们的作品恰恰难以单纯地置于纯文学或现代主义形式美学创新的框架内讨论，因为他们的作品大多具有明确的时代性：或顺乎特定的时代思潮，或回应具体的时代问题；反过来看，则是左翼文学的形式创新不仅是美学的，也是政治的，正如布莱希特的史诗剧，创造新的戏剧形式是为了教育观众。郭沫若的作品，即便是创造社时期的作品，那时尚无明确的政党政治议题，但也渗透着中西冲突的文化政治，《女神》中的凤凰涅槃可谓第三世界国家进入现代世界秩序的神话转述，蕴含着现代中国在“新世界”的处境和命运走向；《屈原》也不单是作者浪漫情绪在20世纪40年代的复活，而是作为身处“国统区”的文化人对时局的愤懑之声，背后指向建国方略的选择和未来道路的抉择；他的杂文、演说等，更是直接针对具体的社会现象。因而，他的文学作品也具有史料价值，是了解现代中国命运与知识分子命运的重要资料。如果将他的作品从具体的历史议题中抽取出来，那么也就割断了作品形式与历史现实之间的张力，从某种意义上来说，郭沫若的作品需要置于形式与历史、文学与革命、审美与政治等多维关系之中来理解，这是郭沫若作品的复杂性所在。

郭沫若虽晚于鲁迅，但也是过渡时代的文化人，成长于新旧递嬗之际，不可避免地要经受两种文化的撕扯，传统中国与现代西方思潮在他身上共存，要理解郭沫若及其同时代人，从文化上而言需要更为宽阔的视野和知识储备。笔者还记得博士学位论文预答辩时高远东教授所说的话，他说研究鲁迅、郭沫若等大作家有一个好处，就是不管能不能研究出结果，研究对象决定你要去读他们读过的作品，而他们读过的书既有传统经典，也有西方典籍，这个过程本身就是一种收获。确实，即以郭沫若言，他有蒙学的功底，又有经学的家法，可算著名经学家廖平的再传弟子，抗战时期他的历史研究便不无廖平、康有为托古改制的影子；同时，他在日本东京第一高等学校就读期间，所阅读的中国典籍有王阳明，西学书籍除了文学尤其是浪漫主义文学之外，还读了大量的德国哲学、社会学著作，因为日本明治维新是以德为师，德国文化在日本颇受重视，郭沫若在大学期间选习德语为外语，教材便有德语原著，由此郭沫若得以接触尼采、斯宾诺莎、康德、歌德等人的作品和思想，后来他还断断续续翻译了一些。郭沫若所受德国文化的影响，以及接受语境日本的中介作用等问题，还有很大的开掘空间，如王璞对郭沫若的歌德翻译、李斌对尼采影响的阐述，是近来值得关注的成果。

典籍阅读只是最明显的部分，背后还关联着不同传统的延续、影响与新变，即以传统文化而言，在新文化运动的批孔声浪中，郭沫若是为孔子辩护的少数新文化人之一，而郭沫若所接受的儒家思想更是值得仔细辨析，究竟是如他自己声称的儒家原典，是在新文化语境和随后社会革命视域中重新发明的儒学，还是宋明以来的新儒学，都值得仔细辨析。除这类思想源流的问题外，郭沫若自己的人格模式也受传统士大夫文化的影响，士大夫的治平思想，在现代转化为现代知识分子的家国情怀、改造世界的积极用世和危急时刻的承担，与革命精神相互贯通，生成为革命士大夫的人格，不过他的文人习气也重，不无名士气，这有值得警惕的一面，但也让郭沫若在进入军政界具体部门后，依旧不同于习见的政客，保持其理想主义的一面。这是郭沫若自身的复杂性。

在中国现代名作家中，郭沫若可能是介入现实最直接也最深入的一位。他从来就没有以纯粹的作家自居，早年学医却冒然闯入文坛，在上海滩卖文又不得不面对养家糊口这类极为现实的问题，后来因耳病无法听诊才放弃从医，归国后出入于“学艺”群体，这是一个以日本留学生为主的知识群，多是物理、社会、政治、经济等领域的专门人才，他们办讲座、办刊物、办学校，旨在以文化启蒙和社会革命改变中国。后来北伐将兴，郭沫若南下广州，先是锐意改革教育，后来更是弃文从军，在政治部从科员升为副主任，领中将衔，成为大革命武汉时期的风云人物，南昌起义时在缺席的情况下还是被列为主席团成员。如果不了解北伐时期郭沫若的经历，也就很难理解抗战时期郭沫若为何与张发奎、李宗仁等前方将领那么熟悉，为何是他担任政治部第三厅厅长，抗战时期他如何组织系列文化活动，以及延安为何会如此重视郭沫若等议题。也就是说，郭沫若本人便是中国现代变革的内在参与者，他的很多观点不能当作历史常态中的普通见解，而是基于他的社会位置对时代问题做出的即时思考和回应，蕴含着他对历史走向的判断。

由此可以说，郭沫若的复杂是他与现实、现代中国历史进程、中国革命发展之间的关系的复杂，与其他被革命大潮裹挟而前的文化人不同，郭沫若是主动走在革命的前端，如此，他个人的成败便系于时代，同时也要承担时代风潮转换带来的后果。郭沫若对中国革命的深度参与，并非是如我们现在以后设眼光所见，似乎每个历史关头都自然地站在通往解放的路上，如果从历史现场而言，他所身处的环境可谓错综复杂，即以北伐时期郭沫若的革命路线选择而言，北伐时期蒋介石一度十分倚重郭沫若，但当他看到蒋有背叛革命的苗头，便写下《请看今日之蒋介石》的檄文；他与邓演达关系莫逆，邓演达当时是政治部主任，后来曾试图组第三党，但被排挤出局；南昌起义期间，郭沫若本来在张发奎处，张也允诺庇护郭沫若，但郭沫若还是执意前往南昌，旋即随革命队伍向南部转移。关键时刻他做出了决断，背后实际上牵扯着很多的历史线头，不同的选择代表着不同的立场，也导向全然不同的结局。

郭沫若在关键时刻的决断，让他承受了革命挫折的代价，同时也隐约通向解救之路。大革命受挫后，郭沫若被周恩来安排前往苏联，但因一场大病错过行期后，转而前往日本，蛰居千叶县，直到抗战军兴，郭沫若才秘密归国，投身抗战烽火中。不过抗战尚未成功，新的问题又旋踵而至，皖南事变的发生，让国统区的左翼文化人再度集结，郭沫若也转身投向新的文化斗争，他们的斗争发展为战后影响甚巨的民主化运动。在如何建国这个问题面前，郭沫若等人也做出了新的历史抉择。个人命运就是如此直接而具体地与革命走向、国家命运扭结在一起，这是郭沫若及那一代人所承受的生命之重，与现在书斋中的讨论有所不同。现在青年人理解郭沫若的难处之一，是历史知识的缺乏，或者说，是因缺乏对现代历史脉络的了解，导致无法进入郭沫若作品的话语场，如果连郭沫若作品生成的语境和对话对象都不清楚，也就谈不上与之对话，遑论理性批判。即以郭沫若研究界的现状言，目前成果最著者也依旧是史料的辑佚、考辨与释读工作，像蔡震、魏建、廖久明等郭沫若研究专家依然在从事这方面的工作。

如此说当然不是否定郭沫若的审美创造性，实际上创造社可能是早期新文学阵营最注重文学自足性的一群，无论是郁达夫还是郭沫若，早期笔下都不乏遗世独立的人物形象，郭沫若早期的诗作，其形式创新的意义，从一开始也被闻一多等同时代人所揭示，近来也有姜涛、王璞等从现代主体结构与浪漫派诗人“呼语”传统等角度予以重新解读。浪漫主义虽然因情感泛滥而被后来的现代主义所批判，但浪漫主义本身的丰富性实际上依旧有待挖掘，且不说浪漫主义与法国大革命的深层关联，即以现代中国而言，浪漫主义也是鼓舞青年走向革命的情感驱动，是形塑大众国家想象的文化机制。近年来兴起的情感史研究，或可为郭沫若研究提供新的方法和视野，像情感与革命等话题，除了学界熟知的郭沫若、蒋光慈、瞿秋白、茅盾等人外，郑振铎、费觉天等人也早有讨论，是值得深入探讨的话题。此外，郭沫若的话剧《棠棣之花》《屈原》也都具有形式实验的意味，前者的诗化氛围，后者大量的舞台独白，即便是置于当下也可归于先锋剧之列。但于郭沫若而言，他这些形式实验的首要目的并不是要创造新的美学形式，可能恰好相反，他的形式创新是被迫的，是某种需要表达的情感或意图，让他不得不突破既有的形式秩序，以挑战既有文学形式的方式完成他的表达。也就是说，他的审美创新，是与他穿梭历史的经验紧密相连的。

不仅他的文学作品如此，他的学术研究也是。郭沫若的学术研究很多是在借鉴新方法的基础上完成的，但却并非纯粹的研究范式转换这么简单，而是与他对中国现实问题的思考、对解决中国问题道路的选择内在一致，无论是早期的社会学研究，还是20世纪40年代的先秦思想和历史人物研究均是如此。从史学史的角度，郭沫若也可归入近代以来新史学脉络，钱穆在《国史大纲・引论》中曾评价清季革新派史学为“其治史为有意义，能具系统，能努力使史学与当身现实相绾合”，因此，革新派史学往往能“不胫而走，风靡全国”，产生巨大的社会能量，此说用来评价郭沫若的历史研究也未尝不可。

概而言之，理解郭沫若，道德评判虽然不必避免，但历史的尺度更为重要，这不仅在于史实，也在史观。郭沫若的作品蕴含着他的历史意识，郭沫若所受德国传统的影响，很大一部分便是黑格尔、马克思一脉的历史观，这是理解郭沫若诸多行为和思想的基础。郭沫若的很多作品生成于具体的社会语境，回应的是时代的具体问题，更有甚者，他的部分文学作品的生产过程便是政治的，像《武则天》一剧，实际上便与周恩来的授意有很大关系，前期的资料收集有工作人员协助，最终由郭沫若创作完成，这是1949年之后郭沫若创作的另一种历史复杂性。郭沫若对儒家“圣之时”很欣赏，他自己也是随时代而不断自我更新，因而常以今日之我否定昨日之我，作品也不断地修改，不过这种修改呈现出的历史面目不仅仅是自我否定而已，往往也有“否定之否定”的历史层累。

郭沫若于1978年过世，恰逢改革开放元年，其生平几乎与“短20世纪”的历史相伴随，见证了中国革命的兴起、受挫、发展与消歇，几乎从始至终地参与了这个过程。郭沫若的简单在于他与革命的关系，其复杂性亦然。能够让我们在谈及郭沫若的时候，思考其历史的复杂性，正是本书的立意所在。

拙作的写作、修订和出版，诸师长亲友给予了极大的鼓励和帮助。

首先要感谢我的导师吴晓东教授，吴老师的教诲常如和风细雨，让我在不知不觉中有所进步。就学燕园期间，吴老师从无疾言厉色的批评，甚至一句重话也没有，但吴老师的为人为学，却常让我有所敬畏。问及其他师兄妹，也多有此感，想来言念君子，不怒自威，大约如是。要感谢吴老师的宽容与信任，以及陈晓兰老师的关怀。

在论文选题的过程中，陈平原教授让我将郭沫若的学术研究也纳入讨论范围，从而确定了论文的基本格局，其著作也让人体会到读书人的人间情怀。高远东教授的鲁迅研究，是我刚入学便选修的课程，高老师的指点也让人感佩。孔庆东教授在我的论文开题和预答辩期间，均给予了较多的鼓励，并提出了很多宝贵意见。早在资格考期间，王风老师就善意提醒我，要注意保持与研究者的距离，在我此后的论文写作中，这始终是悬在头顶的达摩克利斯之剑；后来我想考察日本研究郭沫若的材料，王风老师也热情地为我介绍白井重范先生，也感谢白井重范先生为我解答相关疑难。姜涛老师的课我修得既多，论文写作也多承他的指点，而在私下交流中，他更是一位乐于分享治学经验的良师益友。

处身燕园，除了从上述各位老师的课堂和教诲中受益，我们还不自觉地置身于一个学术传统之中，这让我直接或间接地领受到了老一辈学者的言传身教。在读博前就曾拜识孙玉石老师，因偶然机缘，后来又与孙老师一起参加过几次学术会议。让人印象深刻的是，年届八十高龄的孙老师，每次提交的都是正式学术论文。我曾委婉问及，孙老师说不写文章就不好意思参加会议。还有一次，在陪孙老师来系里开会的路上，孙老师拿着论文集笑着对我说，你最近开会很多嘛。让我感觉如芒刺在背，再也不敢随便到处开会。我想这会让我终身受益。作为青年人永远的朋友，钱理群老师所到的地方，总能让人感受到他的睿智与热情。对于身处学院的我们，很庆幸有这样的前辈。读温儒敏老师的著作，总感觉温老师是一个极严厉的人，但在交流中发现温老师原来很和蔼。感谢温老师在论文预答辩中所提的建议，以及对我的鼓励。温老师让我多注重知人论世的一面，这类恳切之语，让我的写作少走了不少弯路。燕园的问学也让人念及珞珈山，武汉大学文学院诸位教导过我的师长，时常给予鼓励，让人感动。

我也要感谢王德威教授。在我短暂的访问学习期间，他给予了极大的帮助。除具体指导写作外，王老师还特意提醒我，回来后要向钱理群老师等人请教，因为在他看来，可能只有钱老师那一代人才能够理解郭沫若的复杂性。在我查找日本学界的郭沫若研究时，小谷一郎先生的研究是最大的收获。小谷一郎先生来北京时，也特意带来了他研究郭沫若的论著，因当时我不在国内，未及向小谷先生表达谢意，这是极为抱歉的。此外，我还要感谢李今老师，她细致地指出了我论文中的错谬。张洁宇老师的关怀与鼓励，也是我所难忘的。蒋洪生老师得知我研究郭沫若时，很大方地跟我分享了他的资料。王璞兄也把他刚完成的博士论文供我参考学习。

论文答辩时，孙玉石、钱理群、洪子诚、温儒敏、李今、李怡诸位老师都提了很多中肯的意见，后来孙老师和洪老师还专门发邮件勉励。2015年年底在福州遇到洪老师，老师询及此论文的出版情况，并应允推荐给北京大学出版社，这才有本书的出版事宜，洪老师对晚辈的提携，让人感念。李怡老师为拙作的海外出版以及在我平时的研究中，都给予了极大的支持。因为研究郭沫若，与郭沫若研究界的各位先进也先后结缘，先是参加郭沫若纪念馆的相关课题，在李晓虹女士和李斌兄的支持下，积累了部分郭沫若资料；后来参加与郭沫若相关的会议，有幸得到王锦厚、蔡震、魏建等诸位前辈的鼓励，他们严谨的治学更是让人受益良多。此外，拙作的部分章节，也先后在《文学评论》《文艺研究》《中国现代文学研究丛刊》《现代中文学刊》《长江学术》《东岳论丛》《郭沫若学刊》等刊物上发表，部分被《人大报刊复印资料》《新华文摘》《中国社会科学文摘》《郭沫若研究年鉴》等转载，感谢陈子善、高远东、方长安、易晖、何吉贤、曹振华、廖久明、王秀涛、李斌、李松睿等学者与编辑的支持和鼓励。在拙作出版期间，得到编辑黄敏劼的大力支持，并承蒙胡双宝先生指出多处失误，在多次的往返沟通中，责任编辑饶莎莎态度让人愉悦，其细致让人感动，在此一并致谢。

除了师长的关怀与指导，同窗师谊也让我在燕园内外的生活变得充实。在吴老师组织的读书会上，大家相晤一室，读书论学，除学术上的启迪外，读书论学的氛围也让人怀念。李国华兄为我的论文提出了很多中肯的建议，其直言不讳的批评总是让我受益，李雅娟除指点论文外，还校对了文中的错别字，她总是那么细致。李松睿、王东东、黄锐杰、许莎莎、李妍、路杨、孙尧天、王飞、赵楠、张玉瑶、秦雅萌、桂春雷、赵雅娇、李琬、李想等，常带给我以学术上的磨砺与生活中的笑语。还有在北京或不在北京的旧朋新知，你们的关心让我的生活变得丰富。

自进入厦门大学台湾研究院以来，师友同事对我的学术研究和生活状况多有关怀，不仅让我继续安心学术研究，得以继续修订该书，也提供诸多交流机会，让我拓展研究领域，将研究视域从抗战扩展到冷战，从大陆扩展到台湾与香港。

这都是我所感激的。

我的父母，他们可能永远不会明白我写的是什么，但他们总是以我为傲，从来如此。姐姐周敏，直到读博期间还会给我零用钱，堂姐周英除了常为我烹制故乡风味外，也为我的事业操心，让我在北京的日子充满温暖。在他们眼中，我似乎是个永远长不大的孩子。只有在我的女友黄培兰面前，这种状态才有所改观。虽然我在北京期间她都远在“海之湄”，但也给我留出了宝贵的空间，让我一个人研究浪漫主义。好在这也得出了成果，她现在已成为我的妻子、孩子的母亲。

记得第一次去北大中文系那天，我站在静园五院的院子里，看着遥远的蓝天，以及蓝天下的飞絮，想象着今后的生活。今天窗外蓝天依旧，一切恍如昨日。

（2018 年 9 月 9 日）